Internationalisierungsstrategien australischer Unternehmen

Europäische Hochschulschriften
Publications Universitaires Européennes
European University Studies

Reihe V
Volks- und Betriebswirtschaft

Série V Series V
Sciences économiques, gestion d'entreprise
Economics and Management

Bd./Vol. 3126

PETER LANG
Frankfurt am Main · Berlin · Bern · Bruxelles · New York · Oxford · Wien

Elmar Wider

Internationalisierungsstrategien australischer Unternehmen

Eine empirische Analyse ihres Investitionsverhaltens in Europa

PETER LANG
Europäischer Verlag der Wissenschaften

Bibliografische Information Der Deutschen Bibliothek
Die Deutsche Bibliothek verzeichnet diese Publikation in der Deutschen Nationalbibliografie; detaillierte bibliografische Daten sind im Internet über <http://dnb.ddb.de> abrufbar.

Zugl.: Frankfurt (Main), Univ., Diss., 2002

D 30
ISSN 0531-7339
ISBN 3-631-50600-7

www.peterlang.de

Inhaltsverzeichnis

Verzeichnis der Abbildungen

Verzeichnis der Tabellen

Verzeichnis der Karten

Verzeichnis der Regressionsberechnungen

Verzeichnis der Abkürzungen

AKQ	Akquisition
Anm. d. Verf.	Anmerkung des Verfassers
APEC	Asia Pacific Economic Cooperation
ASEAN	Association of South East Asian Nations
BIE	Bureau of Industry Economics
BIP	Bruttoinlandsprodukt
DI	Direktinvestition
Ed.	Editor
Eds.	Editors
EEA	Einheitliche Europäische Akte
EG	Europäische Gemeinschaft
EM	Eklektisches Modell
ES	Efficiency Seeking
EU	Europäische Union
F&E	Forschung und Entwicklung
FDI	Foreign Direct Investment
GDP	Gross Domestic Product
GF	Greenfield
GG	Grundgesamtheit
IA	Internalisation Advantages
intl.	international
IT&T	Informationstechnologie und Telekommunikation
JV	Joint Venture
K_{fix}	Fixkosten
KMU	Kleine und Mittlere Unternehmen
K_{var}	variable Kosten
LA	Location Advantages
M&A	Mergers & Acquisitions
MNU	multinationale Unternehmung
MS	Market Seeking
NAFTA	North Atlantic Free Trade Association
OA	Ownership Advantages
OECD	Organisation for Economic Cooperation and Development

OLI Faktoren	Determinanten des Eklektischen Modells (Ownership-, Location- and Internalisation-Advantages)
OLI Modell	Eklektisches Modell
RHQ	Regional Headquarter
RS	Resource Seeking
SAS	Strategic Asset Seeking
TU	Tochterunternehmen
UNCTAD	United Nations Conference on Trade and Development
Unt.	Unternehmen
VGR	volkswirtschaftliche Gesamtrechnung
WTO	World Trade Organisation

1 Einleitung

1.1 Problemstellung und Zielsetzung

Die Globalisierung der Weltwirtschaft ist ein aktuelles Phänomen von hoher Bedeutung. Der Zusammenschluss nationaler Märkte zu regionalen Strukturen und deren immer stärkere Integration miteinander begleitet diese Erscheinung. Während vor 30 Jahren etwa ein Drittel der Weltbevölkerung in das westliche Welthandelssystem eingebunden war, sind es heute fast 90 Prozent. Globale Push- und Pull-Faktoren, neue Kommunikationsmedien sowie die Angleichung der Käuferpräferenzen und der Kaufkraft treiben diese Veränderungen an.

Diese Entwicklungen verbunden mit dem Entstehen eines weltumspannenden Kapitalmarktes führen zu einem hohen Anpassungsdruck auf die Unternehmen. Das Entstehen neuer Märkte und das Aufkommen neuer Konkurrenten bewirkt eine Verschiebung von Gravitationszentren der Weltwirtschaft zusammen mit einem sich verschärfenden Kostenwettbewerb und zwingt Unternehmen zu strategischen Anpassungen. Gleichzeitig eröffnen sich jedoch auch neue Wettbewerbschancen für die aktiven und innovativen Unternehmen. Dabei stehen Unternehmenswachstum und zunehmende Internationalisierung im Vordergrund der Entwicklung von Unternehmen.

Während der Welthandel schon seit längerer Zeit schneller wächst als die Weltproduktion, wird er inzwischen vom Wachstum der Direktinvestitionen multinationaler Unternehmen übertroffen. Damit stellen die multinationalen Unternehmen ein Forschungsobjekt von aktuellem Interesse dar. Ihr Einfluss auf die Entwicklung der Weltwirtschaft nimmt stark zu. Dieser ist durch nationale Wirtschaftspolitiken immer schwerer beeinflussbar. Die Folgen der Investitionsentscheidungen von multinationalen Unternehmen wirken sich dabei schneller und direkter auf Wirtschaftsräume aus als Handelsaktivitäten. Direktinvestitionen können Technologien schnell und gezielt verbreiten und integrieren dabei Geber- und Empfängerländer in ein teilweise weltumspannendes System. Aus diesen Entwicklungen entstehen neue Chancen wie auch Risiken für die betroffenen Unternehmen und Regionen. Multinationale Unternehmen erfahren dabei durch ihr nationales und lokales Umfeld eine starke Prägung, die ihre internationalen Strategien und Aktivitäten beeinflusst. Diese wirken wiederum auf die wirtschaftliche Entwicklung ihrer Ursprungsländer sowie deren internationale Integration in die globale Weltwirtschaft zurück.

In diesem dynamischen Interaktionsfeld zwischen multinationalen Unternehmen und nationalen Wirtschaftsräumen entstehen zusätzliche Einflussfaktoren und neue Gewichtungen der Determinanten für die Entwicklung der Weltwirtschaft und mit ihnen auch neue Handlungsmöglichkeiten für multinationale Unternehmen und Regierungen.

Die Bildung von neuen sowie die Festigung bestehender regionaler Wirtschaftsblöcke wie EU, NAFTA, ASEAN und APEC führen zu einer stärkeren Regionalisierung der Weltwirtschaft. Die Zusammenschlüsse zielen zumeist auf eine Verbesserung der wirtschaftlichen Situation innerhalb der Region und können damit zu einer zumindest relativen Verschlechterung für Unternehmen mit Sitz außerhalb der Region führen. Die EU ist dabei als Forschungsobjekt von besonderem Interesse. Als eine Region souveräner Nationalstaaten, die einen gemeinsamen Binnenmarkt mit einheitlicher Währung bilden, steht sie in der Entwicklung quasi zwischen dem homogenen Wirtschaftsraum USA und der heterogenen asiatischen Region. Von der quantitativen und qualitativen Integration des Binnenmarktes gehen dabei richtungweisende Impulse für die Weltwirtschaft aus, die großen Einfluss auf die Europastrategien multinationaler Unternehmen mit Sitz innerhalb und außerhalb der EU haben.

Von diesen Entwicklungen besonders betroffen sind Unternehmen aus Ländern, die keinem der regionalen Wirtschaftsblöcke angehören. Diese Unternehmen befinden sich in gravierenden Anpassungsprozessen ihrer internationalen Strategien, in Reaktion auf die aktuellen Veränderungen der Weltwirtschaft. Durch die veränderten Bedingungen des Marktzutritts in die sich formierenden Kernregionen der Triade müssen diese Unternehmen neue Internationalisierungsstrategien anwenden, um sich erfolgreich im weltweiten Wettbewerb zu behaupten. Dies gilt in hohem Maße für Australiens multinationale Unternehmen des verarbeitenden- und des Dienstleistungssektors, die bisher nicht oft Untersuchungsgegenstand waren. Australien ist zum einen durch seine Lage in der asiatisch – pazifischen Region und zum anderen durch seine europäisch geprägte Kultur beeinflusst. Australische Unternehmen befinden sich dadurch in einem Spannungsfeld gewachsener kultureller und wirtschaftlicher Verbindungen zum geographisch weit entfernten Europa einerseits sowie entstehender Chancen und Potentiale innerhalb der sich entwickelnden südostasiatischen Region in direkter geographischer Nachbarschaft andererseits. Bedingt durch die aktuellen Veränderungsprozesse der Weltwirtschaft, stehen australische Unternehmen unter einem hohen Anpassungsdruck, neue Internationalisierungsstrategien für den erfolgreichen Zugang zu den wichtigen Wirtschaftsräumen und besonders in die Triade anzuwenden. Diese Einflüsse verstärkend, befindet sich die australische Wirtschaftspolitik zum ersten Mal in der Geschichte des Landes in einer Phase der konsequenten Förderung der Internationalisierung von verarbeitender Industrie und Dienstleistungssektor und verfolgt seit den frühen achtziger Jahren eine Politik der kontinuierlichen Liberalisierung und Öffnung des australischen Marktes für internationalen Wettbewerb. Diese veränderten Rahmenbedingungen in Australien verstärken den Wettbewerbsdruck auf die Unternehmen, die in der Vergangenheit nur einem durch starke Regulierung eingeschränkten lokalen Wettbewerb ausgesetzt waren, zur Anpassung und Integration in die internationalen Märkte. Vor dem Hintergrund der fortschreitenden Globalisierung und Regionalisierung der Weltwirtschaft stellt dies für die australischen Unternehmen eine besondere Schwierigkeit dar und hat zugleich eine hohe Bedeutung für das erfolgreiche Bestehen der Unternehmen im Wettbewerb und damit auch für die Integration Australiens in die Weltwirtschaft.

Seit den frühen 1980er Jahren ist daher ein deutlich verändertes Internationalisierungsverhalten der Unternehmen des sekundären und tertiären Sektors erkennbar, das sich in einem stark gewachsenen Bestand sowie in veränderten Zielregionen internationaler Direktinvestitionen ausdrückt. In der Rangfolge der Länder nach geleisteten Direktinvestitionen steht Australien an 17. Stelle (UNCTAD, 2001, S. 14). Wichtigster Empfänger der australischen Direktinvestitionen nach den USA ist mit 31% des Bestandes 1999 die EU (ABS, 2001). Auch die in dieser Arbeit durchgeführte empirische Erhebung bestätigt die große Bedeutung der neuen Internationalisierung für die australischen Unternehmen innerhalb ihrer weltweiten Aktivitäten, insbesondere aber für Europa. Die befragten Unternehmen des industriellen Sektors erwarten innerhalb von fünf Jahren einen Anstieg der Umsätze in Europa um 87 % und eine Zunahme bei Direktinvestitionen in Europa von 55 % (siehe Abschnitt 4.2.3). Diese Zahlen bestätigen deutlich die aktuelle und zukünftige Relevanz Europas im Rahmen der Internationalisierung australischer Unternehmen.

Vor dem Hintergrund der beschriebenen Entwicklungen untersucht diese Arbeit die Internationalisierungsstrategien australischer Unternehmen. Im Zentrum der Untersuchung steht dabei die empirische Analyse des Investitionsverhaltens australischer Unternehmen in Europa. Die Arbeit will dabei zum einen die Einflüsse der Veränderungen globaler Rahmenbedingungen, also z.B. den erschwerten Zugang zu den klassischen Exportmärkten in Europa, und zum anderen die Auswirkungen von Entwicklungen des nationalen Kontextes in Australien auf das Internationalisierungsverhalten der Unternehmen herausstellen. Dabei ist die starke Reduzierung der Protektion des australischen Marktes seit den frühen 1980'er Jahren ein Haupteinflussfaktor. Hieraus folgt die Notwendigkeit der Berücksichtigung kontextualer Einflüsse im Rahmen dieser Untersuchung auf zwei geographischen Ebenen. Zum einen der Ebene der Entwicklung der Weltwirtschaft, die sowohl Bedingung für, als auch Folge des strategischen Handelns der

Unternehmen ist, und zum anderen auf der Ebene der betroffenen nationalen Kontexte, also Australiens als Herkunftsland und Europas als Zielregion.

Dazu werden die folgenden zentralen Forschungsfragen gestellt:

- Welche Investitionsmotive liegen der Internationalisierung australischer Unternehmen in Europa zugrunde und inwieweit werden diese durch kontextuale Bedingungen erklärt?

- Wie erklärt sich die Wahl von Ländermärkten als Standorte australischer Unternehmen in Europa und welche kontextualen Faktoren in Herkunfts- und Zielland beeinflussen diese Entscheidungen?

Die Arbeit verbindet damit in ihrem Erklärungsansatz eine durch empirische Befragung fundierte mikroökonomische Erklärung des Investitionsverhaltens australischer Unternehmen in Europa mit makroökonomischen Einflüssen des Herkunftslandes und der Zielregion. Dabei deckt die Erhebung zum einen die hohe Bedeutung kontextualer Bedingungen in Australien und zum anderen die Relevanz der Entwicklungen in Europa für das Investitionsverhalten der australischen Unternehmen auf. Die Arbeit kommt zu dem Ergebnis, dass sich das Investitionsverhalten erst im Zusammenwirken von Unternehmensstrategie und exogenen kontextualen Einflüssen erklären lässt.

1.2 Gang der Untersuchung

Die vorliegende Arbeit analysiert die Internationalisierungsstrategien australischer multinationaler Unternehmen in Europa. Die Untersuchung ist dabei in der Hauptsache einzelwirtschaftlich fundiert, schließt aber rahmensetzende, globale Entwicklungen sowie nationale kontextuale Bedingungen im Ursprungsland und in den Zielländern und deren Einflüsse auf die Unternehmensstrategien ein. Aus diesem Grund gliedert sich die Arbeit in drei Hauptteile, die sich in ihrer grundsätzlichen Untersuchungsperspektive unterscheiden. Im <u>ersten Hauptteil</u>, der sich der theoretischen Grundlegung zur Internationalisierung von Unternehmen widmet, wird die einzelwirtschaftliche Perspektive des Unternehmens eingenommen. Im <u>zweiten Hauptteil</u> kommt mit der Untersuchung der kontextualen Bedingungen in Australien und deren Entwicklung eine die einzelwirtschaftliche Sichtweise durch Einbeziehung nationaler, makroökonomischer Bedingungen ergänzende Perspektive des Herkunftslandes hinzu. Im abschließenden <u>dritten Hauptteil</u> werden dann beide Perspektiven in der empirischen Erhebung und Analyse des Investitionsverhaltens multinationaler australischer Unternehmen in Europa verknüpft.

Im **ersten Kapitel** des **ersten Hauptteils** erfolgt eine kurze Darstellung der rahmensetzenden aktuellen Entwicklungen der Weltwirtschaft unter besonderer Berücksichtigung der Einflüsse von Globalisierung und Regionalisierung auf den internationalen Handel und Direktinvestitionen. Vor diesem Hintergrund wird die zunehmende Bedeutung multinationaler Unternehmen als Akteure in diesen die Weltwirtschaft prägenden Prozessen herausgestellt.

Die theoretische Grundlegung beginnt im **zweiten Kapitel** mit der systematischen Darstellung und Untersuchung der alternativen Arten der Durchführung internationaler Aktivitäten: Export, Lizenzvergabe und Direktinvestition. Anschließend wird das Stufenmodell der Internationalisierung vorgestellt und seine Begründung im Konzept der kulturellen Nähe analysiert. Das Stufenmodell wird mit dem Modell eines dynamischen Entwicklungspfades internationaler Aktivitäten verbunden, der die Ableitung prüfbarer Hypothesen zum Verhalten der Unternehmen bei der Internationalisierung erlaubt.

Im **dritten Kapitel** werden die wichtigsten Theorien und Modelle zur Entstehung und Begründung multinationaler Unternehmen dargestellt und auf ihre Anwendbarkeit im Rahmen der empirischen Untersuchung geprüft. Als Ausgangspunkt für die weitere Untersuchung wird das Eklektische Modell von Dunning bestimmt. Das Modell wird kritisch untersucht und in seinen drei Hauptdeterminanten durch verschiedene Konzepte zu kontextualen Einflüssen des Herkunftslandes, der Organisationsform und Wirkung internationaler Standortsysteme sowie den Einflüssen kultureller Nähe erweitert.

Diese Erweiterungen bestimmen den weiteren Aufbau der theoretischen Grundlegung. Basierend auf der Kritik des Eklektischen Modells vertiefen und ergänzen die folgenden Kapitel vier bis sechs die drei gemäß dem Modell entscheidenden Determinanten internationaler Aktivitäten: Wettbewerbsvorteile, Internalisierungsvorteile und Standortvorteile.

Einfluss und Entstehung von Wettbewerbsvorteilen werden im **vierten Kapitel** auf der Basis u. a. der Arbeiten von Porter und Rugman vertiefend herausgearbeitet. Dazu werden Porter's Konzepte zu Wettbewerbsvorteilen und Wettbewerbsstrategien vorgestellt. Ein besonderer Schwerpunkt wird dabei auf die Wirkungszusammenhänge zwischen den kontextualen Bedingungen des Ursprungslandes und den Internationalisierungsstrategien von Unternehmen, konzeptionalisiert in Porters Modell des Diamanten, gelegt. Diese über die prinzipiell einzelwirtschaftliche Sichtweise Dunning's hinausgehende Konzeption bezieht makroökonomische Bedingungen und Entwicklungen ein und begründet damit die Notwendigkeit der vertiefenden Untersuchung kontextualer Bedingungen im Ursprungsland, die im zweiten Hauptteil der Arbeit erfolgt.

Im **fünften Kapitel** wird das eklektische Modell durch eine vertiefende Untersuchung der multinationalen Unternehmung in organisationstheoretischer Sichtweise ergänzt. Auf der Basis der Arbeiten von u. a. Bartlett und Ghoshal werden die – innerhalb der Kritik am Eklektischen Modell geforderten – Einflüsse der Organisationsformen herausgearbeitet und somit eine Erweiterung des Modells durch die Einbeziehung heterogener Organisationsstrukturen und Standortsysteme erreicht.

Ein **sechstes Kapitel** widmet sich der Relevanz von Standortvorteilen und ihrer Bedeutung innerhalb der Internationalisierungsprozesse. Nach einer Darstellung ausgewählter Theorien zur internationalen Standortwahl werden der Prozess der internationalen Standortwahl und wichtige Standortfaktoren als Ergänzung zum Eklektischen Modell analysiert. Das Ergebnis dieser Untersuchung belegt die Relevanz der gemeinsamen Einbeziehung unternehmensendogener Einflüsse, wie Branchenzugehörigkeit oder Größenkriterien, zusammen mit unternehmensexogenen Einflüssen, wie kontextualen Bedingungen in Herkunfts- und Zielland, innerhalb der empirischen Analyse des Investitionsverhaltens australischer Unternehmen in Europa.

Der **zweite Hauptteil** untersucht Australiens Bedeutung als Herkunftsland und seine kontextualen Einflüsse auf die Internationalisierung der australischen Unternehmen. Dabei werden der Entwicklungspfad der australischen Volkswirtschaft sowie der australische Außenhandel und Direktinvestitionen australischer Unternehmen analysiert. Die dabei gewonnenen Erkenntnisse decken institutionelle Bedingungen in Australien auf, die für die Entwicklung der Wirtschaftssektoren sowie das Internationalisierungsverhalten der Unternehmen bis heute von prägendem Einfluss sind.

In einem **ersten Kapitel** wird der Entwicklungspfad der australischen Wirtschaft und relevanter Umfeldbedingungen und Institutionen dargestellt und analysiert. Das **zweite Kapitel** untersucht die Rolle der australischen Wirtschaftspolitik und belegt deren Einfluss auf die gravierenden Veränderungen, die in den frühen 1980'er Jahren zum Beginn eines Prozesses der neuen Internationalisierung der australischen Wirtschaft führten. Im **dritten Kapitel** wird zunächst in einem ersten Abschnitt die australische Wirtschaftstruktur und Entwicklung der „traditionellen-" und der „neuen-" Sektoren der australischen Wirtschaft dargestellt. Folgend werden die internationalen Verflechtungen der Australischen Wirtschaft, aufgeteilt in die Abschnitte Handelsbeziehungen und Direktinvestitionen, untersucht und Veränderungen deren sektoraler und geographischer Verteilung analysiert.

Im **dritten Hauptteil** werden die Ergebnisse aus der empirischen Erhebung des Investitionsverhaltens australischer Unternehmen in Europa ausgewertet.

Ein **erstes Kapitel** erläutert Begründung, Methodenwahl und Vorgehen der empirischen Erhebung und Untersuchung. Das **zweite Kapitel** überprüft die erhobenen Unternehmensdaten auf Repräsentativität und unterzieht sie dann einer allgemeinen Analyse zur Strukturierung und Klassifizierung der australischen multinationalen Unternehmen. Auf Grundlage einer Analyse der Streuungszerlegung werden verschiedene Clusterbildungen auf ihren Erklärungsgehalt für die Internationalisierungsstrategien geprüft. Die Beurteilung Europas durch die Unternehmen wird analysiert und Strategietypen der Internationalisierung werden differenziert. Ein abschließender Abschnitt widmet sich der Untersuchung der für das Investitionsverhalten der Unternehmen in Europa relevanten Standortfaktoren.

Im **dritten Kapitel** wird der Erklärungsgehalt kontextualer Einflussfaktoren auf die Investitionsmotive der Unternehmen untersucht. Dazu werden aus den zentralen Forschungsfragen zum Investitionsverhalten der australischen Unternehmen Hypothesen abgeleitet, um die Einflüsse kontextualer Bedingungen des Ursprungslandes auf die Investitionsmotive mit den erhobenen Daten zu überprüfen. Zum Test der Hypothesen werden Gruppierungsvergleiche auf der Grundlage von Mittelwerten und Streuungsmaßen sowie Regressionsanalysen verwendet.

Im **vierten Kapitel** werden die Einflüsse kontextualer Bedingungen, die in den Zielländern gesetzt werden, und deren differenzierte Beurteilung durch die australischen Unternehmen auf die Wahl von Ländermärkten als Standorte in Europa analysiert. Schwerpunkte der Untersuchung sind dabei die aus dem Stufenmodell der Internationalisierung abgeleitete Bedeutung kultureller Nähe – und Einflüsse der Beurteilung Europas durch die australischen Unternehmen – auf die Wahl von Länderstandorten und die Zentralisierung von Aktivitäten.

In der abschließenden **Zusammenfassung** werden die wichtigsten Erkenntnisse der empirischen Analyse hervorgehoben. Die Untersuchung kommt zu dem Ergebnis, dass die Investitionsmotive australischer Unternehmen maßgeblich durch kontextuale Bedingungen im Herkunftsland erklärbar sind und die Wahl von Ländermärkten stark von der Beurteilung kontextualer Faktoren in Europa durch die Unternehmen beeinflusst ist.

Damit leistet die Arbeit einen Beitrag zum Verständnis der aktuellen Internationalisierungsstrategien australischer Unternehmen und bietet Erkenntnisse zur neuen Integration Australiens in die Weltwirtschaft.

2 Grundlagen internationaler Aktivitäten

2.1 Veränderungen im Weltwirtschaftssystem, Handel und Direktinvestitionen

2.1.1 Entwicklung der Weltwirtschaft

Der Austausch von Gütern im Außenhandel war für lange Zeit der wichtigste Teilaspekt der internationalen Wirtschaft. Der weltweite Außenhandel ist, gemessen an Exporten, von 22 Mrd. US$ im Jahre 1938 auf 108 Mrd. US$ im Jahre 1958 und auf 3.640 Mrd. US$ in 1992 gestiegen. Hierbei hat sich jedoch eine regional sehr unterschiedliche Verteilung des Wachstums in der Welt gezeigt. Während sich der gesamte Welthandel zwischen 1938 und 1958 verdreiunddreißigfacht hat, hat sich der Außenhandel in Lateinamerika nur verdreizehnfacht, wogegen es Japan gelang, seinen Außenhandel um das hundertsiebzehnfache zu steigern (Siebert, 1994, S. 7). Im weiteren Verlauf hat sich das Volumen des Welthandels auf 6.000 Mrd. US$ in 2001 erhöht (WTO, 2002).

Abbildung 2.1; Internationale Handelsströme

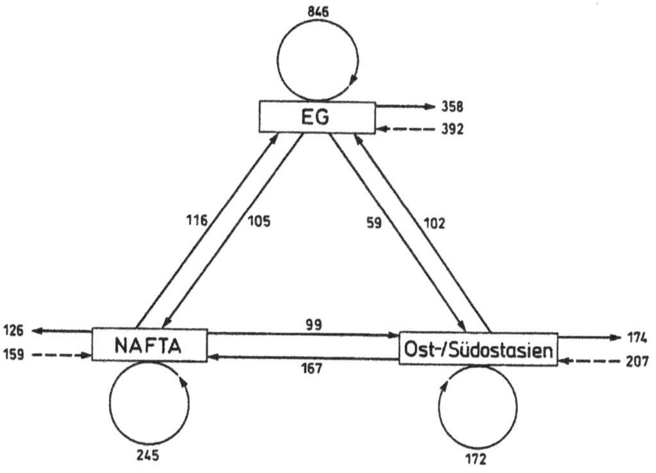

Quelle: Siebert, 1994, S. 7.

In der Abbildung werden die weltweiten Handelsströme dargestellt. Das Schaubild zeigt die drei Handelsblöcke EG, NAFTA (USA, Kanada, Mexiko) und Südostasien (Japan, China, Südkorea, Hongkong, Singapur). Innerhalb der EU finden 25% des Welthandels statt. Innerhalb der NAFTA sind es 7% und innerhalb der südostasiatischen Gruppe 5%. 53,3% des Welthandels entfallen auf den Handel zwischen den Industrienationen. Wenn man auch die Exporte der Industrienationen an andere Länder einschließt, ergibt sich für den internationalen Handel der Industrienationen ein Wert von 71,9%.

Der internationale Handel lässt sich dabei in den inter-sektoralen und den intra-sektoralen Handel unterscheiden. Der hohe Anteil des intra-sektoralen Handels zwischen den Industrienationen belegt dabei, dass das Handelsvolumen bei Industrieprodukten um so größer ist, je näher die Pro-Kopf-Einkommen der Länder beieinander liegen (Siebert, 1994, S. 106).

Dies steht den klassischen Theorien des Außenhandels von Ricardo und Heckscher-Ohlin entgegen. In deren Theorien zum internationalen Handel wird dieser vorrangig mit der Verfügbarkeit von Gütern in bestimmter Quantität und Qualität in den Volkswirtschaften sowie unterschiedlichen Faktorkosten für deren Herstellung begründet. Das Modell von Ricardo legt unterschiedliche Faktorproduktivitäten als Ursache für den internationalen Handel zugrunde und basiert damit auf Unterschieden in den genutzten Technologien. Das Heckscher-Ohlin Modell begründet die Entstehung von Handel durch unterschiedliche Produktionsfaktorvorkommen in den Volkswirtschaften. Diese bedingen unterschiedliche Kosten der Herstellung und führen zu unterschiedlichen Preisen der Güter.[1] Durch die unterschiedlichen Güterpreise entsteht internationaler Handel, wenn die Austauschverhältnisse beim Handel zwischen den Volkswirtschaften günstiger sind, verglichen mit dem Handel innerhalb einer Volkswirtschaft (Wagner, 1993, S. 3). Der internationale Handel gewährleistet die Möglichkeit einer Spezialisierung der einzelnen Volkswirtschaften auf die Produktion von Gütern, bei denen diese einen komparativen Kostenvorteil haben. Diese Güter werden produziert und teilweise im Austausch gegen nicht oder wenig im Lande produzierte Güter exportiert. Der komparative Kostenvorteil bildet somit einen wichtigen Standortfaktor für die Produktion von Gütern in offenen Volkswirtschaften. Die räumliche Struktur der Produktion folgt nach diesen Modellen der geographischen Verteilung von komparativen Vorteilen (Siebert, 1994, S. 26).

In Anbetracht der neueren Entwicklungen der Weltwirtschaft können diese Theorien nicht mehr zur Erklärung der zu untersuchenden Phänomene genutzt werden. Auch die den Theorien zugrundeliegenden Annahmen wie konstante

1 Für eine Darstellung der Modelle von David Ricardo und Heckscher-Ohlin siehe z.B.: Siebert, 1994, S.29ff und S. 69ff.

Skalenerträge, Nichtexistenz von Käuferpräferenzen sowie vollkommene Konkurrenz disqualifizieren die Ansätze im Rahmen dieser Arbeit. Zusätzlich zum internationalen Handel haben sich die multinationalen Unternehmen als wichtiges Bindeglied zwischen nationalen Volkswirtschaften etabliert. Ihre Aktivitäten gehen dabei über den Güterhandel hinaus und schließen den Transfer von Produktionsfaktoren in Form von Human- und Sachkapital sowie Produkt- und Prozesstechnologien ein. Mit ihren teilweise netzwerkähnlichen und länderübergreifenden, interdependenten Wertschöpfungsaktivitäten haben sie großen Einfluss sowohl auf die Volkswirtschaften ihrer Ursprungsländer als auch auf die der Empfängerländer. Immer schneller wachsen dabei ihre Bedeutung und Einflüsse auf die Weltwirtschaft. Multinationale Unternehmen bilden inzwischen die wichtigste Antriebskraft ökonomischer Integration und haben den Güterhandel sowohl verstärkt als auch zugleich strukturell verändert.

Nach dem Jahresbericht der United Nations Conference on Trade and Development (UNCTAD) von 2001 existieren über 60.000 multinationale Unternehmen, die weltweit mehr als 800.000 Beteiligungsgesellschaften kontrollieren (UNCTAD, 2001). Während viele dieser Unternehmen dem traditionellen Bild eines Großunternehmens entsprechen, sind unter den multinationalen Unternehmen auch immer mehr Klein- und Mittelbetriebe mit weniger als 500 Mitarbeitern. Dies gilt z.B. für multinationale Unternehmen aus Schweden und Italien (UNCTAD, 1999, S. 4). Der Wert der Produktionsleistung der multinationalen Unternehmen betrug etwa 25% der gesamten Weltproduktionsleistung. Der Umsatz ihrer Beteiligungsunternehmen belief sich auf 11 Billionen US$ in 1998 und übertraf damit deutlich den Wert der weltweiten Exporte in Höhe von 7 Billionen US$. Dabei wiesen die Umsätze der Beteiligungsunternehmen multinationaler Unternehmen über die letzten zehn Jahre ein stärkeres Wachstum sowohl als das Weltbruttosozialprodukt als auch die Weltexporte auf. Für das Jahr 2000 wird ein Direktinvestitionsvolumen von 1.300 Mrd. US$ berechnet – eine Erhöhung gegenüber dem Vorjahr um 18%. Damit wächst das weltweite FDI nach wie vor deutlich schneller als Weltproduktion und Welthandel (UNCTAD, 2001).

Hauptsächlich wegen ihrer Förderung des Technologietransfers, der Beschäftigungswirkung sowie des Einflusses auf die Handelsbilanz versuchen Entwickelte- wie auch Entwicklungsländer die Ansiedlung Internationaler Unternehmen zu fördern (UNCTAD, 1994, S. xxvii). Es setzt sich die Meinung durch, dass: *„...globalization is a firmly entrenched process which, to an increasing extent, is becoming a parameter of national economic development.“* (UNCTAD, 1994, S. xxvii). Die Bedeutung der multinationalen Unternehmen für den Technologietransfer wird dadurch belegt, dass ein Anteil von über 30% des Welthandels und etwa 80% der weltweiten Zahlungen für Patent- und Nutzungsgebühren intra-firm

Abbildung 2.22: Erhaltene und geleistete Direkinvestitionen entwickelter Länder, (1997 und 1998).

Erhaltene Direktinvestitionen

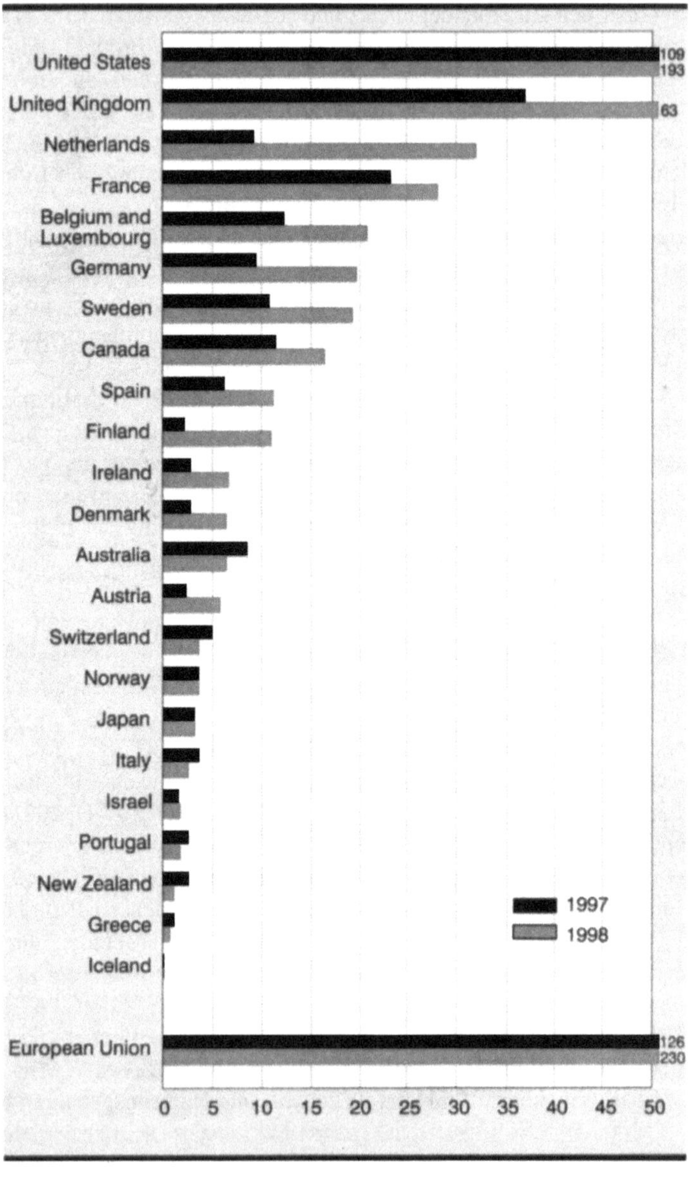

Geleistete Direktinvestitionen

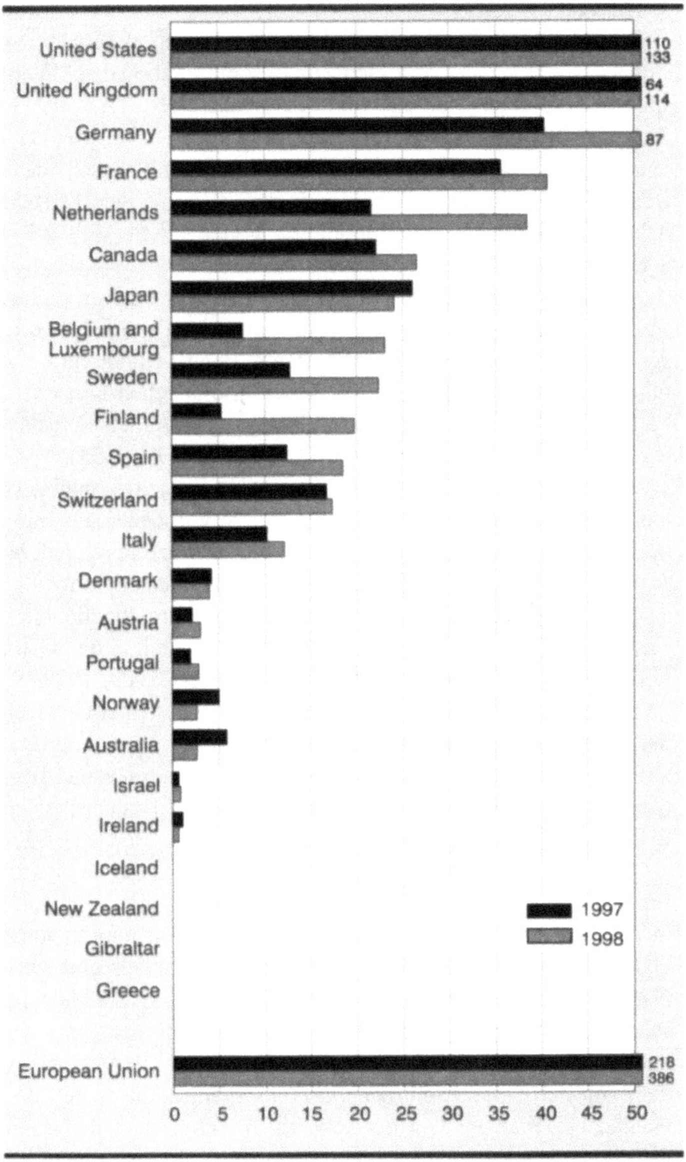

Quelle: UNCTAD, 1999, S. 34/35

stattfindet (UNCTAD, 1994, S. xxi; im Original werden „royalties“ und „fees“ genannt).

Die überwiegende Anzahl der multinationalen Unternehmen stammt aus den entwickelten Ländern. Von den Top 100 multinationalen Unternehmen stammen allein ca. 90% aus den Ländern der Triade (UNCTAD, 1999, S. xviii). Unter dem Begriff der Triade werden nach der herrschenden Meinung die Wirtschaftsräume USA, EU und Japan verstanden. Während verschiedene Verfasser auch weiter gefasste Konzepte unter dem Begriff der Triade verstehen, soll für diese Arbeit jedoch eine enge Definition der Triade gelten (Vgl.: z.B. bei Fieten, 1997, S.13; Kortmann, 1998, S. 5; UNCTAD, 2001).

Der Anteil von FDI aus entwickelten Länder erhöhte sich auf 92% oder 460 Mrd. US$ und der Anteil der empfangenen FDI's auf 72% oder 595 Mrd. US$ der gesamten FDI Bewegungen in 1998. Innerhalb der entwickelten Länder entfallen 93% der getätigten und 91% der empfangenen Direktinvestitionen auf die Länder der Triade. Außerhalb der Triade ist Australien ein nennenswerter Direktinvestor und Empfänger von FDI (UNCTAD, 1999, S. 33).

FDI unterscheidet sich auch in den Branchenschwerpunkten der multinationalen Unternehmen aus entwickelten Ländern von denen aus Entwicklungsländern. Während multinationale Unternehmen aus entwickelten Ländern in den Branchen Automobilbau, Elektronik und elektrische Ausrüstung sowie in der chemischen und pharmazeutischen Industrie tätig sind, sind multinationale Unternehmen aus Entwicklungsländern in den Branchen Nahrungsmittel und Getränke, Bau, Mineralöl und diversifizierten Aktivitäten tätig (UNCTAD, 1999, S. xvi). Aber auch zwischen den einzelnen entwickelten Ländern bestehen Unterschiede hinsichtlich der vertretenen, erfolgreichen Branchen und der Anzahl der multinationalen Unternehmen. Dies legt den Schluss nahe, dass eine relevante Auswirkung standortgebundener lokaler oder nationaler Einflüsse auf Branchenzugehörigkeit und den Erfolg der multinationalen Unternehmen existiert (Porter, 1993).

Multinationale Unternehmen haben auch einen immer stärker werdenden Einfluss auf den Welthandel. Der Handel zwischen den multinationalen Unternehmen, einschließlich dem direkt durch Aktivitäten multinationaler Unternehmen bedingten Handel, betrug etwa 66% des Welthandels und auf den intra - MNU Handel entfielen etwa 25% (UNCTAD, 1999, S. xix). Abhängig von der strategischen Zielsetzung und Rolle der Beteiligungsunternehmen innerhalb einer MNU unterscheiden sich deren Auswirkungen auf den internationalen Handel. Je nach dem von der Unternehmung genutzten Organisationsmodell können die internen Handelsbeziehungen von der einseitigen Belieferung der Beteiligungsunternehmen durch die Zentrale bis zu komplexen, netzwerkartigen Handelsbeziehungen innerhalb des Unternehmens reichen – mit entsprechend unterschiedlicher Bedeutung und Auswirkung für den internationalen Handel.

Eine für diese Arbeit relevante Entwicklung ist die im Konzept der Triade zum Ausdruck kommende hochgradige Verflechtung von Regionen durch Direktinvestitionen (Schamp, 1996). Da diese Veränderungen großen Einfluss auf die internationalen Aktivitäten von multinationalen Unternehmen haben, sollen im folgenden Abschnitt die Grundlagen der Globalisierung und Regionalisierung sowie ihre Wirkung auf multinationale Unternehmen untersucht werden.

2.1.2 Globalisierung und Regionalisierung – Einflüsse auf Unternehmen

Globalisierung bezeichnet die weltweite Verflechtung der Volkswirtschaften durch die Entstehung globaler Kapital-, Güter- und Dienstleistungsmärkte sowie die Verbreitung weltweit tätiger Unternehmen. Die beiden zentralen Aspekte des Globalisierungsprozesses sind dabei die Globalisierung von Unternehmen und die Globalisierung von Märkten. Die Globalisierung von Unternehmen besteht in der Durchführung grenzüberschreitender Aktivitäten durch Unternehmen. Die Globalisierung von Märkten bedeutet, dass diese aus anderen Ländern ohne große Hindernisse durch Handel oder Direktinvestitionen erreicht und bedient werden können (Härtel et. al., 1996, S. 39). Globalisierung bedeutet somit einen auf zunehmende weltweite Vernetzung ökonomischer Aktivitäten gerichteten Prozess, der zu stärkeren, wechselseitigen Abhängigkeiten führt (Schamp, 2000; Bathelt/Glückler, 2002).

Die Globalisierung zeigt sich in einem schnelleren Wachstum der internationalen Wirtschaftsverflechtungen im Verhältnis zur Weltproduktion. Seit den siebziger Jahren nimmt der Welthandel deutlich schneller zu als das Weltsozialprodukt (Fieten et. al., 1997, S. 17). Mit den stärker werdenden Interdependenzen zwischen nationalen Märkten nimmt auch die Interdependenz der Produktion in verschiedenen Ländern zu. In der Folge ist der Welthandel dann vom Wachstum der Umsätze der Beteiligungsunternehmen multinationaler Unternehmen übertroffen worden, die ein stärkeres Wachstum sowohl als das Weltbruttosozialprodukt als auch die Weltexporte aufwiesen (UNCTAD, 1999). Die durch eine intensivere Integration der Weltwirtschaft ermöglichte Fragmentierung der Produktion bedingt auch einen stärkeren Intra – Unternehmenshandel.

Die folgende Graphik zeigt die Entwicklung der verschiedenen Komponenten der internationalen Wirtschaftsverflechtungen zwischen 1970 und 1994.

Entscheidende Voraussetzung für die Globalisierung war die Reduzierung der Transaktionskosten durch Deregulierung und neue Kommunikations- und Informationstechnologien, sowie Verringerungen bei den Transportkosten, die Flexibilisierung der Produktionsprozesse der post Fordist Ära z.B. durch Just in Time- und Lean Production Konzepte und die resultierende Entwicklung zu verstärktem

Outsourcing (Maennig/Wilfling, 1998). Weiterhin waren auch der Abbau nationaler Regulierungen in Bereichen wie Energie-, Kommunikations- und Verkehrswirtschaft sowie internationale Deregulierungen wie der Abbau von Zöllen und nichttarifären Handelshemmnissen Grundlage der Globalisierung (Schamp, 2000; 1996).

Abbildung 2.3; Entwicklung internationaler Wirtschaftsverflechtungen.

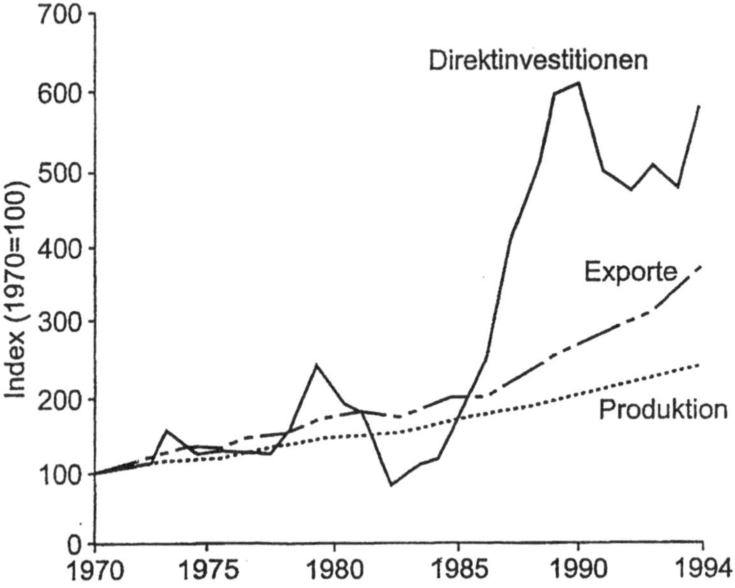

Quelle: Grömling et. al., 1996.

Der Prozess der Globalisierung ist aber nicht alleinig als Folge der Veränderung von Rahmenbedingungen zu erklären, sondern stellt auch ein Ergebnis strategischer Handlungen von Akteuren dar (Bathelt/Glückler, 2002).

Während die Globalisierung ein zentrifugaler Prozess ist, der die Entfernung zwischen den handelnden Akteuren kleiner werden lässt, stellt die Regionalisierung einen zentripetalen Prozess dar, der Länder durch Vereinbarungen und koordinierte Politiken mit dem Ziel verbindet, eine Stärkung gegenüber anderen Regionen zu erreichen (Kappel, 1997, S. 4). Herausragendes Beispiel für eine Regionalisierungsentwicklung ist der Zusammenschluss der europäischen Länder zur EU mit gemeinsamen Binnenmarkt und Währungsunion. Globalisierung und Regionalisierung der Weltwirtschaft haben dabei starke Auswirkungen auf FDI. Die Entstehung des europäischen Marktes brachte sowohl eine Zunahme von intra-europäischen FDI als auch von FDI aus Drittländern wie den USA. Hauptgründe dafür sind die entstehende Größe des Binnenmarktes und seine Wachstumsraten (Dunning/Robson, 1988A, S. 7). Regionalisierung – und besonders die Bildung des Europäischen Binnenmarktes – ist damit eine der Hauptantriebskräfte der Zunahme von FDI (Nunnenkamp, 1994, S. 156).

Bedingt durch die positive Korrelation von FDI und internationalem Handel nehmen mit FDI sowohl die Exporte in das Zielland sowie auch die Importe von dort zu (Nunnenkamp et. al., 1994, S. 158).

Im Rahmen der Betrachtung von Globalisierung und Regionalisierung sind sowohl Entwicklungen erkennbar, die für die Entstehung eines homogenen Weltmarktes sprechen, als auch solche, die eine zunehmende Heterogenisierung und Regionalisierung des Weltmarktes beschreiben (Suckfüll, 1994, S. 28). Die Entwicklungstendenzen von Globalisierung und Regionalisierung können jedoch als komplementär angesehen werden. Während die Regionalisierung eine räumlich begrenzte Liberalisierung der Wirtschaftsbeziehungen mit dem Ziel der Förderung von Produktivität und Wachstum betreibt, werden hierdurch auch die Rahmenbedingungen der Globalisierung im Sinne einer weitergehenden Liberalisierung auf dieser Ebene beeinflusst (Weikl, 1997, S. 18). Auf Basis der aktuellen Entwicklung der Weltwirtschaft haben sowohl Globalisierung als auch Regionalisierung eine fördernde Wirkung auf die internationalen Aktivitäten von multinationalen Unternehmen (Schamp, 2000). Besonders für multinationale Unternehmen aus kleinen Ländern in peripheren Lagen, die nicht über Einfluss in internationalen Institutionen verfügen, wie z. B. aus Australien, verändert oder erschwert sich der Zugang zu Märkten wie der EU. Dies beeinflusst die internationale wirtschaftliche Entwicklung dieser Unternehmen und erfordert die Anwendung neuer Internationalisierungsstrategien.

Die durch die Regionalisierung herbeigeführten strukturellen Veränderungen der Rahmenbedingungen wie die Entstehung des Binnenmarktes in Europa haben sowohl starke Auswirkungen auf das Verhalten der Unternehmen innerhalb der betroffenen Regionen sowie auch auf das Verhalten von multinationalen Unternehmen außerhalb der Region. So werden, durch die globalen Absatz-, Produktions- und Beschaffungsaktivitäten der multinationalen Unternehmen, Regionen verbunden und Standorte in geographisch weit voneinander entfernten Regionen in einen intensiven Wettbewerb zueinander gebracht (Fieten et. al., 1997, S. 14).

Mit zunehmender Regionalisierung der Weltwirtschaft bekommt das Konzept der Gateways als Schnittstelle des Zugangs zu Regionen eine neue Bedeutung. Gateways im traditionellen Sinne sind geographische Orte, die eine Schnittstellenfunktion für den Güterhandel in eine bestimmte Region bilden, wie z.B. Hafenstädte und geographische Ausgangspunkte der Kolonialisierung. Mit der Zunahme der Komplexität des internationalen Austauschs von Serviceleistungen, Kapital und Wissen verändern sich die Anforderungen an Gateways. Auch der internationale Güterhandel selbst hat sich stark verändert und stellt ein komplexes System des Austausches von verschiedenen Gütern, Leistungen und Wissen dar, für das moderne Gateways wichtige Schnittstellen bilden (Gaebe / Schamp, 1994, S. 3). Neue Logistikketten von Handelsströmen, neue Arten von – und Gründe für den Markteintritt in eine Region durch FDI und die Entstehung neuer Ströme von Kapital und Wissen stellen komplexere Anforderungen an Gateways, die verstärkt an infrastrukturellen und institutionellen Schnittstellen angesiedelt sind. Ein Gateway kann somit als funktionaler Punkt und Schnittstelle, z.B. einer Logistikkette, oder als geographischer Ort, z.B. Standort für FDI, betrachtet werden (Gaebe / Schamp, 1994, S. 3). Mit der Bildung des europäischen Marktes verlieren Grenzen und Schnittstellen zwischen den Ländern der EU ihre Bedeutung und neue Gateways zur europäischen Region entstehen. Wo nationale Regulierungen in der Vergangenheit separate Niederlassungen in den einzelnen europäischen Ländern notwendig machten, erfolgen Direktinvestitionen in Herstellung und Distribution jetzt stärker zentralisiert (Gaebe / Schamp, 1994, S. 70).

Zusätzlich zu den Einflüssen der Globalisierung und Regionalisierung, die für eine Vergrößerung und Internationalisierung der relevanten Märkte stehen, haben auch systemische Veränderungen in den der Wertschöpfung zugrundeliegenden Faktoren sowie in den Ausprägungen des Wettbewerbs selbst Einfluss auf die Unternehmen. Besondere Relevanz haben in diesem Zusammenhang die zunehmende Wissensbasierung als Grundlage der Wertschöpfung und des Wettbewerbs sowie die Entstehung neuer kooperativer Formen der Durchführung der Wertschöpfung und Bildung von Wettbewerbsvorteilen. Besonders die letztgenannten systemischen Veränderungen, die in der Literatur als „Alliance Capitalism" bezeichnet werden, müssen sich auch auf die Entwicklung der relevanten Theorien und Modelle zur Erklärung multinationaler Unternehmen auswirken (Dunning, 1995, S. 462). Während im „Hierarchical Capitalism" die Wettbewerbsvorteile nur endogen, in den Unternehmen entstehen, können im „Alliance Capitalism" Wettbewerbsvorteile auch exogen zum Unternehmen, durch Kooperationen mit anderen Unternehmen entstehen. Dunning nennt in diesem Zusammenhang die Desintegration von „Non Core Activities" und ihren Ersatz durch Kooperationen, sowie durch zunehmenden Kostendruck begründete F&E Kooperationen und Kooperationen zum schnelleren Eintritt in internationale Märkte (1995, S. 468).

Die meisten Studien zu multinationalen Unternehmen beziehen sich auf typische Branchen und Unternehmungen aus den großen Industrieländern, die nicht unbedingt auch die Gegebenheiten kleiner, entwickelter Länder reflektieren. Dies steht im Gegensatz zu der Tatsache, dass kleine Länder oft einen im Verhältnis zu ihrer Wirtschaft sehr großen Bestand an FDI haben. Während die Niederlande, die Schweiz und Schweden FDI Bestände von über 20% des GDP hatten, betrugen die Vergleichszahlen für die USA 8% und für Japan 7%. Die Bedeutung der Internationalisierung durch Direktinvestitionen steht in diesen Fällen in inverser Beziehung zur Größe des Heimatmarktes (Andersson, 1996, S. 6). Ein kleiner Heimatmarkt bietet den Unternehmungen Anreize, durch Internationalisierung notwendige Skaleneffekte zu erzielen. Bei Existenz von Handelsbarrieren entstehen in großen Märkten große Unternehmen und in kleinen Märkten spezialisieren sich Unternehmen auf Branchen und Produkte, bei deren Herstellung Skaleneffekte von geringer Relevanz sind.

In der Literatur wird bei den für multinationale Unternehmen standortrelevanten Faktoren jedoch stark auf die Gegebenheiten im Zielland der Direktinvestition abgestellt, welche die Pull-Faktoren reflektieren. Besonders bei multinationalen Unternehmen aus kleinen Ländern sollten jedoch auch die Einflüsse des Stammlandes, und damit eventuelle Push-Faktoren, verstärkt in die Betrachtung mit einbezogen werden (Andersson, 1996, S. 6). Ein weiterer in der Literatur genannter und durch die Größe des Heimatmarktes bedingter Unterschied ist, dass multinationale Unternehmen aus kleineren Ländern bei der Verlagerung von Kernkompetenzen in das Ausland flexibler als multinationale Unternehmen aus größeren Herkunftsländern sind (Fieten et. al., 1997, S. 15).

Offene Volkswirtschaften mit relativ kleinem Heimatmarkt bieten für die Entstehung von multinationalen Unternehmen somit besondere Voraussetzungen. Innerhalb dieser Untersuchung sollen daher auch die Einflüsse des australischen Heimatmarktes als Push-Faktoren auf das Internationalisierungsverhalten der multinationalen Unternehmen analysiert werden.

Als theoretische Grundlage der empirischen Untersuchung multinationaler australischer Unternehmen werden im folgenden Kapitel die alternativen Internationalisierungsarten dargestellt und anhand verschiedener Systematisierungskriterien voneinander abgegrenzt. Weiterhin sollen auch die Komplementarität und Subsidiarität der verschiedenen Arten der Internationalisierung untersucht sowie die dynamischen Zusammenhänge zwischen den verschiedenen Internationalisierungsarten analysiert werden.

2.2 Internationale Aktivitäten von Unternehmen

2.2.1 Alternative Arten der Internationalisierung

Zur Differenzierung der verschiedenen Arten der Internationalisierung von Unternehmen sollen im Folgenden zunächst einige Systematisierungskriterien festgelegt werden, anhand derer sich die verschiedenen Internationalisierungsarten unterscheiden und einteilen lassen. Neben dieser Systematisierung und zunächst statischen Betrachtung soll auch das dynamische Zusammenwirken der verschiedenen Internationalisierungsarten analysiert und auf substitutive und komplementäre Beziehungen untersucht werden.

Als Systematisierungskriterien für die verschiedenen Internationalisierungsarten können die Entscheidungen über interne und externe Durchführung der Wertschöpfungsaktivitäten sowie über deren räumliche Anordnung im Ursprungsland oder im Zielland herangezogen werden. So kann eine Wertschöpfungsaktivität entweder vom Unternehmen selbst (interne Durchführung) oder von einer anderen Unternehmung (externe Durchführung) ausgeführt werden. Die Wertschöpfungsaktivitäten können dabei entweder im Ursprungsland der Unternehmung oder in einem anderen Land durchgeführt werden. Als weitere Kriterien zur Unterscheidung der verschiedenen Internationalisierungsarten werden in der Literatur der Grad der Ressourcenbindung im Ausland, die Art und Form des Ressourcentransfers sowie strategiespezifische Risiken angeführt (Schanz, 1995, mit einer umfassenden Literaturdarstellung). Dem Grad der Ressourcenbindung im Ausland liegt die Analyse der räumlichen Anordnung von Wertschöpfungsaktivitäten und Vermögensgegenständen einer Unternehmung zugrunde, wobei zumeist auf Sachkapital und Managementkapazität abgestellt wird. Die Einteilung der Internationalisierungsarten nach Art und Form des Ressourcentransfers differenziert nach der Beschaffenheit der international transferierten Güter. Dabei wird zwischen dem Transfer von Produkten, von Wissen und von Faktoren in der Form von Real- und Finanzkapital unterschieden. Schließlich erlaubt auch die Untersuchung der verschiedenen strategiespezifischen Risiken eine Klassifizierung der Internationalisierungsarten (Schanz, 1995, S. 18).

Die Basis der weiteren Untersuchung innerhalb dieser Arbeit sollen die Kriterien der internen oder externen Durchführung sowie des Ortes der Ausführung der Wertschöpfungsaktivität bilden. Nach diesen Kriterien kann man drei Grundformen oder Basisstrategien der Internationalisierung unterscheiden: den Export, die Lizenzvergabe und die Direktinvestition. Alle internationalen Aktivitäten von Unternehmen lassen sich dabei prinzipiell auf diese drei Grundformen internationaler Aktivitäten verteilt erfassen. Die Übergänge zwischen den Internationalisierungsarten können jedoch nicht immer absolut trennscharf abgegrenzt werden und erschweren damit eine exakte Erfassung und Einteilung. Alle drei Basisstrategien können dabei noch unterschiedliche Ausprägungen hinsichtlich der Vertriebswege und Kontakte mit den Endkunden umfassen (Buckley et. al., 1992, S. 63).

Da die drei beschriebenen Basisstrategien zur Internationalisierung alle internationalen Aktivitäten der Unternehmen abdecken, muss sich die Summe der internationalen Unternehmensumsätze aus den Bestandteilen Exportumsätze, Lizenzeinnahmen und Umsätze der Tochterunternehmen im Ausland (Direktinvestitionen) ergeben.

Internationaler Umsatz =

Exporte + Lizenzeinnahmen + Umsatz der Direktinvestitionen

Nach den Kriterien der internen vs. externen Durchführung sowie des Ortes der Ausführung der Wertschöpfungsaktivität können Umsätze aus Exporten von denen aus Lizenzen und Direktinvestitionen durch den Ort der Wertschöpfung unterschieden werden. Während die Wertschöpfung bei Exporten im Ursprungsland ausgeführt wird, liegt sie bei Lizenzvergabe und Direktinvestition im Zielland. Weiterhin kann die Lizenzvergabe durch die Art der Durchführung der Wertschöpfung von Export und Direktinvestition unterschieden werden. Bei der Lizenzvergabe erfolgt die Wertschöpfung extern, also außerhalb des Unternehmens, während sie bei Export und Direktinvestition intern, vom Unternehmen selbst ausgeführt wird. Damit lassen sich die verschiedenen Internationalisierungsarten voneinander zum einen durch den Ort der Wertschöpfung (Lokalisierungseffekt) und zum anderen durch die Aufteilung in interne und externe Durchführung der Wertschöpfung (Internalisierungseffekt) unterscheiden.

Internationaler Umsatz =

Internalisierungseffekt

Exporte + Lizenzeinnahmen + Umsatz der Direktinvestitionen

Lokalisierungseffekt

Damit bilden die Entscheidungen von Unternehmen über länderübergreifende Internalisierung und Lokalisierung von Wertschöpfungsprozessen entscheidende Parameter für die Untersuchung multinationaler Unternehmen.

Im Folgenden werden die unterschiedlichen Basisstrategien der Internationalisierung einzeln dargestellt.

2.2.1.1 Bedeutung kultureller Nähe

Der mit dem Konzept der kulturellen Nähe beschriebene Zusammenhang von Wirtschaft und Kultur bezeichnet historisch gewachsene soziale Regeln formeller und informeller Art und begreift Kultur als ein Geflecht von Institutionen und Konventionen, das nationale, regionale und lokale Bestandteile hat (Schamp, 2000, S. 48). Unternehmen sind hauptsächlich in die institutionellen Zusammenhänge eingebettet, die auf nationalstaatlicher Ebene definiert sind. Dadurch werden Kommunikationsprozesse innerhalb desselben nationalstaatlichen Zusammenhanges erleichtert (Bathelt/Glückler, 2002, S. 162). Die soziokulturelle Umwelt der Herkunftsländer trägt somit zur Erklärung von Strategien und Handeln der Unternehmen bei (Schamp, 2000). Innerhalb der Durchführung internationaler Wertschöpfungsaktivitäten wirkt kulturelle Nähe daher zum einen über Einflüsse des Ursprungslandes auf die Strategien der Unternehmen, zum anderen kann sie sich über die Einflüsse internationaler Standorte auf Kosten und Erträge auswirken. Damit stellt kulturelle Nähe über die Risikominimierung auch einen wichtigen Einfußfaktor auf die Wahl der Ländermärkte im Rahmen der Internationalisierung dar.

Johanson und Vahlne beschreiben die kulturelle Nähe als die Summe der Faktoren, die den bidirektionalen Informationsfluss fördern. Im einzelnen nennen sie in einer nicht abschließenden Aufzählung die Einflussfaktoren Sprache, Kultur, Geschäftsstil und Ausbildung (Johanson/Vahlne, 1977, S. 24). Die kulturelle Nähe korreliert dabei oft mit geographischer Nähe. Es bestehen aber auch distinkte Ausnahmen, wie zum Beispiel die kulturelle Nähe der geographisch dispersen Commonwealth Länder (z.B. UK und Australien) zueinander (Johanson/Vahlne, 1990). Der Einfluss der kulturellen Nähe wird von den Autoren als dynamischer Faktor gesehen, der allerdings nur einer langsamen Veränderung unterliegt (Johanson, 1994, S. 35,).

Gertler unterscheidet die kulturellen Einflüsse auf drei Ebenen (Gertler, 1997, S. 51):

(1) Nationale Ebene, mit nationalen Institutionen wie Arbeitsmarkt, Ausbildungssystem, Industrial Relations System und Kapitalmarkt

(2) Regionale Ebene, mit regionalen und lokalen Institutionen

(3) Unternehmensebene, mit Unternehmensstrategie und Unternehmenskultur.

Er betont dabei die Bedeutung der nationalen Institutionen und den Einfluss einer gewachsenen Herstellungskultur, die es Unternehmen aus bestimmten Ländern ermöglichen, erfolgreicher im internationalen Wettbewerb mit Unternehmen aus anderen Ländern zu konkurrieren. Die durch stärkere vertikale Desintegration der Weltwirtschaft bedingte feinere Arbeitsteilung verlangt hinsichtlich Flexibilität und Austausch von Know-how intensivere Verbindungen zwischen den Unternehmen. Da solche inter-Firmen Beziehungen formelle und informelle Mechanismen nutzen und daher teilweise auf Vertrauen aufbauen, sind Kooperationen zwischen Unternehmen aus den Ländern im Vorteil, die ein höheres Maß an kultureller Nähe zueinander aufweisen (Gertler, 1997, S. 47).

Schließlich wirkt sich auch die Distanz zwischen dem Ursprungsland der Produktion und dem Zielland der Exporte nachteilig auf die Wahrnehmung von Kundenpräferenzen und entsprechende Anpassungen der Produkte aus (Pausenberger, 1994, S. 4). Gertler betont in diesem Zusammenhang die Relevanz kultureller und geographischer Nähe für die Interaktion zwischen Herstellern und Nutzern moderner Fertigungstechnologie. Dabei ist die geographische Nähe für häufige Treffen und die kulturelle Nähe für ein tieferes Verständnis zwischen Lieferanten und Kunden wichtig. Beides zusammen erlaubt ein besseres Verständnis der Kundenpräferenzen und bildet die Basis für Produktinnovationen, die aus der Verbindung von Produzent und Nutzer resultieren können (Gertler, 1997, S. 47).

Im Rahmen der Untersuchung der Internationalisierungsstrategien von Unternehmen sind sowohl die Auswirkungen kultureller Nähe auf die Unternehmensstrategien von Interesse, die diese von Unternehmen aus anderen Ursprungsländern unterscheidet, als auch die Einflüsse kultureller Nähe auf die Auswahl von Ländermärkten und die Art und Komplexität der durchgeführten Wertschöpfungsprozesse. In der weiteren Untersuchung sollen diese Aspekte daher vertieft werden.

2.2.1.2 Export

Der Export von Gütern und Leistungen stellt die Grundform internationaler Aktivitäten dar. Die Exporttätigkeit ist dadurch gekennzeichnet, dass der Hersteller ein Wirtschaftsgut in einem anderen als dem Produktionsland verkauft (Pausenberger, 1994, S. 2). Exporttransaktionen werden i.d.R. auf vertraglicher Basis zwischen rechtlich und wirtschaftlich selbständigen Vertragspartnern durchgeführt. Die Wertschöpfung erfolgt dabei intern und im Ursprungsland der Unternehmung. Eine Ressourcenbindung im Ausland erfolgt nicht und die einzige ins Ausland übertragene Ressource ist das Endprodukt der Unternehmung. Die spezifischen Risiken beim Export beschränken sich auf das Risiko eines Forderungsausfalls.

Beim Export kann zwischen dem direkten und dem indirekten Export unterschieden werden. Während sich eine Unternehmung beim indirekten Export unabhängiger Vermittler bedient, die sowohl im Ursprungsland als auch im Zielland der Exporte ansässig sein können, erfolgt die Exportlieferung beim direkten Export unmittelbar an den Abnehmer im Zielland. Die relevanten Absatzorgane sind beim indirekten Export z.B. Exportagenten, Eigenhändler sowie kooperative Vertriebsformen wie Franchisesysteme und Exportgemeinschaften und beim direkten Export z.B. die Exportabteilung der Unternehmung und Auslandsreisende (Schanz, 1995, S. 15).

Grenzen der Internationalisierung durch Exporte resultieren aus dem Einfluss der Transportkosten sowie tarifärer und nicht-tarifärer Handelshemmnisse auf die Konkurrenzfähigkeit der Produkte in den Auslandsmärkten. Auch die Höhe der Produktionskosten im Ursprungsland sowie Wirkungen der Wechselkurse beeinflussen die Wettbewerbsfähigkeit von Exporten.

2.2.1.3 Lizenzvergabe

Auch Lizenzvereinbarungen werden auf vertraglicher Basis i.d.R. zwischen rechtlich und wirtschaftlich selbständigen Vertragspartnern eingegangen.[2] Durch den Abschluss einer Lizenzvereinbarung vergibt eine Unternehmung das Recht zur wirtschaftlichen Verwertung eines Immaterialgutes, z.B. eines Patents oder von Know-how, an eine andere. Dieser Technologietransfer erfolgt durch Übergabe von Dokumenten und Sachgütern, kann aber auch die Schulung von Mitarbeitern des Lizenznehmers oder Entsendung von Experten des Lizenzgebers umfassen (Pausenberger, 1994, S. 5). Die Gegenleistung des Lizenznehmers für die Überlassung des Lizenzgegenstandes ist die Zahlung von Lizenzgebühren, die oft umsatzabhängig bemessen sind.

Die Durchführung der Wertschöpfung erfolgt bei der Lizenzvergabe extern, durch Übertragung des Lizenzgegenstandes von der Unternehmung an den Lizenznehmer und sie erfolgt im Zielland. Eine Ressourcenbindung der lizenzgebenden Unternehmung im Ausland liegt somit bei der Lizenzvergabe nicht vor. Die vom Unternehmen übertragene Ressource ist das im Lizenzvertrag spezifizierte Immaterialgut. Die spezifischen Risiken der Lizenzvergabe liegen in der Regelung des Verhältnisses von Lizenzgeber und Lizenznehmer. Sie betreffen

2 Pausenberger führt an, dass etwa 80% der Lizenzeinnahmen amerikanischer Unternehmen aus konzerninternen Transfers stammen. Auch bei den Lizenzausgaben überwiegen die konzerninternen Zahlungen. Innerhalb der Betrachtung der alternativen Internationalisierungsarten steht jedoch die Unterscheidung zwischen einer Lizenzvergabe an unabhängige Dritte und einer Direktinvestition (MNU) im Vordergrund (Pausenberger, 1994, S. 6).

die Kontrolle und den Schutz der qua Lizenz übertragenen Immaterialgüter. So kann der Lizenznehmer zu einem Konkurrenten des Lizenzgebers auf dessen Ursprungsmarkt oder auf Drittmärkten werden. Ein weiteres Risiko liegt in der Kontrolle des Lizenznehmers hinsichtlich der Qualität von dessen Leistungen, da diese einen Einfluss auf das Geschäft des Lizenzgebers in Drittländern haben können.

Die Vorteile der Lizenz gegenüber den Exporten liegen in der Vermeidung von Transportkosten der Endprodukte, der weitgehenden Vermeidung von Währungsrisiken sowie der Umgehung von Handelshemmnissen. Außerdem kann durch eine Lizenzvergabe ein schneller Markteintritt erreicht werden, wenn eine starke Auslandsnachfrage durch vorhandene Produktionskapazitäten im Ursprungsland nicht bedient werden kann (Pausenberger, 1994, S. 6). Da die Lizenzvergabe keine zusätzlichen Investitionen des Lizenzgebers erfordert, besteht kein Kapitalrisiko. Durch die Übertragung von produktspezifischen Risiken auf den Lizenznehmer verbessert sich auch die generelle Risikoposition des Lizenzgebers im Vergleich zu alternativen Internationalisierungsarten.

Die Nachteile der Internationalisierung durch Lizenz liegen in der problematischen Natur der Lizenzvereinbarung. Je schwieriger dabei die Qualifizierung des Immaterialgutes, desto höher werden die Kosten der Transaktion. Die Problematik liegt u.a. darin, dass das Immaterialgut dem potentiellen Lizenznehmer vor Abschluss des Lizenzvertrages nicht bekannt ist, er sich aber über den Wert der Nutzung festlegen muss. Um diesen verlässlich ermitteln zu können, müsste er bereits im Besitz des Wissens sein. Dieses Paradoxon erschwert die Lizenzvergabe zwischen unabhängigen Parteien, nicht jedoch innerhalb eines einheitlichen Konzerns. Schließlich verringert sich das theoretisch mögliche Gewinnpotential, da der Gesamtgewinn zwischen Lizenzgeber und –Nehmer geteilt werden muss.

Lizenzvergabe wird in der Literatur auch als eine Übergangslösung bezeichnet, die Erfahrungen über einen neuen Auslandsmarkt schafft, bevor eine Direktinvestition vorgenommen wird (Buckley, 1992, S. 64).

2.2.1.4 Direktinvestition

Die Direktinvestition bildet die dritte Basisstrategie der Internationalisierung. Eine Unternehmung gründet hierbei eine Niederlassung, die im Zielland Wertschöpfungsaktivitäten erbringt.

Die Wertschöpfung erfolgt dabei intern und wird durch die Unternehmung selbst im Ausland durchgeführt. Damit entsteht bei der Internationalisierung durch Direktinvestition eine starke Ressourcenbindung im Ausland. Die Unternehmung transferiert Management und Kapital in Form von Produktionsfaktoren. Möglicherweise werden auch Zwischenprodukte der Unternehmung zur Weiterverarbeitung in das Zielland geliefert. Die Direktinvestition ist durch den Transfer von umfassenden Ressourcen ins Ausland mit höheren Risiken für das Unternehmen verbunden als die zwei alternativen Internationalisierungsarten. Neben dem Risiko eines kommerziellen Scheiterns müssen bei Direktinvestitionen auch politische Risiken für die im Ausland gelegenen Vermögensgegenstände berücksichtigt werden.

Ein wichtiger Vorteil und konstituierendes Element der Direktinvestition ist die direkte Kontrolle über die Wertschöpfungsaktivitäten im Ausland. Im Vergleich zur Lizenzvergabe verbleibt das den Wettbewerbsvorteil ausmachende Immaterialgut unter der vollständigen Kontrolle der Unternehmung, wodurch auch der gesamte potentielle Gewinn dem Unternehmen zufällt. Im Vergleich zum Export können Handelsbarrieren und teilweise auch Währungsrisiken sowie Transportkosten des Endproduktes vermieden werden. Unterschiede in den Faktorkosten zwischen dem Ursprungsland und dem Zielland können zur Kostensenkung genutzt werden und die Investition kann auch der gezielten Erschließung und Nutzung von für das Unternehmen strategisch relevanten Ressourcen des Ziellandes dienen (Dunning, 2000, S. 164). Ebenfalls kann in den verschiedenen Märkten eine unterschiedliche strategische Preissetzung erfolgen. Die direkte Präsenz im Zielland ermöglicht auch eine wesentlich größere Kundennähe, die hinsichtlich der lokalen Präferenzen von hoher Bedeutung für den Erfolg der Unternehmung sein kann und zusätzlich die Durchführung eines effizienten Service ermöglicht. Durch die größere Kundennähe kann eine intensivere Hersteller – Nutzer Verbindung auch zur Förderung von Innovation beitragen (Gertler, 1997, S. 47). Direktinvestitionen können dabei zum einen importsubstituierenden Charakter haben und werden in diesen Fällen in vorher durch Exporte bearbeiteten Ländern erfolgen. Zum anderen können sie aber auch als Gateway-Investition der Erschließung einer Gruppe von Ländern oder einer Region dienen. Diese Annahme erscheint im besonderen für FDI aus nicht EU-Ländern (z.B. Australien) in der EU relevant.

Nachteilig bei der Internationalisierung durch Direktinvestition sind die hohen notwendigen Aufwendungen an Kapital- und Managementressourcen sowie die zusätzlichen Risiken des Vermögensverlustes, dem eine Direktinvestition im Ausland ausgesetzt ist. Es entsteht ebenfalls ein größerer Informations- und Koordinationsaufwand zur Steuerung dieser Aktivitäten. Werden Produktionsleistungen verlagert, können sich außerdem Probleme aus der Dezentralisierung der Wertschöpfungsaktivitäten, wie verminderte Größen- und Lernkurveneffekte ergeben. Daher stellt eine Internationalisierung durch Direktinvestitionen hohe Anforderungen an die Management- und Kapitalressourcen des internationalisierenden Unternehmens.

Die folgende Graphik stellt eine Übersicht der verschiedenen Internationalisierungsarten nach den Dimensionen Kapitaleinsatz im Gastland und Einsatz von Managementressourcen im Gastland dar.

Abbildung 2.4; Internationalisierungsarten im Überblick.

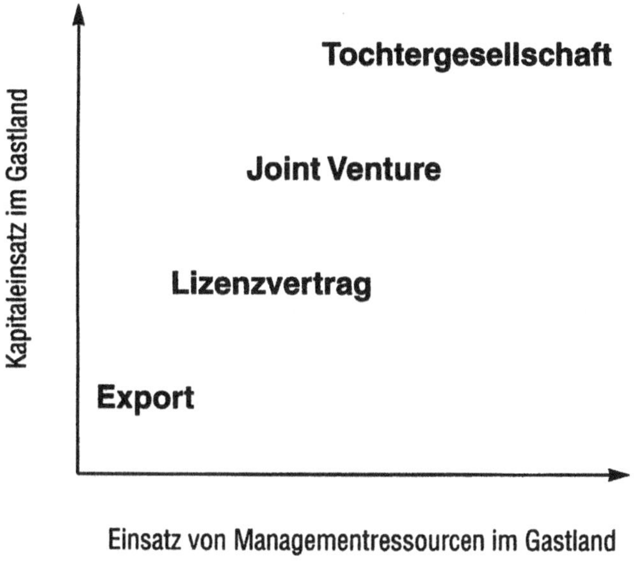

Quelle: Schanz, 1995, S. 16.

Direktinvestitionen können noch in zwei weiteren Dimensionen unterschieden werden. Zum einen kann eine Direktinvestition entweder kooperativ, also mit einem Partnerunternehmen als Joint Venture, oder eigenständig durchgeführt werden. Zum anderen kann die Direktinvestition durch den Kauf eines Unternehmens im Zielland (Akquisition/Brownfield) oder durch den Aufbau einer eigenen, neuen Organisation (Greenfield) erfolgen. Die vier Alternativen weisen dabei deutlich unterschiedliche Eigenschaften und Chancen/Risiken Profile auf, deren Vor- und Nachteile sich situativ in Zusammenhang mit der verfolgten Unternehmensstrategie und der vorliegenden Wettbewerbssituation ergeben.

Akquisition vs. Greenfield

Die Vorteile der Direktinvestition durch Akquisition liegen in einem deutlich schnelleren Markteintritt im Vergleich zur Greenfield-Lösung. Außerdem werden Anlaufprobleme vermieden, die sonst bei der Schaffung einer neuen Organisation auftreten würden. Ebenfalls kann der Markteintritt durch Akquisition kostengünstiger sein als der Aufbau einer neuen Organisation. Dies gilt aber nur, wenn notwendige Modernisierungsinvestitionen in das übernommene Unternehmen dem nicht entgegenstehen. Erforderliche Modernisierungsinvestitionen müssen daher bei der Entscheidung bekannt sein und entsprechend berücksichtigt werden. Einen weiteren wichtigen Vorteil stellt die Tatsache dar, dass ein Marktanteil nicht erst erobert werden muss, sondern mit der Akquisition quasi zur Verfügung steht (Pausenberger, 1994, S. 16). Dies stellt besonders in Branchen mit schwachem Wachstum und dominanten Wettbewerbern sowie bei Vorliegen eines engen „Window of Opportunity" für den Markteintritt einen wichtigen Vorteil dar.

Direktinvestitionen in der Form des Greenfield vermeiden die bei der Akquisition entstehenden Probleme und Kosten der organisatorischen Integration der neuen Einheit in das Gesamtunternehmen. Während bei Greenfield Investitionen modernste Technologie eingesetzt werden kann, muss bei einer Akquisition häufig die übernommene veraltete Ausstattung sukzessive erneuert werden. Auch die Wahl des Standortes kann bei einer Akquisition nicht frei getroffen werden und führt u. U. zu einer suboptimalen Ausgangsbasis für die Direktinvestition (Pausenberger, 1994, S. 18).

Die richtige Strategie hängt damit wesentlich von der Markt- und Wettbewerbssituation ab, mit der sich das Unternehmen im Zielmarkt konfrontiert sieht, sowie auch von den eingesetzten Wettbewerbsvorteilen des Unternehmens und der strategischen Zielsetzung der Investition, die sowohl eine Akquisition als auch eine Greenfield Investition bevorzugen können.

Eine empirische Langzeitstudie schwedischer Unternehmen hat ergeben, dass Firmen mit Wettbewerbsvorteilen durch eine starke eigene Technologiebasis eine Greenfield Investition bevorzugen, während Unternehmungen, deren Wettbewerbsvorteile in der besseren Fähigkeit der Organisation und Nutzung allgemein verfügbarer Technologien bestehen, Akquisitionen zur Internationalisierung präferieren (Andersson, 1996, S. 46).

Die folgende Tabelle fasst die wesentlichen Vor- und Nachteile der Direktinvestition durch Akquisition und Greenfield zusammen.

Abbildung 2.5; Internationalisierung durch Akquisition und Greenfield.

Kriterium	***Aufkauf***	***Neugründung***
Marktzugang	unmittelbar	zeiterzögert
Marktanteil	wird übernommen	muss erobert werden
Kapitaleinsatz	hoher Anfangsbetrag	sukzessive Steigerung
Standort	gegebene Standortstruktur	frei wählbarer Standort
Einstellung der Gastlandregierung	oft Abwehrhaltung	häufig finanzielle Förderung
Technologie	vorgegeben	neueste Verfahren einsetzbar
Integration	schwierig	problemlos
Anbieterzahl und Produktionskapazität	bleibt erhalten	wird erhöht

Quelle: Pausenberger, 1994, S. 19.

Tochterunternehmen vs. Joint Venture

Das entscheidende und konstitutive Kriterium bei der Direktinvestition ist die Kontrolle der Wertschöpfung im Ausland durch die investierende Unternehmung (Buckley, 1997). Diese Kontrolle wird bei einer Direktinvestition in Form des Joint Venture mit einem oder mehreren Partnern geteilt. Aus der Bedeutung und Zentralität der Kontrolle für Direktinvestitionen ist ersichtlich, dass deren Teilung mit anderen Unternehmen eine diffizile Aufgabe bedeuten kann.

Vorteile eines Joint Venture werden bei der Zusammenarbeit mit einem lokalen Partner in der Nutzung von dessen lokaler Marktkenntnis und Verbindungen zu Behörden und Banken gesehen. Ein lokaler Partner kann das Joint Venture auch als lokales Unternehmen erscheinen lassen. Ein genereller Vorteil des Joint Venture liegt in der niedrigeren notwendigen Ressourcenausstattung, da diese von den Partnern gemeinsam geleistet werden. Damit kann sich für ein Joint Venture gegenüber einem hundertprozentigen Tochterunternehmen die Risikoposition für die Unternehmung sowohl hinsichtlich eines wirtschaftlichen Scheiterns sowie auch betreffend des potentiellen Schadens verringern.

In Märkten, in denen ein Tochterunternehmen nicht realisiert werden kann, stellt ein Joint Venture die einzige Möglichkeit der Direktinvestition dar. Solche quasi erzwungenen Joint Venture werden jedoch in der Literatur eindeutig als zweitbeste Lösung angesehen (Pausenberger, 1994, S. 21). Die geteilte Kontrolle über das Joint Venture kann zu Konflikten mit den Partnern auf operativer und strategischer Ebene führen. Weiterhin kann die eingeschränkte Kontrollmöglichkeit auch zu einem ungewollten Abfluss von an das Joint Venture übertragenen Know-how führen. Damit besteht das Risiko, dass aus Joint Venture Partnern in der Zukunft Konkurrenten werden.

Aus den genannten Vor- und Nachteilen ergibt sich, dass ein Joint Venture nur langfristig erfolgreich sein kann, wenn die Partner gleichgerichtete Interessen hinsichtlich der strategischen Zielsetzung des Joint Venture haben und das Anreiz-Beitrags Gleichgewicht aufrechterhalten bleibt. So wird die Zusammenarbeit im Joint Venture für das ausländische Unternehmen uninteressant, wenn der Wissensvorsprung des lokalen Partners aufgeholt ist (Pausenberger, 1994, S. 22). Ebenfalls zu berücksichtigen sind die Einflüsse der kulturellen Nähe zwischen den Joint Venture Partnern. Bedingt durch umfangreiche notwendige Kommunikation zwischen den Partnerunternehmen, besonders in der Gründungsphase, erleichtert ein hohes Maß an kultureller Nähe den Erfolg des Joint Venture.

Die folgende Tabelle fasst die wesentlichen Vor- und Nachteile der Direktinvestition durch Joint Venture und hundertprozentige Tochterunternehmen zusammen.

Abbildung 2.6; Vor- und Nachteile des Joint Venture gegenüber einem Tochterunternehmen.

Vorteile:
- geringer Kapitaleinsatz
- geringere Risikobelastung
- geringere Enteignungsgefahr
- verbessertes Informationsniveau (Marktkenntnis etc.)
- verbesserter Zugang zu Behörden, öffentlichen Aufträgen und lokalem Kapitalmarkt
- verbesserte Akzeptanz in der Öffentlichkeit

Nachteile:
- Leitungskonflikte mit dem Partner
- Unvollständige Kontrolle
- Labiles Anreiz-Beitrags-Gleichgewicht
- Divergierende Interessen bezüglich Gewinnverwendung, Exportpolitik und Transferpreisfestsetzung

Empirie:
- im allgemeinen zeitlich befristete Lösung
- hohe Auflösungsquote

Quelle: Pausenberger, 1994, S. 23.

2.2.1.5 Zusammenhang der Internationalisierungsarten

In der bisherigen Betrachtung sind die verschiedenen Internationalisierungsarten als alternative Strategien internationaler Aktivität dargestellt worden. Dies würde bedeuten, dass Unternehmen sich situativ zur Erschließung ausländischer Märkte der jeweils optimalen Alternative bedienen und diese dann dauerhaft anwenden. In der Literatur wird jedoch eine sequentielle Anwendung der verschiedenen Internationalisierungsarten angenommen. Ein einfaches Modell, das den dynamischen Zusammenhang zwischen den drei Internationalisierungsarten hervorhebt, soll im folgenden dargestellt werden (Buckley, 1997, S. 40).

Das Modell stellt die drei Basisstrategien in den Dimensionen der spezifischen Kosten (Fixkosten und variable Kosten) sowie der Nachfragesituation auf dem relevanten Markt des Ziellandes dar und bestimmt die optimale Internationalisierungsart in Abhängigkeit dieser Variablen. Dabei wird angenommen, dass für die Höhe der Fixkosten die Reihenfolge

$$\mathbf{K_{fix}\ Direktinvestition > K_{fix}\ Lizenz > K_{fix}\ Export}$$

gilt, während für die variablen Kosten die umgekehrte Folge

$$\mathbf{K_{var}\ Export > K_{var}\ Lizenz > K_{var}\ Direktinvestition}$$

Gültigkeit hat.

Diese Grundannahmen erscheinen sinnvoll, da bei den Fixkosten die Einrichtung einer Direktinvestition mit Aufwendungen verbunden ist, die für die beiden anderen Alternativen nicht entstehen. Bei der Lizenzvergabe treten ebenfalls höhere Fixkosten in Form der Suche nach einem geeigneten Lizenznehmer und der Aushandlung der Lizenzvereinbarungen auf, die von höherer Komplexität sind als die eventuell notwendigen Vereinbarungen im Falle des indirekten Exportes. Auch die Annahme über die variablen Kosten erscheint zutreffend, da bei identischen Kosten der Produktion zwischen den Alternativen Export und Direktinvestition die Transportkosten zu berücksichtigen sind und im Falle der Lizenzvergabe Gewinnanteile des Lizenznehmers.

Auf der Grundlage dieser Annahmen erlaubt das Modell die Bestimmung eines optimalen Zeitpunktes für den Wechsel zwischen den Basisstrategien anhand der strategiespezifischen Kosten sowie der Marktentwicklung im Zielland. Das Modell kann auch um den Einfluss von Handelshemmnissen und deren Wirkung auf die verschiedenen Basisstrategien und die sich ergebenden Übergangspunkte zwischen ihnen erweitert werden (Buckley, 1997).

Im folgenden Abschnitt soll die sequentielle Anwendung der verschiedenen Internationalisierungsarten und ihr dynamischer Zusammenhang durch das empirisch fundierte Stufenmodell der Internationalisierung weiter vertieft werden. Besondere Relevanz hat in diesem Modell die Berücksichtigung kultureller Nähe als zentrales Einflusskriterium innerhalb der Internationalisierungsentscheidungen. Damit erfolgt eine Erweiterung der im vorangegangenen Abschnitt behandelten Entscheidungssituation bei der Internationalisierung, die anhand des Trade Off's zwischen Fixkosten und variablen Kosten als rationale Entscheidung dargestellt wurde. Die folgende Untersuchung belegt, dass Internationalisierungsentscheidungen in der Realität einen inkrementalen Lernprozess darstellen, der maßgeblich von den Bedingungen des kontextualen Umfeldes beeinflusst wird, die im Zeitablauf veränderlich sind.

2.2.2 Dynamischer Entwicklungspfad der Internationalisierung

In diesem Abschnitt sollen Internationalisierungsprozesse von Unternehmen dargestellt und untersucht werden. Nach einer kurzen Betrachtung der primären Auslöser der Internationalisierung und ihrer Wirkung auf die multinationalen Unternehmen, wird das in der Literatur häufig vertretene Stufenmodell der Internationalisierung als Konzept eines typisierten Internationalisierungsprozesses vorgestellt. Anhand dieses Modells werden die Bedeutung und Einflüsse kultureller Nähe und der Wettbewerbssituation auf das Internationalisierungsverhalten der Unternehmen betrachtet. Weiterhin wird der Einfluss der Unternehmensstrategie auf die Internationalisierung anhand der Systematik der strategischen Internationalisierungsziele von Dunning dargestellt und das Konzept der Produktspezifizität als Ergänzung zum Stufenmodell vorgestellt.

Die einzelwirtschaftliche Begründung der Internationalisierung setzt bei den Entscheidungen über Beginn oder Ausweitung internationaler Aktivitäten der individuellen Unternehmen an. Die Internationalisierung von Unternehmen wird dabei in der Hauptsache durch die Globalisierung und ihre zwei weltweit wirkenden Haupteinflussfaktoren bestimmt. Zum einen wirkt ein internationaler Nachfragesog als Pull-Faktor, der durch die weltweite Angleichung von Präferenzen der Nachfrager, die zunehmende Angleichung der Kaufkraft in den entwickelten Ländern und die wachsenden Möglichkeiten weltweiter Kommunikation und Information sowie dem Entstehen neuer Märkte bedingt wird. Diese Entwicklung sorgt für wachsende Märkte mit homogeneren Käuferpräferenzen und damit eine Vergrößerung der relevanten Marktpotentiale. Zum anderen entsteht ein Druck auf der Angebotsseite als Push-Faktor, der durch steigende F&E Kosten sowie die immer kürzeren Produktlebenszyklen und dem Auftreten neuer Wettbewerber hervorgerufen wird. Nur durch Verteilung auf ein größeres Absatzvolumen und die Realisierung von Skaleneffekten lassen sich diese höheren Entwicklungskosten in kürzerer Zeit amortisieren (Henzler, 1992, S. 84). Diese beiden international wirksamen Effekte sind die prinzipiellen Antriebskräfte der Internationalisierung von Unternehmen.

Neben dem Nachfragesog und dem Zwang zur Realisierung von Skaleneffekten werden als dritter die Globalisierung fördernder Effekt die Vorteile genannt, die ein Unternehmen nur als Insider im lokalen Markt realisieren kann, wie z.B. der Zugang zum attraktivsten Humankapital und anderen Ressourcen (Henzler, 1992, S. 84). Mit zunehmenden Wettbewerbsdruck kommt diesem Aspekt eine immer stärker werdende Bedeutung zu. Während die genannten Push- und Pull-Faktoren bei der Vergrößerung des Umsatzvolumens keine bestimmte Art der Bearbeitung internationaler Märkte voraussetzen, also prinzipiell eine Anpassung durch Exporte, Lizenzvergaben und Direktinvestitionen von Unternehmen erreicht werden kann, sind die Vorteile des Insiderstatus nur durch eine Direktinvestition zu erzielen.

Stufenmodell der Internationalisierung

Beginn und Durchführung internationaler Aktivitäten werden in der Literatur als ein Entwicklungspfad oder Stufenprozess dargestellt (Henzler, 1992, S. 85). Das Stufenmodell erklärt dabei den Internationalisierungsprozess eines Unternehmens sowie Art und Verteilung der internationalen Aktivitäten. Das Modell entstand auf Basis empirischer Forschung in Schweden und seine Anwendung kann daher auf Unternehmungen aus kleinen, entwickelten Ländern eingeschränkt sein.[3] Die zwei prinzipiellen Dimensionen der Internationalisierung sind zum einen die zu bearbeitenden Märkte und zum anderen die Komplexität der in einem Markt durchgeführten Aktivitäten (Johanson, 1994, S. 50). Der Internationalisierungsprozess wird dabei als eine Folge inkrementaler Entscheidungen dargestellt und basierend auf dem graduellen Erwerb von Wissen über internationale Märkte und Aktivitäten sowie dessen Integration und Nutzung erklärt. Das Fehlen dieses spezifischen Wissens als Hinderungsgrund für internationale Aktivitäten sowie die Annahme, dass es hauptsächlich durch deren Durchführung erworben wird, bilden die Grundannahmen des Modells (Johanson, 1994, S. 50).

---

3 Vgl.: Johanson, J., 1994, S. 85, mit weiteren Literaturquellen; Die Autoren heben aber hervor, dass verschiedene empirische Untersuchungen in großen Industrieländern mit den Aussagen des Modells übereinstimmen.

Damit stellt die Internationalisierung eines Unternehmens einen Lernprozess dar, der durch eigenes Handeln und der Interaktion mit anderen Organisationen entsteht (Schamp, 2000, S. 47).

Andersson unterstreicht die Relevanz der historischen, geographischen, politischen und wirtschaftlichen Umfeldbedingungen für die Internationalisierung von Unternehmungen (Andersson, 1996, S. 18). Auch Henzler sieht in den historischen und politischen Gegebenheiten des Stammlandes einen prägenden Einfluss auf die Internationalisierung der Unternehmen (Henzler, 1992, S. 86), und Dunning misst den wirtschaftlichen, politischen und historischen Umfeldbedingungen des Stammlandes sowie auch des Ziellandes von Investitionen eine hohe Bedeutung für den Internationalisierungsprozess bei (Dunning, 2000, S. 164).

Es erscheint daher für die Untersuchung von multinationalen Unternehmen relevant, die historischen, politischen und wirtschaftlichen Umfeldbedingungen des Ursprungslandes und ihre Einflüsse auf das Internationalisierungsverhalten der Unternehmen zu untersuchen.

2.2.2.1 Auswahl internationaler Märkte

Unternehmen wählen gemäß dem Modell zunächst einen Auslandsmarkt zur Bearbeitung aus, der eine kulturelle Nähe zum Heimatmarkt aufweist.

Mit zunehmender Erfahrung in internationalen Märkten sowie der Integration und Nutzung dieses Wissens durch die Unternehmen werden in der Folge auch Länder bearbeitet, die eine geringere kulturelle Nähe zum Heimatmarkt haben.

Die Wirkung zwischen kulturellen Umfeldbedingungen und dem Verhalten von multinationalen Unternehmen lässt sich nach Dunning in die folgenden drei prinzipiellen Wirkungszusammenhänge einteilen (Dunning et. al., 1997, S. 3ff):

- Kulturelle Einflüsse auf nationale Institutionen der Homebase
- Kulturelle Einflüsse der Homebase auf die multinationalen Unternehmen
- Kulturelle Einflüsse der multinationalen Unternehmen auf die Zielländer

Die Institutionen von Ländern werden dabei durch die Landeskultur stark geprägt. Dunning bezeichnet das Verhältnis von Kultur und Institutionen eines Landes als von gegenseitiger Beeinflussung geprägt. Insoweit die Institutionen eines Landes Wettbewerbsvorteile der Unternehmen gegenüber denen aus anderen Ländern beeinflussen, können sie einen Einfluss auf das Internationalisierungsverhalten der Unternehmungen haben. Direkte Einflüsse der Kultur der Homebase auf multinationale Unternehmen manifestieren sich in den Fragen, ob diese einen Einfluss auf die Wettbewerbsfähigkeit der nationalen Unternehmungen hat und ob sie deren Einschätzung von Transaktionskosten und Marktsituation und damit die Wahl von internationalen Standorten sowie die Art der Internationalisierung beeinflusst.

Der Zusammenhang von MNU Aktivitäten und deren Einfluss auf die Kulturen der Zielländer basiert auf dem Transfer von Praktiken und Arbeitsabläufen aus der Homebase der multinationalen Unternehmen in das Zielland und ist für diese Untersuchung nicht relevant (Dunning et. al., 1997, S. 3).

Für diese Arbeit erscheint es daher relevant, kulturelle Einflüsse aus dem nationalen Umfeld des Ursprungslandes auf das Internationalisierungsverhalten der Unternehmen in der Untersuchung zu berücksichtigen. Dies soll zum einen innerhalb der Diskussion der relevanten Theorien und Modelle zur Begründung internationaler Aktivitäten sowie auch im Rahmen der Darstellung und Untersuchung der relevanten landesspezifischen Bedingungen und Institutionen in Australien erfolgen.

2.2.2.2 Komplexität internationaler Aktivitäten

Die zweite Dimension des Stufenmodells ist die Art des Vorgehens beim Markteintritt in internationale Märkte. Die Bearbeitung eines neuen Marktes erfolgt dabei gemäß dem Stufenmodell in vier sequentiellen Schritten, die durch zunehmenden Ressourceneinsatz im Zielland gekennzeichnet sind. Zunächst erfolgt die Internationalisierung durch Exporte, und hier oft anfänglich durch indirekte Exporte über fremde Absatzmittler mit Markterfahrung und erst später durch direkte Exporte. Erst im weiteren Verlauf des Engagements, nachdem bessere Informationen über den Markt vorliegen, werden eigene Vertriebsniederlassungen und eventuell eine lokale Produktion im Auslandsmarkt angesiedelt (Schamp, 2000; Johanson/Vahlne, 1990 und 1977). Auch bei der Produktion werden zunächst oft einfachere Tätigkeiten im Zielland angesiedelt und erst sukzessive komplexere Produktionsabläufe etabliert. Dabei kann die kulturelle Nähe in den frühen Internationalisierungsphasen (Phasen eins und zwei) für die Auswahl der Märkte relevanter sein als die Marktgröße, die in den späteren Phasen entscheidender wird (Johanson, 1994, S. 36).

Dieses evolutorische Modell der Internationalisierung wird durch empirische Arbeiten belegt. Die Literatur führt als Begründung der schrittweisen Erhöhung der Komplexität internationaler Aktivitäten die sukzessive Ansammlung von auf Erfahrung basierendem Wissen an. Die Ansammlung und Nutzung dieses Wissens reduziert die zu Beginn der Internationalisierung bestehenden Informationsdefizite und damit die resultierenden Risiken der Internationalisierung (Johanson/Vahlne, 1977, S. 23). Auch das internationale Standortmuster eines Unternehmens verändert sich dabei zum einen in Abhängigkeit dieser Lernprozesse sowie zum anderen durch Reaktionen auf Veränderungen bei exogenen Einflussfaktoren (Schamp, 1978, S. 43).

Grund für einen anderen Verlauf der Internationalisierung als im Modell angenommen kann eine zu kleine Größe des Zielmarktes sein, der einen Eintritt in Stufen vier, drei oder zwei nicht sinnvoll ermöglicht. Auch das Vorliegen von Erfahrungen mit ähnlichen Märkten, die auf die Zielmärkte direkt angewandt werden können, sowie die Situation, dass Unternehmungen über hohe überschüssige Ressourcen verfügen und daher die Risiken der Internationalisierung relativ gering bewertet werden, können zum Überspringen einer oder mehrerer Stufen führen (Johanson, 1994, S. 35).

Welche Stufe ein Unternehmen bei seiner Internationalisierung erreicht, hängt nach Henzler hauptsächlich von der Branche ab. Globale Unternehmen entstehen nur in Branchen, in denen die Internationalität der Produkte und der unterstützenden Funktionen zusammen mit einer überregionalen Integration der Aktivitäten erfolgsentscheidend sind.[4] Global-lokale Aktivitäten verlangen eine globale Ausrichtung von z. B. F&E und eventuell einiger Fertigungsstufen, jedoch verbunden mit einem hohen Maß an lokaler Wertschöpfung. Multilokale Aktivitäten stellen ein rein nationales Geschäft dar, welches allerdings von internationaler Koordination profitieren kann, um Synergien zwischen Märkten zu realisieren. So können je nach Branche internationales Produktdesign und überregionale Integration von Aktivitäten oder aber auch lokale Spezialisierung entscheidende Wettbewerbsfaktoren sein.[5]

Dunning misst der Art der zu internationalisierenden Aktivitäten und den mit der Internationalisierung verfolgten strategischen Zielen des Unternehmens eine hohe Bedeutung für den Internationalisierungsprozess bei. Er unterscheidet dabei vier prinzipielle strategische Zielsetzungen internationaler Aktivitäten (Dunning, 2000, S. 164):

- Market Seeking
- Resource Seeking
- Efficiency Seeking
- Strategic Asset Seeking

Market Seeking FDI dient der Bedienung eines Marktes oder einer Gruppe von Märkten und ist somit nachfrageorientiert. Resource Seeking FDI dient der

---

4 Definition des globalen Unternehmens siehe Abschnitt 2.5.1.3.

5 Henzler nennt als Beispiele für globale Branchen Halbleiter, Verkehrsflugzeuge und Großcomputer, für global-lokale Branchen weiße Ware und Konsumgüter und für multilokale Branchen Zement, Flachglas und Fastfood; vgl. Henzler, 1992, S. 87.

Schaffung eines Zugangs zu bestimmten Ressourcen wie Rohstoffen oder niedrig qualifizierter Arbeit und ist damit am Angebot dieser Ressourcen orientiert.

Efficiency Seeking FDI dient der Steigerung der Effizienz und Spezialisierung eines Portfolios von internationalen und nationalen Aktivitäten und ist meist sequentiell den ersten beiden Arten nachgelagert. Strategic Asset Seeking FDI dient der Festigung oder Ergänzung von Wettbewerbsvorteilen des investierenden Unternehmens gegenüber seinen Wettbewerbern (Dunning, 2000, S. 164). Diese strategischen Zielsetzungen haben dabei großen Einfluss auf die Auswahl der Zielländer sowie auch auf die Art der Durchführung internationaler Aktivitäten.[6] Die Zielsetzungen sind dabei nicht notwendigerweise substitutiv, sondern können sich für eine Region auch verbinden. Ein solcher komplementärer Zusammenhang der Investitionsmotive Market Seeking und Strategic Asset Seeking ist z.B. für Direktinvestitionen in die Triade Regionen vorstellbar, wenn nicht nur Märkte gesucht werden, sondern gleichzeitig auch Technologien.

Während viele empirische Studien das stufenweise Vorgehen bei der Internationalisierung belegen, wird es von einigen neueren Untersuchungen angezweifelt. Diese sehen eine zunehmende Tendenz der Unternehmen, sofort komplexe Wertschöpfungsaktivitäten in neuen, kulturell stark unterschiedlichen Märkten anzusiedeln und nicht dem Stufenprozess zu folgen (Luostarinen/Welch, 1988, S.47). Vahlne und Nordström widmen sich dieser Kritik und haben die Relevanz der Erfahrung eines Unternehmens bei der Internationalisierung im Zusammenhang mit der jeweiligen globalen Wettbewerbssituation der Branche analysiert (Vahlne/Nordström, 1993). Die Untersuchung stellt in einer Matrix die beiden Ebenen Internationalität und Erfahrung der Unternehmung und Globalität der Branche dar und unterscheidet Unternehmen und Branchen nach ihrem jeweiligen Wettbewerbsgebiet in: Nationale, Regionale und Globale.

Abbildung 2.7; Matrix der Wettbewerbsarten.

Company Characteristics	Global	3	6	9
	Regional	2	5	8
	National	1	4	7
		National	Regional	Global
		Industry Characteristics		

Quelle: Vahlne/Nordström, 1993 S. 536.

6 Hierauf soll im Rahmen der Darstellung des Eklektischen Modells in Abschnitt 2.3.4 näher eingegangen werden.

Auf dieser Basis werden Markteintrittsprozesse für alle resultierenden neun Felder der sich ergebenden Matrix getrennt analysiert.

Das zusammenfassende Ergebnis ist, dass mit zunehmender Erfahrung und größerem Wettbewerbsgebiet der Unternehmen einerseits und zunehmender Globalität der Branche andererseits die Wettbewerbssituation der Branche höheren Einfluss auf den Internationalisierungsprozess hat und das Stufenmodell tendenziell an Aussagekraft verliert. Das Stufenmodell muss somit in diesen Fällen um die Wirkungen von Wettbewerbseinflüssen auf das Internationalisierungsverhaltens der Unternehmen ergänzt werden (Vahlne/Nordström, 1993, S. 536). Dies belegt, dass es kein allzeit gültiges Modell der Internationalisierung geben kann, sondern diese immer von kontextualen Bedingungen abhängt.

Für die Untersuchung der australischen Unternehmen wird angenommen, dass der Markteintritt zuvor primär auf dem australischen Markt tätiger, nationaler Unternehmen in die europäischen Märkte mit nationaler , regionaler und globaler Wettbewerbsstruktur, also die Matrixpositionen eins, vier und sieben, von besonderer Relevanz ist. Für die Internationalisierung der Unternehmen in diesen Situationen hat das Stufenmodell zwar prinzipiell Gültigkeit, aber seine Aussagekraft nimmt mit zunehmenden Wettbewerbsgebiet (von Matrixposition eins auf vier auf sieben) ab und muss durch wettbewerbstrategische Aspekte ergänzt werden. Im Unterschied zum Eintritt in einen Markt mit rein nationalem Wettbewerb muss sich das aus einem nationalen Wettbewerbsumfeld stammende Unternehmen auf Märkten mit regionalem oder globalen Wettbewerb eine wettbewerbstrategische Nische in Bezug auf Produkt und/oder geographische Märkte suchen und eine klare Strategie verfolgen, um erfolgreich im härteren regionalen oder globalen Wettbewerb zu bestehen (Vahlne/Nordström, 1993, S. 542). Diese wettbewerbspezifischen Aspekte müssen bei der Untersuchung des Internationalisierungsverhaltens ergänzend zum Stufenmodell berücksichtigt werden.

Die Erklärungskraft des Stufenmodells wird daher besonders für die frühen Stadien der Internationalisierung von Unternehmen betont, während für die Internationalisierung von Unternehmungen, die bereits umfassende internationale Aktivitäten betreiben, das Eklektische Modell von Dunning einen umfassenderen Erklärungsgehalt hat[7]. Somit kann davon ausgegangen werden, dass für die Untersuchung der annahmegemäß relativ jungen australischen multinationalen Unternehmen sowohl das Stufenmodell als auch das Eklektische Modell geeignet sind. In dieser Untersuchung sollen beide Modelle angewandt werden.

---

7 Johanson und Vahlne sehen im Stufenmodell der Internationalisierung und seiner behavioristischen Fundierung eine sinnvolle Ergänzung zum Eklektischen Modell von Dunning (Johanson, 1994, S. 89); zum Eklektischen Modell siehe Abschnitt 2.3.4.

Ein anderer Ansatz zur Erklärung internationaler Aktivitäten basiert auf der Produktspezifizität des Wissens von Unternehmen. Er unterscheidet bei der Ausweitung von Aktivitäten zwischen einer Diversifikation in neue Produkte auf dem Heimatmarkt und der internationalen Vermarktung bestehender Produkte. Dieser Ansatz besagt, dass die Entscheidung zwischen einer Produktdiversifikation auf dem Heimatmarkt und einer Internationalisierung existierender Produkte und die resultierende Wettbewerbsstrategie von der Produktspezifizität des Wissens einer Unternehmung abhängt (Kay, 1984, S.117). Unter Produktspezifizität wird die Anwendbarkeit des Wissens auf unterschiedliche Produkte verstanden (Galbraith/Kay, 1986, S. 14). Eine hohe Produktspezifizität bedeutet demnach, dass das Wissen nur schwierig oder gar nicht auf andere Produkte angewandt werden kann. Danach wird ein Wachstum anstrebendes Unternehmen, das über nicht oder weniger produktspezifisches Wissen verfügt, zu einer Wettbewerbsstrategie tendieren, differenzierte Produkte auf dem Heimatmarkt anzubieten, während ein Unternehmen, dessen Wissen in hohem Maße produktspezifisch ist, eine Strategie der Internationalisierung anstreben wird (Becker, 1996, S. 126). Im Grundsatz ist diese Annahme konform mit dem Stufenmodell und kann somit als Ergänzung verstanden werden, da auch hier dem Markt mit der größten kulturellen Nähe beim Unternehmenswachstum Präferenz gegeben wird. Dies gilt für Internationalisierungsentscheidungen, bei denen Umsatzwachstum das dominante Motiv ist. Während die Annahme der Dominanz des Wachstumsmotivs bei der Internationalisierung nach den oben beschriebenen Einflussgrößen gerechtfertigt erscheint, können auch andere Motive wie Risikominimierung und Kostenoptimierung oder der Zugang zu Wissen oder Technologie eine Internationalisierung begründen. Daher sind die Investitionsmotive ein wichtiger Einflussfaktor auf den Internationalisierungsprozess der Unternehmen.

Eine weitere Einflussgröße auf die Entscheidung für eine Internationalisierungsart ist die Übereinstimmung mit der Wettbewerbstrategie der Unternehmung. Unabhängig von einer Beurteilung der Internationalisierungsentscheidung nach der momentanen Kostenposition können wettbewerbstrategische Argumente eine andere Strategie bevorzugen. So kann es notwendig sein, einen Markt mit FDI zu erschließen, um so die für einen Innovationsprozess notwendige Kundennähe zu erreichen oder sich lokale Ressourcen des Ziellandes zur Ergänzung der eigenen Wettbewerbsvorteile zu erschließen (Vgl. zu lokalen Ressourcen: Dunning, 2000, S. 164; vgl. zur Innovation: Gertler, 1997, S. 47).

Eine mögliche Erweiterung in Anlehnung an das Stufenmodell der Internationalisierung besteht in dessen Anwendung nicht nur auf die Abfolge der Internationalisierungsschritte in einem Zielmarkt, sondern auf die Entwicklung der gesamten Internationalisierungsaktivitäten einer Unternehmung. Während bis zur

Abbildung 2.8; Evolutionseffekte der Internationalisierung.

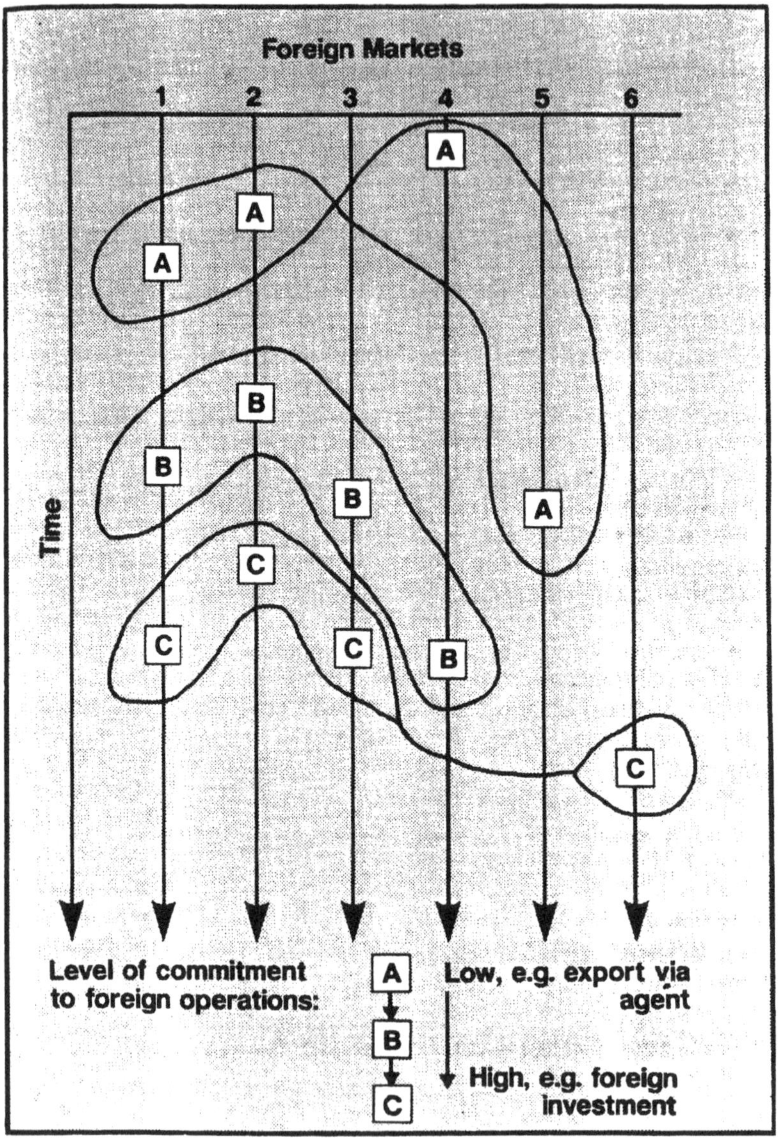

Quelle: Luostarinen/Welch, 1988, S. 49.

Mitte der siebziger Jahre das Stufenmodell die Internationalisierung von Unternehmen zumeist treffend beschrieb, nimmt die Zahl der festgestellten Abweichungen von diesem Erklärungsmodell zu. Unternehmen verkürzen dabei den Stufenprozess und treten häufiger sofort mit Direktinvestitionen in neue Märkte ein (Luostarinen/Welch, 1988, S.47). Die Anwendung einer evolutorischen Betrachtung der Internationalisierung auf der Ebene des Unternehmens besagt, dass mit zunehmender Erfahrung und Kenntnissen, die aus Internationalisierungsaktivitäten des Unternehmens in der Vergangenheit stammen oder personengebunden im Management vorhanden sind, eine Tendenz zu beschleunigter und tieferer Internationalisierung besteht. Damit folgt die Internationalisierung in einzelnen Märkten, abhängig von der Position des Unternehmens auf seiner Lernkurve der Internationalisierung, nicht mehr unbedingt dem Stufenmodell.

Abbildung 2.8 verdeutlicht diesen Evolutions- oder Lernkurveneffekt auf die Anwendung der Internationalisierungsarten im Zeitablauf.

In der neueren Literatur zur Internationalisierung werden zunehmend Konzepte vertreten, die auf Kooperationen zwischen Unternehmen aufbauen und Eigenschaften von Netzwerken haben. Grundlage dieser Konzepte ist eine Weiterführung des transnationalen Organisationsmodells für multinationale Unternehmen, bei der die Faktoren Flexibilität und Reaktionsgeschwindigkeit auf Marktveränderungen entscheidende Einflüsse bilden.[8] Im Rahmen dieser von Dunning „Alliance Capitalism“ genannten Entwicklung kommt den kooperativen Fähigkeiten der multinationalen Unternehmen eine wichtige Bedeutung zu (Dunning, 2000, S. 167). Die extreme Ausprägung dieser Forschungsrichtung ist das Konzept der virtuellen Unternehmung (Davidow/Mulone, 1992). Bei der virtuellen Unternehmung handelt es sich um ein Netzwerk selbständiger Einheiten, das situativ virtuelle Unternehmen aus mehreren Einheiten des Netzwerks bildet, die jeweils unterschiedliche Aufgaben, ähnlich einem Kompetenzzentrum, wahrnehmen (Suckfüll, 1994, S. 39).

Innerhalb dieser Untersuchung ist somit ein evolutorischer Zeitbezug auf zwei verschiedenen Ebenen zu berücksichtigen. Dieser drückt sich zum einen in der systemischen Veränderung des relevanten internationalen Wettbewerbsumfeldes aus, in dem die Unternehmen agieren, und zum anderen in den Lernkurven, die individuelle Unternehmen innerhalb ihrer Internationalisierungsprozesse durchlaufen. Die für diese Arbeit durchgeführte Erhebung ist somit auch in diese zwei zeitlichen Bezüge eingebunden. Sie basiert zum einen auf Theorien und Modellen, die einen bestimmten Stand ökonomischer Forschung darstellen, und erhebt zum anderen Daten einer Momentaufnahme der internationalen Aktivitäten australischer Unternehmen. Eine Berücksichtigung der Entwicklungsprozesse erfolgt

---

8 Siehe hierzu vertiefend Abschnitt 2.5.1.

durch Einbeziehung empirischer Daten aus Längsschnittanalysen der australischen Internationalisierung sowie der Erhebung von erwarteten Veränderungen bei den Unternehmen.

In den vorangegangenen zwei Kapiteln wurde vor dem Hintergrund der aktuellen Veränderungen im Weltwirtschaftsystem die Bedeutung und Rolle der multinationalen Unternehmen herausgestellt. Weiterhin wurden die drei Basisstrategien der Internationalisierung, das Stufenmodell mit seinen Erklärungsfaktoren für das Vorgehen beim Eintritt in internationale Märkte sowie der dynamische Entwicklungspfad der Internationalisierung vorgestellt. Da der zentrale Untersuchungsgegenstand dieser Arbeit multinationale Unternehmen sind, ist es für die weitere Untersuchung notwendig, ein Modell der MNU zu finden, das die verschiedenen Determinanten internationaler Aktivitäten einbezieht. Das Modell soll innerhalb einer empirischen Untersuchung der internationalen Aktivitäten multinationaler australischer Unternehmen die Ableitung prüfbarer Hypothesen zur Internationalisierungsstrategie ermöglichen. Aufbauend auf den beschriebenen Grundlagen der Internationalisierung stellt das folgende Kapitel daher vertiefend die wichtigsten Theorien und Modelle zur Entstehung und Begründung multinationaler Unternehmen vor und prüft ihre Eignung für die weiteren Anwendung in dieser Arbeit.

2.3 Theorien der Entstehung multinationaler Unternehmen

Die in diesem Kapitel geleistete Darstellung und kritische Würdigung der wichtigsten Theorien zur Entstehung multinationaler Unternehmen bildet die Grundlage für die nachfolgende Analyse des Investitionsverhaltens der australischen Unternehmen. Im Rahmen der empirischen Untersuchung werden die ausgewählten Modelle zur Konzeption der Unternehmensbefragung sowie zur Bildung von prüfbaren Hypothesen zum Internationalisierung der australischen Unternehmen herangezogen.

Die anfängliche Beschäftigung mit den multinationalen Unternehmen in der Ökonomie fand zumeist in der Form empirischer Studien statt. Die meisten Untersuchungen über multinationale Unternehmen von 1950 bis etwa 1970 sind durch eine beschreibende, meist auf Befragung von Unternehmen gestützte Darstellung gekennzeichnet.[9] Diese Untersuchungen stellen eine Sammlung von Fakten und Aussagen dar, ohne diese zu einem einheitlichen Gebilde – also einem Modell oder einer Theorie – zusammenzufügen. Die meisten der Untersuchungen

9 Vgl. Gilroy, 1989; mit einer umfassenden Nennung relevanter Untersuchungen auf S. 18.

beschränken sich dabei auf die Betrachtung der ursprünglichen Entscheidung von Unternehmen im Ausland zu investieren. Dunning fasst die Kritikpunkte an diesem Vorgehen unter zwei Thesen zusammen (1973): zum einen wurde innerhalb dieser frühen Studien nicht hinreichend genau zwischen den Motiven der Unternehmen auf der einen und Einfluss- und Bestimmungsgrößen auf der anderen Seite unterschieden, zum anderen wurden Unterschiede zwischen Unternehmen, Branchen und Ländern nicht explizit in eine systematische Analyse einbezogen. Aufgrund dieser Mängel kommt Dunning zu dem Ergebnis, dass diese Ansätze keinen entscheidenden Beitrag zur Entstehung einer Theorie der MNU geleistet haben.

Das Phänomen der MNU wurde erst zum Ende der fünfziger Jahre zu einem Gegenstand akademischer Studien. Während schon vor 1914 multinationale Unternehmen aus verschiedenen europäischen Ländern existierten, waren deren internationale Aktivitäten hauptsächlich rohstofforientiert oder galten dem Handel mit Kolonien.[10] Auch Australien war zu dieser Zeit als britische Kolonie ein typisches Empfängerland von rohstofforientierten FDI aus Großbritannien. Zusätzlich entstanden jedoch auch erste Direktinvestitionen australischer Unternehmen des Finanzsektors in Europa und des Bergbausektors in der südostasiatischen Region. Erste Direktinvestitionen des australischen Industriesektors wurden nach 1920 getätigt.

Weltweit bestand jedoch eine deutliche Führerschaft der USA und Großbritanniens als Ursprungsland von FDI, die sich nach dem zweiten Weltkrieg weiter zugunsten der USA entwickelte. In 1938 stammen aus diesen beiden Ländern 40% (USA) und 28% (UK) des gesamten Weltbestandes an FDI (Tolentino, 1993, S. 14). Die meisten der frühen Arbeiten zu multinationalen Unternehmen beschäftigten sich daher mit der zu dieser Zeit vorherrschenden Stellung von FDI aus den USA und UK.[11] In der neueren Literatur seit den siebziger Jahren wurden verschiedene, teilweise sich widersprechende Modelle und Theorien zur Entstehung von multinationalen Unternehmen entwickelt und eine Vielzahl von Länderstudien durchgeführt. Im folgenden Abschnitt sollen zunächst eine Definition des Begriffes des multinationalen Unternehmens für die weitere Verwendung im Rahmen dieser Arbeit festgelegt sowie frühe Erklärungsansätze von FDI kurz dargestellt werden. In den weiteren Abschnitten werden dann die wichtigsten Theorien und Modelle zur Begründung der Entstehung von multinationalen Unternehmen dargestellt und analysiert. Besondere Beachtung gilt im Rahmen die-

---

10 Tolentino erwähnt auch FDI durch „Entrepreneure“, behandelt diese aber als Ausnahmen (Tolentino, 1993, S. 14).

11 Auch Dunnings erste empirische Studie von 1958 zu Aktivitäten von MNU untersucht Unternehmen aus diesen beiden Ländern (Dunning, 1958).

ser Arbeit dabei dem Eklektischen Modell von Dunning, welches auf den anderen vorgestellten Theorien aufbaut und eine umfassende Synthese der Theorien zur Erklärung der Entstehung von multinationalen Unternehmen darstellt (Tolentino, 1993; Becker, 1996).

2.3.1 Definition der multinationalen Unternehmung und frühe Erklärungsansätze

Der Begriff des multinationalen Unternehmens wird, seit seinem Aufkommen in der Literatur, in einer Vielzahl unterschiedlicher Definitionen verwendet. Eine sehr allgemeine Begriffsdefinition, die als Ausgangspunkt in dieser Arbeit gelten soll, geht auf Dunning zurück. Danach sind multinationale Unternehmen Unternehmen, die Wertschöpfungsaktivitäten über nationale Grenzen hinweg kontrollieren und koordinieren.[12] Die Frage nach dem Ausmaß und der Art der notwendigen Wertschöpfungsaktivitäten bleibt einer näheren Auslegung vorbehalten. Ist ein Unternehmen, das lediglich eine Verkaufsniederlassung in einem anderen Land unterhält, ein multinationales Unternehmen, oder bedarf es der Durchführung komplexerer Wertschöpfungsaktivitäten, wie Produktion und F&E in den Auslandsmärkten? Muss ein Unternehmen in mehreren anderen Ländern Aktivitäten betreiben oder genügt ein Tochterunternehmen in lediglich einem anderen Land?

Da eine allgemeingültige Definition des Begriffs multinationales Unternehmen anhand objektiver Kriterien nicht existiert, muss seine Festlegung durch Übereinkunft bestimmt werden. Der Graphik in Abbildung 2.9 liegt das Wertschöpfungskonzept Porters zugrunde (Porter, 1985). Unternehmungen internationalisieren dabei annahmegemäß zuerst die Aktivitäten, die am Ende der Wertekette stehen. Mit zunehmenden Grad der Internationalisierung werden dann auch vorgelagerte Aktivitäten der Wertekette einbezogen (Braun, 1995, S. 20). Ein ähnliches Konzept der stufenweisen Internationalisierung wird auch von Henzler vertreten.[13]

---

12 Im Original: *"Multinational Enterprises are defined as enterprises which control and coordinate value added activities across national boundaries."* (Dunning, 1991A); Während diese Definiton von Dunning wegen ihrer umfassenden Formulierung der Zielsetzung dieser Arbeit gut entspricht, sei darauf hingewiesen, daß Dunnings Untersuchungen sich zumeist auf Unternehmen mit internationaler Produktion beschränken.

13 Henzlers Konzept der sechs Stufen der Internationalisierung ist jedoch stärker auf internationale Produktion ausgerichtet und beinhaltet lediglich in der ersten Stufe eine internationale Aktivität ohne Produktion (Henzler, 1992).

Der Internationalisierungsprozess des Unternehmens kann als Folge inkrementaler Entscheidungen angesehen werden, die auf dem graduellen Erwerb von Wissen über internationale Märkte und Aktivitäten sowie dessen Integration und Nutzung innerhalb des Unternehmens basieren. Fehlt dieses spezifische Wissen, das hauptsächlich durch Erfahrung als Lernkurve erworben wird, finden keine oder nur geringe internationale Aktivitäten statt (Johanson, 1994, S. 50). Somit stellt die Zeit über den Mechanismus des Lernprozesses und der Ansammlung relevanten Wissens eine wichtige Dimension für die Untersuchung der Entstehung und Entwicklung von multinationalen Unternehmen dar.

Der zeitliche Bezug hat für die Untersuchung dabei eine weitere Dimension. Diese besteht in den systemischen Veränderungen der Weltwirtschaft und damit der Grundlagen des internationalen Wettbewerbs. Die Lernkurven der individuellen Unternehmen bei der Internationalisierung sind eingebettet in die gesamtheitlichen Veränderungsprozesse ihres internationalen Wettbewerbsumfeldes. Beide Ebenen beeinflussen dabei die Theorieentwicklung, die auf den in der Realität beobachteten Verhaltensweisen der Unternehmen aufbaut und diese zu erklären versucht. Damit ist auch diese Untersuchung, in ihrer Analyse der Internationalisierung australischer Unternehmen über einen Zeitraum sowie in der Befragung der Unternehmen zu einem Zeitpunkt, von diesen beiden Dimensionen beeinflusst. Individuelle Unternehmen verändern ihr Verhalten durch kumulierte Erfahrungen und passen sich gleichzeitig den veränderten systemischen Bedingungen des Wettbewerbs an. Die genutzten Theorien und Modelle wie auch Definitionen reflektieren dabei zwingend einen bestimmten Wissenstand innerhalb dieser Entwicklungen. Dies ist innerhalb der weiteren Untersuchung zu berücksichtigen.

Abbildung 2.9; Internationalisierungspfad der Wertekette.

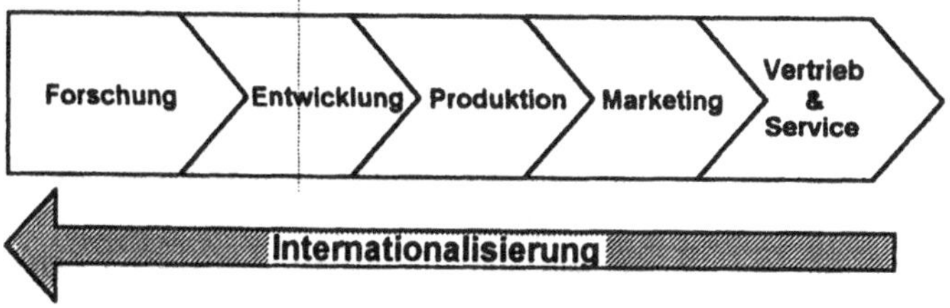

Quelle: Braun, 1994, S. 21.

Ein multinationales Unternehmen soll im Rahmen dieser Arbeit definiert sein als ein Unternehmen, das in mindestens zwei Ländern Wertschöpfungsaktivitäten ausübt, die mit dauerhaften Management- und Kapitalleistungen verbunden sind. Der Begriff Wertschöpfungsaktivität soll dabei weit definiert werden, um auch eine reine Vertriebsgesellschaften im Ausland einzuschließen.

Eine weite Fassung der Definition des multinationalen Unternehmens innerhalb dieser Arbeit erscheint vor dem Hintergrund des exploratorischen Charakters der Arbeit sowie des vergleichsweise frühen Entwicklungsstadiums der australischen Direktinvestitionen sinnvoll, um die Anzahl der in der empirischen Untersuchung zu betrachtenden Unternehmen nicht durch eine zu starke Einengung a priori einzuschränken.[14] Diese weite Definition wird von einigen Autoren, wie Peter Buckley, unterstützt, der als das entscheidende Element der MNU die einheitliche Kontrolle der Aktivitäten nennt:

> „*A foreign direct investment can be the creation of a sales subsidiary – one person with stock working from his basement with a car – The key feature of FDI is not scale but control from the parent*“ (Buckley et. al., 1992, S. 64).

In zunehmendem Maße bedienen sich Unternehmen auch strategischer Allianzen bei der Bedienung ausländischer Märkte. Diese in der Realität beobachtete Verhaltensweise wird in den frühen Theorien nur unzureichend berücksichtigt, indem solche Allianzen wie einfache Markttransaktionen behandelt werden. Die in der neueren Literatur explizit berücksichtigte und als „Alliance Capitalism“ bezeichnete Entwicklung bedeutet, dass Wettbewerbsvorteile auch extern durch Kooperation erzeugt werden können, während in der früheren Sichtweise des „Hierachical Capitalism“ Wettbewerbsvorteile nur endogen, also innerhalb des Unternehmens entstehen konnten. In früheren Untersuchungen wurden solche Kooperationen als Markttransaktionen, also exogen zum Unternehmen angesehen, und damit bei der Untersuchung multinationaler Unternehmen vernachlässigt (Dunning, 2000, S. 461). Die neuere Entwicklung des Internationalisierungsverhaltens in der Realität lässt eine Einbeziehung solcher, nicht durch Kapitalbeteiligungen flankierter Allianzen zwischen rechtlich unabhängigen Unternehmen jedoch sinnvoll erscheinen. Im Rahmen der Diskussion des Eklektischen Modells sollen diese neueren Formen der Internationalisierung daher berücksichtigt werden. Dabei sollen Kooperationen als Alternativen zu einer hierarchischen Lösung und nicht als Markttransaktion verstanden werden. Ihre Auswirkungen auf Wettbewerbsvorteile sind damit endogen zum Unternehmen.

---

14 Der größte Anteil der australischen Direktinvestitionen ist seit den frühen 1980'er Jahren erfolgt. Dabei haben sich seit dieser Zeit auch die sektorale- sowie die geographische Zusammensetzung der Direktinvestitionen im Vergleich zu den früheren Investitionen stark verändert.

Bis zum Anfang der 1960er Jahre wurden Direktinvestitionen im Rahmen der neoklassischen Theorie vornehmlich als Mittel zur Zinsarbitrage zwischen verschiedenen Ländern gesehen. Gemäß diesen Überlegungen wurden Investitionen in Ländern mit höherer Grenzproduktivität des Kapitals getätigt. Das Faktorpreis-Ausgleichstheorem besagte, dass so lange in Ländern mit höherem Zinsniveau investiert wird, bis sich das Zinsniveau zwischen den Ländern angeglichen hat. Der Ansatz der Zinsarbitrage hat jedoch starke Mängel in seinem Erklärungsgehalt für FDI. Zum einen kann nicht erklärt werden, warum das Kapital in der Form von Direktinvestition fließt, zum anderen bleibt unklar, warum Investitionen zumeist auf bestimmte Branchen eingeschränkt blieben und nicht, wie aus dem Grundgedanken der Zinsarbitrage folgend, auf bestimmte Länder mit hohen Zinssätzen eingeschränkt aber zwischen Branchen gleich verteilt sind (Hymer, 1976, S. 22).

Während im Vordergrund dieser frühen Theorien der Direktinvestitionen die Untersuchung des Aktes der Investition stand, ist in den aktuellen Theorien die MNU als Institution das Untersuchungsobjekt. In der aktuellen Literatur zur MNU wird damit überwiegend die Meinung vertreten, dass die Übertragung von Kapital nicht Hauptbestandteil der Erklärung von FDI sein kann (Gilroy, 1989, S. 21; mit Nennung weiterer Quellen).

Die neueren Theorien zur Begründung der MNU finden ihren Ansatzpunkt daher bei den Problemen, die sich beim Versuch der Erklärung von FDI durch die neoklassische Theorie ergeben. Im Vordergrund dieser neueren Ansätze steht die Unvollkommenheit der Märkte, die annahmegemäß auf grenzüberschreitenden Märkten größer ist als auf rein nationalen Märkten. Diese Marktunvollkommenheiten können entweder struktureller oder transaktionaler Art sein. Erstere liegen dem Erklärungsansatz der Monopolistischen Theorie, letztere dem der Internalisierungstheorie zugrunde. Beide Theorien werden in den folgenden Abschnitten dargestellt.

2.3.2 Die Monopolistische Theorie

Aus der Kritik am Ansatz der Zinsarbitrage entwickelte Hymer seine theoretische Begründung für das Entstehen von multinationalen Unternehmen („monopolistische Theorie"), die als erste eigenständige Theorie der MNU gelten kann (Hymer, 1976). Die monopolistische Theorie begründet das Entstehen multinationaler Unternehmungen durch strukturelle Marktunvollkommenheiten. Das Neue an Hymers Ansatz, der u.a. durch Autoren wie Kindleberger (1969) und Knickerbocker (1973) ergänzt wurde, war es, die multinationale Unternehmung über ihre Eigenschaft als Koordinationsinstrument mit alternativen Koordinationsformen internationaler wirtschaftlicher Aktivitäten zu vergleichen. Damit wurde erstmalig die Institution MNU und nicht der diskrete Akt der Investition und damit des Transfers von Kapital über nationale Grenzen zum eigentlichen Untersuchungsobjekt gemacht. Die Erklärung der Entstehung von multinationalen Unternehmen erfolgt somit auf dem Wege des Vergleichs der MNU mit anderen Koordinationsformen internationaler wirtschaftlicher Aktivitäten.

Ausgangsbasis für Hymers Überlegungen ist, dass multinationale Unternehmen, die im Ausland operieren, gegenüber den lokalen Unternehmen in den Auslandsmärkten Wettbewerbsnachteile haben. Diese Nachteile unterteilt Hymer in zwei Arten (Hymer, 1976, S. 40):

- Lokale Unternehmungen besitzen bessere Informationen über relevante Eigenschaften des Marktes oder können diese einfacher beschaffen. Dies schließt Informationen über den relevanten Markt, aber auch Bereiche wie Sprache, Kultur und politische Situation sowie die Entwicklung des Gastlandes ein. Die Wirkung dieser Faktoren, besonders für internationale Unternehmen, wird durch das Konzept der kulturellen Nähe erklärt.

- Ausländische Unternehmen können gegenüber den lokalen Unternehmungen diskriminiert werden. Dies kann durch die nationale Regierung des Gastlandes sowie durch lokale Lieferanten und Konsumenten geschehen. Hymer nennt in diesen Zusammenhang auch Nachteile, die durch Handlungen der Regierung des Heimatlandes entstehen können, wie zum Beispiel Handelsbeschränkungen, sowie den Einfluss von Wechselkursrisiken auf den Transfer erwirtschafteten Gewinns.

Hymer hinterfragt dann, warum Unternehmungen trotz der Benachteiligung durch schlechtere Informationen bzw. deren schwerere Beschaffbarkeit einerseits sowie dem Risiko, gegenüber den lokalen Unternehmen diskriminiert zu werden andererseits, im Ausland investieren. Zum Ausgleich dieser Nachteile muss eine MNU nach Hymer über ihr eigene, besondere Vorteile verfügen, die aus der Kontrolle von Aktivitäten in verschiedenen Ländern entstehen (Becker, 1996, S. 26).

Hymer nennt in diesem Zusammenhang zwei mögliche Begründungen (Hymer, 1976, S. 33; vgl. auch Clegg, 1987, S. 13):

- Die Existenz unternehmungsspezifischer Wettbewerbsvorteile.

- Die Existenz der negativen Korrelation von Einkommen der Unternehmungen in verschiedenen Ländern.

Besitzt eine Unternehmung firmenspezifische Wettbewerbsvorteile, die innerhalb der Unternehmung transferierbar sind und von den lokalen Unternehmen im Gastland nicht einfach kopiert oder erworben werden können, kann die Unternehmung monopolistische Renditen erzielen. Die Verwertung dieser Wettbewerbsvorteile kann nach Hymer durch Lizenzvergabe oder durch FDI erfolgen. Die Unternehmung wird in dieser Situation nach Hymers Ansicht Direktinvestitionen im Gastland tätigen, um die monopolistischen Renditen abzuschöpfen. Die alternative Verwertung der Wettbewerbsvorteile auf dem Wege der Lizenzvergabe bedingt Schwierigkeiten bei der notwendigen Kontrolle von Preisen und Produktionsmengen und führt zu einem suboptimalen Gewinn des Lizenzgebers (Becker, 1996, S. 33).

Für eine negative Korrelation der Unternehmensgewinne führt Hymer einerseits unternehmensexogene Faktoren wie Rohstoffversorgung und Klima an, sowie andererseits strukturelle Marktunvollkommenheiten wie z.B. eine oligopolistische Marktstruktur. Die gemeinsame Koordination von Aktivitäten innerhalb einer MNU bewirkt im ersten Fall Diversifikationsvorteile und ermöglicht im zweiten Fall die Verhinderung von Konflikten und den damit verbundenen Kosten zugunsten der Erreichung eines gemeinsamen Gewinnmaximums (Hymer, 1976, S. 37). Im Falle, dass zwei Unternehmungen sich einen durch Markteintrittsbarrieren geschützten Markt teilen, kann der gemeinsame Gewinn durch Absprachen oder gemeinsame Koordination innerhalb einer MNU erhöht werden. Der Zusammenschluss der Unternehmungen stellt für Hymer ein Mittel zur Konfliktverhinderung dar (Becker, 1996, S. 29). Für Hymer ist zur Begründung der Existenz von multinationalen Unternehmen entscheidend, ob die Substituierung dezentraler Entscheidungen durch eine zentrale Entscheidungsinstanz in einer MNU den Gesamtgewinn steigern kann (Becker, 1996, S. 30).

Knickerbocker bezieht in seinen Untersuchungen die Frage nach dem Investitionszeitpunkt ein und führt diesen auf oligopolistische Reaktionen zurück. Die optimale Strategie bei oligopolistischem Wettbewerb sei, die Investitionen von Wettbewerbern zu kopieren. Die resultierende Strategie wird auch als „Follow the Leader“ Strategie bezeichnet (Braun, 1995, S. 35). Knickerbocker konnte bei verschiedenen empirischen Untersuchungen eine positive Korrelation zwischen der zeitlichen Abfolge von Investitionsentscheidungen im Ausland mit der Konzentrationsrate innerhalb der betreffenden Branche feststellen (Knickerbocker, 1973).

Die Vertreter der monopolistischen Theorie sehen als zentrale Begründung der Entstehung von multinationalen Unternehmen somit das Vorhandensein eines firmenspezifischen, nicht kopierbaren Wettbewerbsvorteils an. Als mögliche Wettbewerbsvorteile werden von den späteren Autoren der monopolistischen Theorie unter anderem technologische Überlegenheit von Produkten und Produktionsmethoden, besondere Kenntnisse, hoher Kapitalbedarf, Economies of Scale und die Fähigkeit zur Produktdifferenzierung genannt (Becker, 1996, S. 31; mit weiteren Literaturquellen). Diese Vorteile erlauben einer Unternehmung die Umgehung oder Außerkraftsetzung von Marktmechanismen auf den internationalen Märkten. Unter Ausnutzung dieser strukturellen Marktunvollkommenheiten kann die Unternehmung dann höhere Gewinne erzielen. Der Monopolistischen Theorie liegt der Gedanke zugrunde, dass eine alternative Durchführung der Transaktionen über den Markt prinzipiell möglich ist und im Vergleich zur MNU auch zu einer gesamtwirtschaftlich vorteilhafteren Situation führen würde. Die MNU wird deshalb als „Rent-Seeker" bezeichnet (Rugman, 1986, S. 104). Direktinvestitionen wirken in dieser Betrachtungsweise gegen das Entstehen neuer Wettbewerber und kreieren neue oder perpetuieren existierende strukturelle Marktunvollkommenheiten.

Kritik

Die Kritik an der monopolistischen Theorie setzt im Wesentlichen an zwei Punkten an. Zum einen wird die Unvollständigkeit des Konzeptes der Wettbewerbsvorteile kritisiert, die nicht ausreichend erläutert werden, zum anderen wird die ausschließliche Konzentration auf strukturelle Marktunvollkommenheiten und damit Nichtbeachtung von transaktionalen Marktunvollkommenheiten kritisiert (Becker, 1996, S. 35).

Hymer nennt zwar firmenspezifische Wettbewerbsvorteile als Begründung für die Entstehung von multinationalen Unternehmen, erläutert aber weder die Art und Beschaffenheit der notwendigen Wettbewerbsvorteile noch ihre genaue Wirkung auf die Internationalisierung von Unternehmen näher. Durch die alleinige Beachtung struktureller Marktunvollkommenheiten entsteht ein Bild der MNU als prinzipiell nachteilig für den Wettbewerb. Die eingeschränkte Betrachtungsweise erklärt nur die Entstehung derjenigen multinationalen Unternehmen, die aktiv Marktmechanismen außer Kraft setzen und somit Marktunvollkommenheiten schaffen.[15] Diese Einschränkung der Betrachtung kann zumindest teilweise auf die zu dieser Zeit vorherrschende negative Sichtweise von multinationalen Unternehmen zurückgeführt werden. Die u.a. durch Autoren wie Dunning und Rugman geäußerte Kritik an der Vernachlässigung der transaktionalen Marktunvollkommenheiten führte zur Ablehnung der monopolistischen Theorie als Erklä-

---

15 In späteren Arbeiten hat Hymer auch Aspekte der Transaktionseffizienz in seinen Ansatz mit einbezogen. Auf diese soll hier jedoch nicht näher eingegangen werden, da ihre Darstellung und Relevanz für das Entstehen von MNU innerhalb der Internalisierungstheorie ausführlich diskutiert wird (Hymer, 1976). Zur Einbeziehung dieser Aspekte vgl. Darstellung in: Becker, 1996, S. 36, mit weiteren Literaturangaben.

rungsansatz für multinationale Unternehmen und zur Entstehung der sogenannten „Internalisierungstheorie", die genau diesen Tatbestand zum zentralen Argument für die Entstehung von multinationalen Unternehmen macht (Dunning, 1988; Rugman, 1981).

Weitere Kritik am Ansatz Hymers entsteht aus der Vernachlässigung dynamischer Aspekte. Die statische Betrachtungsweise führt das Entstehen von multinationalen Unternehmen auf die vergleichende Koordination von Aktivitäten durch den Markt oder dessen Substitution durch die Hierarchie des multinationalen Unternehmens zu einem gegebenen Zeitpunkt zurück. Inwiefern sich die Bedingungen im Zeitablauf ändern und wie Unternehmen hierauf reagieren, wird von der Monopolistischen Theorie nicht erklärt (Becker, 1996, S. 38). Somit kann zwar die Entstehung einer MNU zu einem Zeitpunkt, nicht aber deren Bestehen und Überleben im Wettbewerb erklärt werden. Bedingt durch den frühen zeitlichen Ursprung der Monopolistischen Theorie werden Einflüsse des „Alliance Capitalism" wie die unternehmensexterne Generierung von Wettbewerbsvorteilen nicht berücksichtigt.

2.3.3 Die Internalisierungstheorie

Die Internalisierungstheorie sieht die MNU als alternatives Koordinationsinstrument zum Markt an und führt ihre Existenz auf das Bestehen von transaktionalen Marktunvollkommenheiten zurück. Im Gegensatz zur monopolistischen Theorie, die multinationale Unternehmen als „rent seeker" und damit Nutznießer struktureller Marktunvollkommenheiten unter Behinderung des Marktmechanismus betrachtet, geht die Internalisierungstheorie davon aus, dass keine marktliche Alternative mit vergleichbarer Effizienz zum Austausch der betreffenden Güter existiert und die MNU somit eine effiziente Transaktion über die Grenzen erst ermöglicht. Die Internalisierungstheorie kann als eine Gegenreaktion auf die monopolistische Theorie betrachtet werden, was auch durch die einhellige Ablehnung der monopolistischen Theorie durch ihre Autoren belegt wird (Buckley, 1991; Teece, 1981; Caves, 1982, sowie Becker, 1996, mit weiteren Literaturangaben). Ein firmenspezifischer Wettbewerbsvorteil ist gemäß der Internalisierungstheorie für die Entstehung von multinationalen Unternehmen nicht notwendig. Allein die höhere Koordinationseffizienz der Unternehmung gegenüber dem Markt reicht zur Begründung der Entstehung von multinationalen Unternehmen aus.[16]

---

16 Wettbewerbsvorteile werden von den Vertretern der Internalisierungstheorie zwar gesehen, aber nicht in das Modell einbezogen (Becker, 1996, S. 84).

Grundlage und Ausgangspunkt der Internalisierungstheorie ist Coase's Kritik an der neoklassischen Markttheorie und sein resultierender Ansatz, der Firmen als Alternative zum Markt betrachtet. Ein Unternehmen entsteht nach Coase, wenn es möglich ist, eine Aktivität durch Planung und Steuerung innerhalb einer Hierarchie effizienter zu koordinieren als dies durch die Nutzung des Marktmechanismus möglich wäre (Coase, 1937, S. 391).

Die Kernthese der Internalisierungstheorie besagt, dass eine MNU dann entsteht, wenn die Bildung oder Ausweitung einer Unternehmung um eine oder mehrere Transaktionen intern und nicht über den Markt ausgeführt werden und die betroffenen Märkte international sind, also Ländergrenzen überschreiten. Eine Transaktion wird folglich innerhalb eines Unternehmens koordiniert, wenn die Kosten der Koordination durch den Markt höher sind als die bei Koordination durch die Unternehmung entstehenden Kosten (Becker, 1996, S. 41). Die Unternehmung kann dabei jedoch nur effizienter sein als der Markt, wenn dieser Unvollkommenheiten aufweist und damit das marktliche Ergebnis für beide Transaktionspartner unbefriedigend im Verhältnis zur Transaktionslösung innerhalb einer Unternehmung ist (Buckley, 1991, S. 37).

Abbildung 2.10; Horizontal integrierte Unternehmung.

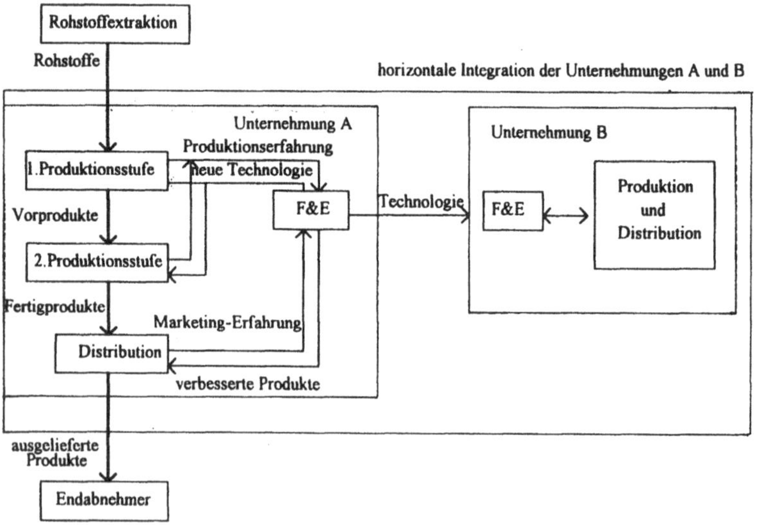

Quelle: Becker, 1996, S. 46.

Innerhalb der Internalisierungstheorie wird zwischen zwei grundsätzlich unterschiedlichen Arten der Internalisierung von Märkten unterschieden, der vertikalen und der horizontalen Integration. Unter vertikaler Integration wird die Erweiterung der Wertschöpfungsaktivitäten in vorgelagerte oder in nachgelagerte Aktivitäten einer Wertschöpfungskette verstanden. Eine MNU entsteht dabei, wenn vor- oder nachgelagerte Stufen der Wertschöpfungskette über Ländergrenzen hinweg internalisiert, also unter die gemeinsame Koordination einer MNU gebracht werden. Dabei wird ein zuvor über Märkte gesteuerter, grenzüberschreitender Austausch von Gütern und Leistungen, bei dem der Output der einen Einheit einen Input der anderen Einheit darstellt, nun innerhalb einer Unternehmung ausgeführt.

Bei der horizontalen Integration werden verschiedene organisatorische Einheiten verbunden, die auf der gleichen Stufe derselben oder einer anderen Wertschöpfungskette stehen. Die Internalisierung betrifft in diesem Fall hauptsächlich den Transfer von Wissen zwischen den beiden Wertschöpfungsketten. Die besondere Unvollkommenheit der Märkte für Wissen bildet dabei den Ausgangspunkt der Internalisierungstheorie für die Erklärung horizontal integrierter multinationaler Unternehmen (Becker, 1996, S. 45).

Die Entstehung einer vertikal integrierten MNU wird von der Internalisierungstheorie mit der höheren Effizienz der internen Koordination gegenüber dem Markt beim Transfer von Zwischenprodukten oder Leistungen erklärt, wobei die Existenz von transaktionalen Marktunvollkommenheiten als notwendige und hinreichende Bedingung zur Entstehung einer MNU in diesem Fall genügt. Zur Erklärung der horizontalen Integration, dem Entstehen einer gemeinsamen Kontrolle über mehrere Einheiten, die gleiche oder ähnliche Tätigkeiten ausführen, ist die Bedingung der transaktionalen Marktunvollkommenheit zwar notwendig, aber nicht hinreichend. Zusätzlich zum Vorliegen transaktionaler Marktunvollkommenheiten muss ein übertragbarer Vorteil bei einer der Einheiten vorliegen, der von einer anderen Einheit nachgefragt wird und für diese auch einen wirtschaftlichen Vorteil darstellt (Becker, 1996, S. 46). Diese beiden unterschiedlichen Arten der Integration werden im Folgenden näher betrachtet.

Vertikale Integration

Die Entstehung vertikal integrierter multinationaler Unternehmen erfolgt mit dem Ziel der Vermeidung oder Verminderung von Transaktionskosten beim Austausch von Gütern und Leistungen zwischen Unternehmen auf verschiedenen Stufen einer Wertekette. Innerhalb der vertikal integrierten MNU werden verschiedene Produktionsstufen, zwischen denen Liefer- und Leistungsbeziehungen über Zwischenprodukte bestehen, unter einheitliche Kontrolle gestellt. Das Vorliegen von Marktunvollkommenheiten auf den Märkten für diese Transaktionen ist für die Entstehung vertikal integrierter multinationaler Unternehmen dabei eine notwendige wie auch hinreichende Bedingung. Bei den Ursachen der Marktunvollkommenheiten kann zwischen zwei Formen unterschieden werden, der Umweltunsicherheit und der sozialen Unsicherheit.

Unter Umweltunsicherheit werden im weitesten Sinne Probleme der langfristigen Planung aufgrund von z.B. Schwankungen der Preise dieser Zwischenprodukte verstanden. Die Transaktionskosten bei marktlicher Koordination entstehen aus den Kosten für Terminmärkte oder langfristige Verträge. Auch wenn ein vollständiger Vertrag, der die gesamte relevante Lieferbeziehung im Zeitablauf abdeckt, prinzipiell möglich ist, können seine Kosten prohibitiv hoch sein oder seine Durchsetzung, bedingt durch sich während der Laufzeit ändernde Umweltzustände, zu hohe Kosten verursachen. Eine alternative Regelung durch eine Abfolge kurzfristiger Verträge ist dafür mit hohen Kosten der wiederholten Verhandlung verbunden (Becker, 1996, S. 48). Eine weitere Problematik ergibt sich, wenn eine Liefer- oder Leistungsbeziehung hohe spezifische Investitionen bei einem der Beteiligten bedingt. Eine solche bei einem Vertragspartner notwendige spezifische und langlebige Investition und die durch sie entstehende Ressourcenspezifizität[17] bewirkt die Entstehung eines Zielkonfliktes zwischen der Anpassungsfähigkeit kurzfristiger Verträge und der Amortisationssicherheit für das investierende Unternehmen und erschwert die Preisfindung bei einer Transaktion über den Markt (Williamson, 1979, S. 116). Die vertikale Integration vermeidet Verhandlungskosten, die zwischen autonomen Einheiten durch die Änderung von Umweltzuständen beim Austausch von Zwischenprodukten sowie bei vorliegen ressourcenspezifischer Investitionen auftreten würden, und ersetzt sie durch eine effizientere zentrale Koordination.

Soziale Unsicherheit beinhaltet das Risiko, von einem Vertragspartner opportunistisch ausgebeutet zu werden, sowie die Kosten der notwendigen Kontrolle der marktlichen Transaktion hinsichtlich Umfang, Durchführung und Qualität. Der Begriff der Kontrolle beinhaltet sowohl die Kontrolle der physischen Qualität der betroffenen Zwischenprodukte sowie auch die Kontrolle der Durchführung anderer vertraglich vereinbarter Handlungen. So kann es mit hohen Kosten verbunden sein, einen Vertriebskanal über eine marktliche Vereinbarung zu steuern, da die Einhaltung von geforderten Standards nur schwer zu bewirken und zu kontrollieren ist. Die Integration solcher nachgelagerter Aktivitäten vermeidet die

17 Ressourcenspezifizität bedeutet, dass der Wert einer Ressource innerhalb einer bestimmten Transaktionsbeziehung höher ist als die allgemeine Summe der Marktwerte der Ressource. Die Spezifizität nimmt mit abnehmender Anzahl alternativer Verwendungsmöglichkeiten zu. Die resultierende höhere Rendite muss zwischen den beteiligten Vertragspartnern geteilt werden.

Notwendigkeit der vertraglichen Formulierung entsprechender Vereinbarungen sowie deren Kontrolle.

Bei Vorliegen hoher ressourcenspezifischer Investitionen ist auch eine opportunistische Ausbeutung des investierenden Unternehmens durch den Vertragspartner möglich. Dieser kann prinzipiell nach erfolgter Investition versuchen, die gesamte gemeinsame Rendite abzuschöpfen. Die Ressourcenspezifizität verringert auch die Anzahl der alternativen Vertragspartner und damit die generelle Effizienz einer Marktlösung (Becker, 1996, S. 53). Die vertikale Integration vermeidet sowohl die Möglichkeit der Ausbeutung ressourcenspezifischer Investitionen durch einen der Vertragspartner als auch die Kosten für die vertragliche Bestimmung von Eigenschaften auszutauschender Güter und Leistungen sowie deren Kontrolle.

Eine vertikal integrierte MNU wird demnach entstehen, wenn die interne Abwicklung und Kontrolle von internationalen Austauschbeziehungen mit in Bezug auf Umweltunsicherheit und soziale Unsicherheit geringeren Transaktionskosten möglich ist als die Abwicklung über den Markt.

Horizontale Integration

Die Entstehung horizontal integrierter multinationaler Unternehmen erfolgt mit dem Ziel der Vermeidung oder Verminderung von Transaktionskosten beim Austausch von Leistungen zwischen Unternehmen auf der gleichen Stufe einer Wertekette. Im Unterschied zur vertikalen Integration werden im Falle der horizontalen Integration zuvor unabhängige Einheiten, die auf der gleichen Stufe derselben oder einer anderen Wertekette stehen und auf die gleiche Ressource zugreifen, unter die einheitliche Koordination einer Unternehmung gestellt. Als Begründung der Integration und Entstehung von multinationalen Unternehmen wird dabei von der Internalisierungstheorie die Übertragung von Wissen zwischen den Einheiten genannt (Becker, 1996, S. 56). Das Wissen lässt sich dabei in drei prinzipielle Gruppen unterteilen: technisches Wissen über Methoden der Erstellung von Produkten und Leistungen, Marketing Wissen über die Vermarktung von Gütern und Leistungen sowie Management Wissen über die Organisation und Verwaltung sowie Strategieentwicklung und Umsetzung aller relevanten Aktivitäten (Casson, 1987, S. 12). Die besondere Unvollkommenheit der Märkte für Wissen ist die Begründung der Internalisierungstheorie für das Entstehen horizontal integrierter multinationaler Unternehmen. Die Kernprobleme, die beim Transfer von Wissen auftreten, sind zum einen die Frage seiner prinzipiellen interpersonellen Übertragbarkeit und zum anderen der Schutz der Eigentumsrechte am Wissen (Becker, 1996, S. 59). Übersteigen die durch diese Probleme entstehenden Kosten des marktlichen Transfers von Wissen die Kosten der Internalisierung dieser Transaktionen, so kann eine MNU entstehen (Rugman, 1981, S. 105).

Eine horizontal integrierte MNU wird demnach entstehen, wenn die interne Abwicklung der Austauschbeziehungen von Wissen mit geringeren Transaktionskosten möglich ist als die Abwicklung über den Markt.

Kritik

Eine Kritik an der Internalisierungstheorie setzt an der Vernachlässigung einer expliziten Betrachtung der Kosten der internen Koordination an. Die Internalisierungstheorie behandelt die MNU als quasi Einheitsmodell, ohne auf die Auswirkungen verschiedener Organisationsformen und der unterschiedlichen resultierenden Kosten einzugehen. Probleme der internen Anreiz- und Kontrollstrukturen werden zwar in der Literatur teilweise genannt, aber nicht vertiefend behandelt. Dunning beurteilt die Aussagekraft der Internalisierungstheorie kritisch hinsichtlich deren Erklärungsgehalt für die Entstehung von multinationalen Unternehmen. Seiner Meinung nach ist die Aussage der Internalisierungstheorie auf „multi activity firms“ und nicht auf multinationale Unternehmen zugeschnitten, da die transaktionalen Vorteile sich nicht spezifisch auf grenzüberschreitende oder überhaupt raumüberwindende Transaktionen beziehen (Dunning 1998, S. 46).

Ein weiterer Ansatz der Kritik basiert auf der Vernachlässigung von unternehmensspezifischen Aspekten wie Wettbewerbsvorteilen. Die Internalisierungstheorie geht davon aus, dass Unternehmen auf Marktunvollkommenheiten reagieren und durch ihre Aktivitäten die gesamtwirtschaftliche Effizienz erhöhen. Die Internalisierungstheorie erklärt, warum Unternehmungen als Institutionen Märkte ersetzen, und geht in einer branchenorientierten Sichtweise davon aus, dass unternehmensspezifische Aspekte wie z.B. Wettbewerbsvorteile zur Entstehung von multinationalen Unternehmen nicht notwendig sind, da alleinig die höhere Koordinationseffizienz gegenüber dem Markt für die Entstehung einer MNU ausreichend ist. Damit werden Aspekte einer aktiven Beeinflussung der Märkte durch Unternehmen, wie z.B. durch die Schaffung von Wettbewerbsvorteilen oder die aktive Beeinflussung der Marktstruktur durch Unternehmen, innerhalb der Internalisierungstheorie nicht berücksichtigt. Die Konzentration auf Faktoren der Branchenebene resultiert in einer Vernachlässigung von Faktoren auf der Unternehmensebene (Becker, 1996, S. 82).

Weitere Kritik am Ansatz der Internalisierungstheorie entsteht, wie auch schon bei der monopolistischen Theorie, durch die Vernachlässigung dynamischer Aspekte. Dies wird insbesondere im Falle der horizontalen Integration deutlich, da eine effizientere Übertragung von Wissen dauerhaft nur stattfinden kann, sofern auch ein dauerhafter Generierungsprozess für Wissen stattfindet.

Dieser Aspekt, zusammen mit der Kritik an der mangelnden Einbeziehung von Einflussfaktoren auf der Unternehmensebene, wie unternehmensspezifische Wettbewerbsvorteile, lässt die Internalisierungstheorie nicht als eine umfassende Theorie der Entstehung von multinationalen Unternehmen erscheinen.

2.3.4 Das Eklektische Modell von Dunning

Dunning's Eklektisches Modell zur Erklärung der Entstehung von multinationalen Unternehmen berücksichtigt sowohl die Kritik an der monopolistischen Theorie als auch an der Internalisierungstheorie und bezieht beide Theorien in einen ganzheitlichen Erklärungsansatz unter zusätzlicher Berücksichtigung von standorttheoretischen Aspekten ein. Nach Dunning erklären die vorgenannten Ansätze jeweils nur einzelne Teilaspekte des Entstehens von multinationalen Unternehmen, ohne eine umfassende Erklärung der MNU zu ergeben. Die monopolistische Theorie untersucht, warum ausländische multinationale Unternehmen gegenüber lokalen Unternehmen im Wettbewerb bestehen können. Da sie gegenüber diesen Informationsnachteile haben und zusätzlich dem Risiko der Diskriminierung ausgesetzt sind, müssen sie über andere unternehmensspezifische Vorteile verfügen, die diese Nachteile im Wettbewerb kompensieren. Die unternehmensspezifischen Wettbewerbsvorteile erklären innerhalb der monopolistischen Theorie die Entstehung von multinationalen Unternehmen. Dunning bezieht diesen Ansatz in sein Modell ein, sieht die Entstehung von multinationalen Unternehmen jedoch nicht allein durch den Besitz von unternehmensspezifischen Wettbewerbsvorteilen begründet, sondern auch in der Fähigkeit, den Einsatz der entsprechenden Ressourcen effizienter zu koordinieren als alternative Formen der Koordination (Dunning, 1977, S. 408). Hierin liegt die Verbindung zur Internalisierungstheorie, die sich der Problematik einheitlicher oder getrennter Koordination von Wertschöpfungsaktivitäten in verschiedenen Ländern widmet und zu erklären versucht, warum Unternehmungen als Institutionen Märkte als Institutionen ersetzen. Gemäß der Internalisierungstheorie ist dabei alleinig die höhere Koordinationseffizienz der Unternehmung gegenüber dem Markt eine hinreichende Begründung für die Entstehung von multinationalen Unternehmen (Becker, 1996, S. 89). Während Dunning die Thesen der Internalisierungstheorie vollständig in sein Eklektisches Modell einbezieht, bezeichnet er sie für sich genommen nur als eine Teilerklärung des Phänomens der Entstehung von multinationalen Unternehmen. Im Eklektischen Modell erweitert er das Konzept der Internalisierung von transaktionalen Unvollkommenheiten der Märkte um die Möglichkeit einer aktiven Strategie der MNU zur Schaffung struktureller Marktunvollkommenheiten.

„In this respect, internalisation may be a two edged sword; it can compensate for natural market failure, but it can also be a powerful tool in the strategy of oligopolists.“ (Dunning, 1988, S. 22).

Dunning ergänzt diese beiden Aspekte seines Modells durch die Einbeziehung von standortspezifischen Einflüssen. Diese innerhalb der Standorttheorie untersuchten Faktoren besagen, in welchen Ländern bestimmte Wertschöpfungsaktivitäten ausgeführt werden, ohne darauf Bezug zu nehmen, ob diese durch lokale Unternehmen oder ausländische multinationale Unternehmen durchgeführt werden (Becker, 1996, S. 89). Die Bezeichnung „Eklektisches Modell“ geht auf diese Einbeziehung verschiedener Theorieansätze zurück und beschreibt Dunning's Vorgehen der Zusammenfügung der verschiedenen Komponenten zu einem kohärenten Erklärungsansatz. Dunning selbst bezeichnet seine Theorie in einem neueren Aufsatz auch als *„... Envelope for economic and business theories of MNE activity“*, also als einen umfassenden Bezugsrahmen der sich ergänzenden Ansätze zur Erklärung von multinationalen Unternehmen (Dunning, 2000, S.166). Dunning's erklärtes Ziel ist es, aufbauend auf den verschiedenen Theorien, mit seinem Modell alle Arten der Internationalisierung zu erklären. Das Eklektische Modell soll einen Bezugsrahmen zur Beurteilung bilden, warum eine bestimmte Form der Internationalisierung, also Export, Lizenzvergabe oder Direktinvestition, gewählt wird, sowie auch die Übergänge zwischen den verschiedenen Arten erklären. Nach Dunning erklärt das Modell auch, warum Unternehmen Wettbewerbsvorteile gegenüber ihren Konkurrenten aus anderen Ländern besitzen und wieso sie zumindest einige dieser Wettbewerbsvorteile zusammen mit Standortgebundenen Faktoren in Ausland nutzen (Dunning, 1995). Damit erscheint das Eklektische Modell als eine geeignete theoretische Basis für diese Arbeit. Im Folgenden soll das Modell daher vertiefend untersucht und kritisiert werden.

Den Grundstein zur Konzeption des Eklektischen Modells bildet eine 1958 publizierte empirische Untersuchung von Dunning. Dieser Arbeit lag die Fragestellung zugrunde, ob das zu dieser Zeit zwischen den USA und UK bestehende Gefälle in der Arbeitsproduktivität eine Eigenschaft der jeweiligen Länder ist oder aber eine Eigenschaft der jeweiligen Unternehmungen (Dunning, 1958). Das Ergebnis der Untersuchung, die erstmals zwischen den Wettbewerbsvorteilen der Unternehmen (Ownership Advantages) und den Standortvorteilen von Ländern (Location Advantages) unterschied, stellte fest, dass die Produktivität der amerikanischen Tochterunternehmen in Großbritannien zwar höher war als die der lokalen Unternehmungen, aber geringer als die Produktivität der Mutterunternehmen in den USA. Die von Dunning gezogene Schlussfolgerung war, dass die Produktivität zum Teil durch Eigenschaften des Standortes und zu einem anderen Teil durch Eigenschaften des Unternehmens bestimmt ist (Dunning, 1958, S. 98). Auf Basis dieser Überlegungen, wenn auch viel später, entstand Dunning's Eklektisches Modell, das im Zeitablauf immer wieder ergänzt wurde (u.a. Dunning, 1977, 1988, 1995, 1998, 2000).

Das Eklektische Modell erklärt dabei das Ausmaß sowie die geographische und sektorale Verteilung der Direktinvestitionen von multinationalen Unternehmen durch drei unterschiedliche Determinanten: firmenspezifische Wettbewerbsvorteile (Ownership Advantages), Internalisierungsvorteile (Internalisation Advantages) und Standortvorteile (Locational Advantages). Nach den Anfangsbuchstaben der drei Determinanten: Ownership Advantages, Location Advantages und Internalisation Advantages, werden die Determinanten auch als OLI-Faktoren und das Eklektische Modells als OLI-Modell bezeichnet.

Gemäß der prinzipiellen Aussage des Eklektischen Modells entsteht eine MNU mit dem Beginn einer Wertschöpfungsaktivität eines Unternehmens im Ausland, wenn die folgenden drei Bedingungen gemeinsam erfüllt sind:

(1) Die Unternehmung verfügt bei der Bearbeitung eines Marktes über Ownership Advantages gegenüber anderen Unternehmen in diesem Markt. Diese Ownership Advantages bestehen zumeist aus immateriellen Gütern oder Vorteilen durch bessere Koordination von Aktivitäten, über die das Unternehmen zumindest zeitweise exklusiv verfügt.

(2) Ist die erste Bedingung erfüllt, muss es für das Unternehmen von Nutzen sein, die Verwertung und Gestaltung dieser Ownership Advantages intern durchzuführen, anstatt sie an andere Unternehmen zu verkaufen oder vermieten. Es muss damit sinnvoll sein, die Verwertung dieser Ownership Advantages durch eine Ausweitung der Aktivitäten des Unternehmens zu internalisieren, anstatt sie durch Vereinbarungen mit anderen Unternehmungen extern zu verwerten.

(3) Wenn beide vorgenannten Bedingungen erfüllt sind, muss es für die Unternehmung zusätzlich von Vorteil sein, diese Vorteile in Verbindung mit Faktoren außerhalb des Ursprungslandes (Location Advantages) zu nutzen. Andernfalls würden ausländische Märkte durch Exporte und Inlandsmärkte über inländische Produktion bearbeitet.

Nach Dunning sind die einzelnen OLI Faktoren dabei nicht unabhängig voneinander. So haben besonders die länderspezifischen Faktoren einen indirekten Einfluss auf Wettbewerbsvorteile und Internalisierungsvorteile (Dunning, 1991, S. 121). Die Parameter des Eklektischen Modells stehen auch in einem engen Zusammenhang mit den relevanten kontextualen Bedingungen. Hierzu zählen wirtschaftliche und politische Umfeldbedingungen im Ursprungsland der MNU sowie im Zielland der Direktinvestitionen. Einflussfaktoren auf die Bildung von unternehmensspezifischen Wettbewerbsvorteilen (Ownership Advantages) sind z.B. Wirtschafts-, Forschungs- und Bildungspolitik im Ursprungsland sowie die Ressourcenausstattung und Marktgröße im Ursprungsland des Unternehmens (Dunning, 2000, S. 164). Dunning betont eine weitreichende Bedeutung der Umfeldbedingungen für die Entwicklung der Unternehmen: *„...a firms competitive advantages are essentially a function of its domestic economic environment"* (Dunning, 1998, S. 117). Die Wirkungsbeziehungen zwischen Unternehmen und den standortgebundenen Umfeldeinflüssen und deren Einfluss auf die Entstehung von Wettbewerbsvorteilen sollen im weiteren Verlauf der Arbeit näher untersucht und für die empirische Analyse systematisiert aufbereitet werden.

Die verschiedenen OLI Faktoren sind nachfolgend dargestellt (Becker, 1996, S. 96; mit einer übersetzten Aufstellung der OLI Faktoren nach Dunning):

Tabelle 2.1; Determinanten des Eklektischen Modells.

1. Unternehmungsspezifische Vorteile (OA): (Unternehmungsspezifische WBV von Unternehmungen einer Nation (oder Tochtergesellschaften dieser Unternehmungen) gegenüber Unternehmen anderer Nationen.
   a) Individuelle OA:
   Vorteile aufgrund von Property Rights und/oder immateriellen Gütern: Produktinnovationen, Produktionsverfahren, Organisations- und Marketingsysteme, Innovationskapazität; nicht kodifizierbares wissen; „Bank" von Humankapital; Marketing, Finanzwesen, Know-how.
   b) Kollektive OA: Vorteile aufgrund gemeinsamer Leitung („Advantage of common governance")
      i) Vorteile von Tochtergesellschaften etablierter Unternehmen gegenüber denovo Firmen. Vorteile aufgrund von Größe und Erfahrung der Unternehmung, z.B. Economies of scope, Spezialisierungsvorteile, Monopolmacht, bessere Ressourcenkapazität und -Nutzung. Exklusiver bzw. bevorzugter Zugriff auf Produktionsfaktoren wie Arbeit, Kapital Information und natürliche Ressourcen.. Verhandlungsmacht in Beschaffungs- und Absatzmärkten. Nutzung von Ressourcen der Muttergesellschaft zu Grenzkosten. Größendegressionsvorteile aufgrund gemeinsamer Nutzung(nicht nur in der Produktion, sondern auch im Einkauf, Marketing, Finanzierung etc.).
      ii) Vorteile die sich aus der Multinationalität der Unternehmung ergeben. Multinationalität verstärkt die o.g. Vorteile durch Eröffnung weiterer Einsatzmöglichkeiten. Besserer Zugang auf und/oder besseres Wissen über internationale Märkte. Fähigkeit geographische Unterschiede bzgl. Faktorausstattungen und Märkten auszunutzen. Fähigkeit zur Diversifikation von politischen und Währungsrisiken.

2. Internationalisierungsvorteile: Schutz vor bzw. Ausbeutung von Marktunvollkommenheiten. Hierunter fallen:
   - Vermeidung von Such- und Verhandlungskosten.
   - Vermeidung von Vertragsdurchsetzungskosten.
   - Vermeidung von Buyer Uncertainty (über die Art und den Wert von Gütern, z.B. technisches Wissen).
   - Möglichkeit der internen Preisdifferenzierung bei fehlender externer Preisdifferenzierung.
   - Möglichkeit zur Qualitätskontrolle und –sicherung in nachgelagerten Märkten.
   - Möglichkeit der internen Ausnutzung von Synergieeffekten.
   - Ersetzen fehlender Future-Märkte.
   - Vermeidung bzw. Ausnutzen staatlicher Interventionen (Quoten, Steuern, Zölle, Preiskontrollen).
   - Möglichkeit zur Kontrolle Liefermengen und Konditionen des Verkaufs von Faktoren (Inputs).
   - Möglichkeit zur Kontrolle von Absatzkanälen (auch derer, die von Wettbewerbern mitbenutzt werden könnten)
   - Möglichkeit zur Ausnutzung von Praktiken wie Überkreuz- Subventionierung, Transferpreisbestimmung, Dumping, etc. als wettbewerbstrategische Instrumente.

3. Länderspezifische Vorteile: (des Heimat- oder Gastlandes)
   - Ungleiche Verteilung von natürlichen und geschaffenen Ressourcen und Märkten.
   - Unterschiedliche Faktorpreise, Qualität und Produktivität von Arbeit, Energie, Rohstoffen, Vor- und Teilprodukten.
   - Internationale Transport- und Kommunikationskosten.
   - Investitionsanreize und –hemmnisse (z.B. Leistungs- und Qualitätsanforderungen).
   - Künstliche Handelsbarrieren (Zölle, Importkontrollen).
   - Infrastruktur (kommerzielle, legale, Transport- und Kommunikationssysteme sowie Ausbildungssysteme).
   - Psychische Distanz (Sprache, Kultur, Wirtschaftskultur, etc.).
   - Größenvorteile durch Zentralisierung von F&E und Marketing-Aufgaben.
   - Wirtschafts- und Politisches system, institutionelle Rahmenbedingungen der Ressourcenallokation.

Quelle: Becker, 1996, S. 96.

Die Wirkung der OLI Faktoren auf das Verhalten auf der Unternehmensebene ist dabei abhängig von verschiedenen Einflüssen: (1) dem Investitionsmotiv, (2) den relevanten Umfeldbedingungen im Ursprungs- und im Zielland der Direktinvestition, (3) der Art der Aktivität (z.B. Technologie-, Kapital- oder Arbeitsintensiv), (4) der Beschaffenheit der Produkte (z.B. Konsum- oder Investitionsgüter) und (5) der Strategie des Unternehmens (Dunning/Bansal, 1997, S. 11).

Zentrale Bedeutung bei der Internationalisierung durch Direktinvestitionen kommt dabei den Investitionsmotiven zu, die von Dunning in vier Typen unterschieden werden (Dunning, 2000). Market Seeking dient der Bedienung eines oder einer Gruppe von Märkten und ist somit nachfrageorientiert. Mit dem Wachstum bestehender und dem Aufkommen neuer Märkte kommt diesem Motiv eine hohe Bedeutung zu. Resource Seeking dient der Schaffung eines Zugangs zu bestimmten Ressourcen wie Rohstoffen oder niedrig qualifizierter Arbeit und ist damit am Angebot dieser Ressourcen orientiert.

Efficiency Seeking dient der Steigerung der Effizienz und Spezialisierung eines Portfolios von internationalen und nationalen Aktivitäten und ist daher zumeist den ersten beiden Arten sequentiell nachgelagert.

Strategic Asset Seeking dient der Festigung oder Ergänzung von Wettbewerbsvorteilen des investierenden Unternehmens gegenüber seinen Wettbewerbern und ist somit dynamisch auf die Entwicklung des Unternehmens ausgerichtet.

Während die Investitionsmotive Resource Seeking und Market Seeking eher statisch und auf die Verwertung von zu einem Zeitpunkt im Unternehmen vorhandener Wettbewerbsvorteile ausgerichtet sind, zielen Efficiency- und Strategic Asset Seeking auf eine dynamische Ergänzung oder Festigung bestehender oder Schaffung neuer Wettbewerbsvorteile (Dunning, 2000, S. 164). Nach Dunning zeigt sich ein Trend, dass die auf statischen Ownership Advantages basierenden Investitionsmotive Market Seeking und Resource Seeking weniger relevant werden, während die dynamischen Investitionsmotive Strategic Asset Seeking und Efficiency Seeking stärkere Bedeutung bekommen (Dunning, 2000, S. 173). Vor dem Hintergrund der wachsenden Bedeutung des Zugangs und der Organisation wissensbasierter Vermögensgegenstände auf weltweiter Basis und der Fähigkeit, diese mit bestehenden Wettbewerbsvorteilen zu integrieren, nimmt auch die Relevanz strategischer Allianzen zu (Dunning, 2000). Grundlage der Entwicklung dieses „Alliance Capitalism" ist, dass Kompetenzen und Ressourcen von Unternehmen in zunehmenden Maße nicht mehr unabhängig voneinander sind, und dass ökonomische Interessen einzelner Unternehmen durch Kooperationen besser als durch Wettbewerb gefördert werden können. Die Bedeutung dieser Entwicklung ist dabei Länderabhängig (Dunning, 1995).

Im Folgenden soll die Berücksichtigung der Einflüsse des „Alliance Capitalism" – als Infragestellung der Grenzziehung des Unternehmens durch Einbeziehung unternehmensexterner Generierung von Wettbewerbsvorteilen durch Kooperationen – ergänzt werden (Dunning, 2000).

Das Eklektische Modell beinhaltete anfänglich nur eine statische Betrachtungsweise, die lediglich eine Nutzung vorhandener Ownership Advantages vorsah (Dunning, 1977), und wurde erst später mit explizit dynamischen Zusammenhängen in Form der Ergänzung („asset augmenting") und Neuschaffung („asset creation") von Wettbewerbsvorteilen unternehmensintern, oder durch Kooperationen („alliance relations"), erweitert (Dunning, 2000). Mit diesen Einbeziehungen versucht das Modell den Prozess der Internationalisierung und nicht nur Volumen und Zusammensetzung von FDI zu einem bestimmten Zeitpunkt zu erklären (Dunning, 2000, S. 184). Hierin liegt zum einen eine Erweiterung der Theorie um dynamische Zusammenhänge. Zum anderen liegt eine Reaktion der Theorieentwicklung auf in der Realität beobachtete Verhaltensänderungen vor. Die Weiterentwicklung der Theorien zur Erklärung multinationaler Unternehmen folgten dabei mit einem zeitlichen Abstand den beobachteten Veränderungen in der Realität. Sie werden dabei wiederum durch die Veränderung kontextualer Rahmenbedingungen sowie durch Veränderungen im Verhalten der Untersuchungsobjekte selbst beeinflusst. Dunning beschreibt dies in einem Ausblick:

„... new theorizing in the next decade will take a different form to that of the last ten years; if for no other reason than that the character and organization of international production is itself undergoing fundamental change." (1988, S. 66).

Für diese Arbeit bedeutet dies eine notwendige Festlegung auf einen Stand der Theorie, und deren Anwendung in der Untersuchung der australischen Unternehmen.

Im Folgenden sollen die drei Determinanten des Eklektischen Modells vertiefend betrachtet werden.

Ownership Advantages

Der Begriff des Ownership Advantage nach Dunning wird in dieser Arbeit mit dem Begriff des Wettbewerbsvorteils in der Terminologie Porters synonym verwendet (vgl. dazu bestätigend: Dunning, 2000). Bei den Ownership Advantages unterscheidet Dunning zwischen drei verschiedenen Arten von Vorteilen. Die erste Gruppe sind Ownership Advantages, die ein Unternehmen gegenüber anderen Unternehmen aus dem gleichen Land besitzt. Diese Ownership Advantages ergeben sich aus dem exklusiven Besitz bestimmter zumeist immaterieller Güter wie Know How in Technologie, Marketing und Management sowie Economies of Scale und Economies of Scope. Diese Ownership Advantages resultieren aus Unternehmensgröße, besserer Ressourcenausstattung und -nutzung sowie Monopolmacht.

Die anderen beiden Gruppen von Ownership Advantages ergeben sich aus der Fähigkeit, Interaktionen zwischen separaten aber komplementären Aktivitäten besser zu koordinieren als andere Organisationsformen, besonders die Koordination über den Markt. Hierzu zählen Vorteile von Niederlassungen gegenüber lokalen Einzelunternehmen. Der Vorteil der Niederlassung einer MNU liegt im Zugang zu den Ressourcen der MNU wie Produktionsfaktoren, Marktwissen, Management Erfahrung zu marginalen Kosten, für die eine einzelne Unternehmung die vollen Kosten tragen muss. Die dritte Gruppe von Vorteilen ergibt sich aus der Multinationalität von multinationalen Unternehmen an sich. Je größer die Anzahl der verschiedenen Umwelten, in denen die MNU agiert, und die Unterschiede zwischen ihnen, desto besser können Vorteile aus den unterschiedlichen Faktorausstattungen, Risikoprofilen und Marktstrukturen gezogen werden (Becker, 1996, S. 94). Dunning bezeichnet die erste Gruppe der Ownership Advantages als individuelle Ownership Advantages und die der zweiten und dritten Gruppe als kollektive Ownership Advantages. Besonders letztere können dabei nicht verkauft oder überlassen werden, sondern sind nur durch Internalisierung zu nutzen (Dunning, 1988, S. 20).

Mit zunehmender Relevanz der Fähigkeit, verteiltes Wissen weltweit zu beschaffen und zu integrieren und mit der Zunahme der Bedeutung von strategischen Allianzen zur externen Festigung oder Schaffung von Wettbewerbsvorteilen nimmt die Notwendigkeit einer dynamischen Betrachtung der Generierung von Ownership Advantages unter Einbeziehung dieser Entwicklungen zu. Danach unterscheiden sich Ownership Advantages in statische Ownership Advantages, die eine MNU zu einem bestimmten Zeitpunkt besitzt und nutzt einerseits, und dynamische Ownership Advantages, welche die Fähigkeit einer MNU darstellen, solche Vorteile aufzuwerten oder neu zu schaffen andererseits (Dunning, 2000, S. 170). Ownership Advantages müssen dabei auch die Auswirkungen von inter- Firmen Beziehungen aus strategischen Allianzen einbeziehen, da diese zunehmende Bedeutung bekommen (Dunning, 1995).

Internalisation Advantages

Internalisierungsvorteile ergeben sich nach Dunning nur, wenn die marktliche Allokation von Ressourcen durch Marktunvollkommenheiten gestört ist. Marktunvollkommenheiten können dabei entweder strukturell sein und einer marktlichen Koordination z.B. durch hohe Markteintrittsbarrieren und unvollkommene Nutzbarkeit von Synergien bei der Koordination über den Markt entgegenstehen, oder kognitiv durch soziale- und Umweltunsicherheit bedingt in höheren Transaktionskosten im Vergleich zu alternativen Koordinationsformen resultieren (Dunning, 1988, S. 22). Nach Dunning können sich aus der Internalisierung von Transaktionen jedoch nicht nur Transaktionskostenersparnisse im Vergleich zur marktlichen Koordination ergeben, sondern auch wettbewerbstrategische Vorteile. Insofern geht der Begriff der Internalisierungsvorteile im Eklektischen Modell über die als reine Transaktionskostenersparnis definierte Größe innerhalb der Internalisierungstheorie hinaus und schließt eine strategische Einflussgröße ein (Becker, 1996, S. 92).

Solange die Transaktions- und Koordinationskosten für den Austausch von Zwischenprodukten, Wissen, Technologie und Marketingtechniken auf Märkten höher sind als die Kosten einer internen Hierarchie, wird demnach eine Aktivität internalisiert.

Da ein Unternehmen neben der Transaktion auch andere Funktionen wie Produktion und Innovation hat, müssen in einer dynamischen Sichtweise Internalisation Advantages niedrigere Transaktionskosten nicht nur bei der Verwertung vorhandener, sondern auch bei der Ergänzung und Generierung neuer Ownership Advantages belegen (Dunning, 2000, S. 182). Eine Darstellung der Internalisation Advantages nach Dunning ist im Anhang III enthalten.

Gemäß der Berücksichtigung der Effekte des „Alliance Capitalism" sollen auch Allianzen zwischen Unternehmen als neue Form der „Internalisierung" eingeordnet und entsprechend berücksichtigt werden.

Location Advantages

Bei den Standortvorteilen differenziert Dunning zwischen zwei verschiedenen Arten von Location Advantages. Zum einen die indirekten Location Advantages, die auf die Wettbewerbsvorteile der in diesen Ländern beheimateten Unternehmen einwirken und diese prägen, und zum anderen die direkten Location Advantages, die unabhängig von Unternehmensspezifika direkt einen Vorteil darstellen (Dunning, 1988, S. 20). Location Advantages im Sinne des Eklektischen Modells sind dabei nur die direkten Location Advantages, die nur durch den Beginn einer Wertschöpfungsaktivität in dem betreffenden Land nutzbar sind. Sie lassen sich in die folgenden drei Gruppen unterteilen:

(1) Ressourcen, die nur am Ort der Wertschöpfungsaktivität genutzt werden können,
(2) Unvermeidbare Kosten wie Steuern oder staatliche Beschränkungen der Gewinnverwendung, die nicht transferierbar sind,
(3) Transportkosten zur Bedienung internationaler Märkte.

Unter Einbeziehung der dynamischen Betrachtung in das Eklektische Modell müssen die Location Advantages hinsichtlich FDI zur Aufwertung oder Schaffung von Wettbewerbsvorteilen ergänzt werden, so z.B. bei dem Investitionsmotiv „Strategic Asset Seeking". Der starke Anstieg von grenzüberschreitenden M&A Transaktionen belegt die Relevanz dieser Entwicklung (Dunning, 2000, S. 179). Besonders die Bedeutung räumlicher Agglomerationen und ihre Auswirkungen auf Innovation und Lernen sowie die räumlich gebundene Verfügbarkeit relevanten Wissens stellen wichtige Einflussgrößen auf die Standortattraktivität dar (Dunning, 2000, S. 176). Der Zugang zu räumlich gebundenem Wissen, zu Clustern und Netzwerken muss daher innerhalb der Location Advantages besondere Beachtung erfahren (Dunning, 1995, S. 473). Eine Aufstellung der Location Advantages ist im Anhang III abgebildet.

Dunnings Eklektisches Modell geht über den Erklärungsgehalt der voran beschriebenen Ansätze der monopolistischen Theorie und der Internalisierungstheorie hinaus, indem es die drei prinzipiell unterschiedlichen Arten der Internationalisierung (Export, Lizenzvergabe und Direktinvestition) einbezieht, und es erlaubt eine Aussage zu treffen, welcher Weg der Internationalisierung bei Vorliegen bestimmter Voraussetzungen Anwendung findet und warum (Dunning, 1988, S. 28). In allen Fällen erfolgreicher internationaler Aktivität ist der Besitz eines Ownership Advantages eine unabdingbare Voraussetzung. Das Vorliegen von Internalisation Advantages entscheidet dann, ob die Verwertung des Ownership Advantages auf dem Wege der Lizenzvergabe oder durch Export / Direktinvestition erfolgt. Die Entscheidung, ob ein Auslandsmarkt durch Exporte oder Direktinvestition bearbeitet wird, bestimmt das Vorliegen von Location Advantages, die eine Durchführung der Wertschöpfungsaktivität entweder im Stammland oder im Ausland bevorzugen.

In der folgenden Tabelle sind die verschiedenen Arten der Bedienung internationaler Märkte und ihr Bezug zu den OLI Faktoren dargestellt.

Tabelle 2.2; OLI Faktoren nach Arten internationaler Aktivität.

Route of servicing market	***Ownership***	***Internalisation***	***(Foreign) Location***
Foreign Direct investment	Yes	Yes	Yes
Trade in goods and services	Yes	Yes	No
Contractual resource transfers	Yes	No	No

Quelle: Dunning, 1988, S. 28.

Berücksichtigung von Dynamik

Im folgenden soll versucht werden, dynamische Aspekte in die Beurteilung der MNU einzubeziehen. Damit steht nicht mehr die Entstehung, sondern das erfolgreiche Bestehen der MNU im Wettbewerb im Mittelpunkt. Zunächst wird das Eklektische Modell auf die Berücksichtigung von dynamischen Aspekten geprüft und gegebenenfalls erweitert.

Ein wichtiger Ansatzpunkt der Kritik an den in dieser Arbeit beschriebenen Erklärungsansätzen für multinationale Unternehmen ist deren zumeist statische

Betrachtungsweise, die sich in der zentralen Ausrichtung auf den initialen Akt der Entstehung einer MNU erklären lässt. Diese Einschränkung führt dazu, dass innerhalb der untersuchten Ansätze die dynamische Entwicklung, also die Erklärung der Existenz der MNU im Wettbewerb, kaum Beachtung findet. Die Entstehung ist aber nur ein Teilaspekt der Existenz von multinationalen Unternehmen. Im Eklektischen Modell ist die Existenz eines Wettbewerbsvorteils die zentrale Grundvoraussetzung für das Entstehen einer MNU. Dieser besteht oft aus immateriellen Gütern wie Wissen in Technologie, Marketing und Management. Dieses Wissen veraltet jedoch in immer kürzeren Zeiträumen und macht eine permanente Weiterentwicklung notwendig. Da ein Wettbewerbsvorteil nur solange besteht, wie andere Unternehmen nicht über die gleichen Fähigkeiten verfügen und auch nur solange diese Fähigkeiten am Markt nachgefragt werden, ist von einer endlichen Wirkungsdauer der Wettbewerbsvorteile auszugehen (Becker, 1996, S. 16). Eine dynamische Erklärung der Existenz von multinationalen Unternehmen muss daher einbeziehen, wie diese Wettbewerbsvorteile generiert und gefestigt werden und welche Eigenschaften die Unternehmen dazu befähigen, diese Prozesse durchzuführen. Mit dem Wegfall des Wettbewerbsvorteils entfällt auch die Grundlage der Existenz der MNU.

Zusätzlich unterliegen die Rahmenbedingungen der Weltwirtschaft einem Wandel, der multinationale Unternehmen zu Reaktionen zwingt und ihnen die Möglichkeit eröffnet, den Wandel und sein Tempo in Teilbereichen mitzubestimmen. Diese Entwicklungen können auch zu Veränderungen bei den Standortvorteilen und Internalisierungsvorteilen führen. Damit unterliegen auch diese Determinanten, ausgehend von einer Initialstruktur bei Entstehung der MNU, dynamischen Veränderungen.

Das Eklektische Modell berücksichtigt Dynamik in verschiedener Weise. So werden die Investitionsmotive Market- und Ressource- Seeking als Ausdruck einer eher statischen Betrachtung, die auf die Nutzung bestehender Wettbewerbsvorteile auf internationalen Märkten zielt, angesehen. Die Investitionsmotive Efficiency Seeking und Strategic Asset Seeking werden als Ausdruck der Einbeziehung dynamischer Aspekte des Wettbewerbs und der Standortstrategien bezeichnet (Dunning, 2000, S. 169). Hierbei berücksichtigt Dunning jedoch nicht explizit, dass sich die kontextualen Bedingungen verändern und Unternehmen dadurch wiederholt Entscheidungen des Market- oder Resource Seeking überprüfen und ausführen müssen, wobei sie zwingend Lernprozesse durchlaufen. Damit haben auch diese Motive dynamischen Charakter.

Die Wettbewerbsvorteile werden hinsichtlich der Berücksichtigung von Dynamik in zwei Kategorien definiert:

„... those which view such advantages as the income generating resources and capabilities possessed by a firm at a given moment in time, i.e. static O advantages; and those which treat such advantages as the ability of a firm, to sustain and increase its income generating assets over time, i.e. dynamic O advantages.“ (Dunning, 2000, S. 169).

Diese Zusammenhänge sollen in der weiteren Arbeit wenn möglich berücksichtigt werden.

Durch die Globalisierungstendenzen entsteht eine zunehmende Relevanz der Fähigkeit, Wissen weltweit zu beschaffen und zu integrieren, und damit eine Zunahme der Bedeutung von strategischen Allianzen zur externen Festigung oder Schaffung von Wettbewerbsvorteilen. Die Berücksichtigung strategischer Allianzen in den Theorien und Modellen der MNU ist schwierig, da diese teilweise Eigenschaften von Märkten und teilweise von Hierarchien haben. Ein Ansatz ist die Weiterentwicklung des Organisationsmodells der transnationalen Unternehmung nach Bartlett und Ghoshal durch Suckfüll (Suckfüll, 1994).

Eine Einbeziehung von strategischen Allianzen in die empirische Untersuchung der Aktivitäten australischer multinationaler Unternehmen erfolgt über die Ermittlung, ob solche Verbindungen zur externen Bildung von Wettbewerbsvorteilen von den Unternehmen genutzt werden.

2.3.5 Konsequenzen für die weitere Arbeit

Wie im vorangegangenen Abschnitt festgestellt, bildet das Eklektische Modell ein erprobtes und umfassendes Begründungsmodell multinationaler Aktivitäten, das Dunning wie folgt beschreibt:

„For more than 2 decades, the eclectic paradigm has remained the dominant analytical framework for accommodating a variety of operationally testable theories of the determinants of foreign direct investment and the foreign activities of multinational enterprises“ (Dunning, 2000, S. 163).

Ausgehend von der Zielsetzung dieser Arbeit werden nachfolgend für die Untersuchung relevante Ergänzungen zum Eklektischen Modell bestimmt. Da das Eklektische Modell die Einflüsse kontextualer Faktoren des Ursprungslandes auf die Generierung von Wettbewerbsvorteilen und das Internationalisierungsverhalten der Unternehmen nicht ausreichend berücksichtigt, müssen die relevanten kontextualen Bedingungen des Ursprungslandes ermittelt und ergänzend in das Modell einbezogen werden. Folgend aus der Kritik am Eklektischen Modell hinsichtlich der Internationalisierung zur Erreichung von Wettbewerbsvorteilen soll eine Einbeziehung der Generierung von Wettbewerbsvorteilen aus internationalen Standorten, die besonders für Unternehmen aus kleinen Ländern relevant sind, bei der Untersuchung erfolgen.

Generierung von Wettbewerbsvorteilen und Bedeutung des Ursprungslandes

Das Eklektische Modell widmet sich vornehmlich dem Vergleich der MNU mit alternativen Koordinationsmechanismen und beantwortet damit vordergründig die Frage der Entstehung der MNU. Das Bestehen multinationaler Unternehmen im Wettbewerb und die Anpassung an systemische Veränderungen der Umwelt werden vom Modell nicht ausreichend behandelt. Da Wettbewerbsvorteile prinzipiell nur temporär sind, ist eine stärkere Einbeziehung ihrer Entstehung sinnvoll, wenn auch das dynamische Überleben der MNU im Zeitablauf erklärt werden soll. Das Eklektische Modell hat als Grundvoraussetzung für die Internationalisierung die Existenz eines unternehmensspezifischen Wettbewerbsvorteils, der vor der Entscheidung zur Internationalisierung vorhanden sein muss, und somit im Ursprungsland der Unternehmung generiert wird. Dunning betont die Bedeutung kontextualer Einflüsse des Ursprungslandes auf die Entstehung von Wettbewerbsvorteilen. Daher erscheint es notwendig, diese relevanten Einflüsse zu analysieren.

Im Eklektischen Modell ergibt sich die Bedeutung von standortgebundenen Umfeldeinflüssen des Ursprungslandes auf die Wettbewerbsvorteile der Unternehmen durch die „indirekten Location Advantages". In Bezug auf die Auswirkungen kontextualer Faktoren auf das Unternehmensverhalten bleiben die Aussagen des Eklektischen Modells aber ungenau und beschränken sich auf eine Auflistung möglicher Einflussfaktoren. Die hierin liegende Schwäche des Modells, vor dem Untersuchungsziel dieser Arbeit, wird durch den im folgenden Kapitel 2.4 analysierten Zusammenhang zwischen den Internationalisierungsstrategien der Unternehmen und den relevanten kontextualen Einflüssen des Ursprungslandes ergänzt. Hierzu werden die Modelle von Porter zur Konzeptionalisierung der Einflüsse des Ursprungslandes auf Unternehmen angewandt (Porter, 1993). Dabei werden die für das Internationalisierungsverhalten relevanten Umfeldeinflüsse festgestellt, die dann bei der Untersuchung der länderspezifischen Bedingungen in Teil drei, und der empirischen Analyse im vierten Teil, einbezogen werden.

Bedeutung der Zielländer

Die zunehmende Verteilung des Wissens macht eine verteilte Generierung und globale Nutzung von Wettbewerbsvorteilen notwendig. Die eindimensionale Festlegung des Eklektischen Modells auf die Generierung im Ursprungsland und Nutzung in den Zielländern der Direktinvestitionen erscheint nicht ausreichend zur Erklärung des dynamischen Bestehens von multinationalen Unternehmen im Wettbewerb. Eine Erweiterung der Bedeutung internationaler Standorte für die

Generierung von Wettbewerbsvorteilen ist daher notwendig. Das Eklektische Modell berücksichtigt die internationale Entstehung von Wettbewerbsvorteilen im Investitionsmotiv des Strategic Asset Seeking. Es nimmt für die entstehenden Wettbewerbsvorteile gleichzeitig aber nur eine lokale Bedeutung im Zielland an.

Wie schon im Rahmen der Kritik an der Internalisierungstheorie festgestellt, wird die MNU bei der Betrachtung der Transaktionskosten als ein Einheitsmodell dargestellt. Auch im Eklektischen Modell wird die MNU als quasi „Pipeline" betrachtet, die davon ausgeht, dass Wettbewerbsvorteile generell im Ursprungsland entwickelt und in den Gastländern angewandt werden. Während die landesspezifischen Faktoren im Ursprungsland die Bildung von standortmobilen Wettbewerbsvorteilen fördern, mit denen die Unternehmen im internationalen Wettbewerb konkurrieren, wird die Nutzung von im Gastland entwickelten Wettbewerbsvorteilen für den internationalen Wettbewerb im Eklektischen Modell nur unzureichend betrachtet. Diese Sichtweise teilt die Wirkung der Standortvorteile in zwei Gruppen ein: standortfixe Wettbewerbsvorteile, also Produkte / Prozesse, die nur dort einsetzbar sind, wo sie generiert werden, und standortmobile Wettbewerbsvorteile, die in verschiedenen Ländern einsetzbar sind. Diese Überlegungen legen eine Erweiterung des eklektischen Modells hinsichtlich der Organisationsmodelle der MNU und der Entstehung und Nutzung von Wettbewerbsvorteilen nahe, die in Kapitel 2.5 auf Basis u.a. der Arbeiten von Bartlett und Ghoshal erfolgen soll.

Unter Einbeziehung alternativer Organisationsmodelle multinationaler Unternehmen wird das Eklektische Modell bei der Berücksichtigung internationaler Standorte in zwei Dimensionen erweitert. Zum einen wird die eindimensionale Gleichbehandlung aller Tochterunternehmen aufgehoben. Zum anderen werden die Beziehungen zwischen der Unternehmenszentrale und den einzelnen Tochterunternehmen individualisiert. Somit erfolgt eine Einbeziehung der Generierung von Wettbewerbsvorteilen aus geographisch verteilten Aktivitäten unter Berücksichtigung der individuellen organisatorischen Einheit und den Eigenschaften der jeweiligen Standorte (Bartlett/Ghoshal, 1990).

Daher ist nach der Berücksichtigung der organisationalen Dimension als zweite Komponente auch eine Erweiterung des Eklektischen Modells hinsichtlich der Auswahl und Nutzung internationaler Standorte notwendig. Durch eine Einbeziehung relevanter Teilaspekte der Standorttheorie soll eine Ergänzung des Modells hinsichtlich des Zusammenwirkens unternehmensendogener Einflüsse, wie Wettbewerbsvorteilen und Investitionsmotiven, mit unternehmensexogenen Einflüssen, wie dem Nachfragepotential und Vorhandensein von relevanten Faktoren wie z.B. Wissen, erfolgen.

2.4 Wettbewerbsvorteile und die Bedeutung des Ursprungslandes

Multinationale Unternehmen entstehen in einem nationalstaatlichen Umfeld und beginnen erst im Verlauf ihrer Entwicklung mit internationalen Aktivitäten.[18] Gemäß der Aussage des vorangehend dargestellten Eklektischen Modells zur Entstehung von multinationalen Unternehmen sind Unternehmen bei der Bedienung von Auslandsmärkten gegenüber lokalen Wettbewerbern durch Informationsnachteile und mögliche Diskriminierung benachteiligt. Um erfolgreich konkurrieren zu können, müssen sie daher unternehmensspezifische Vorteile gegenüber den lokalen Unternehmen besitzen. Das Eklektische Modell macht das Vorliegen von Wettbewerbsvorteilen (Ownership Advantages) zur Grundvoraussetzung aller Arten der Internationalisierung und schließt damit neben FDI auch Exporte und Lizenzvergabe ein. Als unabdingbare Voraussetzung erfolgreicher Internationalisierung kommt den Wettbewerbsvorteilen damit eine besonders hohe Bedeutung bei der Begründung internationaler Aktivitäten zu. Da das Eklektische Modell zwar einen Katalog von möglichen Wettbewerbsvorteilen enthält, deren Entstehung – und die Bedeutung externer kontextualer Einflussfaktoren hierauf – aber nicht explizit behandelt, soll in diesem Kapitel die Generierung von Wettbewerbsvorteilen untersucht werden.

Die Begriffe des Ownership Advantage nach Dunning und des Wettbewerbsvorteils nach Porter werden innerhalb dieser Arbeit synonym verwendet. Eine identische Bedeutung und Nutzung der zwei Begriffe wird auch von Dunning vertreten (Dunning, 2000).

Porter's Modelle bilden für diese Arbeit eine theoretische Fundierung der These der Bedeutung von Einflüssen des Ursprungslandes auf Entwicklung und Internationalisierungsverhalten von Unternehmen. Über die einzelwirtschaftliche Sichtweise des Eklektischen Modells hinausgehend bezieht Porter's Modell des Diamanten Einflüsse aus dem Zusammenwirken mit anderen Bereichen der Volkswirtschaft ein.[19] In Verbindung mit dem Modell des volkswirtschaftlichen Entwicklungspfades werden auch die Wirkung und Einflüsse makroökonomi-

---

18 Eine Ausnahme bilden die sogenannten „Born Global" Unternehmungen, die von Gründung an auf die Bedienung des Weltmarktes ausgerichtet sind (Simon, 1996).

19 Die in der deutschsprachigen Literatur gebräuchliche Übersetzung des „Diamond" aus Porters Arbeiten mit „Diamant" beruht mit großer Wahrscheinlichkeit auf einem Übersetzungs-Irrtum, da das englische Wort „Diamond" auch mit Raute oder Rhombus übersetzt werden kann. Porter's Modell des „Diamond" stellt in graphischer Darstellung ein Parallelogramm mit vier gleichen Seiten dar und wäre somit zutreffender als Rhombus bezeichnet. Im weiteren Verlauf dieser Arbeit soll jedoch auch der in der deutschsprachigen Literatur übliche Begriff des Diamanten genutzt werden.

scher, länderspezifischer Rahmenbedingungen auf das Unternehmensverhalten einbezogen.

Im folgenden ersten Abschnitt soll Porters Konzept der Wettbewerbsvorteile näher betrachtet werden. Zunächst wird die Bedeutung der Branche als wichtiger Bezugsrahmen der Modelle Porter's zur Analyse der Wettbewerbsvorteile und Wettbewerbsstrategien von Unternehmen dargestellt. Danach wird die Entstehung von Wettbewerbsvorteilen anhand der Konzepte der Wertekette und des Wertsystems betrachtet und deren Zusammenhang mit den Wettbewerbsstrategien der Unternehmen erläutert.

Ein zweiter Abschnitt ergänzt den nationalen Wettbewerb um die internationale Dimension und stellt die notwendigen Erweiterungen des Konzeptes der Wettbewerbsvorteile für den internationalen Wettbewerb dar. Die zusätzlichen Handlungsdimensionen der Unternehmen im internationalen Wettbewerb werden erläutert und es werden zwei prinzipiell unterschiedliche Strategietypen internationalen Wettbewerbs und ihre Konsequenzen für die Unternehmensstrategien dargestellt.

In einem dritten Abschnitt wird der Einfluss der Umfeldbedingungen im Ursprungsland und in den Zielländern der Direktinvestitionen auf die Entstehung und Verbesserung von Wettbewerbsvorteilen der MNU analysiert. Dazu wird zunächst Porter`s Modell des Diamanten vorgestellt, das einen Bezugsrahmen zur Beurteilung der standortbedingten Einflüsse auf die Wettbewerbsfähigkeit der Unternehmen bildet. Weiterhin wird der von Porter mit dem Modell des Diamanten verbundene vierstufige, dynamische Entwicklungspfad der Volkswirtschaft dargestellt, mit dem die Einflüsse der Entwicklung einer gesamten Volkswirtschaft auf ihre Branchen und Unternehmen konzeptionalisiert werden.

In einem abschließenden vierten Abschnitt werden die vorgestellten Konzepte kritisch gewürdigt und, wo notwendig, ergänzt.

2.4.1 Die Entstehung von Wettbewerbsvorteilen

Die Branche bildet den zentralen Ausgangspunkt von Porter's Arbeiten. Sie ist ein Bezugsrahmen für die Beurteilung der Wettbewerbsstrategien und -vorteile der Unternehmen, der die Anforderungen an eine erfolgreiche Teilnahme der Unternehmen am Wettbewerb bestimmt und somit auch einen Bezugspunkt zur Beurteilung der Einflüsse nationaler Verhältnisse bildet. Die Branche ist der Schauplatz, auf dem Wettbewerbsvorteile gewonnen oder verloren werden.

Eine Branche ist eine Gruppe von Unternehmungen, die direkt miteinander im Wettbewerb stehen und für deren Produkte und Leistungen die Ursprünge des Wettbewerbs ähnlich sind. Zwischen verschiedenen Branchen können die Wettbewerbsvorteile und die Art des Wettbewerbs sehr unterschiedlich sein, aber auch zwischen sehr ähnlichen Produkten können hinsichtlich der Wettbewerbsvorteile erhebliche Unterschiede bestehen.[20] Die Wettbewerbsstrategien von Unternehmungen sind nach Porter stark durch die jeweilige Branche bestimmt. Zentrale Einflussfaktoren auf die Art des Wettbewerbs sind die Branchenstruktur und die Position, die eine Unternehmung innerhalb einer Branche, in einer sogenannten strategischen Gruppe, einnimmt. Beide Faktoren verändern sich im Zeitablauf und sind damit dynamisch, d.h. eine einmal eingenommene Position innerhalb einer Branche kann Veränderungen unterliegen und muss verteidigt werden.

Der Wettbewerb innerhalb einer Branche wird nach Porter durch fünf Wettbewerbskräfte verkörpert, die zusammen mit dem Wachstum der Branche deren langfristige Rentabilität bestimmen (Porter, 1993):

(1) Bedrohung durch neue Mitbewerber
(2) Bedrohung durch Ersatzprodukte
(3) Verhandlungsstärke der Lieferanten
(4) Verhandlungsstärke der Abnehmer
(5) Rivalität zwischen den vorhandenen Wettbewerbern

Die fünf Wettbewerbskräfte setzen dabei nicht nur den Rahmen, innerhalb dessen alle Unternehmen einer Branche konkurrieren, sondern bestimmen auch eine unter gegebenen Verhältnissen mögliche potentielle Rentabilität der Branche. Unternehmen müssen innerhalb der Branche ihre Position als Verhältnis individueller Stärken und Schwächen zu den fünf Wettbewerbskräften einnehmen. Innerhalb von Branchen können sich dabei eine oder mehrere strategische Gruppen bilden, deren Entstehung von anfänglichen Stärken und Schwächen der Unternehmen, ungleichen Eintrittszeitpunkten und historischen Zufällen bestimmt wird. Da die fünf Wettbewerbskräfte unterschiedlich auf die strategischen Gruppen innerhalb einer Branche wirken können, ist auch das Rentabilitätspotential ungleich zwischen den Gruppen verteilt, d.h. einige strategische Gruppen können eine bessere Rendite bieten als andere. Die strategische Gruppe ist dabei ein analytisches Hilfswerkzeug zur Analyse der Branchenstruktur und bildet einen feineren Bezugsrahmen zwischen der Gesamtbranche und den einzelnen Unternehmen. Die Konkurrenz ist dabei stärker in Branchen mit einer größeren Anzahl

20 Beispiel Schiffsöl/Spezialöl, Schiffsfarbe/Lackfarbe; Porter räumt ein, dass sich Branchengrenzen nur graduell bestimmen lassen. Entscheidungskriterium zur Abgrenzung einer Branche ist der Tatbestand der direkten Konkurrenz der sie ausmachenden Unternehmen (Porter, 1993, S. 66).

strategischer Gruppen. Eine „explosive Rivalität“ besteht, wenn mehrere gleichgewichtige strategische Gruppen mit deutlich unterschiedlichen Strategien um denselben Kundenstamm konkurrieren. Relative Stabilität herrscht dagegen, wenn wenige große strategische Gruppen mit ähnlichen Strategien um unterschiedliche Kundenstämme konkurrieren (Porter, 1993).

Die Rentabilität großer und kleiner Marktanteile ist ebenfalls branchenabhängig. In Branchen mit nur geringen Betriebsgrößenvorteilen und stark segmentierten Branchen können Unternehmen mit kleineren Marktanteilen rentabler sein. In Branchen, die von hohen Forschungs- und Werbeausgaben sowie dem Vorliegen von Betriebsgrößenvorteilen gekennzeichnet sind, sind niedrige Marktanteile bei der Rentabilität benachteiligt.

Abbildung 2.11; Wertekette des Unternehmens.

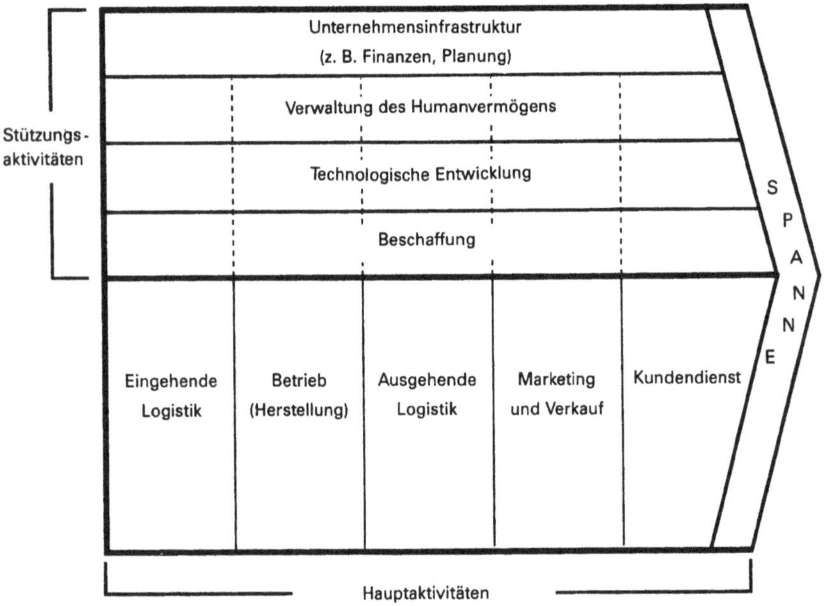

Quelle: Porter, 1993, S. 63.

Die Entwicklung einer Branche kann über die Veränderungen der fünf strukturellen Wettbewerbskräfte analysiert werden. Eine Branche beginnt dabei mit einer Initialstruktur und unterliegt dann einem evolutionären Prozess zur potentiellen Struktur, wobei von der Veränderung des langfristigen Branchenwachstums der stärkste Einfluss ausgeht. Die Positionierung eines Unternehmens im Verhältnis zu den verschiedenen Wettbewerbskräften ist Ergebnis seiner Wettbewerbstrategie, die auf den individuellen Wettbewerbsvorteilen basiert. Das Leitprinzip von Porter`s Thesen zur Strategieentwicklung ist die Gegenüberstellung von strukturellen und organisatorischen Stärken und Schwächen der Unternehmen mit den Chancen und Risiken des Umfeldes. Die Analyse innerhalb einer Branche ist dabei wesentlich ergiebiger als eine branchenübergreifende Analyse.

Voraussetzung für alle Formen internationaler Aktivität ist gemäß dem Eklektischen Modell das Vorliegen eines unternehmensspezifischen Wettbewerbsvorteils. Nach Porter resultieren Wettbewerbsvorteile einer Unternehmung aus der Art, wie einzelne Aktivitäten der Wertekette eines Unternehmens organisiert und durchgeführt werden. Das von Porter entwickelte Konzept der Wertekette besteht aus fünf Hauptaktivitäten sowie vier Stützaktivitäten (Abb. 2.11).

Diese Wertekette einer einzelnen Unternehmung ist wiederum Bestandteil eines umfassenden Wertsystems, das sämtliche vor- und nachgelagerte Werteketten vom Rohstoff bis zum Endkunden umfasst (Porter, 1993). Die Systematisierung und Konzeptionalisierung der wertschöpfenden Aktivitäten einer Unternehmung in der Wertekette sowie die Einbindung dieser in ein umfassendes Wertsystem bildet ein geeignetes Hilfsmittel zur Analyse der Entstehung von Wettbewerbsvorteilen.

Abbildung 2.12; Wertsystem.

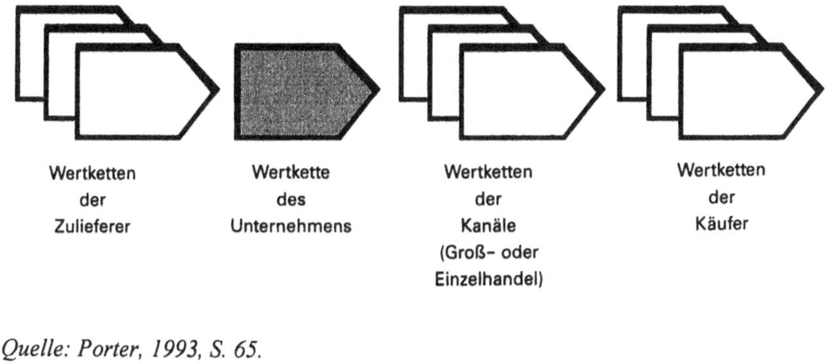

Quelle: Porter, 1993, S. 65.

Um gegenüber Konkurrenten im Wettbewerb zu bestehen, muss ein Unternehmen entweder ein vergleichbares Produkt kostengünstiger herstellen oder ein höherwertiges, differenziertes Produkt anbieten, das zu einem höheren Preis absetzbar ist. Die Erreichung eines Wettbewerbsvorteils ist dabei davon abhängig, wie gut eine Unternehmung ihre Wertekette und das gesamte Wertsystem beherrscht.

Die Wertekette ist ein interdependentes System von Aktivitäten, die durch Bindungen verknüpft sind. Diese Bindungen bedeuten, dass die Ausführung einzelner Aktivitäten andere Teile der Wertekette beeinflusst. Bindungen bestehen aber nicht nur zwischen den Aktivitäten der Wertekette eines Unternehmens, sondern auch in der Form von Außenbeziehungen mit Zulieferern und Kunden. Besonders Letztere sind eine wichtige Quelle für Differenzierungsvorteile. Die Erzielung eines Vorteils erfordert eine Optimierung der Abläufe innerhalb der einzelnen Aktivitäten der Wertekette einer Unternehmung sowie zwischen ihren internen und externen Schnittstellen, also z.B. Bindungen mit Zulieferern und Vertriebskanälen (Porter, 1993, S. 66).

Porter unterscheidet zwei prinzipiell unterschiedliche Strategietypen des Wettbewerbs: die Kostenführerschaft und die Differenzierung, sowie als weitere Ausprägung beider Ansätze die Konzentration auf Schwerpunktbereiche jeweils in Verbindung mit Kostenführerschaft oder Differenzierung. Die Schwerpunktbereiche können dabei enge, spezialisierte oder weit gefasste Marktsegmente sein. Diese Strategien bieten den sie erfolgreich anwendenden Unternehmen Schutz vor den auf sie innerhalb der Branche einwirkenden fünf Wettbewerbskräften im Verhältnis zu konkurrierenden Unternehmen. Die Umsetzung der verschiedenen Strategien erfordert dabei unterschiedliche Voraussetzungen bei den Unternehmen hinsichtlich deren Fähigkeiten und Ressourcen, sowie Organisation, Kontrollverfahren und Anreizsystemen. Eine gleichzeitige Anwendung der Strategien ist möglich, aber nicht sinnvoll, da die erreichbare Rendite geschmälert würde (Porter, 1993).

Bei der <u>Strategie der Kostenführerschaft</u> versucht ein Unternehmen, ein Produkt oder eine Leistung kostengünstiger als seine Wettbewerber zu erstellen. Der Kostenvorsprung schützt das Unternehmen dabei vor allen fünf Wettbewerbskräften, da die Gewinne nur solange gedrückt werden können, bis die des zweiteffizientesten Konkurrenten verschwinden. Weniger effiziente Konkurrenten leiden früher unter dem Wettbewerbsdruck. Maßnahmen zur Erreichung der Kostenführerschaft sind der aggressive Aufbau von Produktionsanlagen effizienter Größe, eine strenge Kontrolle von Kosten und das Ausnutzen erfahrungsbedingter Kostenvorteile. Wichtige Bedingungen dazu sind ein hoher Marktanteil, günstiger Rohstoffzugang und ein breites Sortiment gleichartiger Produkte zur Kostenverteilung. Kostenführerschaft kann dabei auf einen engen oder einen weiten Marktbereich bezogen sein.

Bei der <u>Differenzierungsstrategie</u> soll den Abnehmern ein hinsichtlich Qualität, Eigenschaften oder Leistungen differenziertes Produkt angeboten werden, welches für sie einen höheren Wert darstellt und ihre Preisempfindlichkeit verringert (Porter, 1993). Die Differenzierungsstrategie erhöht die Ertragspannen und macht einen Kostenvorsprung überflüssig. Die entstehende Kundenloyalität schafft Eintrittsbarrieren gegen Wettbewerber und Ersatzprodukte und erleichtert das Verhältnis zu Lieferanten. Auch die Differenzierungsstrategie kann dabei auf einen engen oder weiten Marktbereich bezogen sein.

Ein weiteres Unterscheidungsmerkmal bei der Bestimmung der Strategie ist die Wahl eines Bereichs innerhalb einer Branche. In den meisten Branchen gibt es mehrere Produktarten, Vertriebskanäle oder Abnehmertypen. Unternehmen können dabei einen weiten Bereich bearbeiten oder sich auf ein enges Segment einschränken. Dies kann eine Konzentration auf Marktnischen sein z.B. in Form der Einschränkung auf eine bestimmte Abnehmergruppe, einen geographisch eingeschränkten Markt oder ein eingegrenztes Produktsegment. Auch die Konzentration auf Schwerpunkte bietet verstärkt den Schutz gegen die Wettbewerbskräfte. So kann die Konzentration auf Schwerpunkte die Bearbeitung von Marktbereichen bedeuten, die am wenigsten von Ersatzprodukten bedroht sind, in denen konkurrierende Unternehmen eine schwache Position haben. Die Konzentration auf Schwerpunkte beinhaltet dabei aber immer eine Begrenzung des insgesamt erzielbaren Marktanteils und damit einen Konflikt zwischen den Größen Rentabilität und maximaler Umsatz.

Die sich aus diesen Strategievariablen ergebenden vier möglichen Wettbewerbsstrategien sind in der folgenden Abbildung dargestellt.

Abbildung 2.13; Matrix der Wettbewerbsstrategien.

		WETTBEWERBSVORTEIL	
		Niedrigere Kosten	Differenzierung
WETTBEWERBS-BEREICH	Allgemeines Ziel	**Kostenführerschaft**	**Differenzierung**
	Enges Ziel	**Kosten im Mittelpunkt**	**Gezielte Differenzierung**

Quelle: Porter, 1993, S. 61.

Die Konzentration auf Schwerpunkte kann dabei eine Vorstufe zur Bearbeitung breiter Marktsegmente innerhalb einer Globalstrategie sein. Globale Spezialisierung findet sich aber auch oft bei KMU oder Unternehmen aus kleinen Ländern (Porter, 1993).

Porter legt bei seiner Analyse der Wettbewerbsfähigkeit von Unternehmen ein dreistufiges Vorgehen zugrunde. Zunächst wird mit der Branche und den strategischen Gruppen innerhalb der Branche ein Bezugsrahmen für die Analyse bestimmt. Die Branche bildet dabei den für alle Unternehmen geltenden Bezugsrahmen, innerhalb dessen die fünf prinzipiellen Wettbewerbskräfte wirken. Das Konzept der strategischen Gruppen präzisiert den Bezugsrahmen und damit die Einflüsse der Wettbewerbskräfte auf Unternehmen unter Beachtung ihrer individuellen Wettbewerbsvorteile und Wettbewerbsstrategien. Anhand des Konzeptes der Wertekette erklärt Porter, wie Unternehmen durch die an ihrer Wettbewerbstrategie orientierte Ausführung von individuellen Aktivitäten sowie durch die Koordination der internen und externen Schnittstellen Wettbewerbsvorteile schaffen können. Das durch die Wettbewerbsstrategie an konkreten Zielen ausgerichtete Ausführen von Aktivitäten bestimmt die resultierenden Wettbewerbsvorteile. Im nächsten Abschnitt sollen diese Konzepte um die internationale Dimension erweitert werden.

2.4.2 Internationaler Wettbewerb

Die Grundprinzipien des nationalen Wettbewerbs gelten gleichermaßen im internationalen Umfeld. Porter betrachtet den internationalen Wettbewerb als eine Erweiterung des nationalen Wettbewerbs und sieht im Übergang vom regionalen- zum nationalen Anbieter eine historische Parallele zum Übergang vom nationalen- zum internationalen Anbieter (Porter, 1993). Ein Unternehmen kann sich dabei prinzipiell durch Exporte, Lizenzvergabe und FDI am weltweiten Wettbewerb beteiligen.

Branchen entstehen zumeist in einem nationalen Umfeld und entwickeln sich erst später zu Branchen mit internationalem Wettbewerb. Es wirken international grundsätzlich die gleichen Strukturelemente und Marktkräfte wie auf der nationalen Ebene. Zusätzliche Einflussgrößen im internationalen Wettbewerb entstehen durch die räumliche Erweiterung des Wettbewerbsgebietes, ein breiteres Spektrum von Konkurrenten und Ersatzprodukten sowie eine erhöhte Wahrscheinlichkeit, dass Ziele, Profile und Prioritäten der Wettbewerber aus unterschiedlichen nationalen Umwelten voneinander abweichen. Für Unternehmen ergeben sich innerhalb des internationalen Wettbewerbs erweiterte Handlungsalternativen zum einen bei der Anordnung und zum anderen bei der Koordination von Aktivitäten.

Im Rahmen der internationalen Anordnung von Aktivitäten muss entschieden werden, ob diese auf wenige Standorte konzentriert oder auf mehrere Standorte verteilt werden. Dabei wird eine Konzentration durch ausgeprägte Größeneffekte und Lernkurveneffekte begünstigt, während eine Verteilung durch hohe Transport- und Kommunikationskosten sowie Wechselkursrisiken und politische Risiken gefördert wird. Die Anordnung sollte dabei den für die jeweilige Aktivität passenden Standortbedingungen folgen. Eine Teilnahme am internationalen Wettbewerb schließt das Verlegen von Aktivitäten in andere Länder ein, um lokale Vorteile wahrzunehmen oder Nachteile des Ursprungslandes zu kompensieren. Die Komplexität der Koordination internationaler Aktivitäten ist dabei von deren Verteilung sowie den relevanten Umfeldbedingungen wie z.B. der kulturellen Nähe abhängig.

Internationaler Wettbewerb kann dabei nach Porter Wettbewerbsvorteile zwar festigen und vergrößern, aber keine neuen, eigenen Wettbewerbsvorteile bilden. Deshalb hat das Ursprungsland nach Porter die entscheidende Funktion im internationalen Wettbewerb.

> Es ist „*... der Ort, von dem der Wettbewerbsvorteil letztlich ausgeht und von dem aus er gewahrt werden muß. Eine Globalstrategie ergänzt und festigt den am heimischen Stützpunkt geschaffenen Wettbewerbsvorteil; sie ist die Glasur, nicht der Kuchen*“ (Porter, 1993, S. 595).

Grundsätzlich muss bei beiden zusätzlichen Parametern des internationalen Wettbewerbs, der internationalen Verteilung von Aktivitäten auf Standorte sowie der Art deren Koordination zwischen den Vor- und Nachteilen der Zentralisierung und Dezentralisierung unter Berücksichtigung der jeweiligen Wirkung auf die Kosten- und Erlössituation und die Unternehmensstrategie abgewogen werden.

Porter unterscheidet weiter zwischen zwei prinzipiell unterschiedlichen Arten internationalen Wettbewerbs: dem globalen- und dem multiinländischen Wettbewerb. Im globalen Wettbewerb ist die strategische Position eines Unternehmens auf einem nationalen Teilmarkt von der Position des Unternehmens in anderen internationalen Teilmärkten abhängig und Unternehmen müssen daher auf Basis einer koordinierten Strategie konkurrieren. Multiinländischer Wettbewerb bedeutet dagegen, dass Unternehmungen voneinander unabhängige internationale Teilmärkte bearbeiten (Porter, 1993). Welche Form des internationalen Wettbewerbs entsteht, ist dabei hauptsächlich durch die Branche bestimmt.

Porter widmet sich in seinen Studien und empirischen Untersuchungen überwiegend dem globalen Wettbewerb und geht auf Branchen mit multiinländischem Wettbewerb nicht detailliert ein. In seiner Betrachtung bestehen Unternehmen mit multiinländischer Strategie aus weitgehend selbständigen Landesgesellschaften, die ähnlich einem Portfolio verwaltet werden, während globale Unternehmen mit ihrer Globalstrategie aus den internationalen Aktivitäten größere Wettbewerbsvorteile realisieren, die sich aus dem Zusammenwirken des gesamten Netzes internationaler Aktivitäten ergeben. Unternehmungen mit multiinländischer Strategie spricht Porter damit implizit die Fähigkeit ab, aus ihren internationalen Aktivitäten zusätzliche Wettbewerbsvorteile zu generieren (Porter, 1993). Verschiedene Autoren stehen kritisch zu der Vernachlässigung der multiinländischen Unternehmen durch Porter und seiner Aussage, dass diese keine Vorteile aus dem Verbund ihrer internationalen Aktivitäten erzielen und auch für die wirtschaftliche Entwicklung ihres Ursprungslandes nur von untergeordneter Bedeutung sind. Besonders die einschränkende Konzentration Porter's auf Verbindungen zwischen Märkten, z.B. durch internationale Marken globaler Unternehmen, und Außerachtlassung firmeninterner Synergien und Lernkurven aus internationalen Aktivitäten multiinländischer Unternehmen wird in der Literatur kritisiert (vgl. z.B. Yetton u.a., 1994).

Beurteilungsmaßstab für Wettbewerbsvorteile und die Erfolge von Unternehmungen im internationalen Wettbewerb sind nach Porter zum einen das Vorliegen erheblicher kontinuierlicher Exporte und zum anderen das Vorliegen erheblicher Direktinvestitionen im Ausland. Porters Vorgehen bei der Einbeziehung internationalen Wettbewerbs in die Analyse ist zweistufig. Zunächst wird untersucht, wie Unternehmungen in ihrem nationalen Umfeld Wettbewerbsvorteile generieren und aufwerten und Wettbewerbstrategien durchführen. In einem zweiten Untersuchungsschritt wird die Rolle des Ursprungslandes sowie die der verschiedenen bearbeiteten Länder in diesem Prozess analysiert.

Aufgrund der festgestellten Bedeutung der von den Ursprungsländern ausgehenden Einflüsse auf multinationale Unternehmen werden diese Wirkungsbeziehungen im folgenden Abschnitt weitergehend untersucht.

2.4.3 Die Bedeutung des Ursprungslandes

Länder sind nach Porter in den Branchen erfolgreich, in denen die landesspezifischen Verhältnisse ein Verfolgen der für eine Branche geeigneten Strategie begünstigen. Nationale Eigenschaften können damit bestimmte Strategien erleichtern oder erschweren und Länder haben in Branchen Erfolg, wenn inländische Vorteile in anderen Ländern von Wert sind und die lokalen Innovationen und Verbesserungen den internationalen Bedürfnissen vorangehen. Die nationalen Vorteile der Länder zu erklären bedeutet, die Rolle des Stammlandes bei der Generierung von Wettbewerbsvorteilen und Innovation zu definieren. Porter liefert mit der Einbeziehung kontextualer, makroökonomischer Einflüsse des Ursprungslandes auf Eigenschaften der Unternehmen in den Modellen des Diamanten und des volkswirtschaftlichen Entwicklungspfades eine theoretische Fundierung der Aussage, dass das Ursprungsland eine hohe Bedeutung für die Entwicklung der lokalen Unternehmen und für deren Internationalisierungsverhalten hat. Die Modelle bilden daher einen geeigneten theoretischen Rahmen für die Untersuchung der Bedeutung des Herkunftslandes für die Wettbewerbsvorteile und -strategien der australischen Unternehmen in Europa.

Die Standorteigenschaften des Ursprungslandes sind in Porters Konzepten ein entscheidender Einflussfaktor auf die Unternehmen. Als wichtigste Einflüsse nennt Porter dabei die Eigenschaften eines Landes, die Unternehmen zur Generierung und ständigen Verbesserung der Wettbewerbsvorteile und ihrer Produktivität zwingen bzw. diese fördern, also dynamisch wirken (Porter, 1993). Porter konzeptionalisiert seine Thesen zur Relevanz des Standortes im Modell des Diamanten. Im Gegensatz zu verschiedenen anderen Autoren vertritt Porter die Ansicht, dass mit zunehmender Internationalisierung von Unternehmen das Ursprungsland weiterhin die entscheidende Bedeutung für die Generierung von Wettbewerbsvorteilen hat (Vgl.: Porter, 1993; anderer Ansicht sind u.a. Dunning 1993, Rugman/Verbeke, 1993, Cartwright, 1993).

Porters prinzipieller Verdienst wird dabei in der konzeptionellen Verbindung der kontextualen Einflussfaktoren im Modell des Diamanten und dessen Anwendbarkeit für Untersuchungen gesehen (Rugman/Verbeke, 1993). Vorbereitend für die Anwendung des Modells in dieser empirischen Untersuchung soll das Konzept des Diamanten zum Einfluss der „Home Base“ (Ursprungsland) detailliert vorgestellt werden.

2.3.3.1 Das Modell des Diamanten

Das Modell des Diamanten ist ein System, das die Bestimmungsfaktoren nationaler Standortqualität in sechs Gruppen erfasst und deren Auswirkung auf die Generierung von Wettbewerbsvorteilen durch Unternehmen zur Beurteilung von Branchen und Ländern anwendet. Das Modell des Diamanten unterscheidet vier direkte Bestimmungsgrößen: (1) Faktorbedingungen, (2) Nachfragebedingungen, (3) Verwandte und unterstützende Branchen und (4) Unternehmensstrategie, Struktur und Konkurrenz, sowie zwei indirekte Bestimmungsgrößen: (1) Einfluss des Staates und (2) Zufall, die jeweils über die Beeinflussung der direkten Größen wirken. Dieses System interdependenter Bestimmungsfaktoren beschreibt in seinem Zusammenwirken das Umfeld, in dem Unternehmen eines Landes entstehen und konkurrieren und ihre Wettbewerbsvorteile entwickeln oder sie verlieren. Der Diamant bildet damit einen Bezugsrahmen zur Analyse der Entstehung von Wettbewerbsvorteilen zwischen den Unternehmen und dem Ursprungsland

(Porter, 1993). Das Modell kann aber zusätzlich auch auf die Beurteilung der Einflüsse internationaler Standorte, die von den Unternehmen mit Direktinvestitionen erschlossen werden, angewendet werden (vgl. z.B. Rugman/D'Cruz 1993, Dunning 1993).

Abbildung 2.14; Modell des Diamanten.

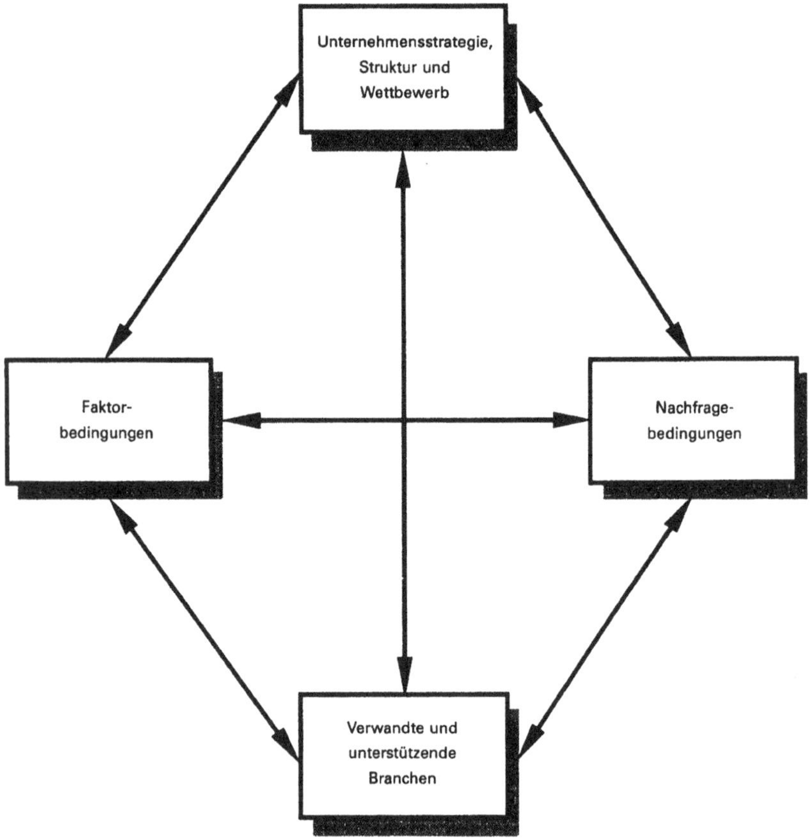

Quelle: Porter, 1993, S. 95.

Nationale Wettbewerbsvorteile und starke nationale Branchen entstehen, wenn möglichst viele Bestimmungsfaktoren des Diamanten stark ausgeprägt sind.

Im Folgenden werden die Bestimmungsfaktoren des Diamanten einzeln dargestellt.

Faktorbedingungen

Porter definiert die Faktoren sehr umfassend und schließt Humanvermögen, materielle Ressourcen, Wissensressourcen, Kapitalressourcen und Infrastruktur mit ein. Er unterscheidet Faktoren zum einen in Grundfaktoren, wie Klima, geographische Lage, angelernte Arbeitskräfte und Fremdkapital, sowie in fortschrittliche Faktoren, wie Forschungseinrichtungen, hochqualifizierte Arbeitskräfte und IT&T Infrastruktur. Dabei werden Grundfaktoren ohne Zutun erworben oder durch geringe Investitionen geschaffen, während fortschrittliche Faktoren nur durch große und dauerhafte Investitionen in Human- und Sachkapital geschaffen werden.

Eine zweite Unterscheidung teilt die Faktoren in allgemeine Faktoren ein, wie ein Autobahnnetz und qualifizierte Universitätsabgänger, und spezielle Faktoren, wie Arbeitskräfte mit spezialisierter Ausbildung und andere Faktoren mit Bezug zu einer Branche oder einem Branchenbereich. Fortschrittliche Faktoren sind dabei zumeist, aber nicht immer, spezielle Faktoren. Beide müssen durch Prozesse geschaffen werden und sind nicht „ererbt". Ein Land hat in den Branchen Erfolg, in denen es die benötigten Faktoren besonders gut schaffen und verbessern kann. Damit sind institutionelle Mechanismen zur Faktorbildung, wie soziale und politische Wertvorstellungen und relevante Institutionen mit ihrer Begründung in der geschichtlichen Entwicklung, wichtige Einflussfaktoren auf den internationalen Erfolg der Branchen eines Landes. Spezielle Faktoren und fortschrittliche Faktoren sind dabei häufig nicht nur Ursache, sondern auch Wirkung eines Wettbewerbsvorteils in einer Branche.

Selektive Nachteile bei Faktoren können nach Porter eine positive Wirkung auf die Schaffung von Wettbewerbsvorteilen haben, da sie Unternehmen zu innovativen Handeln zwingen und damit die Schaffung höherwertiger Faktoren begünstigen.

Nachfragebedingungen

Durch die räumliche Nähe, kulturelle Ähnlichkeit und einfache Kommunikation hat der Markt des Stammlandes einen starken Einfluss auf die Entwicklung der Unternehmen. Die Inlandsnachfrage beeinflusst den nationalen Wettbewerbsvorteil zum einen statisch, über ihre Größe, und zum anderen dynamisch, über ihren Einfluss auf die Innovationsfähigkeit der Unternehmen. Der dynamische Einfluss, also die Qualität der Nachfrage, hat dabei einen größeren Einfluss auf die Bildung von Wettbewerbsvorteilen als die Marktgröße. Porter unterscheidet drei Eigenschaften der Inlandsmärkte: die Segmentstruktur, anspruchsvolle und schwierige Käufer und antizipatorische Käuferbedürfnisse.

Die Segmentstruktur teilt eine Branche in verschiedene Bereiche und prägt die Beachtung und Prioritätensetzung der Unternehmen bei der Bearbeitung dieser Bereiche. Kleine Länder können dabei in Segmenten wettbewerbsfähig sein, die einen wesentlichen Anteil der heimischen Nachfrage darstellen, aber einen kleinen Anteil in anderen Ländern, selbst wenn dieses Segment dort absolut größer ist, d.h. die relative Größe der Segmente ist entscheidend.

Die Markteigenschaft „anspruchsvolle Käufer" bedeutet, dass Unternehmen Wettbewerbsvorteile erzielen, wenn die Käufer im Stammland die weltweit anspruchsvollsten und schwierigsten in ihrer Branche sind. Die räumliche und kulturelle Nähe zu diesen Käufern erleichtert die Bedürfniserkennung und unterstützt die Weiterentwicklung der Produkte.

Antizipatorische Käuferbedürfnisse ermöglichen den Unternehmen eines Landes durch frühzeitige Entwicklung und Herstellung neuer Produkte und Leistungen einen Vorsprung, wenn die Bedürfnisse des Heimatmarktes die Nachfrage in anderen Ländern vorwegnehmen.

Ein großer Inlandsmarkt ist in Branchen mit starken Größenvorteilen wichtig, während ein kleiner Inlandsmarkt eine frühzeitige Internationalisierung bewirken kann. Eine frühe Marktsättigung kann Innovation und Verbesserungen zur Schaffung neuer Käuferanreize stimulieren und fördert die Internationalisierung, besonders wenn Auslandsmärkte gleichzeitig stark wachsen.

Verwandte und unterstützende Branchen

Die Existenz einer gut entwickelten Zulieferindustrie im Ursprungsland sichert einen frühen und schnellen oder sogar bevorzugten Zugang zu wichtigen Inputs wie z.B. Produktionsmitteln und Technologien. Die Möglichkeit der laufenden Koordinierung mit Zulieferern und die daraus resultierenden Schnittstellen und engen Verbindungen zwischen den Werteketten der Unternehmen ermöglicht die Schaffung neuer oder Festigung bestehender Wettbewerbsvorteile. Den wichtigsten Vorteil aus einer engen Kooperation mit Zulieferern sieht Porter jedoch in dem aus den engen Arbeitsbeziehungen resultierenden Innovationsprozessen, aus denen Wettbewerbsvorteile erwachsen (Porter, 1993, S. 127).

Die Existenz verwandter Branchen erlaubt einen Informationsaustausch, wie mit Zulieferbetrieben, der durch die räumliche und kulturelle Nähe erleichtert wird. Branchen sind verwandt, wenn ihre Unternehmen Aktivitäten der Werteketten koordinieren oder gemeinsam nutzen oder komplementäre Produkte herstellen. Räumliche Nähe und die Bildung von Clustern aus Konkurrenten, Kunden und Lieferanten verstärken die genannten Vorteile durch effizientere Kommunikation sowie die Konzentration von Information und ihre Verbreitungsgeschwindigkeit.

Das Vorhandensein verwandter Branchen schafft auch den Vorteil einer größeren gemeinsamen Nachfrage nach Faktoren und das Erreichen einer kritischen Masse (Porter, 1993, S. 130).

Unternehmensstrategie, Struktur und Wettbewerb

Unternehmensstrategie und die Bereitschaft und Fähigkeit zu internationalem Wettbewerb wird wesentlich durch das Führungspersonal sowie die Eigentümerstruktur bestimmt und somit stark von den nationalen Umfeldern beeinflusst. So kann das Führungspersonal eher technisch oder eher finanzwirtschaftlich geprägt sein mit der Folge eines entsprechend ausgerichteten Führungsstils. Erfolgreiche Branchen weisen eine gute Abstimmung von durch das nationale Umfeld begünstigten Führungspraktiken und Organisationsformen mit den Ursprüngen des Wettbewerbsvorteils der Branchen auf. Auch die Beziehung zwischen Arbeitnehmern und Arbeitgebern ist in Hinblick auf die Innovationsfähigkeit der Unternehmen von Bedeutung.

Unternehmensziele werden stark durch die Eigentümerstruktur bestimmt. Unternehmen können als KMU in Familienbesitz oder als Publikumsgesellschaften im Streubesitz sein, wobei die Ziele der letzteren ein Abbild der Eigenschaften des nationalen Kapitalmarktes darstellen. Nach Porter *„... schafft der nationale Kontext Tendenzen, die so stark sind, dass sie von jedem Beobachter ohne weiteres erkannt werden können"* (Porter, 1993, S. 132).

Besonderen Einfluss auf die Wettbewerbsfähigkeit hat auch der Inlandswettbewerb, der alle Vorteile außer Kraft setzt, die sich aus der Ansiedlung im selben geographischen Umfeld ergeben und dadurch die Schaffung höherwertiger Wettbewerbsvorteile erzwingt. Die Wirkung der Inlandskonkurrenz wird dabei durch geographische Konzentration auf wenige Zentren noch verstärkt. Auch die Bereitschaft der Unternehmen zu internationalem Wettbewerb kann durch die Sättigung des Inlandsmarktes oder die heimische Konkurrenz stark beeinflusst werden (Porter, 1993, S. 133).

Staat und Zufall

Die zwei indirekten Einflussgrößen Zufall und Staat wirken durch die Beeinflussung der vier Haupteinflussgrößen. Die Rolle des Zufalls schließt große technologische Brüche, zufällige Entdeckungen, Wechselkursveränderungen und starke Veränderungen in der Weltnachfrage ein. Der Staat kann alle vier Einflussgrößen positiv oder negativ beeinflussen. Dabei kann durch den Staat die Entstehung von Wettbewerbsvorteilen gefördert und beschleunigt werden, der Staat kann aber keine Wettbewerbsvorteile schaffen.

Ähnlich wie die zwei indirekten Faktoren haben auch kulturelle Unterschiede sowie soziale und politische Wertvorstellungen indirekte Wirkung über die vier Einflussgrößen.

Die Bestimmungsfaktoren eines Nationalen Wettbewerbsvorteils bilden ein komplexes System, das in einer Wechselwirkung steht und dessen Bestimmungsfaktoren sich gegenseitig verstärken können. Die Entstehung einer wettbewerbsfähigen Branche kann mit einem Vorteil in nur einem Bestimmungsfaktor oder auch mit einem Zufall beginnen. Die relevanten Faktoren, die am Anfang der Entwicklung einer erfolgreichen Branche stehen, sind nach Porter zumeist entweder Faktorbedingungen, Nachfragebedingungen oder verwandte und unterstützende Branchen. Nach der „Initialzündung" durch einen der Bestimmungsfaktoren des Diamanten hängt die weitere Entwicklung eines nationalen Wettbewerbsvorteils davon ab, ob Vorteile bei den anderen Einflussgrößen vorhanden sind oder geschaffen werden können. Besonders in der Anfangsphase ist dabei der nationale Wettbewerb wichtig, damit Unternehmen über den Ursprungsvorteil hinausgehen und ihn aufwerten (Porter, 1993, S. 184). Im folgenden Unterabschnitt wird die dynamische Entwicklung nationaler Diamanten durch Porters Konzept des volkswirtschaftlichen Entwicklungspfades vertieft.

2.4.3.2 Der volkswirtschaftliche Entwicklungspfad

Porter hat das Modell des Diamanten mit einem vierstufigen dynamischen Entwicklungspfad der Volkswirtschaft verbunden, mit dem er die wettbewerbliche Entwicklung einer gesamten Volkswirtschaft im Zeitablauf betrachtet und ihre Entwicklung in vier Stufen strukturiert. Nach dem Grundgedanken des Diamanten entwickelt sich eine Volkswirtschaft, indem sie ihre Wettbewerbspositionen durch das Erreichen höherrangiger Wettbewerbsvorteile in den bestehenden Branchen sowie den Eintritt in neue, hochproduktive Branchen aufwertet (Porter, 1993, S. 561). Eine solche aufwertende Entwicklung ist von positiven Terms of Trade begleitet.

Auf den ersten drei Stufen des Entwicklungspfades werden die nationalen Wettbewerbspositionen durch Erreichen höherrangiger Wettbewerbsvorteile in bestehenden Branchen und Eintritt in neue hochproduktive Branchen aufgewertet. Das vierte Stadium bedeutet eine Abschwächung der Prozesse und letztlich den wirtschaftlichen Niedergang der Volkswirtschaft (Porter, 1993, S. 564).

Das Modell des volkswirtschaftlichen Entwicklungspfades bietet damit in Zusammenhang mit dem Modell des Diamanten ein Analyseinstrument für die Beurteilung, wie Volkswirtschaften in Abhängigkeit vom Durchlaufen verschiedener Entwicklungsphasen ein unterschiedlich geeignetes Umfeld für die lokalen Unternehmen und deren Internationalisierung darstellen. Das Entwicklungsstadium von Volkswirtschaften erlaubt damit Rückschlüsse auf die Situation der Unternehmen hinsichtlich deren Wettbewerbsfähigkeit.

Abbildung 2.15; Modell des volkswirtschaftlichen Entwicklungspfades.

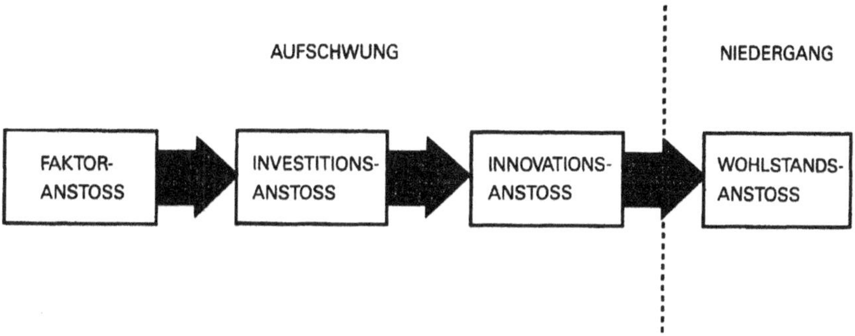

Quelle: Porter, 1993, S. 564.

Der Entwicklungspfad beginnt mit dem faktorbedingten Stadium, bei dem der Diamant nur bei den Faktorbedingungen wirkt. Im Diamant bilden nur die Faktorbedingungen einen Vorteil und schränken die Branchen auf solche ein, die nur geringe Produkt- oder Verfahrenstechnologie erfordern oder diese aus anderen Ländern einfach beschaffen können. Der Wettbewerb erfolgt dabei nur über Preise. Der Besitz reichlicher Rohstoffvorkommen kann in dieser Stufe für längere Zeit ein hohes pro Kopf Einkommen sichern, doch bietet eine faktorbedingte Wirtschaft nach Porter eine schlechte Grundlage für anhaltendes Produktivitätswachstum (Porter, 1993, S. 566). Weitere Risiken sind die Erschöpfung der Rohstoffvorkommen, Auftauchen neuer Vorkommen und technologische Veränderungen, die den Rohstoffbedarf verringern.

Es folgt das investitionsbedingte Stadium, bei dem der Diamant in den Bereichen Faktorbedingungen, Nachfragebedingungen und Unternehmensstrategie, Struktur und Konkurrenz unterstützt. Die Investitionen zielen auf den Erwerb weltbester, bekannter Technologie zum Wettbewerb in anspruchsvollen Branchen. Damit ist zur Erreichung dieser Stufe die Fähigkeit der Unternehmen zur Annahme und Verbesserung ausländischer Technologie und deren Weiterentwicklung essentiell. Die Produktionsverfahren entsprechen dem neuesten Stand, während Produkte noch nicht auf diesem Niveau sind. Auf dieser Stufe ist das

Spektrum möglicher Branchen deutlich größer als im faktorbedingten Stadium. Bedingt durch die modernere Technologie wird der nationale Faktorbestand effizienter genutzt.

Abbildung 2.16; Diamant im faktorbedingten Stadium.

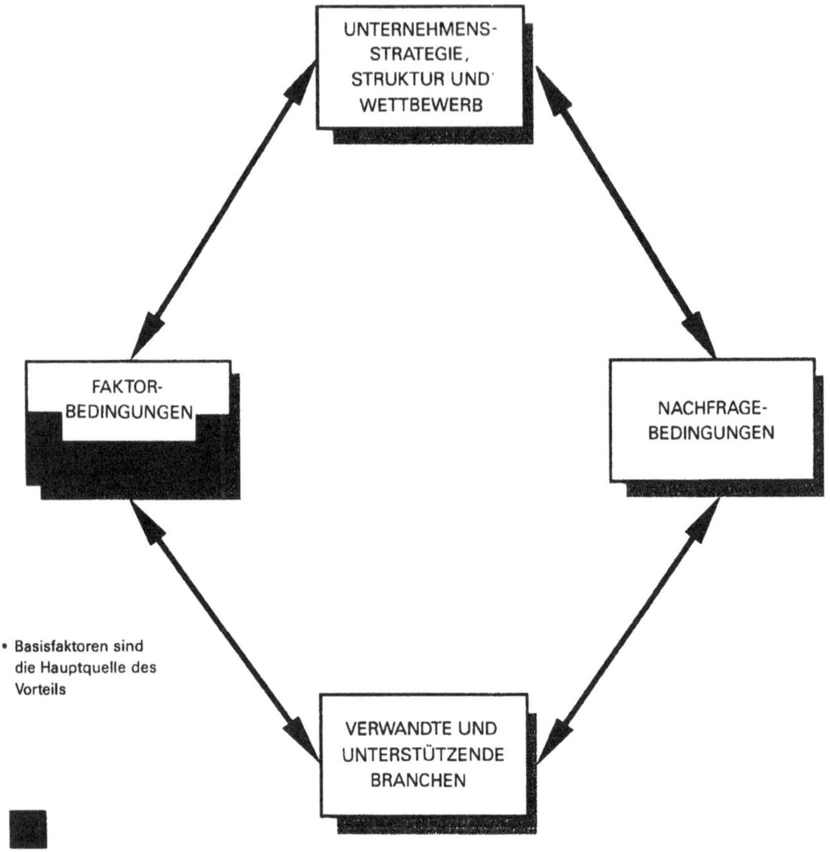

Quelle: Porter 1993, S. 565.

Im innovationsbedingten Stadium wirkt schließlich der gesamte Diamant und seine Bestimmungsfaktoren verstärken sich gegenseitig. Tiefgestaffelte Cluster in Branchen, die mit einem faktor- oder investitionsbedingten Vorteil begonnen haben, belegen das Vorhandensein innovativer Leistungsfähigkeit. Die Aufwertung der nationalen Wettbewerbsposition ist dabei am günstigsten, wenn der Erfolg nicht von einigen wenigen Branchen abhängt, sondern sich auf verschiedene Branchen auswirkt. Jedes Land durchläuft dabei einen individuellen Entwicklungsprozess und die Branchen sowie der Entwicklungspfad sind ein Abbild der besonderen Umstände jedes Landes in Bezug auf den Diamanten.

Abbildung 2.17; Diamant im innovationsbedingten Stadium.

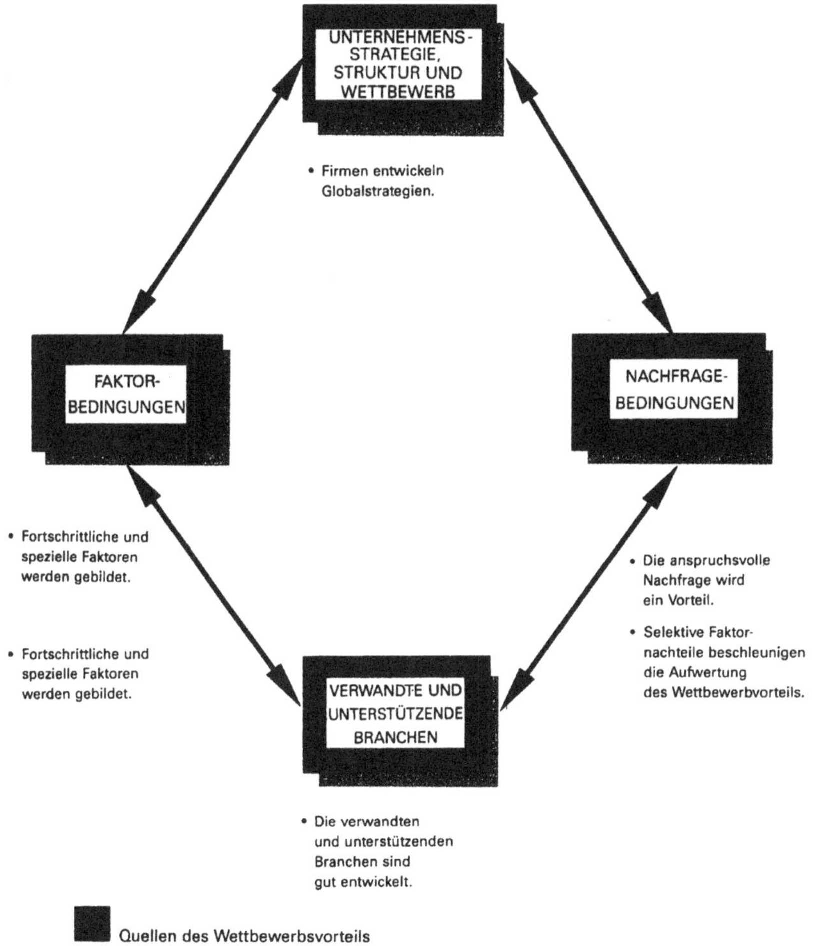

Quelle: Porter, 1993, S. 571.

Im wohlstandsbedingten Stadium wirken zwar noch alle Einflussgrößen des Diamanten, allerdings in abgeschwächter Stärke verglichen mit der innovationsbedingten Stufe. Es entsteht eine Einengung der Branchen auf solche, die auf Basis einer durch Wohlstand getragenen Nachfrage bestehen, auf kumulativen Investitionen oder vergangenen Vorteilen aus frühem Handeln basieren und solche, die aufgrund von Basisvorteilen und natürlichen Gegebenheiten bestehen. Nach Porter kommt in allen dieser vier Gruppen zum Ausdruck, dass Wohlstand die antreibenden Kraft ist (Porter, 1993, S. 577).

2.4.4 Kritik und Erweiterungen

Porters Vorgehen bei der Untersuchung der Entstehung von Wettbewerbsvorteilen auf der Unternehmensebene und seine Konzeptionalisierungen der Wertekette und des Wertsystem bilden einen geeigneten Theorierahmen für die Untersuchung der Wettbewerbsvorteile und internationalen Strategien der australischen Unternehmen. Die Modelle des Diamanten und des volkswirtschaftlichen Entwicklungspfades bieten darüber hinaus einen guten Bezugsrahmen zur Einbeziehung der nationalen, makroökonomischen Umfeldeinflüsse in die Betrachtung der Unternehmen. Sie ermöglichen damit eine Analyse der Wirkungen der nationalen australischen Verhältnisse auf die Entwicklung und das Internationalisierungsverhalten der australischen Unternehmen.

Sowohl die von Porter angewandte Methodik der Analyse von Branchen und Unternehmen sowie das Modell des Diamanten besitzen jedoch einige Schwachpunkte für die Anwendung in dieser Arbeit. Dies betrifft zum einen die problematische Anwendung von Porter's Analysemethodik auf kleine Länder mit starkem Rohstoffsektor. Hier wird deutlich, dass Porter's Ansätze stark auf die großen Industrienationen und deren fortschrittliche Branchen zugeschnitten sind und nicht ohne Anpassungen übernommen werden können. Eine Anwendung auf Australien erscheint daher in mehrfacher Hinsicht schwierig. Bei seinen Untersuchungen geht Porter nicht auf die Bereiche „Resources" und Unternehmen mit multiinländischer Strategie ein, die jedoch beide eine wichtige Rolle in der australischen Wirtschaft haben. Dies wird von Yetton in einer kritischen Studie, die eine Anwendung von Porter's Untersuchungsmethoden für Australien versucht, gezeigt (Yetton u.a., 1992). Auch Porter's Einschätzung, dass ausländische Tochterunternehmen nicht zur Bildung neuer Wettbewerbsvorteile innerhalb multinationaler Unernehmen und damit auch zur Erhöhung der Wettbewerbsfähigkeit eines Landes beitragen können, wird in der Literatur bezweifelt (Rugman/Verbeke, 1993).

Zum anderen wird das Modell des Diamanten bezüglich der Gültigkeit für kleine, offene Volkswirtschaften kritisiert. Unternehmungen beginnen mit einem im Stammland erworbenen Wettbewerbsvorteil, der in der Folge als Hebel für den Eintritt in Auslandsmärkte eingesetzt wird. Nach erfolgreicher Internationalisierung kann der ursprüngliche Wettbewerbsvorteil durch zusätzliche, aus der Internationalisierung resultierende Vorteile wie z.B. Economies of Scale und – Scope ergänzt und gefestigt werden. Jedoch können hierdurch keine neuen Wettbewerbsvorteile geschaffen oder der Diamant des Stammlandes in Teilbereichen ersetzt werden (Porter, 1993). Andere Autoren vertreten die Ansicht, dass die ausschließliche Konzentration auf einen „nationalen Diamanten" des Ursprungslandes, wie es von Porter gestützt wird, nicht als Erklärungsmodell für die Umfeldeinflüsse auf multinationale Unternehmen ausreicht (Rugman/Verbeke, 1993, Narula, 1993, Cartwright, 1993). Auch Dunning unterstützt diese These:

„[International (Anm. d. Verf.)] Integration inevitably means national diamonds have to be replaced by supranational diamonds" (Dunning, 1993, S. 12).

Die Wettbewerbsvorteile von multinationalen Unternehmen aus kleineren, offenen Volkswirtschaften basieren nach Dunning nicht nur auf dem Diamanten des Ursprungslandes, sondern auch auf den Diamanten anderer Länder und Regionen, die von den multinationalen Unternehmen durch Direktinvestitionen erschlossen werden (Dunning, 1993). Verschiedene Konzepte ergänzen das Modell des Diamanten in dieser Hinsicht. So haben Rugman und D'Cruz das Modell eines „Doppeldiamanten" für Kanada entwickelt, der die Wettbewerbsfähigkeit der Kanadischen Unternehmen aufgrund ihres Zugangs zum Diamanten Kanadas und dem der USA erklärt (Rugman/D'Cruz, 1993). Ihre Kritik und die resultierende Erweiterung des Diamanten sind nach Meinung der Autoren für alle kleinen Länder gültig:

"This weakness in Porters model would not only apply to Canadian based ones [companies (Anm. d. Verf.)] but to multinationals from all small open economies ... Besides Canada, other nations with their own MNE's based on small home diamonds include Australia, New Zealand ... " (Rugman/D'Cruz, 1993, S. 26).

Dabei sehen sie ihre Ergänzung nicht als Widerlegung, sondern als Anpassung von Porters Modell für die gegebene Situation kleiner Länder, die notwendig war, da Porters Diamant die Wettbewerbsfähigkeit von Unternehmen aus diesen Ländern nicht erklären kann (Rugman/D'Cruz, 1993, S. 29).

Begründet wird der Doppeldiamant mit einem zunehmend hohen Maß an Integration der beiden Märkte USA und Kanada und der kleinen Marktgröße Kanadas, was dazu führt, dass Porter's Diamant keinen ausreichenden Erklärungsgehalt für die Untersuchung kanadischer multinationaler Unternehmen hat. Nach dem Wegfall der protektionistischen Maßnahmen in Kanada und Etablierung einer Freihandelszone mit den USA entstand somit die Notwendigkeit der Berücksichtigung eines beide Länder einschließenden „Doppeldiamanten" (Rugman/D'Cruz, 1993, S. 30).

Abbildung 2.18; Modell des Doppeldiamanten.

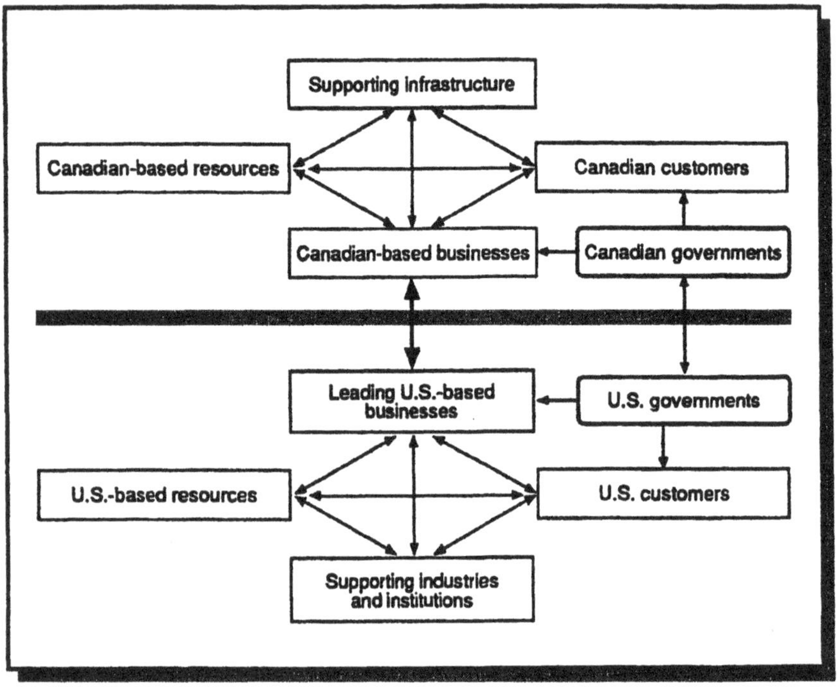

Quelle: Rugman/D'Cruz, 1993, S. 32.

Ein ähnlich erweitertes Modell wird von Cartwright für Neuseeland vertreten (Cartwright, 1993) und von Hodgetts für Mexiko (Hodgetts, 1993). Wichtige Aussage dieser Kritik ist, dass multinationale Unternehmen auch durch ihre ausländischen Niederlassungen sowohl bestehende Wettbewerbsvorteile festigen als auch neue Wettbewerbsvorteile bilden können. Damit wird die von Porter implizit aufgestellte Dichotomie zwischen der Unternehmenszentrale im Ursprungsland, die sämtliche Wettbewerbsvorteile generiert und aufwertet, und den Tochtergesellschaften, die Wettbewerbsvorteile lediglich anwenden und nur gegebenenfalls ergänzen, aufgehoben. Rugman und Verbeke stellen die Einflüsse des Diamanten im Stammland zusammen mit den Einflüssen aus den Diamanten anderer Länder in Form einer Matrix dar (1993, S. 75).

Abbildung 2.19; Wirkungsmatrix der Doppeldiamanten.

		Impact of Initial Home Country Diamond on Global Competitiveness	
		Low	High
Impact of other Nations' Diamonds on Global Competitiveness	High	1	3
	Low	2	4

Quelle: Rugman Verbeke 1993, S. 75.

Porters Argumente sind dabei stark auf Quadrant vier der Matrix bezogen und schließen lediglich noch Quadrant eins dann ein, wenn eine Verlagerung der Unternehmenszentrale oder einer gesamten strategischen Geschäftseinheit erfolgt. Für Unternehmen aus kleinen, offenen Volkswirtschaften wie Australien können jedoch auch die anderen Quadranten relevant sein. Rugman und D'Cruz sehen für multinationale Unternehmen aus kleinen Ländern eine hohe Relevanz des Quadranten drei und argumentieren, dass der Zugang zu einem Triademarkt hinsichtlich der Markterschließung und Erlangung von Technologie und Wettbewerb entscheidende Bedeutung für diese Unternehmen hat (Rugman/D'Cruz, 1993). In seiner Untersuchung der Anwendung des Diamanten für Neuseeland und Kritik an Porter kommt Cartwright zu dem Schluss, dass ein starker internationaler Wettbewerb für multinationale Unternehmen aus Neuseeland einen fehlenden lokalen Wettbewerb ersetzen kann und somit keinen Nachteil für die Unternehmen im Sinne der Wirkung des Diamanten darstellt (Cartwright, 1993).

Berücksichtigung finden diese Überlegungen auch in verschiedenen anderen in dieser Arbeit vorgestellten Theorien und Modellen. So entspricht die Einbeziehung von außerhalb des Ursprungslandes erworbenen Wettbewerbsvorteilen der Durchführung von Direktinvestitionen, deren Begründung im Investitionsmotiv des Strategic Asset Seeking nach Dunning liegt (Dunning, 2000, S. 164). Auch die Organisationsform des transnationalen Unternehmens nach Bartlett und Ghoshal bezieht eine gezielte Generierung von standortmobilen Wettbewerbsvorteilen durch Tochterunternehmen explizit ein (Bartlett/Ghoshal, 1990).

Aufgrund der genannten Kritik soll für diese Untersuchung das Modell des Diamanten in einer entsprechend erweiterten Form, als multipler Diamant, – unter der Annahme des Zugangs zu internationalen Diamanten als Strategie zur Ergänzung und Schaffung von Wettbewerbsvorteilen – genutzt werden. Damit kann empirisch untersucht werden, inwiefern australische multinationale Unternehmen mit ihren europäischen Tochterunternehmen Wettbewerbsvorteile aus der Interaktion in europäischen Diamanten zu ziehen versuchen, und ihre Direktinvestitionen hierdurch begründet sind, oder ob die Direktinvestitionen in Europa der Nutzung in Australien geschaffener Wettbewerbsvorteile dienen.

2.5 Internationalisierungsgrad und Unternehmensstruktur

Im Rahmen der Kritik am Eklektischen Modell wurde die Notwendigkeit einer differenzierteren Berücksichtigung der Unternehmensstruktur bei der Untersuchung multinationaler Unternehmen festgestellt. Um dies zu erreichen, soll in diesem Kapitel die funktionale Einbindung der Tochterunternehmen zum einen innerhalb der Gesamtunternehmung sowie zum anderen mit externen Schnittstellen differenziert werden.

Anordnung und Koordination internationaler Aktivitäten bilden die Dimensionen, durch die sich multinationale Unternehmen von rein nationalen Unternehmen unterscheiden. Weiterhin stellen diese beiden Größen auch wichtige Parameter der internationalen Strategien von multinationalen Unternehmen dar. Je nach angewandter Strategie werden Standorte gewählt, die entweder Kostenlage oder Differenzierungsmöglichkeiten verbessern (Porter, 1993, S. 77).

Einerseits ist es ein wichtiges strategisches Ziel von multinationalen Unternehmen, in allen bearbeiteten Märkten als Insider gleichrangig mit lokalen Wettbewerbern angesehen zu werden, andererseits sollen auch zentralistische Größenvorteile genutzt werden. Diese Problematik der gleichzeitigen Verfolgung sich prinzipiell widersprechender Anforderungen, der Nutzung von Globalisierungs- und Lokalisierungsvorteilen, ist sowohl zwischen Branchen, als auch zwischen einzelnen Unternehmen unterschiedlich ausgeprägt (Suckfüll, 1994, S. 6). Jede MNU muss eine für ihre Strategie optimale Kombination dieser zwei Einflussgrößen erreichen. Die Wahl eines passenden internationalen Organisationsmodells hat dabei eine wichtige strategieunterstützende Funktion. Das folgende Kapitel soll die vorgestellten Theorien der MNU um die explizite Berücksichtigung dieser Dimension und ihrer verschiedenen Ausprägungen erweitern.

Wie schon im Rahmen der Kritik am Eklektischen Modell festgestellt, wird die MNU als Organisation dort quasi als ein Einheitsmodell dargestellt. Diese Sichtweise geht davon aus, dass Wettbewerbsvorteile der MNU generell im Ursprungsland entwickelt und dann in Kombination mit den Standorteigenschaften in den Gastländern verbunden angewandt werden, um auf dem lokalen Markt des Gastlandes zu konkurrieren. Die Möglichkeit, dass die Verbindung von Wettbewerbsvorteilen der MNU zusammen mit Standortvorteilen des Gastlandes zur Entstehung von selbständigen, standortmobilen und in anderen Ländern einsetzbaren Wettbewerbsvorteilen führt, ist im Eklektischen Modell nicht berücksichtigt. Das Modell unterstellt insoweit eine Homogenität von Struktur und Funktionen der Tochterunternehmen (externe Homogenität) sowie auch von ihrer Verbindung zur Zentrale (interne Homogenität). Um das Eklektische Modell in dieser Hinsicht zu erweitern, soll das Zusammenwirken von firmen- und länderspezifischen Einflussfaktoren bei der Generierung neuer, transferierbarer Wettbewerbsvorteile in den Gastländern in das Modell einbezogen werden. Dazu muss eine Heterogenisierung der Funktionen und Strategien der Tochterunternehmen einerseits sowie der Zentrale – Tochterunternehmen Beziehungen andererseits erfolgen.

Wie im Rahmen der Darstellung der Wettbewerbsvorteile und Wettbewerbsstrategien gezeigt wurde, können sich multinationale Unternehmen mit unterschiedlichen Strategien am Wettbewerb beteiligen. Innerhalb der verschiedenen internationalen Strategien der multinationalen Unternehmen wirken sich die gewählten Organisationsmodelle über ihre Strategieunterstützungsfunktion aus und können somit Differenzierungsvorteile oder Integrationsvorteile unterstützen. Im Eklektischen Modell werden multinationale Unternehmen im interorganisationalen Vergleich als quasi Einheitsmodelle betrachtet und somit eine „externe Homogenität" unterstellt. Die Darstellung der Organisationsmodelle soll diese Sichtweise insoweit ergänzen, als eine Heterogenität der multinationalen Unternehmen, je nach von ihnen verfolgter Strategie, einbezogen wird.

Nachfolgend werden verschiedene in der herrschenden Literatur behandelte Organisationsmodelle dargestellt. In einem <u>ersten Abschnitt</u> werden idealtypische Klassifikationen von multinationalen Unternehmen anhand der Konzepte verschiedener Autoren dargestellt und erläutert. Dabei soll die Differenzierung der verschiedenen Organisationsmodelle als Ergänzung und Erweiterung der Sichtweise der MNU im Eklektischen Modell verstanden werden. Im <u>zweiten Abschnitt</u> soll die strategieunterstützende Funktion der Organisationsmodelle bei der Internationalisierung der Unternehmen untersucht und die evolutorische Entwicklung der verschiedenen Organisationsmodelle im Zeitablauf dargestellt werden. Ein abschließender <u>dritter Abschnitt</u> stellt Tendenzen in der neueren Literatur vor und fasst die für diese Untersuchung relevanten Aspekte zusammen.

2.5.1 *Klassifikation idealtypischer Organisationsmodelle*

In der Literatur zu multinationalen Unternehmen ist in den letzten 30 Jahren eine große Anzahl von Organisationsmodellen und Klassifikationen für multinationale Unternehmen entstanden (Perlmutter, 1969; Prahlad/Doz, 1981; Hedlund, 1986; Porter, 1985; Bartlett/Ghoshal, 1990). Ein frühes und richtungweisendes Konzept der Klassifizierung von multinationalen Unternehmen, an dem sich viele der späteren Autoren orientierten, geht auf Perlmutter zurück (Perlmutter, 1969). Dieses Modell klassifiziert die internationalen Aktivitäten von multinationalen Unternehmen in drei idealtypische Organisationsmodelle, basierend auf dem Internationalisierungsgrad der Unternehmen.

Der Internationalisierungsgrad ist dabei durch verschiedene Kriterien messbar, wobei das gebräuchlichste Kriterium der Auslandsanteil am Gesamtumsatz eines Unternehmens ist. Weitere Bewertungsmaßstäbe können der Anteil des im Ausland erwirtschafteten Gewinns, der Anteil der ausländischen Vermögensgegenstände, der Anteil der im Ausland beschäftigten Mitarbeiter oder die Anzahl der bearbeiteten Länder sein. Ein höherer Internationalisierungsgrad bedeutet somit eine höhere Relevanz der internationalen Aktivitäten für eine Unternehmung und erfordert damit auch eine stärkere Berücksichtigung dieser Aktivitäten in der Organisation der Unternehmung. Es kann daher davon ausgegangen werden, dass das jeweilige internationale Organisationsmodell den Internationalisierungsgrad einer Unternehmung reflektiert. Die Bezeichnung „idealtypisches Organisationsmodell“ deutet dabei an, dass es sich um in der Realität nur annäherungsweise vorgefundene Organisationsformen handelt.

Da neben der Funktion der Strategieunterstützung noch eine Vielzahl weiterer Einflüsse auf die Ausprägung des Organisationsmodells einer Unternehmung einwirken, ist dieses nicht monokausal erklärbar. Zu den weiteren Einflussgrößen gehören beispielsweise Einflüsse des bestehenden Organisationsmodells, auf dem die neue Struktur implementiert werden soll, die Stimmigkeit mit der Unternehmenskultur, sowie Faktoren wie die Implementierungs- und Kostenproblematiken. Eine Reduzierung auf die Strategieunterstützungsfunktion als dominierende Einflussgröße im Sinne der Aussage „Structure follows Strategy“ erscheint jedoch gerechtfertigt und soll im folgenden angewandt werden (Suckfüll, 1994, S. 14).

Nachfolgend wird zunächst eine integrative Darstellung der verschiedenen Klassifizierungsansätze dargestellt. Zur Systematisierung werden die dargestellten Konzepte dabei nach der Typologie von Bartlett/Ghoshal eingeordnet, die in der neueren Literatur zur MNU oft verwendet wird und die auch im weiteren Verlauf dieser Arbeit genutzt werden soll (Bartlett/Ghoshal, 1990; vgl. z.B.: Gilroy, 1989; Suckfüll, 1994; Becker, 1996).

Tabelle 2.3; Klassifizierungsschemata internationaler Organisationsformen.

Bartlett/Ghoshal	International	Multilokal	Global	Transnational
Perlmutter	Ethnocentric	Polycentric	Ethnocentric/ Geocentric	Geocentric
Kindleberger	National with foreign operations	Multinational	National with foreign operations	----
Hedlund	Hierarchy (strict)	Market	Hierarchy (less strict)	Heterarchy
Porter	Export-based with decentralized marketing	Multidomestic	Purest Global	Complex Global

Quelle: Braun, 1995, S. 39.

2.5.1.1 Die internationale MNU

Bei der internationalen MNU wird das Auslandsengagement als eine Erweiterung zur dominierenden Tätigkeit auf dem Ursprungsmarkt gesehen. Dies bedeutet, dass Produkte für das Ursprungsland entwickelt werden und als eine Form der

Abbildung 2.20; Die internationale MNU.

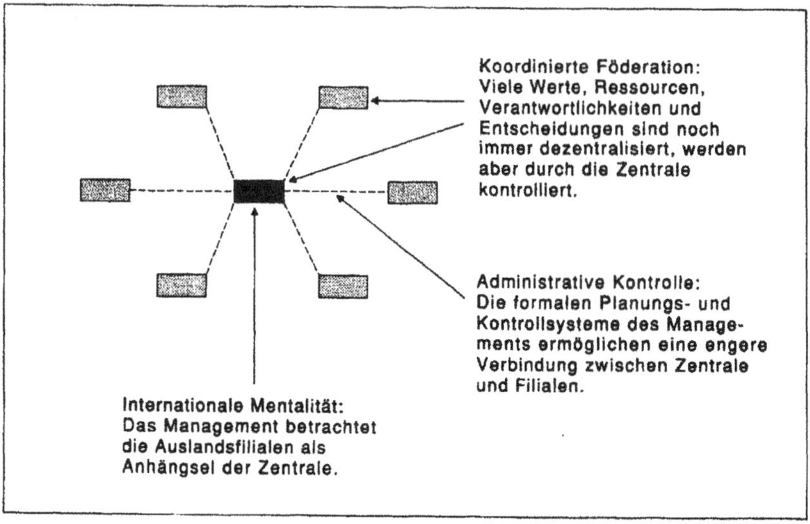

Quelle: Bartlett/Ghoshal, 1990, S. 76.

Diversifizierung auch auf anderen Märkten angeboten werden. Vorgelagerte und höherwertige Wertschöpfungsaktivitäten wie F&E werden ausschließlich in der Zentrale ausgeführt. Die Funktionen der Tochterunternehmen sind strikt ausführend und zumeist auf die Implementation der Produkte mit lediglich inkrementalen Änderungen in den Gastländern eingeschränkt. Der Kontakt zwischen der Zentrale und den Tochterunternehmen ist durch eine hierarchische Koordination geprägt, entspricht aber im wesentlichen dem Grundkonzept der MNU nach Rugman, der im Ersatz der internationalen Märkte durch interne Märkte innerhalb von Unternehmen die Begründung der MNU sieht. Die Entstehung dieses Organisationsmodells wird treffend durch das dynamische Modell des Produktlebenszyklus erklärt (Becker, 1996). Die Organisationsform der internationalen MNU war nach dem Zweiten Weltkrieg dominierend und wurde besonders von amerikanischen Unternehmen angewandt. Hauptzielsetzung war die Übertragung von Technologie und Marketing Know-how in Länder und Regionen, die in diesen Bereichen ein niedrigeres Niveau aufwiesen. Der Ausgangspunkt für Produktinnovationen war jedoch immer die Zentrale (Braun, 1995, S. 39). Nach Porter ist die internationale MNU durch einen hohen Grad der Zentralisierung bei gleichzeitig geringem Ausmaß an Koordination gekennzeichnet (Porter, 1993).

2.5.1.2 Die multilokale MNU

Für multilokale MNU ist die flexible und auf die jeweiligen lokalen Marktbedürfnisse ausgerichtete Ausführung der Wertschöpfungsaktivitäten entscheidend. Innerhalb der Nutzung von Globalisierungs- und Lokalisierungsvorteilen erfolgt eine starke Konzentration auf die Vorteile aus Dezentralisierung und Lokalisierung von Ressourcen und Kompetenzen in den einzelnen bearbeiteten Märkten. Diese Spezialisierung auf die Bedienung heterogener Marktanforderungen erfordert ein hohes Maß an Autonomie der lokalen Tochterunternehmen. Die Verbindung zwischen der Zentrale und den Tochterunternehmen ist lose und kann sich im Extremfall auf die Verwaltung der einzelnen Tochterunternehmen, ähnlich eines Portfolios durch eine Holdinggesellschaft, beschränken, wobei die Zentrale Bereiche wie z.B. Finanzen und Personal koordiniert. Die Übertragung firmenspezifischer Wettbewerbsvorteile ist mit Ausnahme der kollektiven Ownership Advantages weniger relevant, da die Tochterunternehmen selbst Wettbewerbsvorteile generieren können. Die Tochterunternehmen haben einen Insiderstatus und werden in ihren jeweiligen Märkten oft als lokale Unternehmen angesehen. Koordination zwischen den Einheiten ist wenig strikt und tendiert zu Marktlösungen. Der überwiegende Anteil der Unternehmensressourcen der MNU liegt bei den Tochterunternehmen, die auch für lokale Innovation verantwortlich sind.

Bartlett und Ghoshal bezeichnen dieses Organisationsmodell als „dezentrale Föderation", die durch dezentralisierte Werte und Verantwortung gekennzeichnet ist und mit einfachen Finanzkontrollen geführt wird, die oft durch persönliche Koordination, z.B. durch entsandte Vertrauensmitarbeiter, ergänzt wird (Bartlett/Ghoshal, 1990, S. 74).

Abbildung 2.21; Die multilokale MNU.

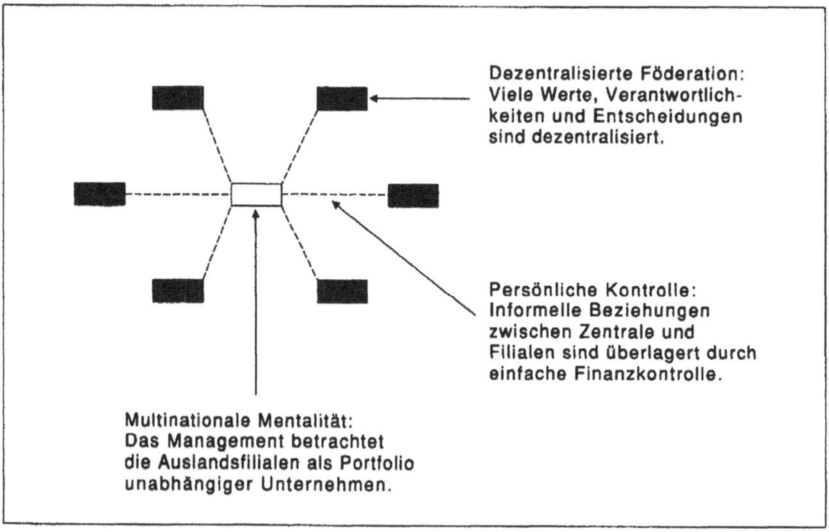

Quelle: Bartlett/Ghoshal, 1990, S. 74.

Die Erreichung einer hohen Sensibilität für lokale Markterfordernisse bedingt jedoch bei diesem Organisationsmodell eine mangelnde Ausnutzung von Synergien innerhalb der internationalen Aktivitäten sowie das Risiko ineffizienter Parallelentwicklungen in verschiedenen Märkten.

2.5.1.3 Die globale MNU

Für multinationale Unternehmen, die eine globale Strategie verfolgen, ist der relevante Markt der Weltmarkt. Globale MNU streben mit einer Zentralisierungsstrategie nach der Erzielung von maximalen Skaleneffekten in allen relevanten Wertschöpfungsaktivitäten durch weltweite Konzentration der wichtigen Ressourcen und Kompetenzen in der Zentrale. Kerntechnologien und Produktverantwortung für die Entwicklung globaler, standardisierter Produkte für den

Weltmarkt liegen alleinig bei der Zentrale, die alle Innovationen hervorbringt. Die Koordination der Tochterunternehmen, deren Aufgabe zumeist die Verbreitung der standardisierten Produkte ist, erfolgt streng hierarchisch durch die Zentrale und ist strikter als im Falle der internationalen Unternehmung. Die globale MNU entspricht insoweit dem Grundkonzept der MNU nach McManus und Wiliamson, die im Ersatz der internationalen Märkte durch strikte hierarchische Koordination internationaler Aktivitäten die Begründung der MNU sehen (Becker, 1996). Innerhalb der Nutzung von Globalisierungs- und Lokalisierungsvorteilen erfolgt eine volle Konzentration auf die Vorteile aus Zentralisierung und Globalisierung.

Abbildung 2.22; Die globale MNU.

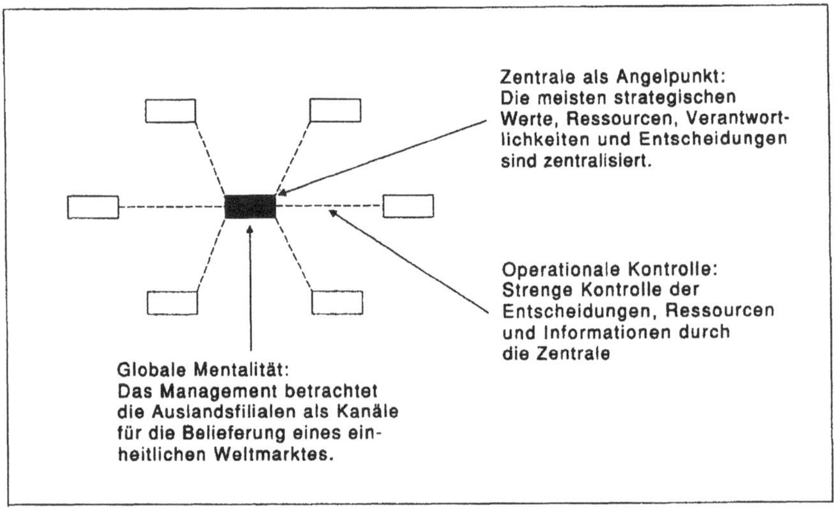

Quelle: Bartlett/Ghoshal, S. 77.

Währende eine globale Effizienz durch weltweit standardisierte Produkte erreicht wird, besteht bei der globalen MNU jedoch nur eine geringe Sensibilität gegenüber lokalen Produktanforderungen.

2.5.1.4 Die transnationale MNU

Das Konzept der transnationalen Unternehmung nach der Klassifikation von Bartlett/Ghoshal resultiert aus der Kritik an den drei vorgestellten Modellen.

Hauptansatzpunkt der Kritik ist dabei die ausschließliche Festlegung der Modelle auf die jeweils alleinige Nutzung von Globalisierungs- oder Lokalisierungsvorteilen. Beide Konzepte können somit nur dann zu einer optimalen Positionierung des sie anwendenden Unternehmens im Markt führen, wenn die der betreffenden Branche oder dem relevanten Branchensegment zugrundeliegende Wettbewerbssituation eine solch eindeutige Festlegung erfordert. Die Kritik von Bartlett und Ghoshal an den bisher vorgestellten Modellen lässt sich in zwei Punkten zusammenfassen. Zum einen sehen sie in der alleinigen Konzentration auf nur eine Ausprägungsrichtung einen entscheidenden Wettbewerbsnachteil, da durch die Flexibilität einer differenzierten Kombination von Globalisierungs- und Lokalisierungsausprägungen ein Unternehmen nach ihrer Meinung einen Vorteil realisieren kann. Zum anderen kritisieren sie die strikt lokal definierte und gleichartige Rolle aller Tochterunternehmen sowie die Zentralisierung aller die gesamte MNU oder mehrere Tochterunternehmen betreffenden Entscheidungen alleinig bei der Zentrale. Nach Bartlett und Ghoshal ist:

> *„...die identische Behandlung der Auslandsniederlassungen ein Haupthindernis beim Aufbau der Flexibilität, die ein weltweit agierendes Unternehmen heute braucht"* (Bartlett/Ghoshal, 1990, S. 129).

Dieser zweite Kritikpunkt Bartlett und Ghoshals entspricht der Kritik an der Annahme der „internen Homogenität" der MNU. Während die vorgestellten verschiedenen Organisationsmodelle den Kritikpunkt der „externen Homogenität" der MNU durch ihre, wenn auch eindimensionale Differenzierung zwischen Globalisierungs- und Lokalisierungsstrategien beantworten, blieb der Kritikpunkt der „internen Homogenität" bestehen. Dieser kritisiert, dass die Tochterunternehmen innerhalb der Typen multinationaler Unternehmen sowohl hinsichtlich ihrer Funktion und internen Struktur als auch ihrer Beziehungen zur Muttergesellschaft homogen festgelegt sind (Braun, 1995, S. 49).

Das Modell der transnationalen Unternehmung bricht dieses „monolitische Modell" auf und ersetzt es durch eine „differenzierte Netzwerkstruktur". Jedes Tochterunternehmen kann eine auf seine jeweiligen Funktionen innerhalb der MNU abgestimmte individuelle interne Struktur haben. Weiterhin können auch die Zentrale – Tochter Beziehungen mit den relevanten Koordinations- und Kontrollmechanismen sowie die Beziehungen zwischen den einzelnen Tochterunternehmen im Netzwerk unterschiedlich ausgeprägt sein (Braun, 1995, S. 51). Die flexible Konfiguration in den Dimensionen Verteilung der Ressourcen, Spezialisierung der Aktivitäten und Interdependenz der Beziehungen dient der gleichzeitigen Erreichung der multidimensionalen strategischen Ziele der MNU: Effizienz, Marktnähe und Innovation (Bartlett/Ghoshal, 1990, S. 118).

Abbildung 2.23; Die transnationale MNU.

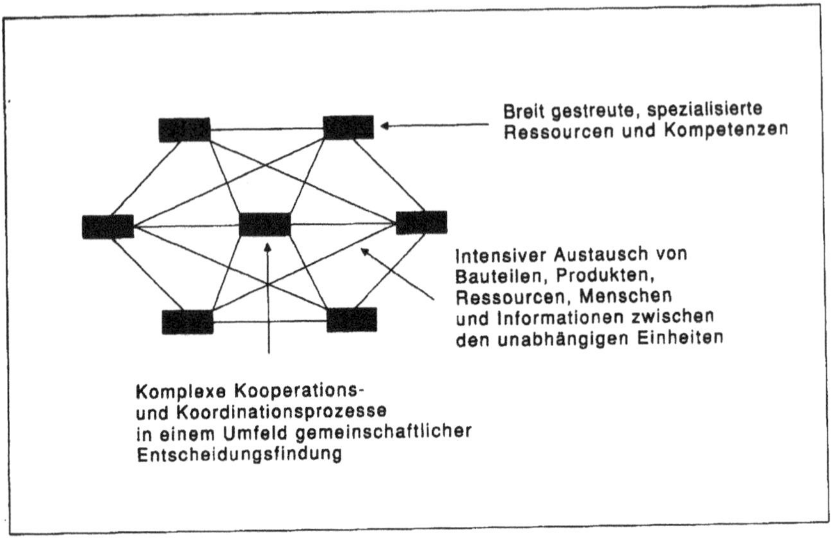

Quelle: Bartlett/Ghoshal, 1990, S. 119.

Die entscheidenden strategischen Fähigkeiten der transnationalen MNU sind damit die Nutzung globaler Wettbewerbsstärke bei gleichzeitiger Schaffung multiinländischer Flexibilität durch verteilte Aktivitäten sowie der Gewährleistung effizienten weltweiten Lernens durch das Teilen von Wissen.

Im folgenden sollen Konfiguration und Ziele einzeln dargestellt werden.

Verteilung der Ressourcen

Trotz Tendenzen zu einer Angleichung der Kundenbedürfnisse stellt die Fähigkeit, Markterfordernisse, Trends und Konkurrenten richtig zu erkennen, einen Vorteil dar. Die Fähigkeit, auf solche weit verstreuten Umweltstimuli zu reagieren, ist für die Wettbewerbsfähigkeit einer Unternehmung relevant (Bartlett/Ghoshal, 1990, S. 119). Die Verteilung wertschöpfender Ressourcen ermöglicht besseren Zugang zu Faktoren und die Nutzung von differenzierten Faktorkosten sowie Verringerung der Angriffsfläche für politische und ökonomische Risiken wie Sanktionen und Wechselkursschwankungen.

Spezialisierung

Spezialisierung dient der Erreichung von Größenvorteilen bei der Durchführung der verschiedenen Aktivitäten einer Unternehmung. Dabei unterscheiden sich die jeweils erreichbaren Größenvorteile je nach Produkt und Aktivität. In der Produktion kann z.B. durch den Einsatz flexibler Fertigungstechniken der Zielkonflikt zwischen der Vergrößerung des Produktionsvolumens und dem Erhalt der Flexibilität gelöst werden (Bartlett/Ghoshal, 1990, S. 120). Spezialisierung bedeutet dabei nicht, dass eine Ressource innerhalb des Unternehmens monopolisiert wird. Die Durchführung solcher Aktivitäten an mehreren Standorten führt zu einem internen Wettbewerb und zu einer Erhöhung des kreativen Potentials, z.B. bei F&E Aktivitäten (Bartlett/Ghoshal, 1990, S. 120).

Abbildung 2.24; Entwicklungspfade multinationaler Unternehmen.

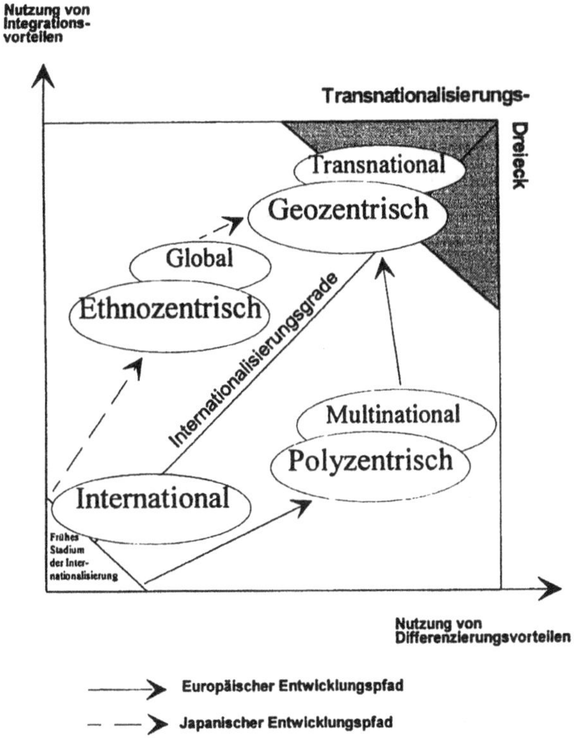

Quelle: Suckfüll, 1994, S. 16.

Interdependenz der Beziehungen

Während in den traditionellen Organisationsmodellen die Tochterunternehmen entweder weitgehend abhängig (globales Organisationsmodell) oder stark autonom (multilokales Organisationsmodell) sind, sind im transnationalen Organisationsmodell ein gemeinsamer Informationsaustausch und Zusammenarbeit bei der Problemlösung unter gemeinsamer Nutzung der Ressourcen möglich. Dies bedingt interdependente Beziehungen zwischen den Produkt-, Funktions- und Ländergruppen des Managements (Bartlett/Ghoshal, 1990, S. 123).

Eine graphische Darstellung der verschiedenen Organisationsmodelle in Abhängigkeit der beiden Variablen „Nutzung von Integrationsvorteilen" und „Nutzung von Differenzierungsvorteilen" zeigt die Abbildung 2.24. Die Darstellung bezieht sich dabei auf die Terminologien von Bartlett/Ghoshal und Perlmutter (Bartlett/Ghoshal, 1990; Perlmutter, 1969).

2.5.1.5 Lokales Umfeld, Unternehmensstrategie und Organisationsmodell

Innerhalb des transnationalen Organisationsmodells werden den weltweit verteilten Tochterunternehmen entsprechend der strategischen Bedeutung des Gastlandes für die Gesamtunternehmung einerseits und ihrer eigenen organisatorischen Fähigkeiten andererseits unterschiedliche Rollen zugewiesen. Den Tochterunternehmen wird auch, in Abhängigkeit von der Bedeutung ihrer Umwelt für die gesamte MNU, eine unterschiedliche Autonomie gewährt (Bartlett/Ghoshal, 1989, S. 106).

Die strategische Bedeutung der einzelnen Ländermärkte für die MNU ist abhängig davon, inwieweit die Nachfrage repräsentativ und richtungsweisend für zukünftige weltweite Entwicklungen ist. Diese Bedeutung wird auch als das Lernpotential eines Landes bezeichnet (Becker, 1996, S. 250). Die organisatorische Kompetenz der TU ist als die Fähigkeit zu verstehen, die vorhandenen Standortvorteile und das Lernpotential ihrer nationalen Umwelt verwerten zu können.

Umfassender wird die strategische Bedeutung von Standorten unter dem Begriff der geo-strategischen Position definiert. Die geo-strategische Position eines Standortes besagt dabei, inwieweit dieser die Beziehungen des Unternehmens zu seiner Umwelt zielgerichtet unterstützt und fördert (Götte, 1994, S. 162). Die geo-strategische Position kann einem Unternehmen Zugang zu wichtigen Absatz-, Beschaffungs- und Arbeitsmärkten oder auch zu besonderen Ressourcen bieten. Ein Unternehmen kann dabei auf vielfältige Weise von der Auswahl eines den Anforderungen gut entsprechenden Standortes profitieren.

Gemäß dieser zweidimensionalen Einteilung ergeben sich 4 unterschiedliche Klassifizierungen von TU je nach der Ausprägung der beiden Merkmale: (1) Bedeutung des Ländermarktes und (2) Fähigkeiten des TU.

Tabelle 2.4; Typisierung von Tochterunternehmen nach endogenen Kompetenzen und exogenen Potentialen.

		Organisatorische Kompetenz (Lernfähigkeit) der Tochter	
		hoch	*niedrig*
Lernpotential des Gastlandes	*Hoch*	Strategic Leader	Black Hole
	niedrig	Contributor	Implementer

Quelle: Becker, 1996, S. 252.

Ein „Strategic Leader" ist ein Tochterunternehmen, das in einen für die MNU strategisch wichtigen Land operiert und über die organisatorische Kompetenz zur Ausbeutung dieser Standortvorteile verfügt. „Strategic Leader" sind durch ihre Kapazität zur Entwicklung neuer standortmobiler Wettbewerbsvorteile innerhalb der MNU von hoher Bedeutung. Bei der Strategiebildung der MNU haben sie großen Einfluss und sind in allen ihren Bereich betreffenden, relevanten Entscheidungsprozessen mit eingebunden. Teil ihrer Aufgabe ist es, Chancen und Risiken von Entwicklungen frühzeitig zu erkennen und an der Erarbeitung von relevanten Strategien mitzuwirken.

Der „Contributor" besitzt ebenfalls eine hohe organisatorische Kompetenz, seine lokale Umwelt ist aber nur von eingeschränkter strategischer Bedeutung. Damit ist es möglich, die lokal nicht benötigten Ressourcen für weltweite Projekte zu nutzen. Werden die Ressourcen der „Contributors" nicht von der Zentrale entsprechend eingesetzt, besteht das Risiko, dass sie entweder verkümmern oder von der Tochterunternehmung dazu eingesetzt werden, sich ein höheres, wahrscheinlich unerwünschtes Maß an Autonomie zu schaffen.

Der „Implementor" verfügt weder über die organisatorische Kompetenz zur Entwicklung neuer Wettbewerbsvorteile, noch bietet seine Umwelt hierzu gute Voraussetzungen. Seine Rolle ist die operative Umsetzung der von anderen Teilen der MNU entwickelten Produkte und Leistungen. In den meisten Unternehmen stellt diese Form die Mehrheit der Tochterunternehmen dar (Bartlett/Ghoshal, 1990, S. 143). „Implementors" können zum strategischen Wissen der Unternehmung nicht viel beitragen, da sie weder über die notwendigen Ressourcen verfügen, noch Zugang zu relevanten Informationen haben. Sie sind aber im Rahmen der Ausführung ihrer Wertschöpfung für die MNU relevant und die Effizienz ihrer Tätigkeiten ist wichtig.

Das „Black Hole“ bezeichnet den Fall, in dem die lokale Umwelt der Tochterunternehmung von hoher strategischer Relevanz für die MNU ist, das Tochterunternehmen aber wegen mangelnder Ressourcenausstattung und Kompetenz nicht die strategische Führung übernehmen kann. Ausweg kann die zumindest zeitweise Einschränkung auf einen Horchposten sein. Der sukzessive Aufbau einer kompetenten Organisation ist eine passende, aber sehr langwierige Aufgabe. Alternativ zum Aufbau eines eigenen „Strategic Leader“ kann auch der Weg über eine Kooperation oder Akquisition gewählt werden.

Im folgenden Abschnitt soll die dynamische Entwicklung der verschiedenen Organisationsmodelle innerhalb einer evolutorischen Betrachtung dargestellt und untersucht werden.

2.5.2 Entwicklungspfad internationaler Organisationsmodelle

Die Einführung eines dem Internationalisierungsgrad der Unternehmung entsprechenden Organisationsmodells erfolgt in der Regel als Anpassungsprozeß, der durch einen Effizienzverlust des bestehenden Organisationsmodells infolge eines Ansteigens des Internationalisierungsgrades ausgelöst wird. Empirisch wird diese durch Effizienzverluste ausgelöste evolutorische Entwicklung der Organisationsmodelle durch eine Untersuchung von Stopford/Wells belegt (Stopford/Wells, 1972).

2.5.2.1 Die „Stages Theory“ der Evolution von Organisationsmodellen

Die Untersuchung von Stopford/Wells ergab, dass die Evolution der Organisationsmodelle durch Probleme bei der Koordination und Integration eines wachsenden internationalen Geschäfts ausgelöst wird und dass Unternehmen unterschiedliche Organisationsmodelle nach einem bestimmten Muster durchlaufen. Auf der Basis dieser empirischen Untersuchung entstand die „Stages Theory“ der Evolutionsstufen internationaler Organisationstypen (Suckfüll, 1994, S. 20). Nachfolgend sollen die Ergebnisse der Untersuchung über die evolutorische Entwicklung von Organisationstypen mit den vorgestellten idealtypischem Organisationsmodellen verbunden werden.

Den frühen Stadien internationaler Aktivitäten ist das internationale Organisationsmodell zugeordnet. In diesem Modell ist es die Aufgabe der Tochterunternehmen, die Technologien und Produkte der Zentrale in ihren jeweiligen Märkten zu verbreiten, wobei Technologien und Produkte dabei einseitig von der Zentrale an die Tochterunternehmen geliefert werden. Das Modell unterstützt damit prinzipiell eine Integrationsstrategie, erlaubt den Tochterunternehmen jedoch eine gewisse Eigenständigkeit bei der Anpassung der für den Ursprungsmarkt entwickelten Produkte an lokale Gegebenheiten. Die Tochterunternehmen können die Produkte auch in Lizenz fertigen. Die Leitung der Tochterunternehmen erfolgt häufig über Personal der Zentrale, das in die entsprechenden Länder entsandt wird.

Abbildung 2.25; Evolutionspfade internationaler Organisationsmodelle.

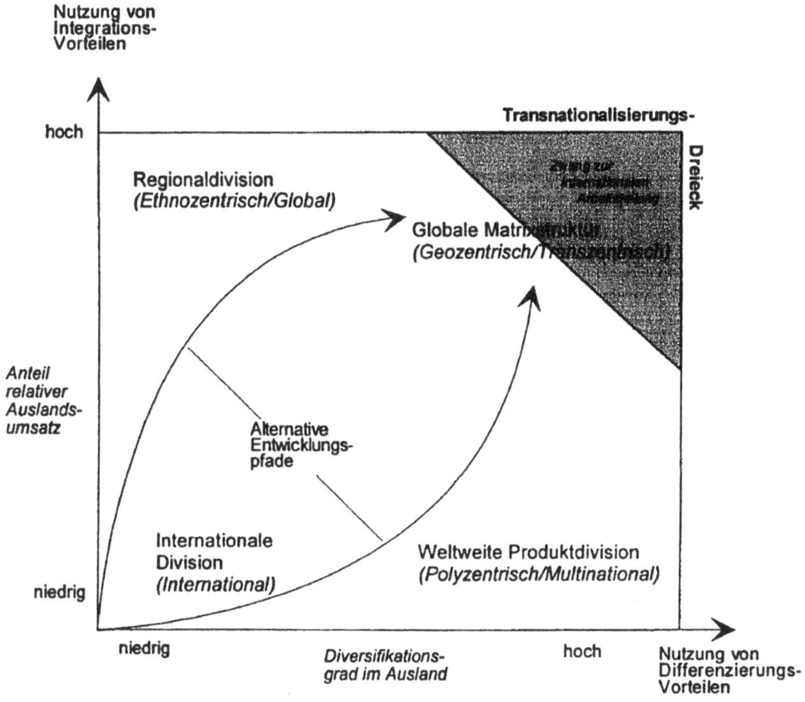

Quelle: Suckfüll, 1994, S. 21.

Ein zunehmendes Ansteigen des Internationalisierungsgrades führt dazu, dass die Unternehmen entweder eine Strategie der Integration und Zentralisierung oder der Differenzierung und Dezentralisierung wählen. Beide Strategietypen werden dann von den entsprechenden Organisationsmodellen begleitet. Abbildung 2.25 zeigt die zwei prinzipiell möglichen Evolutionspfade der Entwicklung internationaler Organisationsmodelle gemäß der Untersuchung von Stopford/ Wells (1972).

Mit einem Zunehmen der Bedeutung internationaler Aktivitäten bilden Unternehmen gesonderte Auslandsabteilungen, unter denen das gesamte internationale Geschäft zusammengefasst wird und die getrennt vom Inlandsgeschäft arbeiten. Die Auslandsabteilungen in der Zentrale haben die Aufgabe der Steuerung und Kontrolle der Tochterunternehmen, die begrenzte Freiräume zur Anpassung an nationale Gegebenheiten im Rahmen ihrer Aufgaben haben. Die Tochterunternehmen haben damit eine Möglichkeit, sich in ihrer Struktur dem nationalen Markt anzupassen (Suckfüll, 1994, S. 20). Ein weiteres Ansteigen des Internationalisierungsgrades führt zu Problemen bei der zentralen Steuerung durch die Auslandsabteilung und führt zur Etablierung einer Produkt- oder einer Regionalstruktur der Koordination, in Abhängigkeit davon, ob eine Integrations- oder eine Differenzierungsstrategie realisiert wird. Hierdurch wird die zuvor bestehende Dichotomie zwischen dem nationalen und dem internationalen Geschäft aufgehoben (Suckfüll, 1994, S. 23).

Erhöht sich die Anzahl der Märkte und Vielfalt der Produkte im internationalen Geschäft, tendieren Unternehmen zur Bildung weltweiter Produktdivisionen und Umsetzung einer Strategie der Diversifizierung. Die Zentrale gibt Entscheidungsbefugnisse an die TU ab, um eine bessere Verfolgung der jeweils optimalen länderbezogenen Produktstrategien zu erreichen.

Eine Zunahme des internationalen Geschäftes durch höhere Auslandsumsätze bei gleichbleibenden Produktlinien wird eine Unternehmung zu einem höheren Maß an Integration und Bildung einer in Regionaldivisionen gegliederten Struktur anstreben lassen. Dabei werden oft regionale Zentren errichtet.

Die Untersuchung von Stopford/Wells zeigt, dass ein weiterer Anstieg des Internationalisierungsgrades und die resultierende höhere organisatorische Komplexität zur Ausbildung einer globalen Matrixstruktur führen, in der die Konzepte von Produkt- und Regionaldivision kombiniert werden.

2.5.2.2 Erweiterungen und Anwendung

In der Literatur bestehen Tendenzen, die Entwicklung neuer Organisationsmodelle unter stärkerer Einbeziehung der Netzwerktheorie zu behandeln. Unter Berücksichtigung des höheren Wertes der Flexibilität und deren Wirkung auf die Schnelligkeit der Reaktion auf Umweltzustände und einhergehend mit der Heterogenisierung der Koordinationsformen innerhalb der multinationale Unternehmen entstand das Modell der „Virtual Corporation“.

Die folgende Graphik zeigt eine Übersicht der neueren Organisationsmodelle nach Autonomiegrad und Koordinationsschwerpunkt und verdeutlicht einen Trend in der Entwicklung der verschiedenen Organisationsmodelle.

Abbildung 2.26; Koordinationsmechanismen multinationaler Unternehmen.

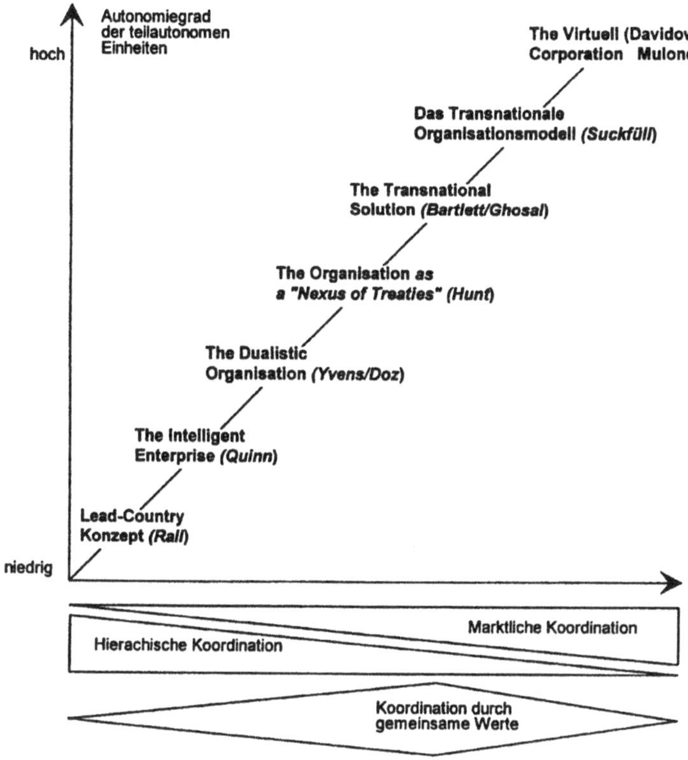

Quelle: Suckfüll, 1994, S. 41.

Während die Objekte von Bartlett und Ghoshals Untersuchung ausnahmslos weltweit agierende, reife Unternehmen waren, betonen die Autoren die Gültigkeit ihres Modells auch für kleine Unternehmungen, da das Thema der Untersuchung „Management angesichts zunehmender Komplexität, Vielfalt und Veränderung" auch für diese relevant ist. Der Wandel des internationalen Umfeldes, der immer mehr Unternehmungen zur Expansion über nationale Grenzen hinaus zwingt und die immer komplexeren innerorganisatorischen Beziehungen zwischen Unternehmungen und ihren TU lassen dabei das transnationale Organisationsmodell auch für kleinere Unternehmen als relevantes Organisationsmodell erscheinen.

> *„Kleine Unternehmen stehen heute vor strategischen und organisatorischen Aufgaben, die früher nur die größten und modernsten Unternehmen lösen mußten. Komplexität, Diversifikation und Veränderung betreffen immer stärker alle Unternehmen"* (Bartlett/Ghoshal, 1990, S. 248).

Die Berücksichtigung der Organisationsmodelle in der empirischen Untersuchung der australischen Unternehmen kann daher wichtige Hinweise auf Entwicklungsstand und Zukunftsorientierung von deren Management geben und soll bei der empirischen Untersuchung berücksichtigt werden.

2.6 Bedeutung der Standorte für multinationale Unternehmen

Der Einfluss der Globalisierung der Weltwirtschaft hat die Relevanz internationaler Standortentscheidungen erheblich verstärkt. Die zusätzlichen Dimensionen und die resultierende höhere Komplexität der Standortwahl auf internationaler Ebene lassen diese Standortentscheidungen zu bedeutend umfangreicheren und komplexeren Entscheidungssituationen mit entsprechend höheren Anforderungen an Management und Ressourcen werden. Im Unterschied zur Standortwahl in einem nationalen Umfeld, bei der Faktoren wie gesetzliche und wirtschaftliche Rahmenbedingungen, Steuersystem und Lohntarife feststehend sind, werden diese nationalen Fixgrößen bei der internationalen Standortwahl zu variablen Entscheidungsparametern und erhöhen so die Komplexität der Entscheidungssituation.

Der zunehmende internationale Wettbewerbsdruck, die langfristige Wirkung des Standortes für die Realisierung von Wettbewerbsvorteilen sowie der enge Zusammenhang mit der Unternehmensstrategie machen die Standortwahl zu einer immer wichtigeren Entscheidungsgröße über Erfolg und Misserfolg im internationalen Wettbewerb.

Bei der empirischen Untersuchung legt diese Arbeit einen Schwerpunkt auf die einzelwirtschaftliche Standortwahl und damit das Standortverhalten individueller Unternehmen. Der folgende erste Abschnitt soll die theoretische Grundlage für diesen Teil der Untersuchung bilden. Die Problematik der internationalen Standortwahl wird in die Dimensionen Prozess und Standortentscheidung aufgeteilt betrachtet. Das Eklektische Modell soll in der expliziten Berücksichtigung des Standortauswahlprozesses und seiner Einbettung in die Unternehmensstrategie sowie der erweiterten Betrachtung der Bedeutung von Standortfaktoren in diesem ergänzt werden.

Zunächst erfolgen einige wichtige Begriffsdefinitionen und eine Einordnung dieser Untersuchung hinsichtlich der relevanten Theoriebereiche. Im zweiten Abschnitt wird, aufbauend auf der Literatur zur Standorttheorie, ein idealtypischer der internationalen Standortwahl herausgearbeitet, der den Ablauf der internationalen Standortwahl und ihre Einbindung in die Unternehmensstrategie systematisiert darstellt. Diese Betrachtung des Prozesses soll zur besseren Beurteilung der Relevanz unternehmensexogener und unternehmensendogener Einflussfaktoren auf internationale Standortentscheidungen dienen. Im abschließenden dritten Abschnitt werden vertiefend einzelne Standortfaktoren und ihr Zusammenwirken mit Unternehmensendogenen Einflussgrößen als Determinanten internationaler Standortentscheidungen betrachtet und auf ihre Relevanz für Standortentscheidungen im Rahmen dieser Arbeit untersucht.

2.6.1 Internationale Standortwahl in der Theorie

Die Untersuchung der Standortwahl und ihre Einbettung in die Unternehmensstrategie wird vor dem Hintergrund des Untersuchungsziels dieser Arbeit auf die Auswahl von Ländermärkten und deren Nutzung zur Bearbeitung einer weiteren supranationalen Region, wie z.B. der EU, eingeschränkt. Dieser Teilaspekt der Standortwahl wird im nachfolgenden empirischen Teil aufgegriffen und weiter untersucht.

Der Standort beeinflusst in vielfältiger Weise die Austauschbeziehungen eines Unternehmens mit seiner Umwelt. Mit dem Begriff Standort wird der geographische Ort der betrieblichen Leistungserstellung bezeichnet. Dabei ist zwischen Einbetriebs- und Mehrbetriebsunternehmen zu unterscheiden und ob ein Unternehmen in einer oder in mehreren nationalen Umwelten agiert. Bei kleinräumlicher Betrachtung sind viele Einflussfaktoren standortunabhängig, die bei einer internationalen Betrachtung standortabhängig sind. Das Überschreiten der Schwelle vom nationalen zum multinationalen Unternehmen ist für die Geographie des Unternehmens dabei von besonderer Bedeutung (Schamp, 2000, S. 45). Da die Untersuchungsobjekte dieser Arbeit multinationale Unternehmen sind, also Unternehmen, die an mehreren Standorten in verschiedenen nationalen Umwelten Wertschöpfungsaktivitäten betreiben, konzentriert sich die weitere Analyse auf die für diese Unternehmen besonders relevanten supranationalen Aspekte.

Die geographische Verteilung der Wertschöpfungsaktivitäten eines Unternehmens auf mehrere Standorte wird als Standortmuster des Unternehmens bezeichnet. Dabei kann an einem Standort die gesamte Wertschöpfungskette des Unternehmens oder nur eine einzelne Wertschöpfungsaktivitäten ausgeführt werden. In der Praxis sind an einem Standort häufig nur bestimmte Aktivitäten der

Wertekette wie z.B. Vertrieb, F&E oder Aktivitäten des finanzwirtschaftlichen Bereiches angesiedelt. Meistens werden die Aktivitäten am Ende der Wertekette zuerst internationalisiert und danach erst die früheren.

Wie im Rahmen der Untersuchung der Wettbewerbsvorteile festgestellt, entstehen diese durch die Optimierung von Abläufen innerhalb der einzelnen Aktivitäten der Wertekette eines Unternehmens und zwischen internen Schnittstellen der Wertekette sowie aus der Optimierung externer Verbindungen zu anderen Werteketten innerhalb eines Wertsystems. Daher sind nicht nur die unternehmensinternen Funktionen von Relevanz, die an einem Standort angesiedelt sind, sondern auch die Beziehungen des Unternehmens zu anderen Akteuren am Standort, aus denen Wettbewerbsvorteile entstehen können. Die Entscheidungen über die an einem Standort ausgeführten Funktionen ist dabei zumeist auch eine Entscheidung über Internalisierung oder Externalisierung von Transaktionen und damit der Grenzziehung zwischen Unternehmen und externer Umwelt (Dicken/ Lloyd, 1999, S. 268). Besonders innerhalb der neueren Theorien der Geographie des multinationalen Unternehmens wird dieses stärker in seinen Beziehungen zur Umwelt definiert und verstanden (Schamp, 2000, S. 40). Somit bilden die Außenbeziehungen von Unternehmen für die Untersuchung ihrer Standortentscheidungen einen relevanten Erkenntnisbereich.

Die folgende Abbildung 2.27 stellt die Beziehungen des Unternehmens mit seiner Umwelt dar und verdeutlicht die Vielfältigkeit und Bedeutung standortabhängiger Außenbeziehungen.

Die Standortmuster von Unternehmen lassen sich somit aus dem Zusammenwirken von unternehmensexternen Einflüssen und unternehmensinternen Einflüssen erklären (Schamp, 2000, S.61). Bestimmungsgründe für die Wahl von Standorten sind somit einerseits exogene Standortfaktoren, als Eigenschaften von Lokalitäten, sowie andererseits endogene Strategien, als Eigenschaften der Unternehmen.

Die Unternehmen stehen dabei sowohl aus internen Gründen, z.B. durch veränderte Wettbewerbstrategien, als auch durch externe Einflüsse, wie Veränderungen in der Wettbewerbslandschaft, unter einem Druck zu kontinuierlicher Veränderung. Dies führt dazu, dass die Standortmuster von Unternehmen einer permanenten Veränderung unterliegen. Hieraus ergibt sich die Relevanz einer dynamischen Untersuchung und Betrachtung des Entwicklungspfades der Unternehmen im Zeitablauf (Schamp, 2000, S. 62).

Unter dem Begriff Standortfaktoren sollen alle Einflussgrößen verstanden werden, die auf die Erfolgssituation eines Unternehmens standortspezifisch, d.h. von Standort zu Standort unterschiedlich, einwirken (Pieper, 1994, S. 18). Diese Definition bezieht sowohl positive als auch negative Einflüsse der Standorte mit ein. Da Standortfaktoren lediglich Potentiale darstellen, die sich erst in der Kombination mit den Unternehmenscharakteristika und Unternehmensstrategien auswirken, wird in der Literatur auch der Begriff „Standortpotentiale“ verwendet (Goette 1994).

Abbildung 2.27; Außenbeziehungen des Unternehmens.

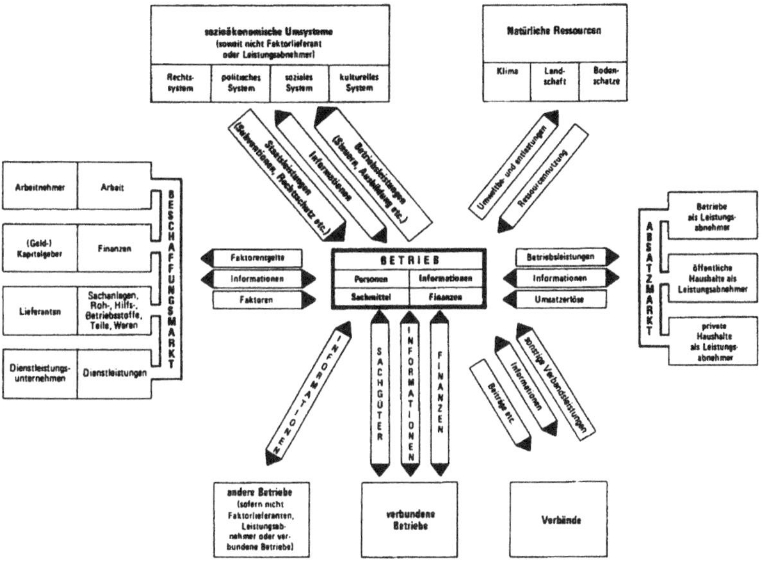

Quelle: Maier/Tödtling, 1995, S. 22.

Damit sich ein Faktor auf die Standortwahl eines Unternehmens auswirkt und damit zum Standortfaktor wird, müssen 2 Bedingungen erfüllt sein (Maier/Tödtling, 1995, S. 22):

(1) Der Faktor muss sich auf die Kosten oder Erlöse des Unternehmens auswirken, wobei die Auswirkungen auch nicht-monetäre Kosten wie Zeit und Unannehmlichkeiten sowie langfristige Auswirkungen wie z.B. beeinträchtigte Innovationsfähigkeit umfassen können.

(2) Der Faktor hinsichtlich Verfügbarkeit, Qualität oder Preis räumlich differieren.

Von genereller Relevanz sind dabei die Beziehungen von Unternehmen zu den Absatz- und Beschaffungsmärkten. Diese schließen den Zugang der Unternehmen zu natürlichen Ressourcen, Arbeitskräften, Zulieferbetrieben sowie relevanten Informationen und Netzwerken auf der Seite der Beschaffungsmärkte und die Quantität sowie Qualität der Nachfrage auf der Seite der Absatzmärkte ein. Das Modell des Diamanten konzeptionalisiert die kontextualen Einflüsse des Umfeldes im Ursprungsland und in den Zielländern von FDI in seinen vier Determinanten: Faktorbedingungen, Nachfragebedingungen, Verwandte und unterstützende Branchen sowie Strategie, Struktur und Konkurrenz. Da es sich bei der Standortentscheidung um eine langfristige Entscheidung handelt, ist auch das Entwicklungspotential der relevanten Bedingungen in der Zukunft von Bedeutung und muss für die ökonomische Lebensdauer des Betriebs beurteilt werden (Maier/Tödtling, 1995, S. 25).

Der Prozess der Planung der geographischen Anordnung der verschiedenen Standorte wird in der Literatur mit den Begriffen Standortpolitik, Standortentscheidung und Standortwahl beschrieben (Goette, 1994 S. 39). Für diese Arbeit sollen unter dem Begriff der internationalen Standortwahl, als Teilbereich der Unternehmensstrategie, alle Entscheidungstatbestände verstanden werden, die sich mit der geographischen Veränderung der Standortmuster von Unternehmen über deren nationale Grenzen hinaus befassen.

Ausgehend von der Fragestellung dieser Arbeit soll zunächst eine Einordnung unter die verschiedenen Standorttheorien erfolgen. In der Literatur werden drei unterschiedliche Grundansätze zur Standortanalyse genannt, die sich hinsichtlich ihrer Annahmen über Verhalten, Motivation, Rationalität und Informationsstand der Akteure, den Vorstellungen über das allgemeine Funktionieren und die Struktur des Wirtschaftssystems sowie der Frage, wie Standortentscheidungen in die strategische Planung der Unternehmen integriert sind, unterscheiden. Diese sind (1) neoklassische oder normative Ansätze, (2) strukturelle Ansätze und (3) behavioristische oder induktive Ansätze (Maier/Tödtling, 1995, S. 26). Da in dieser Arbeit das Standortverhalten einzelner Unternehmen in der Realität untersucht wird, erfolgt eine Einschränkung auf die Betrachtung einzelwirtschaftlicher Standorttheorien. Somit sind die strukturellen Ansätze mit ihrer gesamtwirtschaftlichen Ausrichtung für diese Arbeit nicht relevant und werden nicht weiter behandelt (zur Darstellung des strukturellen Ansatzes vgl.: Maier/Tödtling, 1995, mit weiteren Literaturquellen). Durch die vereinfachenden Grundannahmen der neoklassischen Ansätze können immer nur Teile der Realität vermittelt sowie der Einfluss einzelner Standortfaktoren lediglich bedingt erklärt werden. Daher, und wegen der Vernachlässigung unternehmensendogener Einflüsse, können die neoklassischen Ansätze zur Analyse der Standortentscheidungen von multinationalen Unternehmen in der Realität nicht genügen, da diese Unternehmen als Mehrprodukt- und Mehrbetriebsunternehmen in ihren Investitionsentscheidungen in der Lage sind:

„einen Standort entsprechend einem unternehmensinternen Kalkül und strategischen Zielen zu wählen und damit letztlich zu „machen“ “ (Schamp, 2000, S. 39).

Im Folgenden werden daher die behavioristischen Ansätze kurz vorgestellt.

Behavioristische Ansätze

Die behavioristischen Ansätze basieren auf empirischen Untersuchungen, wie sich Unternehmen bei der Standortwahl verhalten und sind somit induktiv entstanden. Aus der Beobachtung des Standortverhaltens von Unternehmen wurden Erklärungsfaktoren für deren Verhalten entwickelt. Sie unterscheiden sich von den neoklassischen Ansätzen durch die Anerkennung von Unterschieden in Ressourcenverfügbarkeit und Organisation der Unternehmen sowie deren unterschiedlichem Wissen und Fähigkeiten zur strategischen Planung und daraus resultierenden differierenden Informationsständen. Weiterhin betrachten sie den Prozess der Standortwahl in Zusammenhang mit anderen strategischen Unternehmensentscheidungen (Schamp, 2000; Maier/Tödtling, 1995).

Die unternehmerische Entscheidungsfindung lässt sich dabei in die folgenden drei logischen Schritte einteilen, die Ressourcenabhängigkeit und Subjektivität der Entscheider berücksichtigen (Pieper, 1994, S. 26):

(1) Informationsgewinnung
Die Aufnahme von Informationen erfolgt als subjektiver Prozess, wobei Standortsuchverhalten und Suchraum durch Präferenzen bestimmt werden; da die Informationsgewinnung mit Kosten verbunden ist, sind die Beschaffungsmöglichkeiten von den vorhandenen Ressourcen abhängig;

(2) Informationsverarbeitung
Die Kapazität zur Informationsverarbeitung ist begrenzt und damit ebenfalls ressourcenabhängig;

(3) Entscheidung
Nach Feststehen der Alternativen muss die Entscheidung nach einem Wertsystem erfolgen, das wiederum von subjektiven Vorstellungen und unternehmensstrategischen Überlegungen der Entscheidungsträger geprägt ist.

Bedingt durch die Komplexität der internationalen Standortwahl sind Unternehmen selten in der Lage, reine Optimierungen durchzuführen. Viele Unternehmen nutzen daher standardisierte heuristische Verfahren zur Beurteilung von Standortfaktoren innerhalb ihrer Standortwahlprozesse (Schamp, 2000, S. 39). Diese suchen nicht nach Optimallösungen, sondern haben das Ziel, mit vertretbarem Aufwand eine akzeptable Lösung zu finden. Dabei ist die Nutzung einer Heuristik auch ökonomisch sinnvoll, wenn die zusätzlichen Kosten einer möglichen Optimierung die resultierenden höheren Erträge überkompensieren.

Für die Standortwahl nennen Maier/Tödtling folgende Heuristiken (1995, S. 29):

Stufenweise Standortentscheidung, wobei eine Zerlegung und getrennte, stufenweise Standortentscheidung für die räumlichen Ebenen Region, Land, Stadt und Grundstück getroffen wird. Konzentration auf besonders wichtige Faktoren bedeutet eine bewusste Reduktion der Standortfaktoren auf wenige, für die Investition besonders relevante Faktoren.

Suche nach einem zufriedenstellenden Standort bedeutet, dass Standorte solange geprüft werden, bis ein Standort gefunden ist, der das zuvor festgelegte Anspruchsniveau erreicht. Mindestanforderungen für einzelne Standortfaktoren bedeutet, dass zur Reduktion der Komplexität unter Vernachlässigung der zwischen den Standortfaktoren bestehenden Wechselwirkungen auf das Unternehmensergebnis Standorte gewählt werden, die für alle untersuchten Standortfaktoren festgelegte Mindestanforderungen erfüllen. Nachahmung bedeutet die Auswahl von Standorten, die andere erfolgreiche Unternehmen bereits gewählt haben.

Bei der Anwendung dieser Verfahren können Standorte auf verschiedenen Kontinenten oder auch in direkter geographischer Nähe zueinander als „Shortlist" für eine Investitionsentscheidung in direktem Wettbewerb miteinander stehen.

Aufgrund der empirischen Fundierung dieser Untersuchung erscheint eine Anwendung der normativ deduktiven Standorttheorien nicht sinnvoll. Verhaltenswissenschaftliche Ansätze, die subjektive Einflüsse eingeschränkter Informationswahrnehmungs- und Verarbeitungskapazitäten der Entscheidungsträger in der Praxis sowie die Einbettung von Standortentscheidungen in die Unternehmensstrategie berücksichtigen, bieten eine bessere Basis zur Analyse und ex-post Erklärung der einzelwirtschaftlichen Standortwahl in der Realität (Dicken/Lloyd, 1999; Maier/Tödtling, 1995; Pieper, 1994). Auch vor dem Hintergrund der zuvor dargestellten Theorien und Modelle von Dunning, Porter und Bartlett/Ghoshal, die vom behavioristischen Modell des Unternehmens ausgehen, ist eine gemeinsame Einbeziehung unternehmensstrategischer Einflussgrößen zusammen mit den exogenen Standortfaktoren in die Standortentscheidung sinnvoll (Dunning, 2000; Porter, 1993; Bartlett/Ghoshal, 1990).

Innerhalb der in der Literatur nach den Erkenntniszielen unterschiedenen Theoriebereiche sollen im Rahmen dieser Arbeit die Standortbestimmungslehre und die Standortplanungslehre berücksichtigt werden.

Die Standortplanungslehre untersucht den Prozessablauf von Standortentscheidungen. Basierend auf der Untersuchung und Systematisierung der einzelnen Phasen von Standortentscheidungen entwickelt sie Modelle als Handlungsvorgaben für den Standortentscheidungsprozeß (Goette, 1994, S. 51). Die Standortplanungslehre lässt sich dabei in Abhängigkeit von Projektspezifizität und Umfang in die Planung der Standortmuster und die Standortprojektplanung unterscheiden. Während die Planung der Standortmuster einen umfassenden Ansatz zur Planung der geographischen Verteilung aller Standorte eines Unternehmens darstellt, beschäftigt sich die Standortprojektplanung mit Entscheidungen über einzelne Standorte. Die Standortbestimmungslehre hat zum Ziel, die für eine Standortwahl entscheidenden Faktoren und Einflüsse herauszuarbeiten. Diese können in Standortbewertungsverfahren einbezogen werden, die von Unternehmen zur Beurteilung von Standorten herangezogen werden und es erlauben, die Standortwahl eines Unternehmens auf bestimmte Standortfaktoren zurückzuführen. Besondere Beachtung soll bei dieser Untersuchung dem Zusammenwirken von unternehmensinternen Faktoren (z.B. Wettbewerbsvorteile und Wettbewerbstrategie) mit den unternehmensexternen Standortfaktoren gelten.

2.6.2 Prozess der internationalen Standortwahl

In der Literatur wird der Prozess der Standortwahl zumeist als ein in mehreren Stufen ablaufendes Verfahren dargestellt (Schätzl, 1988, S. 29). In einer Konzeptphase, die der eigentlichen Auswahl zeitlich vorgelagert ist, werden die generelle Zielsetzung in der Form des Investitionsmotivs, die mit dem neuen Standort verfolgt wird, und die strategische Rolle des neuen Standortes festgelegt. Die Investitionsmotive der Unternehmen sind somit im Prozess der Standortwahl von hoher Bedeutung. Dies entspricht auch ihrer Berücksichtigung im Eklektischen Modell von Dunning, in dem ihnen ebenfalls eine zentrale Rolle beigemessen wird. Aus den Investitionsmotiven ergeben sich die Standortanforderungen, die in den weiteren Stufen der Standortwahl den Standortbedingungen gegenübergestellt werden. Das Zielkriterium an den Standort ist dabei eine maximale Anspruchserfüllung, d.h. der Standort muss die sich aus genereller Zielsetzung und strategischer Rolle ergebenden Anforderungen möglichst umfassend erfüllen. Die Standortwahl ist somit ein strategisches Instrument unternehmerischer Zielerfüllung (Schöllhammer, 1989, S. 1959).

Die Investitionsmotive sind Ausdruck der unternehmerischen Zielfunktion und Unternehmensstrategie und bestimmen zusammen mit der Branchenzugehörigkeit eines Unternehmens wesentlich den Einfluss der verschiedenen exogenen Standortfaktoren auf die Standortwahl des Unternehmens. Unternehmensziel und

Unternehmensstrategie als endogene Einflussgrößen sind somit wesentliche Bestimmungsparameter der einzelwirtschaftlichen Standortwahl, die im Vorfeld der eigentlichen Standortentscheidung bestimmt werden müssen. Ein Standort kann damit für Unternehmen aus unterschiedlichen Branchen mit differenten Strategien und Produkten verschiedene Standortvorteile und –nachteile haben (Tesch, 1980, S. 521).

Die folgende Graphik verdeutlicht den Zusammenhang zwischen dem Unternehmensziel und dem Standort.

Unternehmensziel

Unternehmensstrategie / Investitionsmotiv

Strategische Rolle des Standortes

Strategische Funktion des Standortes

Geo-strategische Position des Standortes

Die Standortplanung soll Standortentscheidungen dabei idealerweise nicht als isolierte Einzelentscheidungen behandeln, sondern als ein integriertes Standortkonzept, das Standortentscheidungen im Zusammenhang mit der gesamten Unternehmensstrategie und dem bestehenden Standortmuster analysiert und entscheidet. Wird eine Standortentscheidung getrennt von bisher durchgeführten und anderen geplanten Veränderungen des Standortmusters getroffen, besteht die Gefahr, dass für den Unternehmenserfolg wesentliche Interdependenzen nicht berücksichtigt werden. Dies gilt insbesondere im Fall von multinationalen Unternehmen mit einem international integrierten Verbund von Aktivitäten (Goette, 1994, S. 82).

Wenn Unternehmensziel und Investitionsmotive feststehen, muss als nächster Schritt bei der Standortplanung die strategische Rolle des Standortes bestimmt werden. Jeder Standort übernimmt im Rahmen der gesamten MNU eine bestimmte strategische Rolle ein. Diese setzt sich aus der strategischen Funktion des Standortes und seiner geo-strategischen Position zusammen.

Die strategische Funktion legt dabei fest, welche Wertschöpfungsaktivitäten am Standort ausgeführt werden. Dabei kann die gesamte Wertekette eines Unternehmens oder nur eine einzelne Aktivität wie z.B. der Vertrieb an einem Standort angesiedelt sein. Bei dieser Entscheidung sind die Vor- und Nachteile der Verteilung der Aktivitäten auf Standorte für jede Aktivität separat zu beurteilen. Zusätzlich muss dabei auch deren Koordination bestimmt werden.

Abbildung 2.28; Wertekette und Wertsystem des Unternehmens.

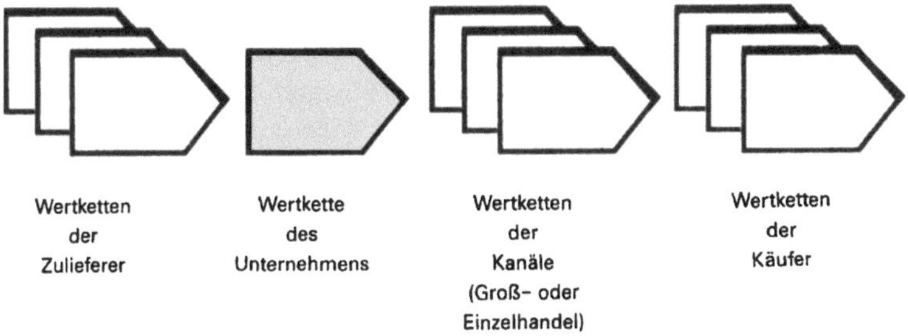

Quelle: Porter, 1993, S. 65.

Das Potential der geo-strategischen Position eines Standortes bemisst sich danach, inwieweit ein Standort die Input- und Output-Beziehungen eines Unternehmens zu dessen verschiedenen Märkten unterstützt (Goette, 1994, S. 162). Die geo-strategische Position kann einem Unternehmen Zugang zu wichtigen Absatz-, Beschaffungs- und Arbeitsmärkten oder auch zu besonderen Ressourcen (z.B. Wissen) bieten.

Abbildung 2.29; Idealtypische Phasen der internationalen Standortwahl.

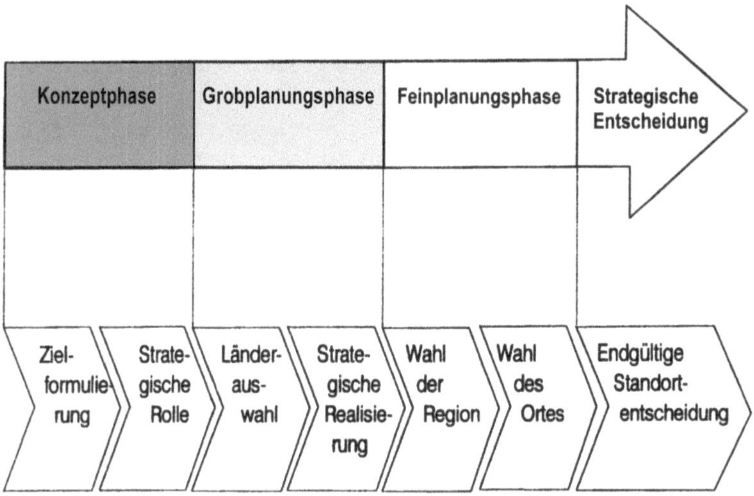

Quelle: Goette, 1994, S. 310.

Ist die strategische Rolle für einen Standort definiert, erfolgt – in typisierender Betrachtung – ein mehrstufiges Auswahlverfahren zur Bestimmung der entsprechenden geo-strategischen Positionen. Die Standortentscheidungsprozesse laufen dabei zumeist in einer Sequenz räumlicher Hierarchien ab, bei der die Anzahl der alternativen Standorte sukzessive eingegrenzt wird (Schätzl, 1988, S. 29). Die internationale Standortwahl beginnt dabei zumeist mit einer Entscheidung über die Internationalisierungsart (Export, Lizenz und FDI). Nachdem diese getroffen wurde, ergibt sich die weitergehende Konkretisierung als Standortentscheidung, bei der auch über die Art der Investition (AKQ, GF oder JV) entschieden wird.

Abbildung 2.29 zeigt den typisierten Ablauf einer internationalen Standortwahl.

Der Prozess der internationalen Standortwahl kann demnach in vier Phasen unterteilt werden, die idealtypischen Charakter haben (vgl.: Goette, 1994, S. 309; ähnlicher Ansicht auch Schätzl, 1988, S. 29; Zur Geltung für die nationale Standortwahl vgl.: Pieper, 1994, S. 19):

(1) Konzeptphase
(2) Grobplanungsphase
(3) Feinplanungsphase
(4) Strategische Entscheidung

In der Konzeptphase wird, nach Treffen der Entscheidung für die Internationalisierung durch Direktinvestition, ein gedankliches Konzept für den neuen Standort entwickelt, auf dem aufbauend die Standortanforderungen entwickelt werden. Dieses Konzept betrachtet den neuen Standort im Kontext des Gesamtunternehmens unter Berücksichtigung aller Interdependenzen und Synergiepotentiale. Das Konzept definiert auf der Basis der Unternehmensstrategie und des der Standortwahl zugrundeliegenden Investitionsmotivs die strategische Rolle des neuen Standortes. Die so in der Konzeptphase entwickelten Standortanforderungen werden dann den Standortbedingungen einzelner Wirtschaftsräume gegenübergestellt. Hierzu werden in der Regel instrumentelle Auswahltechniken angewandt, die von Unternehmen entweder in einer standardisierten Form für alle Standortentscheidungen genutzt werden oder von Fall zu Fall neu entwickelt werden (Goette, 1994, S. 315). Der Konzeptphase folgt die Grobplanungsphase mit einer ersten Vorauswahl von Wirtschaftsräumen wie z.B. den Ländern der Triade als potentiellen Standorten. Dieser Auswahlprozess kann ebenfalls mehrstufig angelegt sein, indem zuerst ein Wirtschaftsraum (z.B. EU), danach eine Ländergruppe und zuletzt ein einzelnes Land oder auch einzelne Regionen in verschiedenen Ländern eingegrenzt werden (Goette, 1994, S. 321). Die Grobplanung endet mit der Festlegung einer Markteintrittsstrategie, die festlegt, ob der Markteintritt durch Greenfield, durch Akquisition oder durch Joint Venture erfolgen soll.

Die Feinplanung setzt an den Ergebnissen der Grobplanung an und konkretisiert die vordefinierte Standortentscheidung. Damit entspricht die Feinplanung grundsätzlich dem Ablauf einer nationalen Standortwahl. Wenn ein Markteintritt durch Akquisition erfolgen soll, wird eventuell eine Region und dann ein entsprechendes Unternehmen ausgewählt.

In vielen Fällen ist eine der Veranschaulichung des Prozesses dienende idealtypische Aufteilung durch die Unterscheidung von Grobplanungsphase und Feinplanungsphase jedoch nicht sinnvoll möglich (Goette, 1994, S. 315). Bei Anwendung heuristischer Verfahren können z.B. Grob- und Feinplanungsphase verbunden sein, mit der Folge, dass Standorte in Europa und den USA in direktem Wettbewerb um die Standortentscheidung des investierenden Unternehmens stehen.

Bei Direktinvestitionen durch Akquisition wird zuerst ein Marktgebiet als Suchraum für potentielle Übernahmekandidaten ausgewählt. Die Standortwahl wird dann durch die Akquisitionsmöglichkeiten bestimmt. Dabei können sich die Standorte der Zielunternehmen, über die Beeinflussung von Kosten und Erträgen des zu übernehmenden Unternehmens, indirekt auf die Investitionsentscheidung auswirken.

Die endgültige Entscheidung für einen neuen internationalen Standort wird nicht alleinig auf der Basis der Ergebnisse der durchgeführten Untersuchungen erfolgen, sondern basiert zumindest teilweise auf persönlichen Erfahrungen und Präferenzen der Entscheider. Hierbei ist das Konzept der kulturellen Nähe von Bedeutung. Dieses mit dem Begriff Kultur bezeichnete Geflecht von Institutionen und Konventionen kann nationale aber auch regionale und lokale Komponenten haben (Schamp, 2000, S. 48). Für die Untersuchung der Internationalisierung australischer Unternehmen in Europa interessieren vorwiegend die nationalen kulturellen Einflüsse und Unterschiede.

2.6.3 Standortfaktoren als Determinanten der Standortwahl

Nachdem im vorangegangenen Abschnitt der Prozess der internationalen Standortwahl dargestellt wurde, sollen nachfolgend einzelne Standortfaktoren näher betrachtet werden, die im Rahmen der Auswahl von Märkten und Wahl von Standorten durch multinationale Unternehmen relevant sind. Dabei erfolgt eine Systematisierung in wirtschaftliche, politische, geographische und kulturelle Standortfaktoren.

Die länderspezifischen Eigenschaften von Standorten bilden den wesentlichen Unterschied, der die nationale von der internationalen Standortwahl unterscheidet. So wird gemäß dem sequentiellem geographischen Auswahlprozess bei der internationalen Standortwahl zunächst eine Länderauswahl getroffen. Die „Länderwahl“ wird in dieser Arbeit als Wahl des zu erschließenden Marktes verstanden. Dabei werden Unternehmen annahmegemäß zunächst risikoarme Märkte bearbeiten, die sich durch ihre Verbindung guter Marktchancen (Marktgröße und –wachstum) mit kultureller Nähe auszeichnen. Erst später werden auch Ländermärkte mit geringerer kultureller Nähe erschlossen.

Für Direktinvestitionen in Europa stellt sich damit die Frage nach dem relevanten Marktgebiet. Für Unternehmen, die Europa als Region separater Ländermärkte einschätzen, stellt sich die Standortwahl als Länderwahl „ersten Grades“ dar. Diese erfolgt durch Auswahl eines Ländermarktes mit hoher kultureller Nähe. Kulturell fernere Ländermärkte werden dann mit sequentiellen Investitionen erschlossen.

Für Unternehmen, die Europa als einen einheitlichen Markt einschätzen, stellt sich die Standortwahl quasi als Länderwahl-Problem „zweiten Grades“ – innerhalb des europäischen Marktes – dar. Auch in diesem Fall wird jedoch angenommen, dass Unternehmen Standorte in kulturell nahen Ländern Europas wählen. Allerdings unter anderen Kriterien, wie z.B. Kostenvorteilen bei Inputfaktoren durch kulturelle Nähe. Wenn der gesamte europäische Markt erreicht werden soll, wird sich auch die Eignung von Standorten als Gateway zum europäischen Markt auf die Entscheidungen der Unternehmen auswirken.

Nach der in den verschiedenen Theorien und Modellen zur Internationalisierung betonten Bedeutung kultureller Nähe bildet die Auswahl von Ländern einen wichtigen ersten Schritt innerhalb der internationalen Standortwahl. Im Folgenden soll deshalb, im Hinblick auf die Relevanz der Auswahl von Ländermärkten für die empirische Untersuchung in Teil vier der Arbeit, der Schwerpunkt auf die Länderauswahl gelegt werden.

Wie im Rahmen der Darstellung des Standortwahlprozesses festgestellt, ist eine Betrachtung der exogenen Einflüsse nur im Zusammenhang mit endogenen wie der Unternehmensstrategie sinnvoll möglich. Folgende Untersuchung der Standortfaktoren erfolgt daher im Zusammenhang mit den unternehmensinternen, strategischen Einflussgrößen.

Wirtschaftliche Standortfaktoren

Ein wichtiger wirtschaftlicher Standortfaktor ist das Absatzpotential eines Marktes. Hierunter ist die absolute Marktgröße, die erwartete quantitative Entwicklung des Absatzpotentials und die qualitative Art und Struktur der Nachfrage zu verstehen. Ein Standort kann auch aufgrund seiner Eigenschaft des Zugangs zu den Märkten mehrerer Länder oder einer Region wie der EU interessant sein. In diesem Fall bildet der Standort ein Gateway zum Zugang zu einer Region.

Die Wettbewerbssituation mit Stellung und Verhalten der Wettbewerber ist ein weiterer wichtiger Standortfaktor. Nach Goette ist die Standortattraktivität eines Landes auf verschiedene Weise durch Wettbewerbsverhältnisse beeinflusst (Goette, 1994, S. 187):

(1) Die Konkurrenzdichte ist zu groß, bzw. die Wettbewerber sind zu stark; eine Direktinvestition lohnt nicht.

(2) Die Wettbewerber sind schon vor Ort tätig; das Unternehmen sieht sich gezwungen nachzuziehen, um wettbewerbsfähig zu bleiben.

(3) Die Konkurrenz im Auslandsmarkt ist in einer relativ schwachen Position. Das Unternehmen kann durch Direktinvestition diese Schwäche ausnutzen und Marktanteile erobern.

(4) Die Konkurrenz ist noch nicht im Zielmarkt tätig; das Unternehmen errichtet einen Standort, um sich einen zeitlichen Wettbewerbsvorsprung zu verschaffen.

(5) Die Konkurrenz im Auslandsmarkt wirkt anziehend auf neue Wettbewerber, das Unternehmen vermutet positive Agglomerationseffekte.

Während in den Situationen eins – vier eine Konkurrenzvermeidung vorherrscht, besteht in der fünften Situation eine Konkurrenzanziehung, bei der nicht der direkte Marktzugang im Vordergrund steht.

Infrastruktur und Transportkosten stellen in ihren verschiedenen Ausprägungen ebenfalls relevante Standortfaktoren dar. Neben der Verkehrsinfrastruktur, der Kommunikationsinfrastruktur und den Versorgern ist das Vorhandensein einer adäquaten Dienstleistungsinfrastruktur eine wichtige Standorteigenschaft. Der Standortfaktor „Infrastruktur“ kann dabei als ein Engpassfaktor gesehen werden, an den gewisse Mindestanforderungen gestellt werden. Für Standorte, die eine Gatewayfunktion ausüben sollen, hat die Infrastruktur eine höhere Relevanz.

Arbeitskräfte stellen hinsichtlich Qualifikation, Verfügbarkeit, Kosten und Produktivität einen relevanten Standortfaktor dar. Dessen Verfügbarkeit hängt dabei zum einen von den spezifischen Anforderungen der MNU und zum anderen vom länderspezifischen Angebot ab (Goette, 1994, S. 197). Die Verfügbarkeit der Arbeitskräfte nimmt dabei ab, je höher qualifiziert und spezifischer die Anforderungen sind, und kann so einen sehr restriktiven Standortfaktor bilden.

Politische Standortfaktoren

Politische Standortfaktoren sind Einflüsse der politischen Situation im Zielland und können sich zum einen in direkten Kostenunterschieden auswirken, zum anderen in einer sich unterscheidenden Risikoposition ausdrücken. Sich direkt in den Kosten auswirkende Faktoren sind z.B. das Steuersystem, Umweltschutzauflagen und Wirtschaftsförderungsmaßnahmen. Weitere politische Standortfaktoren sind institutionelle Markteintrittsbarrieren und politische Risiken. Bei den Auswirkungen des Steuersystems bestehen dabei teilweise große Differenzen zwischen der formalen, aus den Gesetzen abgeleiteten, und der faktischen, effektiv wirksamen Steuerbelastung. Umweltschutzauflagen wirken als Standortfaktoren nur auf bestimmte Branchen und sind stark von der Art der geplanten Investition abhängig. Durch die Zunahme internationaler Normierung der Regulierungen bedingt, nimmt ihr differenzierender Einfluss ab. Institutionelle Markteintrittsbarrieren können in der Form von tarifären- und nicht tarifären Handelshemmnissen sowie der an Bedingungen geknüpften Genehmigung für Direktinvestitionen Einfluss auf die Standortwahl haben. Wirtschaftsförderungsmaßnahmen, die der verstärkten Ansiedlung von Unternehmen in einem Land dienen und Direktinvestitionen durch finanzielle und nicht finanzielle Maßnahmen fördern, haben bei der Standortwahl von Unternehmen aus nicht EU-Ländern in der EU eine hohe Bedeutung. Dies gilt nicht nur für kostenorientierte, sondern auch für marktorientierte Direktinvestitionen. Unter politischen Risiken werden Risiken verstanden, die eine direkte Verlustgefahr für die Investition bedeuten und aufgrund politischer Entscheidungen entstehen können. Hiervon sind Eigentums- und wirtschaftliche Verfügungsrechte über die Direktinvestitionen betroffen. Das politische Risiko als Standortfaktor schließt damit den bestehenden Grad und eine Prognose der zukünftigen Entwicklung der Einschränkung unternehmerischer Entscheidungsfreiheit ein.

Kulturelle Standortfaktoren

Kulturelle Nähe kann im Prozess der Standortwahl über ihre Wirkung auf die Wahrnehmung und Bewertung wirtschaftlicher und politischer Standortfaktoren als indirekte Einflussgröße im Standortwahlprozess angesehen werden. Bedingt durch die subjektiven Einflüssen unterliegenden Entscheider im Prozess der internationalen Standortwahl wirkt sich kulturelle Nähe als Standortfaktor aus. Im Auswahlprozess wirken sich der Informationsstand sowie das Verständnis über die betrachteten Länder sowie die zukünftigen Erwartungen für deren Entwicklung, die Bedeutung der Standortentscheidung für das Unternehmen und die bisherigen Erfahrungen des Unternehmens bei der Internationalisierung aus.

Kulturelle Nähe stellt aber auch einen eigenständigen Standortfaktor dar, der sich als Input-Faktor über die Einflüsse internationaler Standorte auf Kosten und Erträge der Unternehmen auswirkt. Über die Risikominimierung bei der Internationalisierung stellt kulturelle Nähe auch einen wichtigen Einfußfaktor auf die Wahl der Ländermärkte im Rahmen der Internationalisierung dar und wirkt innerhalb der Durchführung internationaler Wertschöpfungsaktivitäten auch über Einflüsse des Ursprungslandes auf die Internationalisierungsstrategien der Unternehmen.

Unternehmen wählen daher oft Auslandsmärkte, die eine kulturelle Nähe zum Heimatmarkt aufweisen. Kulturelle Nähe wird in der Literatur als die Summe der Faktoren bezeichnet, die den bidirektionalen Informationsfluss fördern, z.B. die Einflussfaktoren Sprache, Kultur, Religion, Geschäftsstil und Ausbildung (Johanson, 1977, S. 24). Kulturelle Nähe kann mit geographischer Nähe zusammenhängen, wobei auch distinkte Ausnahmen bestehen, wie zum Beispiel die kulturelle Nähe der geographisch entfernten Länder des Commonwealth (z.B. UK und Australien) zueinander (Johanson, 1994, S. 35).

Im Eklektischen Modell werden einerseits Standortvorteile als Standortfaktoren aufgelistet und andererseits ihre Verbindung mit den anderen zwei Erklärungsfaktoren des Modells betont. So haben besonders die länderspezifischen Faktoren im Stammland einen indirekten Einfluss auf Wettbewerbs- und Internalisierungsvorteile (Dunning, 1991, S. 121). Somit geht auch das Eklektische Modell von bestehenden Wirkungszusammenhängen zwischen den Standortfaktoren einerseits und den Wettbewerbsvorteilen und Internalisierungsvorteilen andererseits aus.

Die Erweiterung des Eklektischen Modells durch eine ergänzende Einbeziehung der Standorttheorie leistet im Wesentlichen eine verbesserte Berücksichtigung der Wirkungszusammenhänge zwischen den räumlich gebundenen Standortfaktoren als unternehmensexternen Einflussgrößen und den unternehmensspezifischen internen Einfußgrößen der Unternehmensstrategie. Dies wurde bei der Analyse des Prozesses der Standortwahl gezeigt. Hierbei wird zwischen der strategischen Funktion des Standortes und seiner geo-strategischen Position unterschieden. Zusätzlich zur Festlegung von Unternehmensziel und Investitionsmotiv muss bei der Standortplanung die strategische Rolle des Standortes bestimmt werden. Diese setzt sich aus der strategischen Funktion, die dem Standort im Gesamtunternehmenskonzept zukommt, und zum anderen der geo-strategischen Position, die sich aus der geographischen Lage und deren Implikationen auf das Gesamtunternehmen ergibt, zusammen. Die Einbeziehung von Teilaspekten der

Standorttheorie vertieft insoweit die im Rahmen der Diskussion der Organisationsmodelle gemachten Aussagen zum Zusammenwirken von standortgebundenen Einflüssen im Zielland der Investition mit unternehmensendogenen, strategischen Bestimmungsgrößen (Schamp, 2000, S. 39). Hierdurch wird der enge und vielschichtige Wirkungszusammenhang zwischen dem Standort mit seinen lokal gebundenen, exogenen Einflüssen und den Unternehmensaktivitäten als endogenen Variablen hervorgehoben.

3 Australiens Position in der Weltwirtschaft

Australien unterscheidet sich durch besondere wirtschaftliche und geographische Gegebenheiten sowie seine historische Entwicklung deutlich von den meisten anderen OECD Ländern. Einige dieser Eigenschaften prägen die australische Volkswirtschaft auch heute noch in hohem Maße. In den folgenden Kapiteln sollen relevante Bestimmungsfaktoren für die Entwicklung der australischen Volkswirtschaft und ihrer Sektoren herausgestellt sowie deren ihre Bedeutung für die Internationalisierung australischer Unternehmen analysiert werden.

Im Rahmen der verschiedenen in Teil zwei dargestellten Theorieansätze wurden Bedeutung und Einfluss der Umfeldbedingungen auf das Verhalten der Unternehmen betont (Vgl. z.B.: Andersson, 1996; Dunning, 1998; Gertler, 1997; Henzler, 1992; Porter, 1993).

Im Rahmen des Konzeptes der kulturellen Nähe betont Gertler die Bedeutung der nationalen Institutionen und den Einfluss einer gewachsenen Herstellungskultur, die es Unternehmen aus bestimmten Ländern ermöglicht, erfolgreicher im internationalen Wettbewerb mit Unternehmen aus anderen Ländern zu konkurrieren (Gertler, 1997, S. 51). Als wichtige Einflussgrößen werden die wirtschaftlichen und politischen Umfeldbedingungen des Stammlandes, sowie deren historische Entwicklung, auch von Dunning innerhalb seines Eklektischen Modells genannt (Dunning, 2000, S. 164). Insoweit die Institutionen eines Landes Wettbewerbsvorteile der Unternehmen gegenüber denen aus anderen Ländern beeinflussen, können sie Einfluss auf das Internationalisierungsverhalten der Unternehmungen haben. Die Kultur des Ursprungslandes hat somit Einfluss auf die Wettbewerbsfähigkeit der nationalen Unternehmungen und beeinflusst auch die Wahl von internationalen Standorten sowie die Art der Internationalisierung (Dunning, 1997, S. 3).

Porter konzeptionalisiert die Wirkungen des nationalen Umfeldes auf Unternehmen im Modell des Diamanten und vertritt die Ansicht, dass mit zunehmender Internationalisierung von Unternehmen die Umfeldbedingungen des Ursprungslandes weiterhin die entscheidende Bedeutung für die Entwicklung des Unternehmens im internationalen Wettbewerb haben (Porter, 1993). Der Diamant konzeptionalisiert dabei die kontextualen Bedingungen, unter denen die Unternehmen eines Landes entstehen, konkurrieren und ihre Wettbewerbsvorteile entwickeln oder sie verlieren. Er bildet damit einen Bezugsrahmen zur Analyse von Wettbewerbsvorteilen und Wettbewerbstrategien zwischen den Unternehmen und dem Ursprungsland. Während das Modell des Diamanten, branchenbezogen angewandt, Aussagen über die Wettbewerbsfähigkeit von Unternehmen in Abhängigkeit der Umfeldbedingungen macht, kann es auch im Rahmen einer explorativen, branchenübergreifenden Untersuchung kontextualer Bedingungen eines Landes als Bezugsrahmen genutzt werden.

Nachdem die hohe Bedeutung kontextualer Bedingungen des lokalen Umfeldes für die Entwicklung und Internationalisierung von Unternehmen festgestellt wurde, soll dieser Teil der Arbeit die relevanten Umfeldbedingungen und Institutionen in Australien untersuchen. Hierbei wird zunächst die Entstehung der relevanten Bedingungen in Australien analysiert. Die aufgedeckten kontextualen Einflussfaktoren sollen dann auf ihren Erklärungsgehalt für das Internationalisierungsverhalten der australischen multinationalen Unternehmen hin beurteilt werden.

In einem ersten Kapitel wird die historische Entwicklung der australischen Wirtschaft und relevanter Institutionen dargestellt und in ihrer Wirkung auf das Internationalisierungsverhalten der australischen Unternehmen analysiert. Ein zweites Kapitel untersucht die Einflüsse australischer Wirtschaftspolitik und anderer Akteure auf die Veränderungsprozesse innerhalb des entscheidenden Paradigmenwechsels in der australischen Wirtschaftspolitik der 1980'er Jahre. Das dritte Kapitel widmet sich in einem ersten Abschnitt einer Untersuchung der Entstehung und Entwicklung der verschiedenen Sektoren der australischen Wirtschaft. Ein zweiter Abschnitt beschäftigt sich mit den australischen Außenhandelsbeziehungen und deren sektoraler und geographischer Verteilung. Im abschließenden dritten Abschnitt wird ein Überblick über die Veränderungen der sektoralen und geographischen Verteilung der weltweiten Direktinvestitionen australischer Unternehmen gegeben. Abschließend werden Strategie- und Strukturtypen australischer multinationaler Unternehmen untersucht.

3.1 Faktorausstattung und historische Entwicklung der australischen Wirtschaft

Die Geschichte des heutigen Australiens begann mit der Besitznahme durch Großbritannien im Jahre 1788, als dessen Kolonie. Australien zeichnete sich schon zu dieser Zeit im Vergleich zu Europa durch Reichtum an Land und Rohstoffen aus. Die hieraus entstehenden komparativen Vorteile führten im Laufe der Besiedelung Australiens und der Entwicklung seiner Wirtschaft zu mehreren Entwicklungsschüben und prägten Entstehung und Struktur der Wirtschaft in besonderem Maße. Die vier hervorstehenden Wachstumsphasen Australiens waren die „Wolle-Phase" (1820/1830), die „Gold-Phase" (1851/1890), die „Industrialisierungsphase“ (1901/1930) und die „Nachkriegsphase“ (1949/1966). Das Wirtschaftswachstum wurde dabei besonders während der „Gold-Phase“ und der „Nachkriegsphase“ von einem starken Bevölkerungswachstum durch Zuwanderung begleitet.

Im Rahmen dieser Arbeit soll die Entwicklung des industriellen Sektors, des Bergbaus und des Dienstleistungssektors betrachtet werden, innerhalb derer sich in der Hauptsache die Branchen und Unternehmen entwickelt haben, die Gegenstand der empirischen Untersuchung in Teil vier dieser Arbeit sind. Damit sind die Entwicklungsabschnitte der „Industrialisierungsphase“ und der „Nachkriegsphase“, in denen diese Sektoren besonders stark gewachsen sind und die daher einen prägenden Einfluss hatten, von besonderer Relevanz für diese Untersuchung. Die Betrachtung früherer Zeiträume ist jedoch ebenfalls von Bedeutung, um die Entstehung und Entwicklung relevanter Institutionen und Rahmenbedingungen zu analysieren, die sich auf die Entwicklung der australischen Wirtschaft und die Internationalisierung der Unternehmen ausgewirkt haben.

Australiens Position in der Weltwirtschaft war bis etwa 1950 stark von seinen engen, in der Kolonialzeit begründeten, wirtschaftlichen und politischen Verbindungen zu Großbritannien bestimmt. Am Anfang vornehmlich von englischen und irischen Einwanderern besiedelt, entwickelte sich die australische Volkswirtschaft komplementär zur Englischen. Unter Ausnutzung der komparativen Vorteile der Größe des Landes und seines Rohstoffreichtums exportierte Australien Rohstoffe nach Großbritannien und bezog von dort verarbeitete Waren. Bis 1950 wurden über 40% der Exporte nach Großbritannien ausgeführt und ein etwa gleich hoher Anteil der Importe von dort bezogen (Lewis, 1994, S. 20). Dabei wirkte sich Australiens weite Entfernung von Europa zu dieser Zeit über hohe Transportkosten negativ auf seine Handelsbeziehungen mit Großbritannien aus. Nach 1950 begann eine Phase wirtschaftlicher und außenpolitischer Umorientierung Australiens, weg vom bis dahin dominierenden Großbritannien, zu den USA und später wirtschaftlich auch zu Japan.

Durch die zu Beginn der Entwicklung stark an der Kolonialmacht Großbritannien und deren Bedürfnissen ausgerichteten Wirtschaft exportierten die australischen Kolonien fast ausschließlich landwirtschaftliche Produkte und Gold. In den Jahren nach 1950 entstand, zusammen mit der stärkeren Annäherung an die USA und Japan, ein erster Strukturwandel, mit einer Verschiebung zwischen den Sektoren Landwirtschaft und Bergbau, bei der der Bergbau die zuvor dominierende Landwirtschaft als stärksten Sektor bei BIP und Exporten ablöste. Auch der Dienstleistungssektor wuchs mit dem wachsenden Wohlstand in Australien stark an, während der produzierende Sektor hinter den frühzeitig errichteten Handelsbarrieren eine gering spezialisierte und wenig wettbewerbsfähige Struktur behielt. In den 1980’er Jahren setzte ein zweiter Strukturwandel mit einem

Umbruch ein, der eine neue Internationalisierung der Sektoren Dienstleistung und, etwas verzögert, auch der Industrie beinhaltete.

Tabelle 3.1; Wachstumsraten des australischen Bruttoinlandsproduktes.

Period	Australia	West European Capitalist Core & Its Offshoots Minus Australia
1820 - 1989	1,42	1,56
1820 - 1870	1,86	0,88
1820 - 1890	1,66	0,98
1870 - 1890	1,14	1,22
1890 - 1989	1,25	1,98
1890 - 1913	0,62	1,59
1913 - 1950	0,73	1,28
1950 - 1973	2,43	3,45
1973 - 1989	1,68	2,07

Quelle: Knapman/Quiggin, 1997, S. 6.

Nach dem pro Kopf BIP nahm Australien in der Zeit von 1870 bis 1890 im weltweiten Vergleich den ersten Platz vor den USA und Großbritannien ein und weist in der Zeit von 1820 bis 1870 eine jährliche Wachstumsrate von 1,86% auf, im Vergleich zu 0,88% für die Kernländer. Betrachtet man die Entwicklung des BIP von 1870 bis 1989, so ergibt sich ein deutlicher Abstieg Australiens innerhalb der internationalen Rangfolge (Knapman/Quiggin, 1997).

Beim Heranziehen des pro Kopf BIP als Vergleichsmaßstab sind jedoch einige Besonderheiten Australiens zu berücksichtigen. So wurden die Ureinwohner nicht berücksichtigt, obwohl deren Arbeitsleistung in das BIP mit einging, und die Bevölkerungsstruktur sich durch einen relativ hohen Anteil an Männern im arbeitsfähigen Alter und nur wenige Frauen auszeichnete. Aus diesen Merkmalen, die Australien von den anderen Ländern unterschieden, kann eine Verzerrung und somit zu positive Darstellung der frühen für Australien berechneten pro Kopf Werte resultieren (Knapman/Quiggin, 1997, S.5).

Um die Entstehung der relevanten kontextualen Bedingungen sowie ihre Einflüsse auf die australischen Unternehmen zu untersuchen, erscheint es sinnvoll, die Entwicklung der australischen Wirtschaft in ihre verschiedenen Phasen aufgegliedert zu betrachten. Somit können Entstehung und Wirkung einzelner Einflussgrößen im Zeitablauf besser analysiert werden. Die weitere Betrachtung der

Tabelle 3.2; Bruttoinlandsprodukte ausgewählter Länder (1820 - 1989).

GDP Per Head for 43 Countries, 1820 - 1989 (US$ at 1985 US Relative prices)

West European Capitalist Core & Its Offshoots	**1820**	**1870**	**1890**	**1913**	**1950**	**1973**	**1989**
Austria	1048	1442	1892	2683	2869	8697	12519
Belgium	1025	2089	2654	3267	4229	9417	12875
Denmark	980	1543	1944	3014	5227	10527	13822
Finland	639	933	1130	1727	3481	9073	14015
France	1059	1582	1955	2746	4176	10351	13952
Germany	902	1251	1660	2506	3295	10124	13752
Italy	965	1216	1352	2079	2840	8631	12989
Netherlands	1308	2065	2568	3179	4708	10271	12669
Norway	856	1190	1477	2079	4541	9347	15202
Sweden	1008	1401	1757	2607	5673	11362	14824
UK	1450	2693	3383	4152	5651	10079	13519
Australia	***1250***	***3143***	***3949***	***4553***	***5970***	***10369***	***13583***
Canada	n.a.	1330	1846	3515	6112	11835	17236
USA	1219	2244	3101	4846	8605	14093	18282
Average	***1055***	***1723***	***2191***	***3068***	***4813***	***10298***	***14228***
European Perihery Average	868	1028	1217	1641	2381	6089	7931
Latin American Average	570	785	998	1350	2180	3661	4033
Asian Average	532	591	653	712	730	2284	4484
African Average	400	400	400	580	1044	1656	1660

Quelle: Knapman/Quiggin, 1997, S. 4.

Entwicklung von Australiens Wirtschaft erfolgt daher aufgeteilt in die zeitlich gegliederten Betrachtungsabschnitte: (1) vor dem Zusammenschluss der Kolonien in 1901, (2) nach dem Zusammenschluss der Kolonien von 1901 bis 1949, (3) die Nachkriegsentwicklung von 1950 bis 1980 sowie (4) die aktuelle Entwicklung nach 1980. Der Schwerpunkt liegt dabei auf der Herausarbeitung und Untersuchung der Rahmenbedingungen und Institutionen, welche die australischen Unternehmen und deren Internationalisierung in besonderem Maße geprägt haben und deren Einflüsse auf ihre neuen Internationalisierungsstrategien erkennbar sind.

(1) Anfänge der Wirtschaftsentwicklung

Australien entwickelte sich nach der Besitznahme durch die Britische Krone im Jahre 1788 zunächst unter militärischer Hoheit. Während der ersten Jahre der weißen Besiedelung entwickelte sich die Kolonie sehr langsam und bot nur schlechte Lebensbedingungen. Innerhalb von zwei Jahren nach Ankunft der ersten Flotte verstarben über 25% der Bevölkerung (Knapman/Quiggin, 1997, S. 3).

Die Situation änderte sich jedoch erst grundlegend mit der Entdeckung und Erschließung des Hinterlandes von Sydney zur Weidewirtschaft um das Jahr 1813, wodurch sich der Bestand der Tierhaltung vervielfachte. Die Bevölkerung war in 1820 auf über 24.000 angewachsen und verteilte sich auf zwei Siedlungsgebiete in Sydney und Van Diemens Land, dem heutigen Tasmanien (Knapman/Quiggin, 1997, S. 3). Die notwendigen Importe wurden zu dieser Zeit über die Ausfuhr von Produkten aus Fischerei und Walfang kompensiert. Australien erlebte in der Zeit von 1820 bis 1830 den ersten wirtschaftlichen Entwicklungsschub („Wolle-Phase"), der durch den Export von Schafwolle entstand und durch die Besiedelung und Nutzung der neu entdeckten Weidegebiete ermöglicht wurde. Der Export von Wolle verzeichnete durchschnittliche Wachstumsraten von über 18 % in der Zeit von 1831 bis 1840 und verdrängte schnell die Fischereiprodukte als Hauptexportgut (Knapman/Quiggin, 1997, S. 4). Zu dieser Zeit entstanden neue Siedlungsgebiete in Brisbane in Queensland (1824), Perth in Westaustralien (1829), Melbourne in Victoria (1835) und Adelaide in Südaustralien (1836), welche die jetzt insgesamt sechs Kolonien, in weiter geographischer Verstreuung auf dem australischen Kontinent, bildeten. Mit ihnen expandierte die Land- und Weidewirtschaft und es entstand auch eine verstärkte Nachfrage nach Transport- und Finanzdienstleistungen. Im Jahre 1840 erreichte die australische Bevölkerung 200.000 Menschen und das Hauptexportgut war nach wie vor die Wolle von über 16 Millionen Schafen. Der Export von Wolle wuchs von 1841 - 1850 um durchschnittlich 16 % p.A., während der Export von Fischereiprodukten abnahm und erste Kupferexporte begannen. Haupthandelspartner für alle Produkte war Großbritannien. Bis zu diesem Zeitpunkt bildete die Kolonie New South Wales das wirtschaftliche Zentrum der landwirtschaftlich dominierten Wirtschaft.

In 1851 hatte sich eine stabile Exportwirtschaft herausgebildet und es entstanden erste Herstellungsbetriebe in den Bereichen Nahrungsmittelverarbeitung, Brauerei, Baumaterial und Holzwirtschaft, sowie für Konsumgüter des täglichen Bedarfs wie Seife und Textilien, die bedingt durch die große Entfernung zu Großbritannien lokal produziert wurden (Grotz, 1985, S. 29).

Bedingt durch verstärkte Zuwanderung entwickelten sich nach 1850 demokratische Regierungen sowie kommunale Verwaltungen nach britischem Muster in den entstandenen sechs Einzelkolonien. Diese starke und frühe Demokratisierung war für eine Kolonie ungewöhnlich und erreichte selbst im Vergleich zum Mutterland Großbritannien ein hohes Niveau (Catley, 1996, S. 43). Mit der Zuwanderung aus Europa wurden auch die dort zu dieser Zeit aufkommenden demokratischen und gesellschaftspolitischen Werte und Gedanken nach Australien übertragen. Im Gegensatz zu Europa standen diesen neuen gesellschaftspolitischen Ideen jedoch weder etablierte Traditionen noch gefestigte Interessen entgegen. Schon in den Jahren nach 1830 entwickelte sich in den Kolonien ein System von Gewerkschaften, das nach englischem Muster in die einzelnen Berufsgruppen unterteilt war. Bis zum Jahr 1865 waren bereits über 150.000 Arbeiter in Australien gewerkschaftlich organisiert und die frühe und starke gewerkschaftliche Organisation der australischen Arbeiter wirkte sich stark auf politische Rahmensetzungen aus (Catley, 1996, S. 43).

Mit den Goldfunden 1851 in Victoria begann der zweite Entwicklungsschub und es setzte eine starke Zuwanderung ein, die rückblickend als erster Bevölkerungsboom Australiens bezeichnet werden kann. Gold verdrängte dabei die Wolle für über 20 Jahre als Hauptexportgut (Knapman/Quiggin, 1997, S. 5). Die Einwanderer kamen zu dieser Zeit hauptsächlich aus Großbritannien und Irland und die Bevölkerung wuchs von 400.000 in 1850 auf über 1 Mio. in 1860 an und erhöhte sich in den Folgejahren bis 1890 auf über 3 Mio.. Mit dem Aufkommen des Bergbausektors, und der resultierenden Nachfrage nach Maschinen, entstanden neben den schon existierenden Betrieben zur Herstellung von Konsumgütern, die hauptsächlich in der Kolonie Neu Süd Wales angesiedelt waren, nun auch erste Investitionsgüterindustrien mit einem Schwerpunkt in der Kolonie Victoria. In Folge dieser auf die Goldfunde zurückgehenden Entwicklung etablierte sich Victoria in den folgenden Jahrzehnten zur industriereichsten Region Australiens. Diese im 19. Jahrhundert entstandenen Strukturen prägen bis heute die Industrielandschaft Australiens (Grotz, 1985, S. 29).

Mit dem starken Bevölkerungswachstum entstand in der Zeit nach dem Abebben ders „Gold-Phase“ die Notwendigkeit, die Beschäftigung der stark expandierten Bevölkerung zu sichern. Da der landwirtschaftliche Sektor mit seiner preisunelastischen Nachfrage nicht genügend Arbeitsplätze für die stark gewachsene Bevölkerung bieten konnte, wurde der Schwerpunkt auf den noch jungen industriellen Sektor gelegt. Ermöglicht durch die über Jahrzehnte konstant hohen Überschüsse der australischen Handelsbilanz aus den Exporten der Land- und Weidewirtschaft sowie des Bergbaus konzentrierten sich die Verwaltungen der Kolonien auf die Förderung der importersetzenden Industrie (Marks/Hettihewa/Sadeghi, 1998, S. 211). Um das Entstehen industrieller Arbeitsplätze zu ermöglichen und das Wachstum bestehender Betriebe zu sichern, wurden in der Folgezeit in den Kolonien Victoria in 1860 und Süd Australien in 1865 erste Schutzzölle erhoben, die nicht nur für Importe aus Großbritannien, sondern anfangs auch für Einfuhren aus den anderen Kolonien in Australien Geltung hatten (Catley, 1996, S. 43). Bedingt durch diese Maßnahmen zum Schutz der „Infant Industry" des industriellen Sektors entwickelte sich die australische Volkswirtschaft in der Zeit von 1860 bis 1890 mit durchschnittlichen Wachstumsraten des BSP von über 5% besonders schnell. Mit den staatlichen Einnahmen und finanziert durch Kreditaufnahme im Ausland wurden zu dieser Zeit verstärkt die Infrastruktur verbessert und die Besiedelung des Umlandes der Metropolen vorangetrieben. Zum Ende des 19. Jahrhunderts setzte auch eine Diversifizierung des Landwirtschaftssektors und seiner Exporte ein, in deren Folge sich die Abhängigkeit Australiens in diesem Sektor von der Ausfuhr von Wolle verminderte. Mit dem Aufkommen der Technologie für Kühltransporte entwickelte sich eine Exportindustrie für Fleisch und Milchprodukte. Haupthandelspartner war auch für diese Produkte zunächst Großbritannien.

Das Ende dieses zweiten Entwicklungsschubs in Australien kam mit einer Rezession, die 1888 begann und durch einen Verfall der Wollpreise und damit Verschlechterung der Außenhandelsbeiträge sowie einer resultierenden Verringerung der Ausgaben für Infrastruktur bedingt durch geringeren Kapitalimport aus Großbritannien ausgelöst wurde (Catley, 1996, S. 43). Die Rezession wurde durch den Zusammenbruch des Melbourner Grundstücksmarktes und des gesamten lokalen Finanzmarktes begleitet und führte dazu, dass 54 von insgesamt 64 privaten Banken Australiens in 1893 zahlungsunfähig wurden. Bedingt durch diese Ereignisse fand die Forderung nach einer strikten Regulierung der Finanzinstitutionen Eingang in die politische Diskussion und sollte mit der späteren Verabschiedung des Commonwealth Banking Act im Jahre 1911 noch für lange Zeit starken Einfluss auf die Struktur des Kapitalmarktes in Australien haben (Girg, 1996, S. 57).

Die Verhandlungen zwischen den sechs einzelnen Kolonien zur Gründung eines gemeinsamen Marktes und Nationalstaates begannen schon in den 1880'er Jahren und erhielten durch die Wirtschaftskrise nach 1890 zusätzliches Gewicht. In den Verhandlungen wurden die gegensätzlichen Ansichten der australischen Kolonien über die protektionistischen Maßnahmen zum Schutz der Industrie zu einem Hauptverhandlungspunkt. Hierbei setzten sich die industriereicheren und stark protektionistischen Kolonien Victoria und Süd Australien gegenüber den eher dem Freihandel zugewandten und landwirtschaftlich dominierten Neu Süd Wales durch (Catley, 1996, S. 43).

Somit liegt der Ursprung von zwei wichtigen Einflussgrößen auf die Entwicklung der australischen Wirtschaft: der Protektion des lokalen Marktes sowie der Regulierung der Kapitalmärkte, in dieser frühen Phase der Entwicklung Australiens. Im Laufe der weiteren Entwicklung werden die negativen Einflüsse dieser zunächst für den Aufbau der verarbeitenden Industrie erfolgreichen Institutionen auf die Unternehmen und deren Internationalisierung immer deutlicher werden.

(2) Wirtschaftsentwicklung nach Zusammenschluss der Kolonien

Der Zusammenschluss der sechs Kolonien erfolgte in 1901 nach einer intensiv geführten Debatte in den Kolonien und der Durchführung eines Referendums. Während die außen- und verteidigungspolitische Hoheit der neuen Commonwealth Regierung zugesprochen wurde, behielten die Staaten umfangreiche Zuständigkeiten für Steuern, Bildungswesen, Industriepolitik und exekutive Gewalt (Catley, 1996, S. 47). Das entstehende Zwei- Kammer- System mit dem Senat, als Vertretung der Staaten und dem Abgeordnetenhaus, dessen Mehrheit die australische Bundesregierung bildete, sicherte einen starken Einfluss der Staaten, die bestimmte Kontrollrechte über das Abgeordnetenhaus hatten.

Vom Zusammenschluss der Kolonien in 1901 bis nach dem zweiten Weltkrieg wurde die Politik der Förderung der Industrie durch Schutzzölle mit dem Ziel des Beschäftigungswachstums fortgeführt. Dies war ein Ergebnis der Verhandlungen des Zusammenschlusses der Kolonien, bei denen sich die stark protektionistisch in das Wirtschaftsgeschehen eingreifenden Kolonien Victoria und Süd Australien in der Frage der zukünftigen Industriepolitik Australiens gegenüber der eher liberal eingestellten Kolonie Neu Süd Wales durchsetzen. Als Folge dieser Einigung verfolgte die neue australische Bundesregierung von Anfang an eine stark interventionistische und protektionistische Politik der Regulierung in einem für die Zeit ungewöhnlichem Ausmaß. Ein direktes Ergebnis dieser Ausrichtung war z.B. die Gründung der Commonwealth Bank, einer staatlichen Bank, die anfänglich Zentralbankfunktionen wahrnahm, aber auch unter Verfolgung wirtschaftspolitischer Zielsetzungen mit den privaten Banken konkurrierte (Girg, 1996, S. 60). Erst in 1960 wurde die Reserve Bank gegründet, welche die Zentralbankfunktionen von der Commonwealth Bank übernahm. Letztere behielt lediglich die kommerziellen Bankaktivitäten bei (Lewis/Wallace, 1997, S. 3).

Der Schutz der heimischen Industrie durch Zölle war zur damaligen Zeit nicht ungewöhnlich und auch andere Länder wie Deutschland, die USA und Japan bedienten sich verschiedener Schutzmaßnahmen, um die Entwicklung der heimischen Industrie zu stärken (Catley, 1996, S. 43). So betrugen die durchschnittlichen Zölle auf „Manufactured Goods“ im Jahre 1902 in Australien lediglich 6% im Vergleich zu Deutschland mit 25% und den USA mit 73%. Für 1925 betrugen diese Zolltarife für Australien bereits 27%, für Deutschland 20% und für die USA 37% (Knapman/Quiggin, 1997). Die sich noch verstärkende Anhebung der Zölle in Australien stand im Gegensatz zu der Entwicklung in anderen Ländern. Diese Entwicklung umfasste den Lyne Tariff in 1908, der die bestehenden Zölle verdoppelte und eine Präferenzregelung in Form von niedrigeren Zöllen für Einfuhren aus Großbritannien beinhaltete und explizit dem Schutz der „Infant Industry“ dienen sollte (Marks/Hettihewa/Sadeghi, 1998, S. 212). Es folgten weitere Erhöhungen der Zölle mit dem Tudor Tariff 1917, dem Greene Tariff in 1920, dem Pratten Tariff 1925/26 und dem Scullin Tariff 1929/30, die teilweise auch Anti- Dumping Vorschriften enthielten. Das Ottawa Agreement von 1932 brachte zusätzliche Präferenzen für Importe aus Großbritannien und anderen Ländern des Commonwealth.

Für eine Britische Kolonie war diese eigenständige Politik der Schutzzölle ein untypisches Verhalten. Australien besaß zum Zeitpunkt des Zusammenschlusses der Kolonien sowohl Eigenschaften einer Kolonie, die größtenteils unverarbeitete Rohstoffe exportierte und Investitions- und Konsumgüter sowie Kapital importierte und in seinem Außenhandel stark auf Großbritannien konzentriert war, als auch Eigenschaften einer eigenständigen Wirtschaft, mit einer Industrie zur Versorgung des heimischen Marktes mit hohen Löhnen und einer großen Anzahl von Unternehmen in lokalem Besitz. Dieser Status war eine Folge der Entwicklung der eigenständigen und demokratisch organisierten Verwaltung, sowie der Gewerkschaften und heimischen Kapitalgeber (Catley, 1996, S. 43).

Eine schon relativ früh erkennbare aber dennoch nicht wahrgenommene Folge der protektionistischen Maßnahmen war ein schwaches Produktivitätswachstum im Vergleich zu anderen Volkswirtschaften. Eine Untersuchung des Einflusses der Schutzzölle auf die Reifenproduktion in Australien stellte einen stark expansiven Effekt auf Entstehung und Wachstum der Industrie, allerdings in Verbindung mit relativ unwirtschaftlichen Produktionskosten fest (Stanton, 1984, S. 91). Andere Faktoren, die Einfluss auf die Produktivität der australischen Industrie hatten, waren der kleine australische Markt mit seinen geographisch verstreuten Bevölkerungszentren, die der Realisierung von Größenvorteilen entgegenstanden. Oft produzierten die Betriebe nur für ihren lokalen Verdichtungsraum und wiesen sehr kleine Betriebsgrößen auf. Ein weiterer Faktor, der zum einen Exporte aus Australien erschwerte und die australische Industrie zum anderen gegenüber der Konkurrenz durch Importe schützte, war die weite Entfernung von den zu dieser Zeit wichtigen Märkten in Europa. Diese wirkte sich in Form eines „natürlichen Schutzzolls“ in Höhe der Transportkosten aus. Die Höhe dieses zusätzlichen Faktors wird in einer Studie auf 8-10 % des FOB Wertes geschätzt (Pope, 1986, S. 21).

Die Schutzzölle bewirkten eine schnelle Entwicklung der importersetzenden Industrie, die allerdings, bedingt durch fehlenden Wettbewerb, nur sehr geringe Produktivitätszuwächse hatte und somit außerhalb Australiens nicht wettbewerbsfähig war. Dies sorgte für eine weiterhin starke Abhängigkeit vom Primärproduktexport und über den Zeitraum 1901 - 1949 konstant fallende Terms of Trade (Catley, 1996).

Eine weitere in den Anfangsjahren der neuen australischen Regierung geschaffene Institution, die großen Einfluss auf die Unternehmen hatte, war ein System zentralistischer Regulierung und Schlichtung von Arbeitsverhältnissen (Arbitration Commission). Die Entstehung dieser Institution war durch die Erfahrungen der Kolonialregierungen mit der Wirtschaftskrise in 1890 bedingt und institutionalisierte die schon zuvor in den Kolonien bestehende Regulierungspraxis (Catley, 1996, S. 49). Innerhalb dieses Systems wurde in Verhandlungen mit den Gewerkschaften ein zentraler Minimallohn festgesetzt, der dann mit Aufschlägen für unterschiedliche Berufsgruppen belegt wurde. Dieses System, dessen Prinzipien bis in die 1990'er Jahre in Australien Anwendung fanden, sollte sicherstellen, dass den Arbeitern ein als gerecht empfundener Lohn gezahlt wurde. Die verteilungspolitische Zielsetzung war seit dem als „Harvester Judgement" bekannt gewordenen Gerichtsurteils von 1907 eine gerechte Verteilung des durch die Industrieförderung und Schutzzölle entstehenden Gewinns aus dem Außenhandel zwischen Unternehmen und Arbeitnehmern. Eine Wirkung dieser Institution war jedoch eine starke Verzerrung des Arbeitsmarktes, eine Reduktion der Mobilität des Produktionsfaktors Arbeit und damit eine Verminderung von ökonomischer Effizienz und Wachstum zu Gunsten einer als gerechter empfundenen Verteilung (Catley, 1996, S. 49).

In Bezug auf die Einwanderungspolitik behielt die schon in 1881 zwischen den Kolonien geschlossene Konvention über die restriktive Zuwanderung aus Asien Geltung und wurde noch im Jahre 1901 mit dem Commonwealth Immigration Restriction Act zu australischer Gesetzgebung. Diese von den politischen Kräften betriebene sogenannte „Federation Trifecta", bestehend aus der Protektion der heimischen Industrie durch Schutzzölle, einer zentralen Administration der Löhne mit Schiedsstelle und der „White Australia" Einwanderungspolitik, sollte die australische Wirtschaft bis in die 1960'er Jahre prägen (Knapman/ Quiggin, 1997, S. 7).

Das Wachstum in den Jahren vor und nach der Weltwirtschaftskrise von 1930 war von stark zunehmender Industrialisierung begleitet. Neben australischen Unternehmen etablierten sich auch multinationale Unternehmen aus Großbritannien und den USA, für die der stark geschützte australische Markt mit hoher Kaufkraft interessant war. So kamen in dieser Zeit Unternehmen wie General Motors, Ford, ICI, Nestle, Cadbury, Kelloggs, Philips, GE, Shell und BP nach Australien, deren Ansiedlung die Regierung als Bestätigung ihrer auf die Schaffung und Erhaltung von Arbeitsplätzen gerichteten Politik der geschützten Märkte sah (Catley, 1996, S. 51). Die australischen Tochtergesellschaften dieser Unternehmen belieferten zumeist jedoch nur den australischen Markt und hatten somit keine Veranlassung, international wettbewerbsfähig zu sein. Viele dieser Unternehmen operierten mit veralteter technischer Ausstattung (Catley, 1996, S. 50). Bedingt u.a. durch die hereinkommenden Direktinvestitionen, überstieg im Jahr 1948 der Wert der Industrieproduktion erstmalig den Wert der Produktion des landwirtschaftlichen Sektors (Girg, 1991, S. 99).

In 1929 wurde mit der „Brigden Tariff Enquiery" eine umfassende Bewertung der protektionistischen Maßnahmen durchgeführt, die zu dem Ergebnis kam, dass die Schutzzölle einen Anstieg der Reallöhne für die wachsende Bevölkerung Australiens ermöglicht haben. Diese stiegen in Australien von 1920 bis 1929 um etwa 45%. Die Untersuchung stellte allerdings weiter fest, dass die Schutzzölle zu einem gesamtwirtschaftlichen Wohlfahrtsverlust führten und diese Praxis daher nicht verlängert werden sollte. Die Ergebnisse der Studie fanden jedoch, beeinflusst durch den Beginn der Weltwirtschaftskrise von 1930, keinen Eingang in die Politik, die sich der Bekämpfung der Rezession widmete und eine Reduzierung der protektionistischen Maßnahmen nicht in Erwägung zog (Knapman/Quiggin, 1997, S. 8). Die gute Entwicklung der landwirtschaftlichen Exporte während der Rezession, teilweise bedingt durch die im Ottawa Agreement 1932 festgelegten verbesserten Exportmöglichkeiten nach Großbritannien, bestärkten die Regierung in ihrem Festhalten an den protektionistischen Maßnahmen. Beachtenswert ist aber, dass sich der Anteil der Exporte am BIP von 24,6 % in 1901 bis auf 17,3 % in 1939 reduzierte (Knapman/Quiggin, 1997, S. 10).

Damit waren bereits um 1950 einige der für die weitere Entwicklung der australischen Wirtschaft und im besonderen der Internationalisierung australischer Unternehmen zentralen Einflussgrößen von erkennbarer Wirkung. Nachdem ihre Einflüsse auf die Wirtschaftsentwicklung bis 1950 teilweise positiv waren, sollten sich in der folgenden Zeit immer stärker negative Auswirkungen zeigen.

(3) Australische Wirtschaft in der Nachkriegszeit

Bedingt durch die unsichere Güterversorgung – besonders mit Investitionsgütern – während des zweiten Weltkriegs, setzte sich nach dem Ende des 2. Weltkriegs die Strategie des Schutzes der heimischen Industrie fort. In 1949 begann der vierte wirtschaftliche Entwicklungsschub Australiens parallel zur Entwicklung der durch die Einflüsse der Nachkriegszeit sich gut entwickelnden Weltwirtschaft. Australien verzeichnete in dieser Zeit auch seine zweite Phase starken Bevölkerungswachstums durch Netto-Zuwanderung. Die Einwanderer kamen jetzt vornehmlich aus den von den Nachkriegswirren betroffenen Regionen Zentraleuropas und später auch aus den südlichen und östlichen Randgebieten Europas. Unter anderem durch dieses expansive Bevölkerungswachstum, entwickelte sich die australische Wirtschaft über das Ende der „Nachkriegs-Phase" hinaus positiv.

Die überwiegend unqualifizierten Einwanderer zeichneten sich durch hohe Mobilität aus und siedelten sich hauptsächlich dort an, wo die geschützte Industrie sich stark entwickelte und Arbeitskräfte nachfragte (Catley, 1996, S. 57).

Zu dieser Zeit war Australien eines der reichsten Länder nach seinem pro-Kopf- Einkommen. Bedingt durch die hohe Kaufkraft und den kommunizierten Willen der Regierung, den Australischen Markt gegen Importe zu schützen, war Australien nach wie vor auch ein interessanter Zielmarkt für internationale Direktinvestitionen. Die investierenden Unternehmen kamen zu dieser Zeit hauptsächlich aus den USA und teilweise auch aus Großbritannien, da die meisten anderen europäischen Länder und Japan noch mit dem Wiederaufbau beschäftigt waren. Direktinvestitionen kamen jedoch oft in Form von veralteten Maschinen und Technologie, da die lokale Produktion hinter den Schutzzöllen nicht international konkurrieren musste (Catley, 1996, S. 58). Deshalb resultierte auch durch diese Investitionen weder ein nennenswerter Technologietransfer und Upgrading der Wettbewerbsvorteile der australischen Industrie noch eine deutliche Intensivierung des lokalen Wettbewerbs. Durch die Kombination von staatlichem Schutz und zusätzlicher Arbeitskraft durch Immigranten entwickelte sich ein industrieller Sektor, der um 1960 etwa 25% der Erwerbsbevölkerung beschäftigte. Statistisch betrachtet hatte Australien damit Eigenschaften einer typischen Industrienation, mit einer abnehmenden Beschäftigung in der Landwirtschaft, einer starken Zunahme im tertiären Sektor, sowie einer Beschäftigung von etwa 25% in der herstellenden Industrie (Catley, 1996, S. 43). Australien wies aber bei genauerer Analyse einige ungewöhnliche Eigenschaften auf. Es hatte eine besonders hohe Konzentration von Großunternehmen, die eine überdurchschnittliche Produktivität aufwiesen. Nur 200 Unternehmen von insgesamt 30.000 erwirtschafteten über 50% der Produktionsleistung des Landes. Ein hoher Anteil dieser Unternehmen (87 von 200) war in ausländischem Besitz. Die australische Industrie war, bedingt durch die Protektion durch Zölle, international nicht wettbewerbsfähig und exportierte daher kaum. Der industrielle Sektor zeichnete sich auch durch eine vergleichsweise geringe und teilweise sogar negative Reinvestitionsrate aus (Catley, 1996, S. 43). Da die Produkte des industriellen Sektors als Input für die gesamte Wirtschaft relevant waren, wirkte sich dessen Schwäche in höheren Kosten und schlechterer Produktqualität der in Australien produzierten Einsatzgüter aus, was besonders den im internationalen Wettbewerb stehenden Bergbausektor betraf.

Ein weiterer Nachteil, der sich zunehmend stärker auswirkte, war die starke Regulierung der Finanzmärkte und die hierdurch entstehenden Ineffizienzen. Eine Entwicklung, deren Ursprünge sich auf die Finanzkrise von 1893 zurückführen lassen. Ausländische Banken waren in Australien nicht zugelassen und australische Unternehmen hatten keinen direkten Zugang zu den internationalen Finanzmärkten.

Starke Lobbyarbeit von Gewerkschaften, Industrieverbänden und den besonders betroffenen Landesregierungen von Victoria und Südaustralien hatte ebenfalls einen starken Einfluss auf die Industriepolitik Australiens in dieser Zeit. Im Unterschied zum Zeitraum 1901 –1939 führte der Schutz der Industrie nach 1949 jedoch nicht mehr zu einer dynamischen Entwicklung mit hohen Wachstumsraten, sondern war von sinkenden Wachstumsraten der industriellen Produktion begleitet (Marks/Hettihewa/Sadeghi, 1998, S. 211).

Abbildung 3.1; Trend der Terms of Trade 1951/52 - 1986/87.

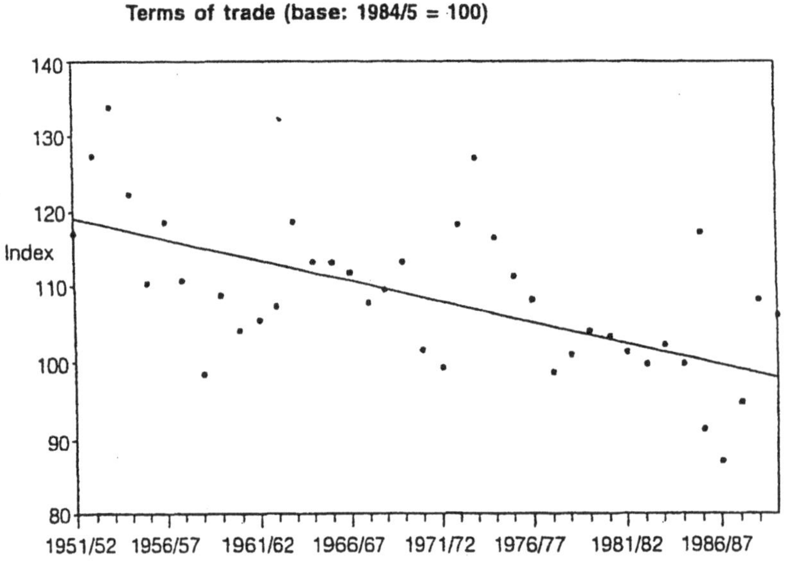

Quelle: Marks/Hettihewa/Sadeghi, 1998, S. 219.

Bedingt durch das starke Wachstum der Volkswirtschaften in Australiens Nähe, besonders Japans, und damit das Entstehen neuer Handelspartner für Australien, verlief die wirtschaftliche Entwicklung Australiens in der Zeit von 1949 bis 1966 insgesamt jedoch gut. Vor allem Bergbauprodukte wie Eisenerz und Steinkohle profitierten vom Entstehen neuer Märkte in geographischer Nähe zu Australien innerhalb dieses Zeitraumes. Wachstumsraten des BSP von 3% bis 4% und des pro Kopf Einkommens von 1,5% bis 2% führten dazu, dass die Wirtschaftspolitik während dieser Zeit nicht ernsthaft in Frage gestellt wurde (Catley, 1996, S. 43). Die australischen Terms of Trade fielen jedoch innerhalb dieser Periode konstant um etwa 2% pro Jahr (Marks/Hettihewa/Sadeghi, 1998, S. 211).

Während dieser Periode entwickelte sich die Tendenz zu größerer Unabhängigkeit von Großbritannien und einer Hinwendung zu den USA. Dies betraf sowohl die außenpolitische Orientierung Australiens wie auch die generelle wirtschaftliche Ausrichtung und den Außenhandel. Australien trat in der Folge der Weltbank, dem IMF und dem GATT bei. Im weiteren Verlauf verstärkte sich besonders der Handel mit dem wirtschaftlich aufstrebenden aber ressourcenarmen Japan.

In den 1960'er Jahren begann erstmals eine im Zeitablauf zunehmende kritische Auseinandersetzung mit der australischen Wirtschaftspolitik. Diese entstand aus der verstärkten Beschäftigung australischer Ökonomen mit dem System der Schutzzölle.[21]

Die erste richtungweisende Änderung dieser Politik kam mit einer generellen Senkung der Zölle in 1973 um 25% nach einem Regierungswechsel durch die Regierung Whitlam. Zusammen mit dieser Maßnahme wurden erste Deregulierungen des Finanzmarktes vorgenommen und die australischen Industrieunternehmen erstmals zum Exportieren aufgefordert. Die stärkeren Verbindungen und Exporte von Landwirtschaft und Bergbau – besonders mit der asiatischen Region – sollten auch auf die Industrie ausgedehnt werden. Diese Ansätze waren jedoch kurzlebig und endeten in der Weltrezession von 1974/75. Nach 1975 kehrte Australien zunächst auf den protektionistischen Pfad zurück und verfolgte den eingeschlagenen Weg der Öffnung des australischen Marktes nicht weiter, sondern erhöhte die Zölle zum Schutz der eigenen Industrie wieder.

Der Prozess für eine prinzipielle Richtungsänderung bei den die australische Wirtschaft zunehmend einschränkenden Institutionen war jedoch in Bewegung gesetzt. Diese Entwicklung wirkte sich in der folgenden Periode immer stärker auf die politischen und wirtschaftlichen Akteure in Australien aus. Die entscheidende Wende sollte jedoch erst 10 Jahre später, zum Beginn der 1980'er Jahre erfolgen.

---

21 Eine guten Überblick zur Entwicklung dieser Diskussion im Zeitablauf bietet hierzu die Sammlung von Beiträgen von Max Corden, 1997.

(4) Neuere Entwicklung und Trends

Zu Beginn der 1980er Jahre befand sich Australien in volkswirtschaftlich schlechter Verfassung. Die starke Protektion hatte eine diversifizierte aber nicht international wettbewerbsfähige Industrielandschaft entstehen lassen und die australische Wirtschaft war stark von Exporten des Landwirtschafts- sowie Bergbausektors abhängig. Dies bedeutete eine Zweiteilung der Wirtschaft in die global orientierten und im internationalen Wettbewerb stehenden traditionellen Sektoren Bergbau und Teile der Landwirtschaft sowie dem vor internationalem Wettbewerb geschützten Industriesektor. Das folgende Zitat verdeutlicht diese Dichotomie:

„It appeared that no one had the incentive to be efficient outside the export oriented sectors of farming and mining" (Catley, 1996, S. 60).

Eine Wirkung der Protektion war auch, dass Ressourcen auf Basis politischer Überlegungen in arbeitsintensive Branchen fehlgeleitet wurden, wo sie nicht effizient eingesetzt waren, sondern eine fragmentierte Industriebasis bildeten, die ein hohes Maß an Konzentration mit einem geringen Grad der Spezialisierung verband (Athukorala, 1998, S. 158).

Die folgend abgebildete Karte der Beschäftigung im produzierenden Sektor zeigt die seit dem Zusammenschluss der Kolonien in 1901 wenig veränderte räumliche Verteilung der Industrie in Australien.

Das Wachstum Australiens war seit den 1960'er Jahren schwach, was sich als Folge der Protektion und Überregulierung in Australien sowie durch die Anfälligkeit der Außenwirtschaft für Schwankungen auf den für australische Exporte wichtigen internationalen Rohstoffmärkten ergab. In 1980/81 wurde die australische Handelsbilanz erstmals defizitär (Lamping, 1985, S. 196). In der Folge verschlechterte sich der ohnehin negative Saldo der australischen Leistungsbilanz weiter.

Mit dem Regierungswechsel 1983 einhergehend vollzog sich ein entscheidender Paradigmenwechsel. Australien begann eine Politik des Abbaus der Zollbarrieren und der internationalen Öffnung. Mit der Freigabe des Wechselkurses des A$ in 1983 und dem Wegfall der Devisenkontrollen begann auch eine Öffnung des australischen Kapitalmarktes für internationalen Wettbewerb. Im Unterschied zu der vorangegangenen Entwicklung in 1972 bestand jetzt erstmals ein breiter Konsens in der Politik für die Notwendigkeit der Liberalisierung und Öffnung der australischen Wirtschaft (Knapman/Quiggin, 1997, gleicher Meinung auch Athukorala, 1998).

Karte 3.1; Verteilung der Industrie in Australien 1983/84.

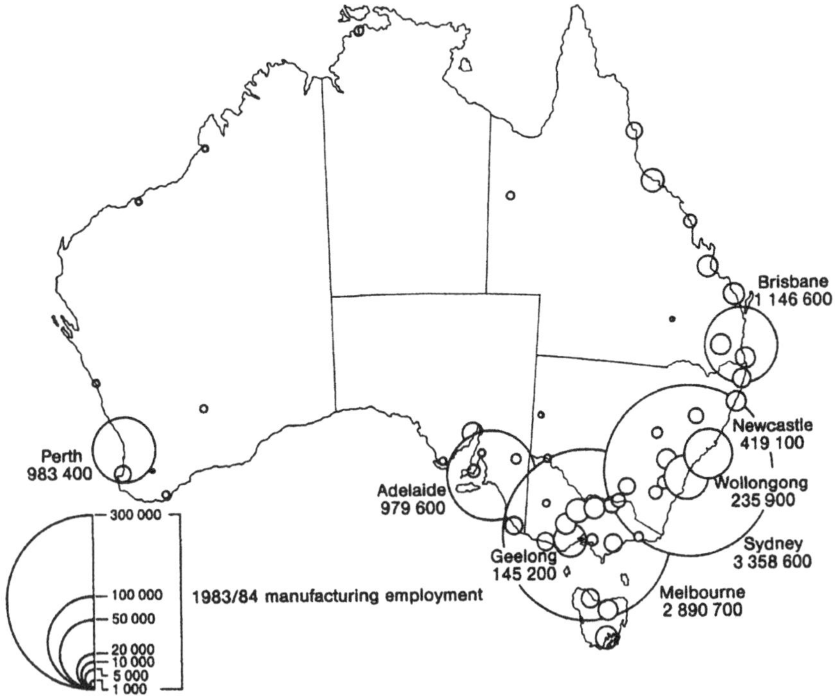

Quelle: Walmsley, 1993, S. 115.

Nach einigen Reduzierungen von Zöllen und dem Entfall von Einfuhrquoten, besonders bei den in hohem Maße geschützten Automobil- und den arbeitsintensiven Textil- und Bekleidungsindustrien, wurden umfassende Reformen mit den Programmen vom Mai 1988 und März 1991 beschlossen. Die Wirkung und Bedeutung dieser Maßnahmen verdeutlicht sich darin, dass die effektive Unterstützung der australischen Industrie zum Anfang der 1990'er Jahre weniger als die Hälfte der Unterstützung in 1970 betrug (Athukorala, 1998, S. 155). Mit der Unterzeichnung des „Closer Economic Relations" Vertrages zwischen Australien und Neuseeland in 1983 und seiner Erweiterung in 1988 entstand eine Freihandelszone, die fast sämtliche Handelshemmnisse zwischen den beiden Ländern abbaute (Athukorala, 1998, S. 163).

Aus der Betrachtung der historischen Entwicklung der australischen Wirtschaft ergeben sich somit drei Bereiche, die großen Einfluss auf die Entstehung und Entwicklung von Branchen sowie auf die Internationalisierung der australischen Unternehmen hatten. Dies sind die Protektion des industriellen Sektors durch Zölle und Einfuhrquoten, die Arbeitsmarktregulierung durch das Industrial Relations System mit der Arbitration Commission sowie die Kapitalmarktregulierung. Ein weiterer Bereich, der sich auf die Entwicklung der australischen Wirtschaft auswirkte, ist die Einwanderungspolitik. Diese wirkte sich indirekt über die Beeinflussung verschiedener Institutionen aus. Durch das zeitweise extensive Bevölkerungswachstum wurde das auf Arbeitsbeschaffung zielende System der Protektion durch Zölle sowie das System der zentralen Administration der Löhne in der Entwicklung beeinflusst. Wichtiger direkter Einfluss der Einwanderungspolitik war das, durch die Zunahme der Bevölkerung entstehende, starke Wachstum des lokalen Marktes.

Der Schutz der Industrie begann mit der Einführung protektionistischer Maßnahmen zu Beginn der Industrialisierung um 1860 und wurde nach dem Zusammenschluss der Kolonien konsequent fortgeführt. Diese Maßnahmen zielten auf den raschen Aufbau eines importersetzenden industriellen Sektors mit dem Ziel der Schaffung von Arbeitsplätzen für die stark expandierende Bevölkerung besonders während der Phasen des starken Bevölkerungswachstums im späten 19. Jahrhundert und nach dem zweiten Weltkrieg. Finanziert durch die hohen Überschüsse aus dem Export von Landwirtschafts- und später auch Bergbauprodukten, die den klassischen Außenhandelstheorien folgend Australiens komparative Vorteile umsetzten, entstand eine Industrielandschaft, die wenig spezialisiert war und, bedingt durch die Größe des australischen Marktes und seine disperse Verteilung auf regionale Zentren, auch keine Größenvorteile realisieren konnte. Australische Unternehmen waren durch die Effizienz limitierende Marktgröße, den vom internationalen Wettbewerb getrennten Markt, durch höhere Kosten notwendiger Importgüter sowie durch höhere Kosten und geringere Qualität lokaler Einsatzgüter benachteiligt.

Das australische Industrial Relation System entstand nach dem Zusammenschluss der Kolonien und wurde in der Folge konsequent weiterentwickelt. Es war eine direkte Folge der früher etablierten Schutzmaßnahmen des produzierenden Sektors und sollte die Verteilung der durch die Protektion entstehenden Unternehmensgewinne zwischen den Unternehmen und den Arbeitnehmern regeln. Das System verstärkte jedoch über die Schaffung von Inflexibilitäten auf dem Arbeitsmarkt Ineffizienzen der Wirtschaft und führte zu einer stärkeren Beharrung auf dem nach innen gerichteten System des Schutzes der heimischen Industrie. Die australischen Unternehmen waren damit durch hohe Löhne, ein inflexibles Industrial Relations System sowie durch weitgehende Einflüsse der Gewerkschaften belastet.

Die Kapitalmarktregulierung hatte ihren Ursprung in der ersten Finanzkrise Australiens zum Ende des 19. Jahrhunderts. Bedingt durch die als problematisch angesehene Abhängigkeit von internationalen Kapitalgebern wurde in Australien eine strenge Regulierung internationaler Kapitaltransaktionen unter der Kontrolle der neuen Bundesregierung etabliert. Australische Unternehmen hatten somit keinen freien Zugang zu internationalen Kapitalmärkten, was die Deckung des Kapitalbedarfs verteuerte. Als Folge waren die Unternehmen auch in den Möglichkeiten der Finanzierung von Auslandsinvestitionen stark eingeschränkt. Die Veränderungen bei der Kapitalmarktregulierung zum Anfang der 1980'er Jahre hatten großen Einfluss auf das Internationalisierungsverhalten der australischen Unternehmen.

Wie gezeigt wurde, stellen die untersuchten Rahmenbedingungen und ihre Veränderungen bedeutende Einflüsse auf das Verhalten der australischen Unternehmen dar und erklären die späte Internationalisierung der australischen Unternehmendes sekundären und tertiären Sektors. Damit stellen sich die Fragen, was die Ursachen des Paradigmenwechsels in der australischen Wirtschaftspolitik und damit die Gründe für den Beginn der neuen internationalen Integration Australiens waren und aufgrund welcher Wettbewerbsvorteile und Wettbewerbstrategien die australischen Unternehmen nach 1980 am internationalen Wettbewerb teilnehmen. Durch die limitierende Größe des australischen Marktes und fehlende frühere Möglichkeiten zur Internationalisierung weisen die Unternehmen kleine Unternehmensgrößen auf. Durch den Schutz des lokalen Marktes bedingt, waren die Unternehmen, mit Ausnahme der traditionellen Sektoren, nicht international wettbewerbsfähig. Auch die Investitionen internationaler Unternehmen in Australien brachten in der Vergangenheit keinen deutlichen Fortschritt an Technologie und Wettbewerb. Wachstum ergab sich in der Vergangenheit für die australischen Unternehmen lediglich durch die Zunahme der australischen Bevölkerung, was aktuell nicht mehr gegeben ist (Wadley/Grotz, 1988, S. 161). Diese Fragen sollen in Kapitel 3.3 sowie in der empirischen Untersuchung in Teil vier der Arbeit weiter vertieft werden.

3.2 Australische Wirtschaftspolitik als Motor des Wandels

Die im vorangegangenen Kapitel 3.1 beschriebenen Veränderungsprozesse, die zum Beginn der 1980'er Jahre zu einem Paradigmenwechsel in der australischen Wirtschaftspolitik führten, waren für die neue internationale Integration Australiens von grundlegender Bedeutung. Da diese Veränderungen der Rahmenbedingungen in der Hauptsache von den politischen Akteuren ausgingen, soll im Folgenden die zentrale Rolle der Politik in Verbindung mit anderen Einflüssen auf diese Prozesse des Wandels analysiert werden um festzustellen, was die Veränderungen begründete, und ob die Ziele erreicht wurden.

Die aktuelle australische Wirtschaftspolitik wird hauptsächlich von drei politischen Parteien bestimmt, der Australian Labour Party, der Liberal Party und der Country Party/National Party. Während es bis zum Anfang der 1980'er Jahre divergierende Ansichten über die wirtschaftspolitische Ausrichtung zwischen den beiden großen Parteien, der Labour Party und der Liberal Party gab, haben sich diese Unterschiede mit dem Regierungswechsel 1983 stark verringert. Auch nach dem letzten politischen Machtwechsel 1996 von der Labour Party zu einer Koalition aus Liberal- und National Party hat sich keine prinzipielle Richtungsänderung in der australischen Wirtschaftspolitik ergeben, sodass die grundsätzliche Übereinstimmung in der wirtschaftspolitischen Ausrichtung fortbesteht.

Daher soll im folgenden die relevante Entwicklung der politischen Landschaft kurz skizziert und ihre Einflüsse auf den Veränderungsprozess analysiert werden. Zusätzlich sollen Einflüsse anderer, den Prozess prägender Akteure dargestellt und die Ursachen der Veränderungen und ihre Resultate untersucht werden.

Die politische Führung Australiens hat seit dem zweiten Weltkrieg fünf Mal gewechselt. Nach dem Regierungswechsel von der Labour Party zu einer Koalition von Liberal Party und Country Party wurde Australien von dieser Koalition von 1949 bis 1972 regiert. Während dieser Zeit, besonders von 1949 bis 1966, verzeichnete die australische Wirtschaft hohe Wachstumsraten, die allerdings in Verbindung mit einem schwachen Produktivitätswachstum zu einem Absinken des australischen Pro-Kopf-Einkommens führte. Eine stärkere Öffnung gegenüber den USA in wirtschaftlichen Beziehungen, aber auch außenpolitischer Orientierung, ging mit der Abschwächung der Beziehungen zu Großbritannien einher (Catley, 1996, S. 55). Durch den Beitritt Großbritanniens zur EG in 1973 verlor Australien zudem einen wichtigen Markt für seine landwirtschaftlichen Produkte und auch Einflussmöglichkeiten in Europa. In Australien wurde zu dieser Zeit eine stark protektionistische Wirtschaftspolitik in Verbindung mit einer zentralen Festsetzung der Löhne fortgesetzt. Die Einwanderung aus Europa wurde stark gefördert und ausländische FDI, hauptsächlich aus Großbritannien und den USA, begrüßt, um ein schnelleres Wachstum der Wirtschaft mit dem Ziel der Beschäftigungssicherung zu erreichen (Catley, 1996, S. 58).

Der Beginn des Umdenkens geht auf die 1960'er Jahre zurück. Ein wichtiger Einfluss war das Entstehen neuer ökonomischer Kritik an der Situation in Australien. Die australischen Universitäten entwickelten sich zu dieser Zeit, und besonders die ökonomischen Fakultäten verzeichneten ein starkes Wachstum. Diese brachten zunehmend Ökonomen wie Max Corden hervor, die dem damaligen System kritisch gegenüberstanden (Corden, 1997). Ein beginnender Forschungsaustausch mit Ökonomen aus den USA förderte ebenfalls diese Entwicklung. Aus

Systemvergleichen mit den USA entstand eine zunehmende Kritik am australischen Industrial Relations System mit seiner zentralen Festsetzung der Löhne. Auch die Wirtschaftspresse begann zu dieser Zeit ein einflussreicher Wegbereiter der neuen Ideen zur Wirtschaftspolitik zu werden. Während die Gewerkschaften den neuen Ideen ablehnend gegenüberstanden, begann sich auf der Seite der Unternehmen eine Unterstützung zu formieren. Hierbei waren die Bergbauunternehmen führend, die durch Zölle auf Ausrüstungsgüter sowie die Regulierung der Kapitalmärkte Nachteile in ihrer internationalen Wettbewerbsposition hatten.[22]

Mit dem Regierungswechsel in 1972 kam die Australian Labour Party unter Whitlam an die Regierung. Die neue Regierung initiierte, von diesen neuen Entwicklungen beeinflusst, erstmals einen Wandel hin zu einer effizienteren und offeneren Wirtschaft. In 1973 wurden alle Zölle um pauschal 25% abgesenkt und weitere Reduktionen angekündigt (Catley, 1996, S. 62). Zusätzliche Maßnahmen waren eine teilweise Deregulierung der bis dahin stark regulierten Finanzmärkte und die Förderung von Wettbewerb und Auslandsaktivitäten australischer Unternehmen. Australien wurde auch als „Sprungbrett nach Asien" für internationale Unternehmen gesehen und sollte für entsprechende internationale Direktinvestitionen positioniert werden.

Die Regierung unter Whitlam wurde vom Governor-General, dem Vertreter der Britischen Krone, jedoch in 1975 abgesetzt, nachdem die australische Wirtschaft, bedingt durch die Weltrezession 74/75, in einen starken Abschwung kam.[23]

Von 1975 bis 1983 regierte unter Fraser abermals eine Koalition von Liberal Party und National Party. Die Regierung Fraser zog jedoch aus der Entwicklung unter ihren Vorgängern und der Rezession in Australien die falschen Schlüsse und kehrte zu einer protektionistischen Politik mit höheren Zöllen zurück. Am Ende ihrer Amtszeit führte sie zusätzlich auch Importquoten für verschiedene Produkte ein. Die Chance, an die Politik der Öffnung Australiens Wirtschaft der Regierung Whitlam anzuknüpfen, wurde vergeben und sollte erst mit dem nächsten Regierungswechsel in 1983 wieder aufgenommen werden. Die Regierung Fraser versuchte in Reaktion auf die Weltwirtschaftskrise von 1974/75 die Reallöhne zu senken, da sie in zu hohen Löhnen eine Hauptursache der rezessiven Wirtschaftsentwicklung sah, erreichte jedoch zum Ende ihrer Amtszeit das Gegenteil. Auch der Versuch, die Staatsausgaben zu senken, endete nach ersten Teilerfolgen durch die Verfolgung einer keynesianischen Politik mit einer weite-

22 Grundlage dieser Informationen ist ein Expertengespräch mit Dr. David Charles am 15.02.2002.

23 Neben der Verschlechterung der wirtschaftlichen Lage Australiens lagen weitere Gründe der Enthebung der Regierung Whitlam zugrunde; Vgl. dazu detailliert: Catley, 1996.

ren Ausweitung der Ausgaben und einem Rekord-Defizit von 10 Mrd. A$ bei der Amtsübergabe in 1983 (Catley, 1996, S. 64). Während die amtierende Regierung Fraser stark durch die Einflüsse der National/Country Party und ihres landwirtschaftlichen Fokus beeinflusst war, entstand zunehmend parteiinterne wie parteienübergreifende Kritik an der aktuellen Ausrichtung der Wirtschaftspolitik, die jedoch nicht umgesetzt wurde.

Der Regierungswechsel in 1983 war der entscheidende Schritt zur Implementierung des Paradigmenwechsels in der australischen Wirtschaftspolitik. Die neue Regierung setzte konsequent um, was in einer 20 jährigen Entwicklung langsam entstanden war. So wurde noch in 1983 der Kurs des A$ freigegeben und mit der Deregulierung der Finanzmärkte durch die Öffnung Australiens für ausländische Banken begonnen. Dies entsprach den Vorschlägen des in den späten 1970'er Jahren entstandenen Campbell Report. Erste Senkungen der Zölle erfolgten in 1983/84 und weitere starke und umfassende Zollsenkungen wurden in den späteren 1980'er Jahren implementiert. Diese wurden durch den nach der Freigabe des Wechselkurses stark gefallenen Außenwert des A$ erleichtert. Diese Politik wurde in der Folgezeit mit einer kontinuierlichen Reduktion der Zölle und nichttarifären Hemmnisse weitergeführt.

„...1993 Australia's tariff and non tariff barriers will be among the lowest in the world when agricultural as well as manufacturing tariffs are taken into account" (Carter, 1994, S. 69).

Erwartet wird, dass die effektive Durchschnittsbelastung im Bereich der verarbeiteten Güter auf etwa 5% fallen wird (Lewis, 1994, S. 105).

Die Wirtschaftspolitik orientierte sich nun an einer als „Microeconomic Reform" bezeichneten Förderung von Innovation und F&E sowie der gezielten Unterstützung von Exportmarketing. Die Botschaft an die Unternehmen war eindeutig: *„Survival requires getting competitive quickly!"* (Charles, 2002).

Mit der Gründung des Business Councils of Australia, einem Zusammenschluss von großen, überwiegend im Bergbau tätigen australischen Unternehmen, entstand ein weiterer, stark den Reformprozess unterstützender Akteur. Diese Unternehmen traten gemäß ihrer Interessen für niedrigere Zölle ein, damit Ausrüstungsimporte günstiger wurden, sowie für einen niedrigeren Kurs des A$ zur Verbilligung ihrer Rohstoffexporte auf dem Weltmarkt und eine Dezentralisierung des Industrial Relations Systems.

Seitdem hat die Regierung konsequent das Ziel der Öffnung und Internationalisierung Australiens durch eine schrittweise Reform verfolgt. Im Unterschied zu den Reformversuchen der Regierung Whitlam in 1973 bestand jetzt Einvernehmen in der politischen Landschaft Australiens über dieses Vorgehen (Knapman/Quiggin, 1997, S. 22). Dies war bei den politischen Parteien auch durch die Einsicht begründet, dass die sinkenden Terms of Trade nicht dauerhaft finanzierbar waren. Der Paradigmenwechsel resultierte in kurzer Zeit in einer deutlichen Senkung der Zölle, verbunden mit einer Neuausrichtung der Wirtschaftspolitik auf die gezielte Förderung von Innovation, F&E und Exporten der verarbeitenden Industrie. Er brachte die Deregulierung des Kapitalmarktes und damit freien Zugang der Unternehmen zu den internationalen Finanzmärkten und erleichterte internationale Investitionen. Eine Reform und Dezentralisierung des Industrial Relations systems erfolgte in den späten 1980'er Jahren.

Seit der Wahl 1996 bildet wieder eine Koalition aus Liberal Party und National Party die australische Bundesregierung, die jedoch den wirtschaftspolitischen Kurs der Vorgängerregierung fortsetzt. So beschreibt Athukorala das Kernanliegen der australischen Wirtschaftspolitik in den 80er und 90er Jahren wie folgt:

> *„Over the past decade, the removal of impediments to greater internationalisation of the national economy has been the centrepiece of economic policy in Australia"* (1998, S. 153).

Die australische Wirtschaftspolitik zeigt in den letzten Jahren auch Ansätze einer gezielten Förderung von exportierenden Unternehmen unter Berücksichtigung der gezielten Bildung von Wettbewerbsvorteilen.

> *„...most of the top 10 (high value added exporters) receive some form of targeted assistance which confirms that Australia is at a very early stage of development, perhaps analogous to Japan in 1950 and Thailand today"* (Carter, 1994, S. 85).

Diese Entwicklung in der Wirtschaftspolitik hilft Australien, seine Position im internationalen Wettbewerb zu verbessern und Umfeldbedingungen zu schaffen, die internationale Chancen australischer Unternehmen verbessern (Scott, 1994, S. 13).

Zusammenfassend kann gesagt werden, dass die beschriebenen Reformen als Ergebnis ein hohes Produktivitätswachstum vorweisen können. Auch die starke Zunahme der Direktinvestitionen in den Märkten der Triade belegt eine Verbesserung der Wettbewerbsfähigkeit der australischen Unternehmen. Obwohl es eine konstante Opposition, zumeist von Seiten der Gewerkschaften, zu den seit den frühen 1980'er Jahren durchgeführten Reformmaßnahmen gibt, besteht in Australien Einvernehmen darüber, dass eine Rückkehr auf den vorherigen Kurs der Wirtschaftspolitik der Isolierung nicht gewünscht ist (Charles, 2002). Somit befindet sich Australien auch nach dem letzten Regierungswechsel weiterhin auf einem stabilen Reformkurs, dessen Ziel die Verbesserung der internationalen Wettbewerbsfähigkeit der australischen Wirtschaft ist.

Ein Grundsatzpapier der Labour Party nennt als wirtschaftspolitische Ziele die Schaffung einer breiten Basis industrieller Aktivitäten sowie die Steigerung von Effizienz, internationaler Konkurrenzfähigkeit und Exportorientierung (Wadley/Grotz, 1988, S. 164).

Vor dem Hintergrund dieser Entwicklungen ist es interessant, das veränderte Internationalisierungsverhalten der australischen Unternehmen – zunächst auf der Ebene der australischen Volkswirtschaft – zu untersuchen um festzustellen, wie die Unternehmen auf die veränderten Rahmenbedingungen reagiert haben.

3.3 Australiens Wirtschaftsstruktur und internationale Verflechtungen

3.3.1 „Traditionelle" und „neue" Sektoren der australischen Wirtschaft

Die australische Volkswirtschaft hat in 2000/01 ein Bruttoinlandsprodukt von 641 MRD A$ erwirtschaftet. Dies ergibt einen Wert pro Kopf der Bevölkerung von 33.281 A$ (1 A$ = 0.51120 US$, Kurs vom 31.12.01). Das BIP wird zu 77% im Dienstleistungssektor erwirtschaftet, zu 13% im produzierenden Sektor, zu 6% im Bergbau und zu 4% in der Landwirtschaft (ABS, 2002). Der Anteil der Dienstleistungen ist seit 1950 von damals 50% auf 76,5% in 1992/93 gestiegen. Der Anteil des produzierenden Sektors fiel in der gleichen Zeit von 27% auf 14,5%, obwohl sein Output in absoluten Werten gemessen angestiegen ist (Lewis, 1994, S. 82). Die Verteilung der Beschäftigten auf die Sektoren zeigt ein ähnliches Bild mit 79% bei Dienstleistungen, 14,5% im produzierenden Sektor, 5,3% in der Landwirtschaft und 1,2 % im Bergbau (Lewis, 1994). Die Sektoren Dienstleistung und Landwirtschaft sind in der Beschäftigung im Verhältnis zu ihrer Wertschöpfung überrepräsentiert, während der Bergbau unterrepräsentiert ist.

Eine deutlich anderes Bild ergibt sich, wenn man die Sektoren nach ihrem Anteil am Export bewertet. Die australischen Exporte werden zu 40% vom Bergbau, zu 23% von der Landwirtschaft, zu 20% durch Dienstleistungen und zu 17% vom produzierenden Sektor erwirtschaftet. Der Hauptanteil des produzierenden Sektors besteht aus einfachen Metallprodukten mit einem Anteil von 37%, sowie Nahrungs- und Genussmitteln und Tabak mit 23% (Lewis, 1994, S. 81). Die Australischen Exporte kommen damit vorherrschend aus den traditionellen Sektoren Bergbau- und Landwirtschaft.

„Traditionelle" Sektoren

Die Sektoren Landwirtschaft und Bergbau bilden die wichtigsten Exportsektoren Australiens. Während der landwirtschaftliche Sektor Australiens schon immer einen hohen Exportanteil hatte, betrug der Anteil des Bergbaus an den Exporten im Jahre 1950 lediglich 5%. Diese Zahlen belegen einen gravierenden Strukturwandel in der australischen Wirtschaft. 1950 betrug der Prozentsatz der Landwirtschaft am BIP 29% und fiel danach kontinuierlich auf einen Anteil von 4,3% in 1992/93. Ihr Anteil an den Exporten fiel von über 80% in den Jahren vor 1950 auf 23% in 1992/93 und wurde vom Anteil des Bergbaus an den Exporten übertroffen (Lewis, 1994).

Während beide Sektoren fast ausschließlich handelbare Güter herstellen, unterscheiden sich die Formen und Größen der in diesen Sektoren tätigen Unternehmen stark. Während die Landwirtschaft aus einer Vielzahl kleinerer Unternehmen besteht, sind im Bergbausektor wenige große Unternehmen tätig (Lewis, 1994, S. 109).

Über einen Zeitraum von 1950 bis 1990 zeigen die Terms of Trade des landwirtschaftlichen Sektors einen deutlich fallenden Trend. Der damit verbundene konstante Preisdruck hat dazu geführt, dass die Produktivität des Landwirtschaftssektors sich im Zeitablauf stärker verbessert hat als in den anderen Sektoren. Während dieser Zeit hat sich auch die durchschnittliche Größe der Farmen zur Nutzung von Economies of Scale deutlich erhöht (Lewis, 1994, S. 112).

Der Bergbau war bis 1960 kein wichtiger Exportsektor Australiens. Die reichen Rohstoffvorkommen waren zwar vor diesem Zeitpunkt bekannt, wurden wegen der hohen Transportkosten zu den existierenden Märkten in Europa und den USA aber nicht abgebaut. Der starke Anstieg der Bergbauexporte entstand hauptsächlich durch die wirtschaftliche Entwicklung Japans und der damit verbundenen Nachfrage in geographischer Nähe zu Australien (Lewis, 1994, S. 126). Dies wurde durch ein starkes Wachstum der Weltwirtschaft zu dieser Zeit begleitet. Hauptexportprodukte des Bergbausektors waren Steinkohle, Eisenerz und Bauxit. Mit dem Wachstum des Bergbaus ergab sich eine zunehmende Nachfrage nach Ausrüstungsgütern und somit ein Nachfrageimpuls für den Industriesektor.

„Neue“ Sektoren – Industrie und Dienstleistung

Die Sektoren verarbeitendes Gewerbe und Dienstleistungen sind die am Bruttoinlandsprodukt gemessen wichtigsten Sektoren Australiens und unterscheiden sich in der Handelbarkeit ihrer Leistungen. Während Dienstleistungen zumeist den Charakter von nicht handelbaren Gütern haben, sind die Produkte des produzierenden Sektors zu einem großen Teil handelbare Güter.

Wie in Teil zwei der Arbeit festgestellt, ist die Unterscheidung von Gütern und den dazugehörigen Sektoren hinsichtlich der Handelbarkeit von wesentlichem Einfluss auf die Untersuchung der Internationalisierung von Unternehmen.

Je höher die Handelbarkeit der Güter, desto eher wird eine Internationalisierung durch Exporte stattfinden, während bei niedriger Handelbarkeit eine Internationalisierung der Produktion stattfindet.

Verschiedene Untersuchungen haben auch einen Zusammenhang zwischen einem Anstieg der Rohstoffexporte und einem Abfall der Produktion des verarbeitenden Sektors gezeigt. Durch einen verstärkten Export von Rohstoffen steigt das Volkseinkommen und führt zu einer stärkeren Inlandsnachfrage bei den nicht handelbaren Gütern. Als Folge expandiert der Dienstleistungssektor und der Sektor des produzierenden Gewerbes schrumpft. Es kann ein Deindustrialisierungseffekt entstehen (Siebert, 1994, S. 84). Ein anderer Effekt, der den produzierenden Sektor im Zusammenhang mit dem Export von Rohstoffen trifft, ist der, dass ein Anstieg der Rohstoffexporte durch stärkere Faktornachfrage im Bergbausektor für alle anderen Sektoren die Faktorkosten erhöht (Porter, 1993, S. 27). Eine ähnliche Folge kann sich auch über die Wirkung des Wechselkurses einstellen. Wenn sich ein Anstieg des Wechselkurses durch eine verstärkte internationale Rohstoffnachfrage ergibt, wird dies dazu führen, dass andere Bereiche wie der produzierende Sektor ihre Wettbewerbsfähigkeit auf den internationalen und möglicherweise auch den heimischen Märkten verlieren. Es entsteht eine Situation, die zwar kurzfristige Besserstellung der Bevölkerung aus Konsumentensicht bringt, aber langfristig betrachtet die Entwicklung des produzierenden Sektors der Volkswirtschaften behindert (Scott, 1994, S. 18).

Der produzierende Sektor Australiens ist auch durch die Größe des australischen Marktes in der Nutzung der fortschrittlichen Fertigungstechnologie eingeschränkt. Während diese Technologien einem kontinuierlichen Verbesserungsprozess unterliegen, können nur die Unternehmen Vorteile aus der Technologie ziehen, die entsprechende Größeneffekte realisieren. Während die Größeneffekte durch Exporte ausgeglichen werden können, besteht doch ein Wettbewerbsnachteil gegenüber Unternehmen, die gleiche Größeneffekte schon in ihrem lokalen Markt erreichen (Dudley, 1994, S. 271).

Die australischen Unternehmen waren bis zur konsequenten Umsetzung der Marktöffnungsreformen nach 1983 durch die existierende Anreizstruktur stark in arbeitsintensiven Branchen tätig (Athukorala, 1998, S. 158). Dies war aus sozialpolitischen Motiven, die ihren Ursprung vor der Gründung Australiens in 1901 hatten, zwar gewünscht, führte jedoch zu einer starken Verzerrung und Fehlallokation von Ressourcen, die sich nach 1983 zu korrigieren begann.

3.3.2 Der australische Außenhandel

Australien unterscheidet sich hinsichtlich seiner internationalen wirtschaftlichen Beziehungen von bekannten Mustern anderer OECD-Länder. Nach der Betrachtung der international ausgerichteten traditionellen Sektoren Landwirtschaft und Bergbau sowie der sich seit 1983 abzeichnenden verstärkten internationalen Orientierung der Sektoren Industrie und Dienstleistung sollen im Folgenden die internationalen Handelsbeziehungen der australischen Wirtschaft untersucht werden.

Abbildung 3.2; Entwicklung der australischen Handelsbeziehungen.

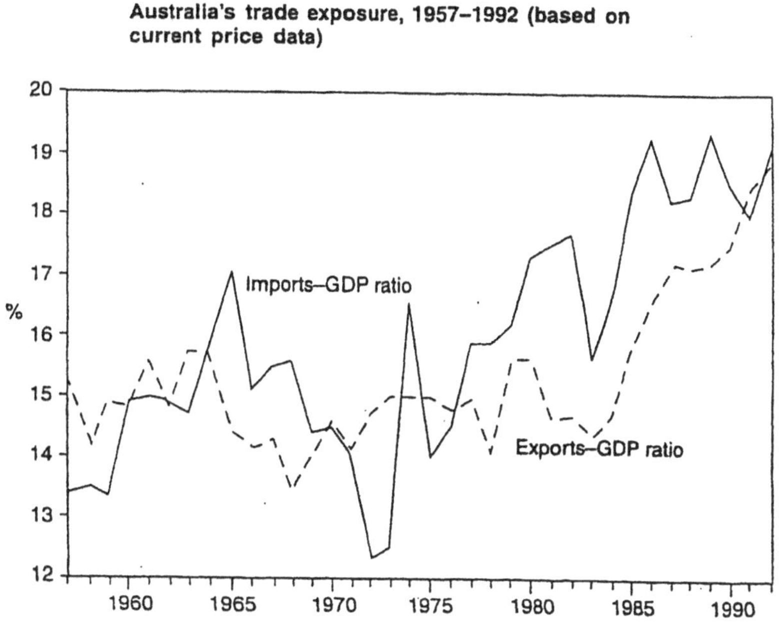

Quelle: Athukorala, 1998, S. 156.

Während der Nachkriegszeit, in der die australische Wirtschaft hohe Wachstumsraten aufwies, sanken die Anteile von Importen und Exporten am BSP ab und erreichten um 1970 Werte von 14,6% für Exporte und 14,4% für Importe; während bei den meisten OECD-Ländern der internationale Handel höhere Wachstumsraten aufwies als das BSP (Athukorala, 1998, S. 155). In der Graphik ist erkennbar, dass nach der erstmaligen Senkung der Zölle in 1973 das Verhältnis der Importe zum BSP anstieg, während das Verhältnis der Exporte zum BSP weiter fiel. Die Wirtschaft verharrte während dieser Zeit in ihrer Konzentration auf den lokalen Markt. Nach der Implementierung der weitergehenden Liberalisierung und Öffnung des australischen Marktes ab 1983 ist ein deutlicher Anstieg der jeweiligen Anteile von Importen und Exporten am BSP erkennbar. Die Importe erzeugen somit einen zunehmenden Wettbewerbsdruck, der sich zeitlich verzögert auch auf die Exporte auswirkt.

Tabelle 3.3; Exporte verarbeiteter Produkte 1986 - 1991 mit ausgewählten Handelspartnern.

Geographic profile of Australia's performance in manufactured exports, 1986 - 1989

Destination Country / region	Share of Australian exports in %	Growth of Australian exports in %	Growth of world exports in %
Asia (excl. Japan)	24,6	27,6	21,4
Singapore	6,1	31,0	24,7
Hong Kong	5,7	21,4	24,9
Indonesia	3,6	38,8	17,8
Korea	2,6	40,0	20,5
Taiwan	2,5	28,0	27,9
Malaysia	2,3	29,1	29,8
Thailand	2,2	35,0	34,1
Philippines	1,2	33,6	22,6
China	1,0	- 1,8	7,6
Japan	7,9	30,2	21,1
New Zealand	18,8	17,7	7,0
OECD Europe	16,3	24,5	14,8
North America	16,0	27,6	6,3
Total of above	83,6	24,8	13,5

Quelle: Athukorala, 1998, S. 163.

Eines der deutlichsten Anzeichen für die Wirkung der Liberalisierung auf den australischen Außenhandel ist die starke Zunahme der Exporte komplexer industrieller Güter (Elaborately Transformed Manufactures). Zwischen 1985-90 stiegen die Exporte komplexer industrieller Güter um 16% p.A.. In 1992 betrug der Anteil der komplexen industriellen Güter am Export 20% verglichen mit 11% in 1985 und 5% in 1980. Australiens Exporte komplexer industrieller Güter wiesen damit ein Wachstum auf, das deutlich über dem OECD-Durchschnitt lag (Athukorala, 1998, S. 160). Eine Analyse der Zielmärkte der Exporte komplexer industrieller Güter für die Jahre 1986 - 91 ergibt deutliche Zunahmen in der ASEAN Region sowie in einigen ostasiatischen Märkten. Der klassische Bestimmungsmarkt für diese Güter, Neuseeland, verzeichnete eine relativ schwache Zunahme, obwohl in 1983 ein Freihandelsabkommen zwischen Australien und Neuseeland geschlossen wurde. Der Anteil der Exporte komplexer industrieller Güter nach Europa liegt mit 16,3% geringfügig über dem Anteil der USA mit 16%, weist aber mit 24,5 % im Zeitraum 1986-91 ein etwas geringeres Wachstum auf (Athukorala, 1998, S. 163).

Außer durch die Einflüsse der Liberalisierung des australischen Marktes wurden Exporte auch durch direkte zumeist branchenspezifische Fördermaßnahmen unterstützt. Besonders der Automobil- sowie der Textilsektor waren hiervon betroffen. Haupteinflussgröße auf die Entwicklung der Exporte komplexer industrieller Güter waren jedoch die seit 1983 umgesetzten „outward oriented policies" (Athukorala, 1998, S. 164).

Abbildung 3.3; Entwicklung von GDP, FDI und Exporten.

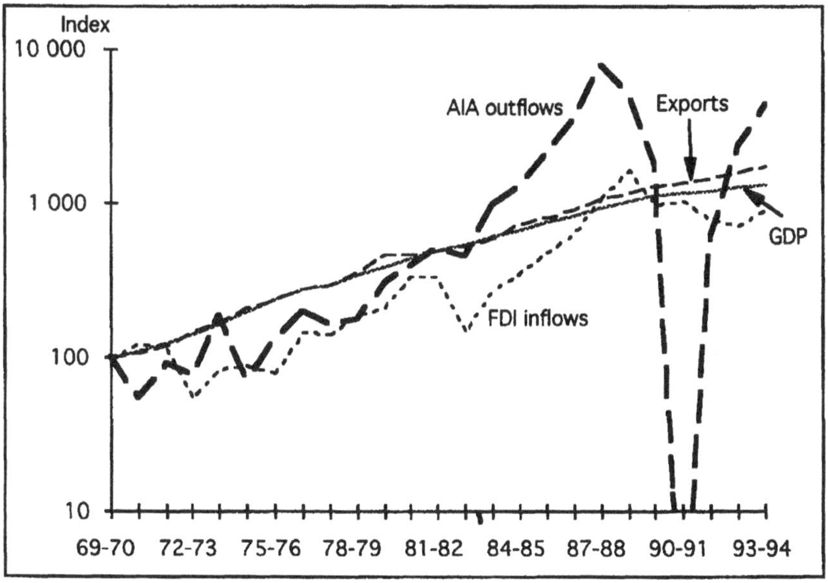

Quelle: BIE, 1995A, S. 12.

Betrachtet man die Entwicklung der Exporte im Zeitablauf von 1970 bis 1994, so ergibt sich ein gleichmäßiger Verlauf mit dem BIP. Das Verhältnis der australischen Direktinvestitionen zum BIP zeigt ab 1983 einen deutlichen Bruch, nach dem die australischen Direktinvestitionen zunächst deutlich ansteigen, um dann zwischen 1987 und 1991 abzufallen und danach wieder auf das Niveau von 1988 stark anzusteigen.

Der folgende Abschnitt widmet sich den weltweiten Direktinvestitionen australischer Unternehmen und leistet einen Überblick über deren Entwicklung und geographische Verteilung im Zeitablauf.

3.3.3 Australische Direktinvestitionen

Australiens Kapitalbilanz war seit Beginn seiner Besiedlung durch einen Überhang der Kapitalimporte gekennzeichnet. Das Verhältnis ausländischer Direktinvestitionen in Australien zu australischen Direktinvestitionen im Ausland war dabei bis 1983 negativ (BIE, 1995A). Dies erklärt sich zum einen durch die gezielte Bildung positiver Rahmenbedingungen für hereinkommende Direktinvestitionen, die dem Ziel der Beschäftigungssicherung dienten, und zum anderen durch geringe Direktinvestitionen australischer Unternehmen wegen deren mangelnder internationaler Wettbewerbsfähigkeit. Im Gegensatz zu den empfangenen Direktinvestitionen fanden die australischen Direktinvestitionen im Ausland auch in der akademischen Diskussion in Australien nur eine sehr geringe Beachtung.[24] Dies belegte, dass sich die starke binnenwirtschaftliche Ausrichtung Australiens über lange Zeit auch in den Schwerpunkten der ökonomischen und wirtschaftsgeographischen Forschung in Australien widerspiegelte.

Im Folgenden widmet sich ein erster Unterabschnitt der Entwicklung australischer Direktinvestitionen im Zeitablauf. Im zweiten und dritten Unterabschnitt werden sektorale Zusammensetzung und geographische Verteilung der Direktinvestitionen untersucht. Ein abschließender vierter Unterabschnitt analysiert das Vorkommen bestimmter Strategie- und Strukturtypen australischer multinationaler Unternehmen.

3.3.3.1 Entwicklung australischer Direktinvestitionen

Australische Direktinvestitionen sind keine neue Erscheinung, auch wenn sie in der Literatur kaum behandelt werden. Erste australische Direktinvestitionen begannen mit der Internationalisierung der Bank of New South Wales, die im Jahre

24 Einige Ausnahmen, die sich mit australischen FDI im Ausland beschäftigten, waren die Beiträge von AMC (1990), Yetton u.a. (1992) und Bureau of Industry Economics (1984).

1853 eine Niederlassung in London eröffnete. Diese Investition diente der Vereinfachung des Transfers von Kapital und Gold der australischen Goldfelder nach Großbritannien (BIE, 1995 A). Australische Investitionen in Südostasien begannen in 1883 mit Aktivitäten australischer Minengesellschaften. Die erste industrielle Investition in der südostasiatischen Region erfolgte in 1922, als Humes Ltd. eine Niederlassung zur Herstellung von Baumaterialien in Malaysia etablierte. Es folgten weitere Investitionen in dieser Region von Consolidated Industries und ARC Industries (BIE, 1984).

Abbildung 3.4; Entwicklung erhaltener- und geleisteter Direktinvestitionen.

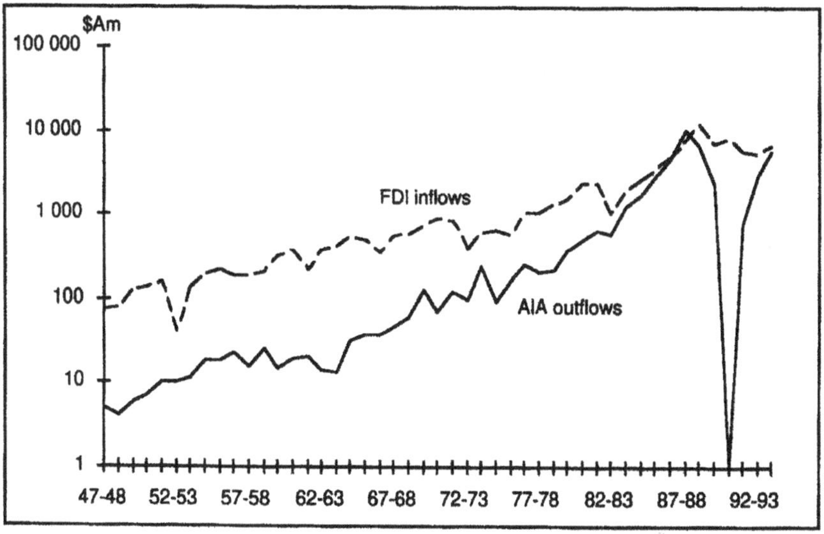

Quelle: BIE, 1995A, S. 2.

Australische Direktinvestitionen wiesen jedoch nur geringe Wachstumsraten auf, die immer unter denen der hereinkommenden Direktinvestitionen lagen. Erst in den 1980'er Jahren begann ein starkes Wachstum australischer Direktinvestitionen im Ausland und zwischen dem Jahr 1979-80 und dem Jahr 1988-89 wurde ein durchschnittliches jährliches Wachstum von 37% erreicht. In der Kommentierung zu den statistischen Daten wird hierin ein „Aufholprozess" der Internationalisierung der australischen Wirtschaft gesehen, der durch den Paradigmenwechsel in der australischen Wirtschaftspolitik mit der Reduzierung von Zöllen und der Freigabe des Wechselkurses des A$ in 1983 begann (BIE, 1995 B, S. 28). Während eine Zunahme der Direktinvestitionen in dieser Zeit dem internationalen Trend entsprach, lagen die entsprechenden australischen Wachstumsraten über dem OECD-Durchschnitt. In 1987-88 überstiegen die Direktinvestitionen australischer Unternehmen im Ausland erstmalig die hereinkommenden Investitionen.

Die australischen FDI Bestände erhöhten sich von 534 Mio. A$ in 1970 auf 45 Mrd. A$ in 1994, was einer durchschnittlichen Wachstumsrate in Höhe von 20% in dieser Periode entspricht (BIE, 1995 B). Im weiteren Verlauf stiegen die FDI Bestände auf 174 Mrd. A$ in 2000/01 (ABS, 2001). Der Anteil des australischen FDI am BIP erhöhte sich in der gleichen Periode von 1,7% auf 11,2%. Nach dem Höhepunkt in 1987-88 mit einer Erhöhung um 10,1 Mrd. A$ nahmen die australischen Direktinvestitionen in der folgenden Rezession bis 1989-90 auf 2,3 Mrd. A$ ab. In 1990-91 kam es zu einer Nettoverringerung der FDI Bestände, die aber in 1993-94 wieder um 5,4 Mrd. A$ zunahmen und sich in 94-95 nochmals um 4,1 Mrd. A$ erhöhten. Im Verhältnis zu den Wachstumsraten für das Bruttoinlandsprodukt, Exporte und Investitionen ist eine deutlich überproportionale Zunahme der australischen Direktinvestitionen erkennbar (BIE, 1995 B).

Tabelle 3.4; Vergleich der Wachstumsraten von GDP, Export und FDI.

		Average annual trend growth (%)			
Period	**Average annual ADIA ($ m)**	**ADIA**	**GDP**	**Exports**	**Business Investment**
1969/70 to 1978/79	161,7	10,4	14,5	14,9	12,3
1979/80 to 1988/89	2.930,5	37,0	10,7	11,4	12,4

Quelle: BIE, 1995B, S. 28.

In einem internationalen Vergleich der FDI-Bestände in Relation zum BIP verschiedener Industrienationen für den Zeitraum 1980 bis 1992 nimmt Australien eine unbedeutende Rolle ein. Dieses Bild ändert sich jedoch, wenn auch die Wachstumsraten betrachtet werden.

Eine Untersuchung von neun bedeutenden australischen Unternehmen für die Jahre 1987 - 1990 hat ergeben, dass die Investitionen in den Auslandstochtergesellschaften in dieser Zeit stärker anstiegen als die in den Muttergesellschaften in Australien. Während die Zunahme im Ausland 22% im Jahr betrug, lag sie in Australien nur bei 10% pro Jahr (Craig/Yetton, 1994, S. 48).

Diese Unterschiede im Wachstum der ausländischen zu den inländischen Vermögensanteilen sind teilweise dadurch begründet, dass die betreffenden Unternehmen zum Zeitpunkt des Beginns ihrer internationalen Aktivitäten die Potentiale des australischen Marktes für sich ausgeschöpft hatten. Bedingt durch die beschränkte Größe des australischen Marktes und die Einflussnahme der Trade Practises Commission auf den Wettbewerb ist ein weitergehendes Wachstum auf dem lokalen Markt oft ausgeschlossen.[25]

Abbildung 3.5; Wachstum und Bestand an FDI im Ländervergleich.

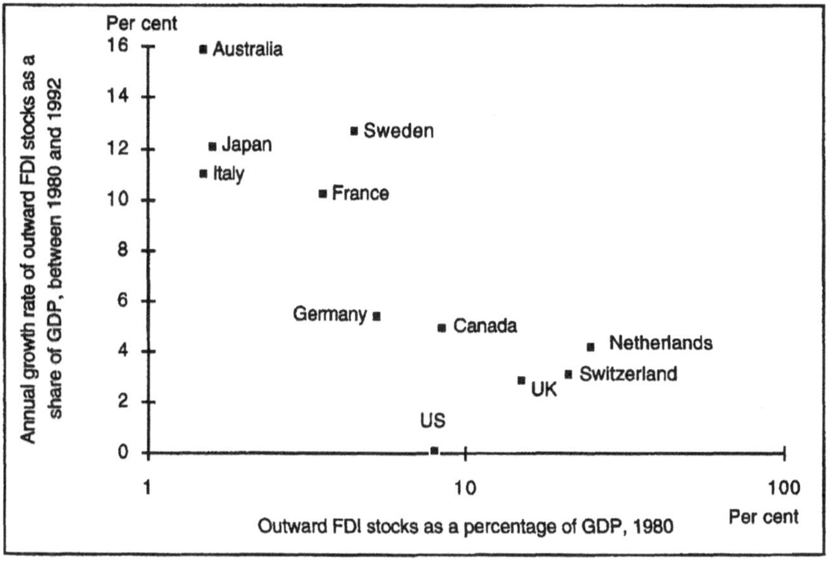

Quelle: BIE, 1995A, S. 15.

3.3.3.2 Sektorale Zusammensetzung australischer Direktinvestitionen

Die im vorangegangenen Unterabschnitt beschriebene Entwicklung der australischen Direktinvestitionen war begleitet von einer Veränderung in der sektoralen Verteilung. Während in den 1960'er Jahren Bergbau und Industrie mit jeweils 40% Anteil am FDI dominierende Sektoren waren, nahm in der Folge der Anteil des Dienstleistungssektors stark zu. Besonders während des schnellen Wachstums nach 1980 verschob sich die sektorale Verteilung von FDI zugunsten des Dienstleistungssektors, dessen Anteil von 43% in den 70'er Jahren auf 62% in

25 Die Trade Practices Commission ist zuständig für die Anwendung und Umsetzung des Trade Practices Act mit dem Ziel der Gewährleistung von Wettbewerb zum Vorteil der Verbraucher in Australien, vgl. dazu Lewis, 1994, S. 99.

den 80'er Jahren anstieg. Diese Verschiebung ging hauptsächlich zulasten des industriellen Sektors, dessen Anteil von 38% auf 20% sank, während der Bergbau einen etwa konstanten Anteil hatte (BIE, 1995 B, S. 30). Daraus ist erkennbar, dass Unternehmen des Dienstleistungssektors auf die Veränderungen der 1980'er Jahre schneller mit einer aktiven Internationalisierungsstrategie reagierten als die Unternehmen des industriellen Sektors.

Tabelle 3.5; Direktinvestitionen nach Sektoren.

Sector	1969/70 to 1978/79	1979/80 to 1988/89	1989/90 to 1993/94
Annual average flows ($ million)			
Total	161,8	2.893,3	2.207,6
Services	69,2	1.805,0	895,8
Manufacturing	61,6	583,5	866,8
Mining	31,1	503,4	425,8
Share in Total (%)			
Services	42,8	62,4	40,6
Manufacturing	38,1	20,2	39,3
Mining	19,2	17,4	19,3
Annual Average growth rates (%)			
Total	10,4	36,7	n.a.
Services	19,2	35,8	n.a.
Manufacturing	13,3	27,4	n.a.
Mining	- 15,3	59,5	15,9

Quelle: BIE, 1995B, S. 29 (Table 2).

In den 90'er Jahren kehrte sich diese Entwicklung jedoch um und führte zu einer etwa paritätischen Gewichtung von Dienstleistung und Industrie innerhalb der australischen Direktinvestitionen mit einem weiterhin stabilen Anteil des Bergbau-Sektors.

Innerhalb des Dienstleistungssektors stellt der Bereich Finance, Property and Business Services mit einem Anteil von 80% in 1994 den größten Teil der Direktinvestitionen des Sektors dar und wies auch mit einer Zunahme von durchschnittlich 23% über den Zeitraum 1980 - 1994 die höchste Wachstumsrate auf.

Daneben zeigten auch die Bereiche Construction sowie Wholesale and Retail hohe Wachstumsraten, allerdings von einer niedrigen Basis. Diese Bereiche stellten 5% und 11% des Bestandes an australischen Direktinvestitionen in 1994 dar.

Tabelle 3.6; Veränderungsraten australischer Direktinvestitionen nach Sektoren für die Zeiträume 1980 - 1994 und 1990 - 1994.

Sector	In %	In %
	1980 to 1994	**1990 to 1994**
Total services	**21,0**	**2,2**
Construction	24,9	10,9
Finance, property and business services	22,7	3,3
Wholesale and retail trade	17,0	11,6
Transport and storage services	9,1	- 18,3
Total mining	**20,1**	**7,2**
Services to mining	27,2	7,2
Coal, oil and gas	n.a.	n.a.
Other mining	14,4	8,2
Total manufacturing	**19,7**	**10,3**
Paper and publishing	41,9	13,8
Food, beverages and tobacco	31,7	- 8,2
Other machinery and equipment	23,2	14,9
Basic metal products	11,1	- 2,7
Chemical, petroleum and coal	13,6	14,4
Non-metallic mineral products	n.a.	6,9
Fabricated metal	n.a.	n.a.

Quelle: BIE, 1995B, S. 30 (Table 4).

Während die Zunahme des Dienstleistungssektors an den australischen Direktinvestitionen in den 1980'er Jahren dem internationalen Trend entsprach, ergab sich in den 1990'er Jahren eine gegengerichtete Entwicklung, innerhalb derer der Industriesektor seinen Anteil an den Direktinvestitionen auf ein dem Dienstleistungssektor ähnliches Volumen vergrößerte. In dieser Entwicklung ist ein Aufholprozess des zuvor stärker von den Schutzmaßnahmen betroffenen Industriesektors gegenüber dem Dienstleistungssektor erkennbar.

Innerhalb des industriellen Sektors hatte der Bereich „Paper Products and Publishing Industry“ mit über 56% an den australischen Direktinvestitionen in 1994 den größten Anteil. Dieser Bereich zeigte auch ein starkes Wachstum nach 1990. Andere Bereiche wie „Food, Beverages and Tobacco“ zeigten ein uneinheitlicheres Bild mit zunächst starken Wachstum nach 1980 und einer Kontraktion nach 1990.

Der Bergbausektor zeigte über die gesamte Beobachtungsperiode von 1980 bis 1994 eine ausgeglichene Entwicklung ohne starke Schwankungen in der Entwicklung. Diese Tendenz wird damit begründet, dass Australiens erfahrenste Unternehmen in diesem Sektor tätig sind, die zudem über eine größere Erfahrung mit internationalen Aktivitäten verfügen (BIE, 1995 B, S. 31).

3.3.3.3 Geographische Schwerpunkte australischer Direktinvestitionen

Die geographische Verteilung der australischen Direktinvestitionen hat sich über den betrachteten Zeitraum ebenfalls stark verändert. Bis 1980 waren die australischen Direktinvestitionen stark im direkten geographischen Umfeld konzentriert mit Schwerpunkten in den ASEAN-Ländern, Hongkong, Neuseeland und Papua Neuguinea mit zusammen 60% der Bestände in Höhe von 4,2 Mrd. A$. Dagegen lag der Anteil Europas und der USA an den australischen Direktinvestitionen 1994 schon bei 60%.

Mit dem starken Anstieg der Direktinvestitionen nach 1980 verschob sich der geographische Schwerpunkt deutlich zu Gunsten der Triade-Regionen USA und Europa als Empfänger. Auf diese beiden Regionen entfielen etwa 60% der Zuflüsse australischer Direktinvestitionen nach 1980. Der Anteil der ASEAN Länder an den Zuflüssen nach 1980 fiel von 47% auf 19% und führte zu einer Verminderung des anteiligen Bestandes australischer Direktinvestitionen in dieser Region von 28% in 1980 auf 6% in 1994, nachdem in 1987 ein Tiefpunkt von 1,9 % erreicht wurde.

Bei einer nach Sektoren getrennten Betrachtung ergibt sich, dass Großbritannien mit 45% vor den USA mit 23% und Neuseeland mit 11% des Bestandes an Direktinvestitionen in 1994 wichtigstes Zielland des Industriesektors ist. Für den Bergbau sind die USA mit 63% vor Papua Neu Guinea mit 25% des Bestandes an Direktinvestitionen das wichtigste Zielland. Interessant ist, dass in 1980 die Reihenfolge mit Papua Neuguinea mit 14% und den USA mit nur 1% umgekehrt war (BIE, 1995 B, S. 33).

Abbildung 3.6; Zielregionen australischer Direktinvestitionen 1980 und 1994.

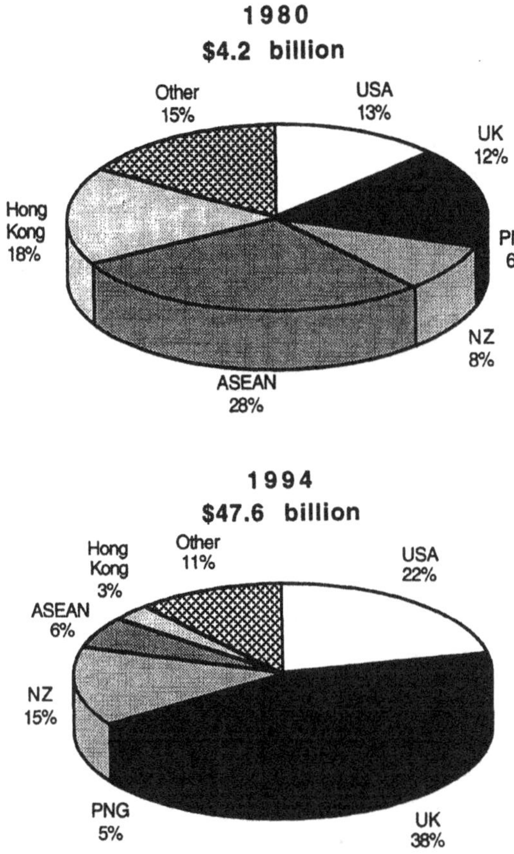

Quelle: BIE, 1995B, S. 31 (Chart 2).

3.3.3.4 Strategie- und Strukturtypen multinationaler australischer Unternehmen

Wenn man die Entwicklung amerikanischer und europäischer multinationaler Unternehmen betrachtet, stellt man fest, dass diese zunächst auf einem größeren benachbarten Markt eines anderen Industrielandes mit vergleichbaren wirtschaftlichen, sozialen, kulturellen und rechtlichen Umfeld tätig wurden. US Unternehmen waren zuerst in Kanada, dann Europa und erst viel später in Südamerika und Asien aktiv. Europäische Unternehmen expandierten zuerst in andere europäische

Märkte und danach in den USA, Südamerika und Asien (Vaupel/Curhan, 1973). Diese Feststellung gilt sowohl für Exporte als auch für Direktinvestitionen (Craig/Yetton, 1994, S. 60). Betrachtet man die australische Geographie in diesem Zusammenhang im Vergleich mit Europa, fällt auf, dass australische Firmen schon zur Bedienung des fragmentierten lokalen Marktes große Entfernungen zwischen den Ballungsräumen überbrücken müssen (Wadley/Grotz, 1988, S. 161). Wenn sie dann international expandieren, müssen sie noch bedeutend größere Entfernungen bewältigen, um auf den Märkten der USA und der EU tätig zu werden. Australische Unternehmen sind damit durch zwei geographische Dimensionen benachteiligt: zum einen die Ausdehnung des australischen Kontinents mit seinen entfernt voneinander liegenden Ballungsräumen und dem kleinen Binnenmarkt, zum anderen durch Australiens Lage im Verhältnis zu den wichtigen Märkten der Triade.

Wie im Rahmen der Diskussion des Diamanten gezeigt wurde, haben die Wettbewerbsverhältnisse des lokalen Marktes hohen Einfluss auf die Unternehmen. Die Einflussgrößen sind konzeptionalisiert in den Diamantfaktoren: Faktorbedingungen, Nachfragebedingungen, Verwandte und unterstützende Branchen sowie Unternehmensstrategie, Struktur und Konkurrenz. Diese prägen die Entwicklung der Unternehmen innerhalb des Internationalisierungsprozesses in besonderem Maße (Porter, 1993, S. 12).

Eine unter australischen Unternehmen mit über 1 Mrd. A$ Umsatz im Geschäftsjahr 1988/89 durchgeführte Studie belegt, dass australische, international agierende Unternehmen oft nicht dem stufenweisen Entwicklungspfad von Exporten zu internationaler Produktion gefolgt sind (AMC, 1990). Es handelt sich zumeist um Unternehmen, die über einige Produktionsstandorte verfügen, ohne aus ihrem lokalen Markt Australien heraus zu exportieren (Craig/Yetton, 1994, S. 34). Die folgende Graphik belegt diese Aussage auf anschauliche Weise.

Die dargestellte Graphik dieser Untersuchung teilt die Unternehmen in vier Gruppen ein: Import Substitutors, Locally Based Exporters, Multi-Domestics und Multinationals. Die Graphik zeigt, dass im Bereich der Multinationals, die sowohl einen hohen Anteil der australischen Produktion exportieren als auch einen großen Anteil ihres Gesamtumsatzes im Ausland produzieren, kaum australische Unternehmen angesiedelt sind.

Es fällt auf, dass der Bereich der Locally Based Exporters ebenfalls sehr dünn besetzt ist, während die meisten Unternehmen im Bereich der Multi-Domestics liegen.

Die Studie belegt, dass viele australischen Unternehmen eine andere Entwicklung zur Internationalität genommen haben, als die der in Kapitel 2.2 dieser Arbeit beschriebenen Stufenentwicklung vom Exporteur zum multinationalen Unternehmen. In dieser Eigenschaft unterscheidet sich die Verteilung der australischen Unternehmen auf die genannte Unternehmenstypologie von der Verteilung in anderen OECD-Ländern (Craig/Yetton, 1994, S. 36).

Abbildung 3.7; Strukturtypen australischer Unternehmen.

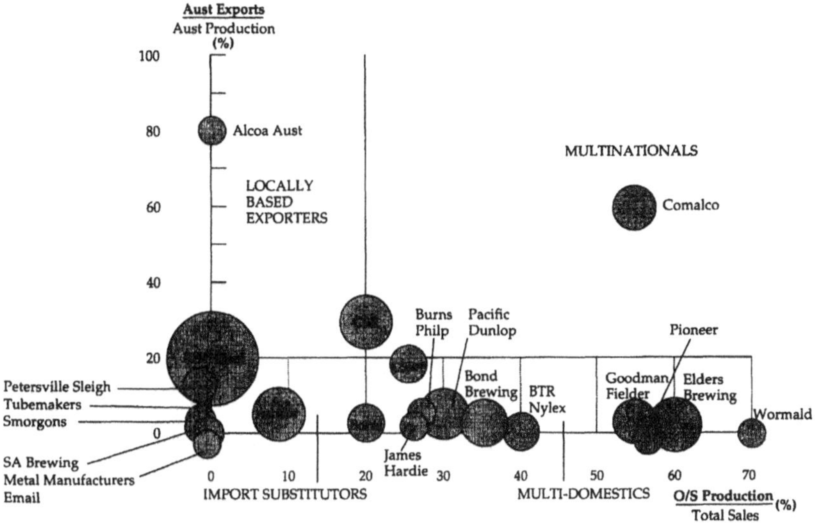

Quelle: Craig/Yetton, 1994, S. 35.

Während in der vergleichenden Betrachtung mit anderen Volkswirtschaften die Aufteilung der australischen Unternehmen auf die Bereiche Import Substitutor, Locally Based Exporter, Multi-Domestic Unternehmen und Multinationales Unternehmen ungewöhnlich ist, ergibt der Vergleich auf der Ebene des individuellen Unternehmens keine Unterschiede zu Unternehmen dieser Branchensegmente aus anderen Ländern (Craig/Yetton, 1994, S. 37). Dies kann mit unterschiedlicher Handelbarkeit der produzierten Güter erklärt werden. Die Handelbarkeit der produzierten Güter unterscheidet wesentlich, ob ein Sektor durch Exporte oder durch die Produktion an verschiedenen Standorten am internationalen Wettbewerb teilnimmt. Somit bestimmt wesentlich das Produkt, ob eine Expansion in internationale Märkte in Form des Exports oder durch internationale Herstellung stattfindet (Craig/Yetton, 1994, S. 47). Dies belegt, dass viele der großen produzierenden Firmen Australiens Branchensegmenten angehören, deren Güter von niedriger Handelbarkeit gekennzeichnet sind.

Ein Erklärungsansatz auf der Unternehmensebene für die häufige Anwendung multiinländischer Strategien durch australische Unternehmen ist die These, dass diese durch ihre multiplen Einheiten in den weit voneinander entfernt liegenden Ballungszentren Australiens hierfür besondere Strategien und Wissen gebildet haben. Die Voraussetzung beschreiben Craig und Yetton wie folgt:

„One element of that fit for all the Australian multi-domestics is a particular set of skills related to managing and establishing multiple production units in geographically distant locations. ..... Striking this balance has been the result of enforced learning in the Australian market which is characterised by small centres of population concentration, separated by long distances. To grow to any significant scale in the Australian market, a firm has had to learn how to manage these issues effectively." (1994, S. 47).

Dieses spezifische Strategiemuster multiinländischen Vorgehens australischer Unternehmen basiert auf Wissen und Erfahrungen, die im lokalen Markt erworben wurden und bei der Internationalisierung angewandt werden:

„... these firms have evolved a fit based around a strategic agenda that involves "rolling out" medium-sized plant units, with highly specific management processes, and often proprietary technology, in geographically distant locations. The fit required to manage a large scale plant for export from Australia would demand quite different organisational competencies." (Craig/Yetton, 1994, S. 48).

Bestätigung findet diese These auch darin, dass die internationalen Vermögenswerte führender australischer Industrieunternehmen seit 1987 international mit 20% p.a. deutlich schneller Wachsen als national, mit lediglich 10% p.a. (Craig/Yetton, 1994, S. 48).

Wie sich als Fazit aus diesem Kapitel ergibt, stellt der 1983 erfolgte Paradigmenwechsel in der australischen Wirtschaftspolitik in mehrfacher Hinsicht einen Scheidepunkt für die Entwicklung der australischen Wirtschaft und besonders ihrer internationalen Integration dar. Australische Unternehmen standen nach 1983 vor einer sich deutlich verändernden Wettbewerbsituation auf dem nationalen Markt. Durch die gewandelten Rahmenbedingungen bestand die Notwendigkeit, ein schnelles Produktivitätswachstum zu erzielen, um international wettbewerbsfähig zu werden. Daraus resultierte auch ein verändertes Internationalisierungsverhalten der Unternehmen, das sich nach Branchen und Zielregionen deutlich von der Situation vor 1983 unterscheidet.

4 Internationalisierungsstrategien australischer Unternehmen in Europa

4.1 Aufbau und Verlauf der empirischen Erhebung

4.1.1 Ziel der Erhebung

Die im Rahmen der theoretischen Grundlegung festgestellte Relevanz der Umfeldbedingungen im Ursprungsland begründet die detaillierte Betrachtung der Entstehung und Entwicklung von Rahmenbedingungen und Institutionen in Australien in Teil drei der Arbeit. Hier wurden die besonderen Bedingungen, unter denen Unternehmen in Australien entstehen und internationalisieren, dargestellt und auf ihre Einflüsse auf die Unternehmen untersucht. Dabei wurden relevante sektorübergreifende Einflüsse festgestellt, die sowohl den späten Beginn der Internationalisierung australischer Unternehmen, als auch das Vorkommen besonderer Strategietypen erklären. Da auch eine Verlagerung der geographischen Schwerpunkte internationaler Aktivitäten, von Ländern in geographischer Nähe zu den großen Märkten der Triade, erfolgte, besteht Anlass zu einer weitergehenden Untersuchung des Internationalisierungsverhaltens und seiner Begründung auf der Unternehmensebene. Als einer der wichtigsten Empfänger australischer Direktinvestitionen nach 1980 ist Europa besonders gut geeignet, die neue Internationalisierung australischer Unternehmen zu untersuchen. Die Einschränkung auf Europa als Empfängerregion begründet sich dabei auch durch die in Kapitel 2.1 herausgestellte Relevanz Europas als wichtige Kernregion und Teil der Triade. Danach ist es für Unternehmen aus Triade wie auch aus nicht Triade Märkten wichtig, eine starke Marktposition in der Triade zu haben (Ohmae, 1985). Die Motive der Direktinvestitionen australischer Unternehmen und die Wahl der Ländermärkte in Europa sollen dabei in Zusammenhang mit Erklärungsfaktoren der kontextualen Bedingungen und der Wettbewerbsituation in Australien untersucht werden.

Das Ziel der empirischen Erhebung ist die Erfassung und Untersuchung der Internationalisierungsstrategien australischer Unternehmen in Europa. Aufgrund des idealtypischen Charakters der in der theoretischen Grundlegung diskutierten Theorien und Modelle, ergibt sich für die Analyse des realen Investitionsverhaltens australischer Unternehmen in Europa, die ein Mix dieser Einflussfaktoren darstellen, die Notwendigkeit der Untersuchung mittels einer empirischen Erhebung.

Aus der oben beschriebenen Zielsetzung der Untersuchung sowie den in der theoretischen Grundlegung diskutierten Theorien und Modellen zur Begründung internationaler Aktivitäten ergeben sich zwei zentrale Fragestellungen, die zur Beantwortung durch die Empirie gestellt werden sollen:

- Welche Investitionsmotive liegen der Internationalisierung australischer Unternehmen in Europa zugrunde und inwieweit werden diese durch kontextuale Bedingungen erklärt?

- Wie erklärt sich die Wahl von Ländermärkten als Standorte australischer Unternehmen in Europa und welche kontextualen Faktoren in Herkunfts- und Zielland beeinflussen diese Entscheidungen?

Die Untersuchung hebt dabei die spezifischen Einflüsse des australischen Umfeldes auf die internationalen Strategien und Aktivitäten der australischen Unternehmen hervor und deckt bestehende Erklärungszusammenhänge auf.

Als theoretische Basis der Fragestellung, warum australische Unternehmen in Europa investieren, wird auf Dunning's Eklektisches Modell zurückgegriffen. Besondere Bedeutung kommt nach Dunning dem Motiv für die Direktinvestitionen, der „Raison d'être" zu, die in vier Typen unterschieden wird: (1) Market Seeking, (2) Resource Seeking, (3) Efficiency Seeking und (4) Strategic Asset Seeking (Dunning, 2000, S. 164). Nach Dunning stehen die Parameter des Eklektischen Modells in einem engen Zusammenhang mit den relevanten Umfeldbedingungen. Daher wird in der Erhebung besonderes Gewicht auf den Zusammenhang von Investitionsmotiven und relevanten Umfeldbedingungen gelegt. Zur Konzeptionalisierung dieses Zusammenhangs wird das in der theoretischen Grundlegung als Ergänzung zum Eklektischen Modell diskutierte Modell des Diamanten von Porter genutzt (Porter, 1993). Die Analyse der erhobenen Daten soll feststellen, ob ein Wirkungszusammenhang zwischen den lokalen Umfeldbedingungen in Australien, konzeptionalisiert im Modell des Diamanten, und den Investitionsmotiven der Unternehmen empirisch nachweisbar ist und sich die Investitionsmotive somit aus den kontextualen Bedingungen erklären lassen.

Zur Beantwortung der Fragestellung, wo australische Unternehmen in Europa investieren, wird das Stufenmodell der Entwicklung internationaler Aktivitäten als Theoriebasis herangezogen. Das Stufenmodell erklärt die zwei prinzipiellen Dimensionen der Internationalisierung – die Auswahl der zu bearbeitenden Märkte und die Komplexität der in einem Auslandsmarkt durchgeführten Aktivitäten – durch Einflüsse kultureller Nähe (Johanson, 1994, S. 50). Unternehmen wählen gemäß dem Modell zunächst einen Auslandsmarkt zur Bearbeitung aus, der eine kulturelle Nähe zum Heimatmarkt aufweist. Der Erklärungsgehalt des

Stufenmodells wird von Johanson besonders für die frühen Stadien der Internationalisierung von Unternehmen betont (1994, S. 89). Da australische Unternehmen aus verschiedenen Gründen, wie in Teil drei der Arbeit gezeigt, Latecomer bei der Bearbeitung internationaler Märkte sind und sich daher überwiegend in einem frühen Stadium der Internationalisierung befinden, kann von einem guten Erklärungsgehalt des Modells für die internationalen Aktivitäten der australischen multinationalen Unternehmen ausgegangen werden.

Die zweite Dimension des Stufenmodells der Internationalisierung wird mit ihren Aussagen zur Komplexität der internationalen Aktivitäten und der Art des Vorgehens beim Markteintritt herangezogen (Johansson, 1994). Für die Untersuchung der australischen Unternehmen wird angenommen, dass der Markteintritt zuvor primär auf dem australischen Markt tätiger, nationaler Unternehmen in die europäischen Märkte mit ihrer globalen Wettbewerbsstruktur durch die Einflüsse dieser Wettbewerbssituation besonders beeinflusst ist. Im Unterschied zum Eintritt in einen Markt mit rein nationalem Wettbewerb muss das aus einem nationalen Wettbewerbsumfeld stammende Unternehmen auf Märkten mit globalen Wettbewerb eine klare Strategie verfolgen und sich eine wettbewerbstrategische Nische in Bezug auf Produkt und/oder geographische Märkte suchen, um erfolgreich im härteren Wettbewerb zu bestehen (Vahlne/Nordström, 1993, S. 542). Existenz und Auswirkung dieser wettbewerbspezifischen Einflüsse auf die Strategie der australischen Unternehmen sollen daher im Rahmen der Erhebung untersucht werden.

Die empirische Untersuchung soll versuchen zu klären, ob das Investitionsverhalten der australischen Unternehmen und die Verteilung australischer Direktinvestitionen auf Länder in Europa den Annahmen des Stufenmodells entsprechen. Weiterhin wird untersucht, ob sich das Investitionsverhalten von Unternehmen, die kultureller Nähe eine hohe Relevanz beimessen, von denen unterscheidet, die den Einfluss kultureller Nähe als für ihr internationales Handeln nicht relevant einstufen.

Als zweiter Erklärungszusammenhang für die Standorte der australischen Direktinvestitionen in Europa sollen der Eintrittszeitpunkt und die Betrachtungsweise der EU durch die Unternehmen als kontextuale Einflussfaktoren der Zielregion auf die Wahl von Länderstandorten in Europa untersucht werden. Dabei wird angenommen, dass Unternehmen, die nach den Beschlüssen der EU zum Binnenmarkt investierten, sich in der Standortwahl von den Unternehmen unterscheiden, die früher investierten. Als weiterer, relevanter Einflussfaktor wird die Einschätzung der EU – als ein Markt oder separate Ländermärkte – durch die australischen Unternehmen angesehen und auf erkennbare Auswirkungen auf die Standortwahl, sowie die Nutzung von Gateways und Regional Headquarters in Europa untersucht. Hierbei wird auch der Zusammenhang zwischen der Beurteilung kultureller Nähe durch die Unternehmen und der Betrachtungsweise Europas – als ein Markt oder verschiedene nationale Märkte – analysiert.

Damit ist das Erkenntnisziel der empirischen Analyse zweiteilig. Zum einen sollen die Strategien und Investitionsmotive der Internationalisierung australischer Unternehmen in Europa und deren Begründung aus den kontextualen Bedingungen in Australien untersucht und belegt werden. Zum anderen soll die Wahl von Ländermärkten in Europa sowie die Nutzung von Gateways und RHQ's bei deren Bearbeitung in Abhängigkeit von kontextualen Faktoren und Entwicklungen in den Zielländern analysiert werden.

Bedingt durch die starke Zunahme der Bedeutung multinationaler Unternehmen für die internationale Integration der nationalen Ökonomien ihrer Herkunftsländer können die Aktivitäten australischer multinationaler Unternehmen auch als ein Indikator der neuen wirtschaftlichen Integration Australiens angesehen werden. Die Arbeit soll daher, auf Basis der empirischen Erhebung, auch eine Beurteilung neuen internationalen Integration Australiens ermöglichen.

4.1.2 Erhebungsmethode und Verlauf der Untersuchung

Aufgrund des Untersuchungsziels und der entwickelten Forschungsfragen wurde als Methode zur empirischen Erhebung der Daten zum Internationalisierungsverhalten australischer Unternehmen eine Vollerhebung der relevanten Zielgruppe mittels standardisierter Befragungsbögen ausgewählt, um eine möglichst gute Repräsentativität der Untersuchung zu ermöglichen. Die standardisierte Befragung bedingt zwar eine notwendige Einschränkung der Komplexität der erhobenen Sachverhalte, was jedoch im Rahmen dieser Untersuchung zugunsten einer breiteren Fundierung akzeptiert wird.

Im Folgenden werden Aufbau und Verlauf der empirischen Erhebung in fünf separaten Schritten dargestellt:

(1) Datenquelle und Prüfung der Durchführbarkeit

Untersuchungseinheit der Befragung sind australische Unternehmen mit Direktinvestitionen in Europa. Relevante Ansprechpartner zur Erhebung der Internationalisierungsstrategien sind hierfür die Unternehmenszentralen in Australien. Zunächst wurde geprüft, ob für die Durchführung einer empirischen Untersuchung eine genügend große Anzahl von Untersuchungsobjekten vorhanden ist. Zur Abgrenzung der Grundgesamtheit wurde eine Datenbank genutzt, die Informationen zu den Auslandsbeteiligungen der 2000 größten Unternehmen in Australien und

Neuseeland enthält (IBIS, 1997)[26]. Auf Basis dieser Daten ist zur Durchführung der Erhebung eine eigene Datenbank erstellt worden. Insgesamt wurden 128 australische Unternehmen mit Direktinvestitionen in Europa aus der IBIS Datenbank übernommen und um acht zusätzliche australische Unternehmen mit FDI in Europa nach Informationen der Deutsch-Australischen Handelskammer in Australien ergänzt. Damit entstand eine Datenbasis von 136 australischen Unternehmen mit FDI in Europa (Untersuchungsobjekten), auf deren Grundlage eine Vollerhebung der Untersuchungsobjekte durchgeführt werden konnte.

Dieses Ergebnis war auch aufgrund des Bestandes australischer Direktinvestitionen in Europa zu erwarten. Als wichtigste Empfängerregion australischer Direktinvestitionen nach den USA befanden sich mit 40 Mrd. A$ über 31% des Gesamtbestandes australischer Direktinvestitionen 1999 in Europa (ABS, 2001).

Eine weitergehende Überprüfung der Datenbasis über australische multinationale Unternehmen mit Direktinvestitionen in Europa auf Vollständigkeit wurde nicht durchgeführt. Bei einem unteren Umsatzgrenzwert von 38 Mio. A$ für den weltweiten Gesamtumsatz der Unternehmen in der Datenbank der 2000 größten Unternehmen wird eine ausreichende Abdeckung der für diese Untersuchung relevanten Untersuchungseinheiten angenommen. Die für diese Untersuchung relevanten Unternehmen weisen als multinationale Unternehmen annahmegemäß eine im Verhältnis zu rein national tätigen Unternehmen größere Unternehmensgröße auf. Unternehmen mit einem Weltumsatz von weniger als 38 Mio. A$ werden somit als für diese Untersuchung nicht relevant eingestuft.

(2) Durchführung von Fallstudien

Als zweiter Schritt wurden zur Vorbereitung der geplanten empirischen Erhebung zunächst einige Fallstudien aufgrund von persönlichen Interviews erstellt, um den komplexen Prozess der Direktinvestitionen australischer Unternehmen in Europa besser zu verstehen und die Befragung damit zielgerichtet durchführen zu können. Weiterhin sollte auch eine Wissensgrundlage für die Ausarbeitung des Erhebungsbogens geschaffen werden. In der Zeit vom 18.06. bis 27.06.1997 wurden Interviews mit den für die Fallstudien ausgewählten Unternehmen in Australien durchgeführt. Die Interviewpartner waren die für internationale Strategien und Standortentscheidungen verantwortlichen Manager in den australischen Zentralen der Unternehmen, die Entscheidungen über Direktinvestitionen

26 Im weiteren Verlauf wird bei Bezugnahme auf die IBIS Datenbank von der „Gruppe der 2000 größten Unternehmen" gesprochen; Die IBIS Datenbank besteht dabei aus den 2000 größten australischen und neuseeländischen Unternehmen. Im Rahmen dieser Untersuchung werden lediglich die australischen Unternehmen berücksichtigt.

in Europa treffen und somit über die den Investitionen zugrundeliegenden Motive und Hintergründe informieren konnten.

Die Auswahl der Untersuchungseinheiten für die Fallstudien erfolgte nach dem Kriterium, dass die zu interviewenden Unternehmen Tochtergesellschaften in mindestens zwei verschiedenen europäischen Ländern haben sollten. Weiterhin wurde bei der Auswahl der Unternehmen auf deren Sektorzugehörigkeit geachtet, um zu gewährleisten, dass die wichtigsten australischen Sektoren einbezogen waren. Insgesamt wurden sechs diesen Kriterien entsprechende Unternehmen angeschrieben, wovon fünf sich zu einem Interview bereit erklärten. Vor dem Besuchstermin wurde ein Gesprächsleitfaden an die jeweiligen Interviewpartner versandt, der Umfang und Themen des Interviews darstellte.

Die folgenden Unternehmen wurden angeschrieben: Amcor (Industrie), North (Bergbau), Pacific Dunlop (sonst. Dienstleistung /Industrie), Computer Power Group (sonst. Dienstleistung), Rio Tinto (Bergbau), ANZ (Finanzdienstleistung).

Interviews wurden mit den Unternehmen eins - fünf geführt. Die ANZ Bank hatte sich auf die Anschreiben erst später gemeldet, so dass eine Einbeziehung nicht mehr möglich war.

(3) Pre-Test der Erhebung

Nach der Durchführung der Fallstudien wurde auf Grundlage der Zielsetzung der empirischen Untersuchung und auf Basis der in der theoretischen Grundlegung diskutierten Modelle und Konzepte im Mai 1998 ein Erhebungsbogen für die empirische Erhebung der Internationalisierungsstrategien australischer Unternehmen in Europa erstellt. Der Fragebogen wurde zur Durchführung eines Pre-Tests zunächst an die Unternehmen versandt, mit denen zuvor Fallstudieninterviews durchgeführt wurden. Im Rahmen von persönlichen Gesprächen mit den Kontaktpersonen in Australien wurden im Juni 1998 die Fragebögen hinsichtlich Aufbau, Verständlichkeit, Klarheit und Umfang mit den bekannten Ansprechpartnern in den Unternehmen besprochen.

Nach der Durchführung des Pre-Test wurde der Fragebogen auf Basis der Kommentare und Hinweise aus den Gesprächen mit den australischen Unternehmen überarbeitet.

(4) Durchführung der empirischen Befragung

Im August 1998 wurden 136 australische multinationale Unternehmen, die über Beteiligungsgesellschaften in Europa verfügen, angeschrieben, und um ihre Teilnahme an der Befragung gebeten. Die Anschreiben waren an die Vorsitzenden der Geschäftsleitung der Unternehmen adressiert. Diese wurden gebeten, einen

Mitarbeiter aus der für Europa zuständigen strategischen Geschäftsleitung für die weitere Kommunikation zu benennen. In den Monaten September und Oktober 1998 wurden zwei Erinnerungen an die Unternehmen versandt, die bis dahin noch nicht geantwortet hatten.

Von den 136 angeschriebenen Unternehmen haben sich insgesamt 30 an der Befragung beteiligt. Von den restlichen 106 Unternehmen haben 56 eine Beteiligung abgelehnt und 50 die Anfrage nicht beantwortet.

Tabelle 4.1; Erhebungsrückläufe der Befragung.

	Anzahl	**Anteil in %**
Zusagen	30	22,1 %
Absagen	56	41,2 %
keine Antwort	50	36,7 %
versandte Anfragen	136	100,0 %

Quelle: eigene Berechnung.

(5) Auswertung und Problembehandlung

Die 30 beantworteten Fragebögen wurden zunächst mit Hilfe der Software Excel erfasst und für die Auswertung aufbereitet. Die meisten befragten Unternehmen haben verschiedene strategische Geschäftseinheiten (Divisions), die auch unterschiedlichen Branchen zugehörig sein können. Diese Problematik war innerhalb der Fallstudien erkannt worden. Der Erhebungsbogen ermöglichte deshalb eine separate Erfassung bei Fragen, bei denen eine nach strategischen Geschäftseinheiten getrennte Beantwortungsmöglichkeit sinnvoll erschien. Da jedoch nur wenige Unternehmen diese Aufteilung eingehalten haben, war eine Auswertung auf der Ebene der strategischen Geschäftseinheiten nicht möglich. Vereinfachend musste daher auf die Klassifizierung der teilnehmenden Unternehmen aus der Datenbank IBIS, die auch vom Australian Bureau of Statistics genutzt wird, für die jeweiligen Gesamtunternehmen zurückgegriffen werden. Hierdurch verringerte sich zwar die Differenzierungstiefe, da die Unternehmen jeweils einem Sektor zugerechnet werden. Bei der insgesamt niedrigen Anzahl von Untersuchungseinheiten in der Befragung wäre eine detailliertere Gruppierung jedoch sowieso nicht sinnvoll möglich gewesen.[27]

---

27 Diese Problematik ist auch in anderen Untersuchungen erkannt worden. Auf Grund der verfügbaren Daten konnte aber keine Abhilfe erfolgen, Vgl.: BIE, 1995A, S. 14.

Wo einzelne Fragen von den Unternehmen nicht oder nicht vollständig beantwortet wurden, entfielen diese entsprechend bei der Auswertung. Bei diesen Fragen erfolgte die Auswertung dann auf Basis einer entsprechend geringeren Gesamtanzahl von Erhebungseinheiten. Wegen der teilweise geringen Fallzahlen in einigen der gebildeten Gruppen wurden bei Fehlen numerischer Teilangaben, sofern dies sinnvoll möglich war, die fehlenden Werte mit den entsprechenden Gruppenmittelwerten ersetzt, sodass eine Berücksichtigung des Datensatzes in der Auswertung möglich war.

Bei der Auswertung der Erhebung waren zudem grundsätzlich die geringe Anzahl der befragten Unternehmen und die teilweise nur nominal skalierten Variablen (Ja/Nein-Variable) zu beachten. Dies wurde bei der Auswahl und Anwendung der genutzten statistischen Methoden berücksichtigt. Die verwendeten Methoden werden in einem separaten Abschnitt im Anhang II der Arbeit erläutert und ihre Anwendbarkeit unter den gegebenen Voraussetzungen belegt.

Die festgestellte gute Repräsentativität der befragten Unternehmen für die Grundgesamtheit rechtfertigt grundsätzlich das Treffen allgemeiner Aussagen über das Internationalisierungsverhalten australischer Unternehmen in Europa. Die Bewertung der empirischen Aussagen auf der Grundlage der erhobenen Daten soll jedoch vor dem Hintergrund der niedrigen Fallzahl mit Bedacht erfolgen.

Darstellung des Erhebungsbogens

Der verwendete Fragebogen wurde auf Basis der im ersten Hauptteil diskutierten Theorien und Modellen zu internationalen Unternehmen aufgestellt und besteht aus zwei Teilen mit jeweils drei bzw. zwei thematisch abgegrenzten Abschnitten (Erhebungsbogen siehe Anhang).

Ein **erster Teil** widmet sich den weltweiten Aktivitäten der australischen Unternehmen. In einem <u>ersten Abschnitt</u> werden Branche, Produkte, Marktanteil in Australien und weltweite strategische Ausrichtung erfragt. In einem <u>zweiten Abschnitt</u> werden Informationen zu den Wettbewerbsvorteilen der Unternehmen, den lokalen Umfeldbedingungen in Australien und ihren Auswirkungen, sowie nach Vorteilen aus den internationalen Aktivitäten erhoben. Ein <u>dritter Abschnitt</u> widmet sich den Motiven internationaler Aktivitäten, der Auswahl der internationalen Märkte und der Art ihrer Bearbeitung, der Form der Koordination internationaler Aktivitäten sowie einer Prognose der Entwicklung von weltweiten internationalen Umsätzen, Direktinvestitionen und Exporten.

Im **zweiten Teil** des Fragebogens werden Daten zu den Aktivitäten der australischen Unternehmen in Europa erhoben. Der <u>erste Abschnitt</u> besteht aus Fragen zur Nutzung von Regional Headquarters und Gateways, der Ländersequenz des Markteintritts in Europa, der unterschiedlichen Arten der Marktbearbeitung

(Export, Lizenz, Direktinvestition) innerhalb Europas, der Relevanz des europäischen Marktes für die Gesamtunternehmung sowie einer Prognose der Entwicklung von Umsätzen, Direktinvestitionen und Exporten für Europa. Der zweite Abschnitt erfragt Informationen zur Standortwahl in Europa.

Die folgende Darstellung und Analyse der erhobenen Daten teilt sich in drei Kapitel. In **Kapitel 4.2** werden die befragten Unternehmen in den Dimensionen Unternehmensgröße und Branche sowie hinsichtlich ihrer Standortmuster in Europa auf ihre Repräsentativität für die relevante Grundgesamtheit untersucht. Anschließend werden in einem ersten grundlegendem Untersuchungsschritt alle erhobenen Daten einer Analyse der Streuungszerlegung unterzogen[28]. Hierzu wurden die Unternehmensdaten nach strukturellen Merkmalen wie Branche, Größe und Unternehmensalter gruppiert und die Mittelwerte und Standardabweichungen berechnet. Die folgend ermittelten Varianzen wurden dann für eine Analyse der Streuungszerlegung – aufgeteilt in die Streuung innerhalb der Gruppen sowie die Streuung zwischen den Gruppen – genutzt. Als Streuungsmaß wurde das in der Varianzanalyse gebräuchliche Maß Eta verwendet. Auf Grundlage der Streuungszerlegung konnte dann für alle erhobenen Daten beurteilt werden, ob der Erklärungsgehalt einer Gruppe, ausgedrückt durch die Binnenstreuung innerhalb der Gruppe, für bestimmte Variable hoch oder niedrig ist und somit, ob sich die Gruppe in Bezug auf das untersuchte Merkmal deutlich von den anderen Gruppen unterscheidet.

Es folgt eine Untersuchung der Beurteilung Europas durch die Unternehmen sowie eine Analyse ihrer Internationalisierungsstrategien und ihres Internationalen Standortwahlverhaltens.

In **Kapitel 4.3** werden in Beantwortung der ersten zentralen Forschungsfrage die Investitionsmotive der Unternehmen und ihre Begründung aus dem kontextualen Bedingungen des Herkunftslandes untersucht. Dazu werden, auf Basis der in der theoretischen Grundlegung dargestellten Modelle und Konzepte, mehrere Hypothesen entwickelt und einer Überprüfung durch die empirischen Daten unterzogen.

Im folgenden **Kapitel 4.4** werden zur Beantwortung der zweiten zentralen Forschungsfrage mehrere Hypothesen zur Begründung der Wahl von Ländermärkten als Standorte in Europa entwickelt und mit den empirischen Daten überprüft.

---

28 Zur Anwendung der statistischen Methoden siehe Erläuterungen im Anhang.

4.2 Darstellung der Unternehmen aus der Befragung

Aus der dieser Untersuchung zugrundeliegenden relevanten Grundgesamtheit australischer multinationaler Unternehmen mit Tochterunternehmen in Europa haben sich insgesamt 30 Unternehmen an der Befragung beteiligt. Die beteiligten Unternehmen gehören den Sektoren Bergbau, Industrie, Finanzdienstleistung, Großhandel, Transport und Lagerung sowie Kommunikationsdienstleistungen an und weisen sehr unterschiedliche Unternehmensgrößen in den Dimensionen Beschäftigung und Umsatz auf. Daher soll in einem ersten Schritt zunächst die Repräsentativität der befragten Unternehmen untersucht werden.

4.2.1 Prüfung der Repräsentativität

Zur Untersuchung der Repräsentativität werden die Ebenen der gesamten australischen Volkswirtschaft, die Gruppe der 2000 größten Unternehmen aus der IBIS Datenbank (IBIS, 1997) und die Gruppe der australischen Unternehmen mit Direktinvestitionen in Europa als Vergleichsgruppen zu den befragten Unternehmen

Abbildung 4.1; Schema der Repräsentativitätsprüfung.

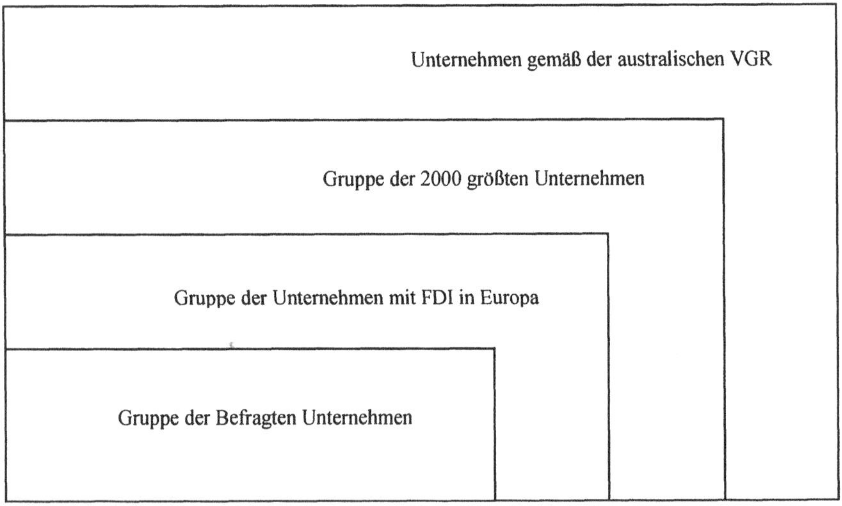

gewählt. Ziel der Untersuchung ist es festzustellen, inwieweit die befragten Unternehmen für die verschiedenen Gruppen repräsentativ sind und sich damit Ergebnisse und Aussagen der Erhebung auf diese anwenden lassen. Relevante Grundgesamtheit für diese Untersuchung ist dabei die Gruppe der australischen Unternehmen mit Direktinvestitionen in Europa. Daher gilt der Prüfung der Repräsentativität der befragten Unternehmen für diese Gruppe besondere Aufmerksamkeit. Um auf Basis der Auswertung der Befragung auch Aussagen zur neuen internationalen Integration der australischen Wirtschaft machen zu können, ist jedoch auch ein Mindestmaß an Repräsentativität für die Gruppe der 2000 größten Unternehmen notwendig.

Aus diesen Vergleichsebenen ergibt sich eine vierstufige Untersuchung der Repräsentativität der befragten Unternehmen, die in Abbildung 4.1 dargestellt ist.

Zunächst soll die Verteilung der Unternehmensgrößen innerhalb dieser vier Gruppen untersucht werden. Danach wird die Repräsentativität der Gruppe der befragten Unternehmen in Bezug auf die relevante Grundgesamtheit in den Dimensionen Branchenverteilung und geographischer Anordnung von Direktinvestitionen innerhalb Europas analysiert.

Die Repräsentativität wird hinsichtlich der vertretenen Unternehmensgrößen für die Dimensionen Umsatz und Beschäftigte getrennt untersucht. In diese Untersuchung werden die Gruppe der 2000 größten Unternehmen, die Gruppe der Unternehmen mit Direktinvestitionen in Europa sowie die Gruppe der befragten Unternehmen einbezogen. Für die Ermittlung der Größenklassen wurden dabei Quartile der relativen Häufigkeit des Merkmals innerhalb der relevanten Grundgesamtheit (australische Unternehmen mit FDI in Europa) gebildet. Dies resultiert in einer Gleichverteilung der Fallzahl über vier Klassen. Die so ermittelten Größenklassen wurden an den Klassengrenzen geglättet. Durch die nur geringfügige Glättung ergibt sich dabei keine nennenswerte Verschiebung zwischen den Quartilen.

Abbildung 4.2; Relative Häufigkeiten der Umsatz-Größenklassen in den Datengruppen.

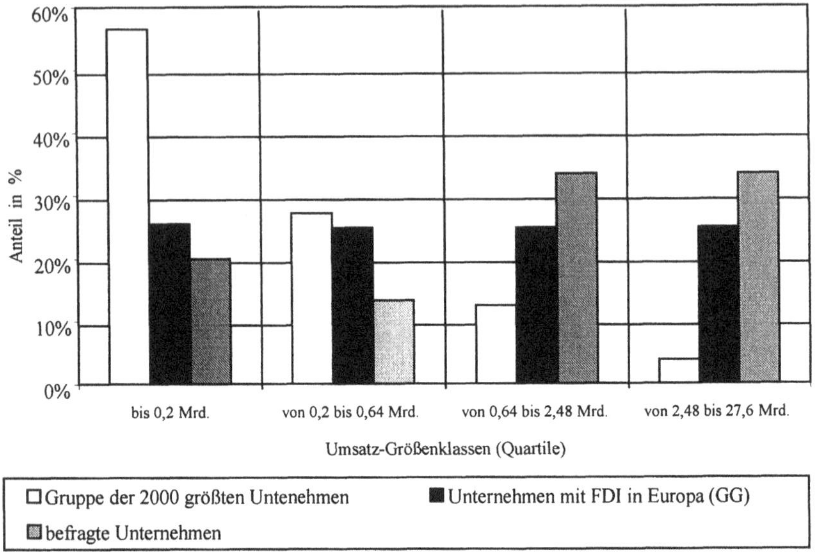

Quelle: eigene Berechnung.

In der Befragung sind Unternehmen mit einem Umsatz von mehr als 640 Mio. A$ stärker, und solche mit einem Umsatz von weniger als 640 Mio. A$ schwächer vertreten als in der relevanten Grundgesamtheit. Insgesamt besteht jedoch hinsichtlich der vertretenen Unternehmensgrößen eine gute Repräsentativität der befragten Unternehmen zur relevanten Grundgesamtheit. Weiterhin zeigt sich, dass die Gruppe der Unternehmen mit Direktinvestitionen in Europa einen deutlich höheren Anteil an großen Unternehmen aufweist als die Gruppe der 2000 größten Unternehmen. Daraus folgt, dass Unternehmen mit Direktinvestitionen in Europa im Mittel somit ressourcenstärker sind als Unternehmen der Gruppe der 2000 größten Unternehmen.

Ein nahezu identisches Bild entsteht beim Vergleich der relativen Häufigkeiten nach Beschäftigten-Größenklassen (Abb. 4.3). Für die Bildung der Beschäftigten-Größenklassen wurden ebenfalls Quartile der relativen Häufigkeit des Merkmals (Beschäftigte) innerhalb der Grundgesamtheit gebildet. Auch bei dieser Untersuchung ergibt sich eine gute Repräsentativität der Befragten Unternehmen zur relevanten Grundgesamtheit.

Abbildung 4.3; Relative Häufigkeiten der Beschäftigten-Größenklassen in den Datengruppen.

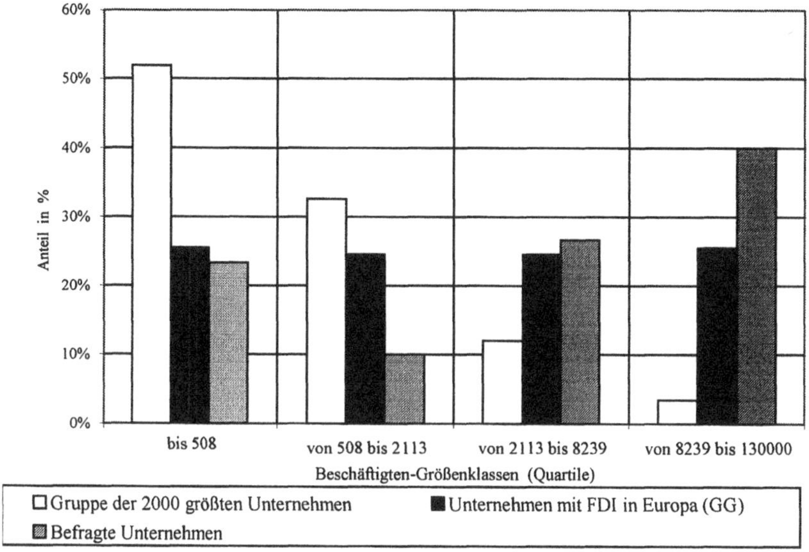

Quelle: eigene Berechnung.

Für die weitere Anwendung in dieser Untersuchung sollen die folgenden, von den Quartilen abweichenden Größenklassen nach Umsatz gebildet werden: kleine Unternehmen (bis 250 Mio. A$), Mittelgroße (250 Mio. A$ - 2 Mrd. A$), Große (2 - 5 Mrd. A$) und sehr große Unternehmen (über 5 Mrd. A$). Innerhalb dieser Größenklassen ergeben sich für die befragten Unternehmen vier etwa gleichgewichtig besetzte Klassen mit Häufigkeiten zwischen 20% und 30%. In den Klassen der kleinen und mittelgroßen Unternehmen sind die befragten Unternehmen dabei etwas schwächer vertreten und in den Klassen der großen und sehr großen Unternehmen etwas stärker als die Vergleichsgruppen.

Abbildung 4.4; Relative Häufigkeiten der gesetzten Umsatz-Größenklassen in den Datengruppen.

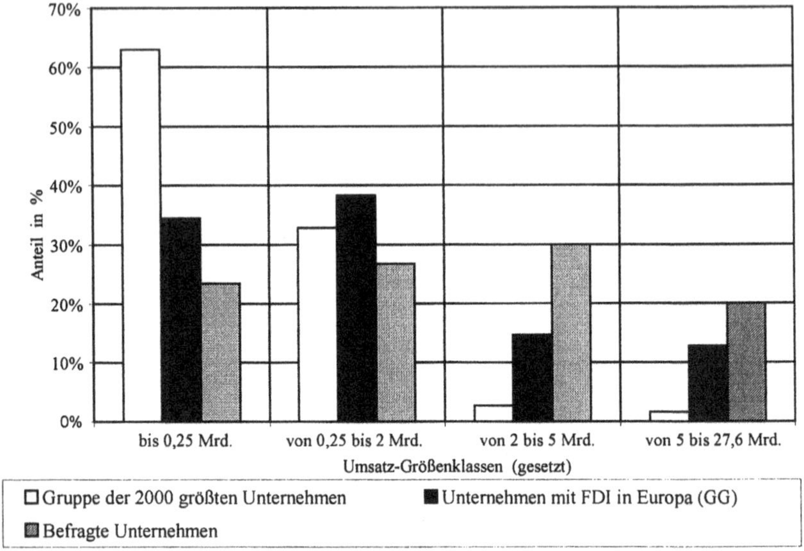

Quelle: eigene Berechnung.

Bei einer Untersuchung der Verteilungen der gesetzten Größenklassen für die relevante Grundgesamtheit und die Unternehmen aus der Befragung ergibt sich keine nennenswerte Abweichung von den zuvor gemachten Aussagen zur Repräsentativität.

Innerhalb einer vergleichenden Analyse der Umsatzverteilung nach Sektoren zwischen den vier Untersuchungsebenen ergibt sich eine gute Entsprechung der sektoralen Umsatzverteilung zwischen den verschiedenen Gruppen. Die folgende Grafik stellt die Verteilung der Umsätze nach Sektoren über die Gruppen der australischen VGR, der 2000 größten Unternehmen, der Gruppe mit Tochterunternehmen in Europa sowie der Gruppe der befragten Unternehmen dar.

Abbildung 4.5; Sektorale Umsatzverteilung der vier Datengruppen.

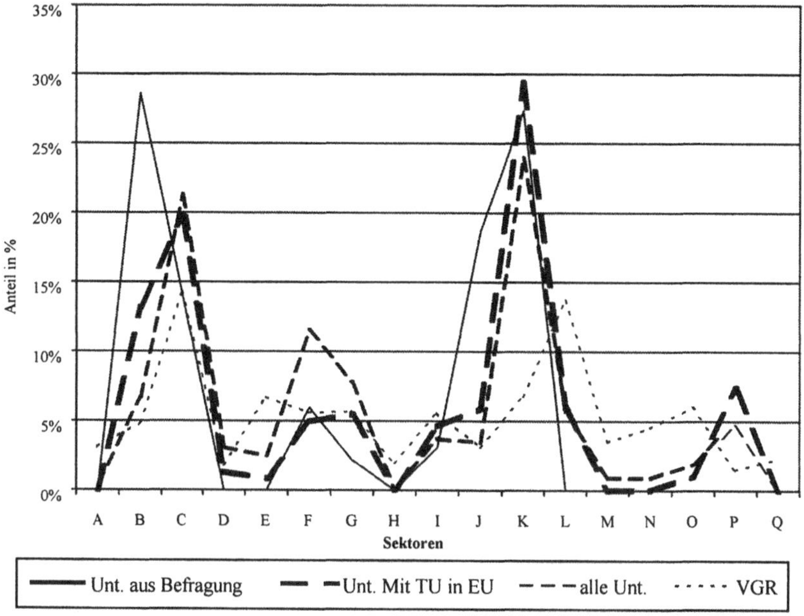

Quelle: eigene Berechnung.

Die Grafik zeigt eine gute Entsprechung der Umsatzverteilung auf Sektoren zwischen den befragten Unternehmen und der relevanten Grundgesamtheit und eine näherungsweise Entsprechung mit der Gruppe der 2000 größten Unternehmen. Der Zusammenhang mit der sektoralen Verteilung der Daten der VGR ist weniger stark. Dies ist dadurch erklärbar, dass in den Daten der VGR kleine, national oder nur in einer subnationalen Region tätige Unternehmen enthalten sind, die sich in den Dimensionen Größe und Sektor von den international tätigen Unternehmen deutlich unterscheiden.

Im Folgenden wird die innerhalb dieser Arbeit besonders interessierende Repräsentativität der befragten Unternehmen für die relevante Grundgesamtheit separat analysiert. Dabei ergibt sich, dass die Repräsentativität der befragten Unternehmen unter Berücksichtigung der mit 30 Datensätzen geringen Fallzahl sehr hoch ist.

Abbildung 4.6; Sektorale Umsatzverteilung von Grundgesamtheit und befragten Unternehmen.

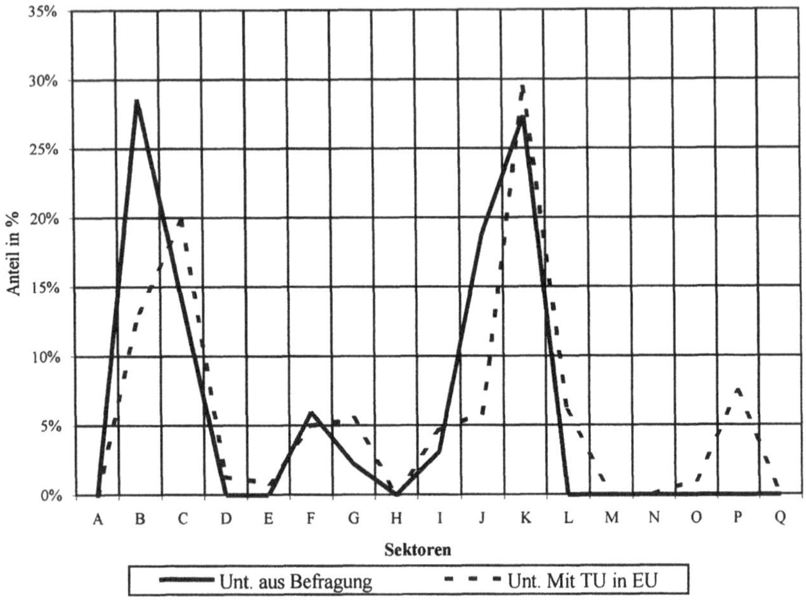

Quelle: eigene Berechnung.

Die Sektoren Agriculture (A), Hospitality (H), Government (M), Education (N), und Personal Services (Q) sind weder in der relevanten Grundgesamtheit, noch in der Gruppe der befragten Unternehmen vertreten. Somit besteht Übereinstimmung hinsichtlich dieser nicht in Europa vertretenen Sektoren zwischen der relevanten Grundgesamtheit und der Befragung. Weiterhin sind die Sektoren Industry (C) und Retail (G) in der relevanten Grundgesamtheit sowie, wenn auch etwas schwächer, in der Gruppe der befragten Unternehmen vertreten.

Eine Abweichung besteht hinsichtlich der Sektoren Utilities (D), Construction (E), Property & Business Services (L), Health & Community Service (O) und Cultural & Recreational Services (P), die zwar in der relevanten Grundgesamtheit vertreten sind, aber nicht in der Gruppe der Unternehmen aus der Befragung. Innerhalb der relevanten Grundgesamtheit stellen die Sektoren Utilities (D) mit 1,3%, Construction (E) mit 0,9% und Health & Community Service (O) mit 1,1% jedoch nur sehr kleine Anteile dar. Ihre Anteile innerhalb der Gruppe der 2000 größten Unternehmen sind, mit jeweils unter 3,1%, ebenfalls gering. Daher kann das Fehlen dieser Sektoren bei den befragten Unternehmen im Rahmen dieser Untersuchung vernachlässigt werden. Die Sektoren Property & Business Services (L), mit 5,9%, und Cultural & Recreational Services (P), mit 7,4%, stellen innerhalb der relevanten Grundgesamtheit mittelgroße Anteile dar. Ihr Anteil an der Gruppe der 2000 größten Unternehmen beträgt für Property & Business Services (L) 5,7% und für Cultural & Recreational Services (P) 5,2%. Damit sind beide Sektoren auch in der Gruppe der 2000 größten Unternehmen, mit jeweils über 5%, relevant vertreten. Insofern besteht hinsichtlich dieser Sektoren eine Abweichung hinsichtlich der Repräsentativität der befragten Gruppe.

Für die weitere Untersuchung wird aus Gründen der geringen Fallzahl in einigen Sektoren eine Verdichtung der schwach besetzten Dienstleistungsbranchen zu einer Gruppe „sonstige Dienstleistungen" durchgeführt. Es wird angenommen, dass sich das Fehlen von Fällen der Sektoren L und P innerhalb dieser aggregierten Gruppe nicht nennenswert auf die Untersuchungsergebnisse auswirkt. Insofern wird auf eine weitergehende diesbezügliche Untersuchung verzichtet.

In der folgenden Tabelle werden die Anteile der befragten Unternehmen an den anderen drei Gruppen für jeden Sektor ausgedrückt. Hierbei zeigt sich, dass nach Umsatz über alle Sektoren die befragten Unternehmen einen Anteil von über 25% an der relevanten Grundgesamtheit sowie von 9,51% an der Gruppe der 2000 größten Unternehmen darstellen. Damit erreichen die befragten Unternehmen eine hohe quantitative Abdeckung.

Der gebildete Sektor „sonstige Dienstleistungen" (X) setzt sich aus den in der Tabelle mit * gekennzeichneten Sektoren F, I und J zusammen und erreicht eine 45 prozentige Abdeckung der zusammengefassten Sektoren (F, I und J) der Grundgesamtheit.

Tabelle 4.2; Anteile der befragten Unternehmen an den drei Datengruppen nach sektoralem Umsatz.

Sektorale Verteilung der befragten Unternehmen			**Anteile der befragten Unternehmen an:**		
Sektor	**Umsatz in `000 A$**	**in %**	**VGR**	**Gruppe der 2000 größten Unternehmen.**	**Grundgesamtheit**
A	0	0,0%	0,0%	0,0%	
B	29.874.095	28,62%	0,11%	40,41%	54,31%
C	14.611.371	14,0%	0,02%	6,26%	17,73%
D	0	0,0%	0,0%	0,0%	0,0%
E	0	0,0%	0,0%	0,0%	0,0%
F*	6.229.500	5,97%	0,02%	4,92%	29,95%
G	2.327.665	2,23%	0,01%	2,71%	10,18%
H	0	0,0%	0,0%	0,0%	0,0%
I*	3.243.000	3,11%	0,01%	7,87%	16,84%
J*	19.538.374	18,72%	0,11%	50,97%	79,25%
K	28.558.000	27,36%	0,08%	10,87%	23,31%
L	0	0,0%	0,0%	0,0%	0,0%
M	0	0,0%	0,0%	0,0%	
N	0	0,0%	0,0%	0,0%	
O	0	0,0%	0,0%	0,0%	0,0%
P	0	0,0%	0,0%	0,0%	0,0%
Q	0	0,0%	0,0%	0,0%	
	104.382.005	100,0%	0,0210%	9,51%	25,04%
X*; (F,I,J)	29.010.874	27,79%	0,04%	14,07%	44,83%

Quelle: eigene Berechnung.

Ein wichtiges Erhebungsmerkmal für diese Untersuchung sind die Standortmuster der Unternehmen in Europa. Aus diesem Grund soll die Repräsentativität der Gruppe der befragten Unternehmen auch in dieser Eigenschaft untersucht werden. Die folgende Grafik stellt die Länderverteilung von europäischen Direktinvestitionen der Gruppe der australischen Unternehmen mit FDI in Europa, also der relevanten Grundgesamtheit dieser Untersuchung dar.

Karte 4.1; Verteilung australischer Unternehmen in Europa.

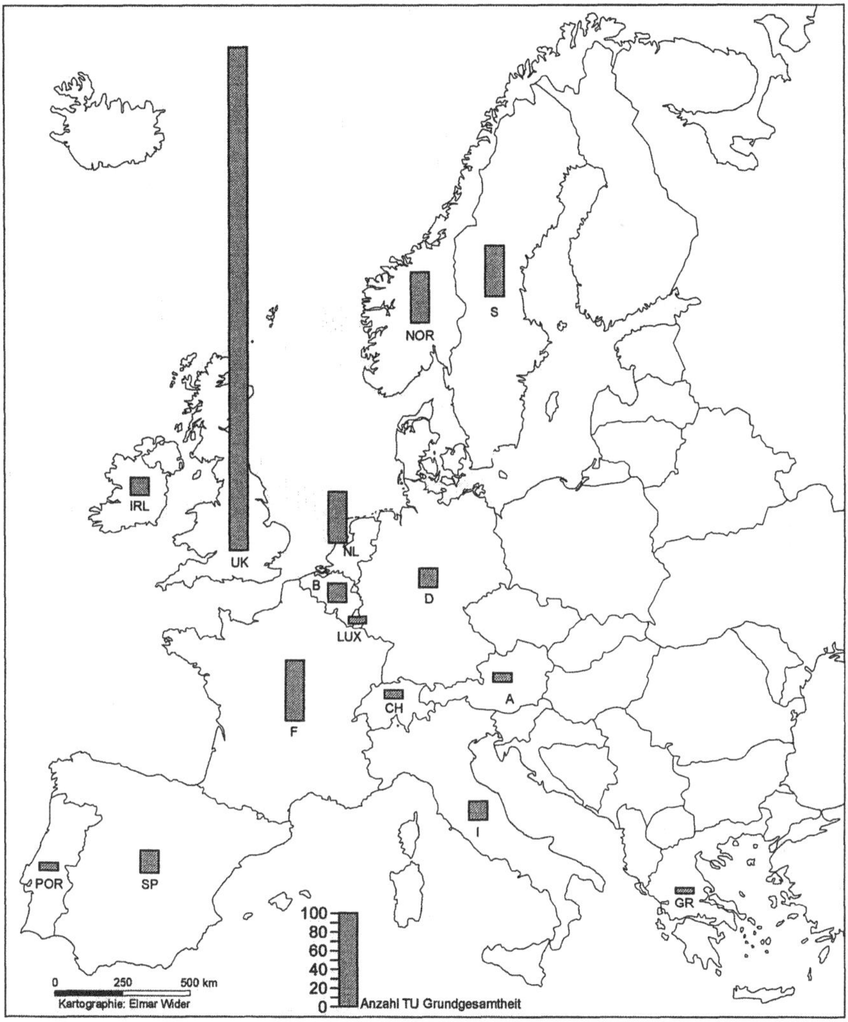

Quelle: eigene Darstellung (Daten aus IBIS, 1997)

Die Untersuchung zeigt, dass die Gruppe der befragten Unternehmen eine für die relevante Grundgesamtheit (australische Unternehmen mit FDI in Europa) repräsentative Verteilung der Direktinvestitionen auf die europäischen Länder aufweist. Die wichtigsten acht Investitionsempfängerländer sind mit Ausnahme einer Abweichung identisch, und auch die Rangfolgen der Länder weisen nur geringfügige Unterschiede zwischen beiden Gruppen auf.

Abbildung 4.7; Verteilung der Tochterunternehmen auf Länder in Europa.

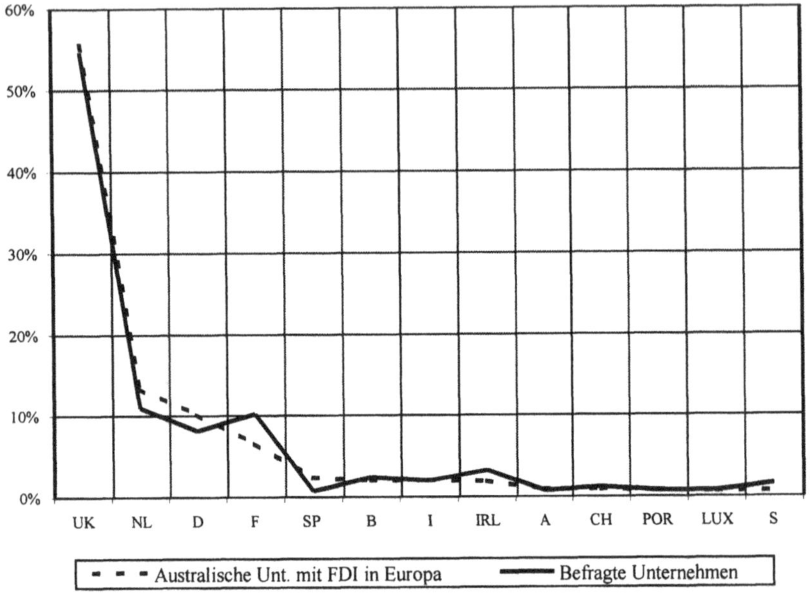

Quelle: eigene Berechnung (Daten aus Erhebung).

Es fällt jedoch auf, dass die Niederlande, Deutschland und Spanien innerhalb der relevanten Grundgesamtheit stärker vertreten sind, während in der Gruppe der befragten Unternehmen die Länder Frankreich, Irland und Schweden stärker besetzt sind.

Beurteilung der Repräsentativität der befragten Unternehmen

Als Fazit zur Repräsentativität der Gruppe der befragten Unternehmen für die relevante Grundgesamtheit steht die Aussage, dass die befragten Unternehmen hinsichtlich ihrer Branchenverteilung, der Verteilung auf Größenklassen sowie in Bezug auf die räumliche Verteilung ihrer Direktinvestitionen in Europa ein sehr hohes Maß an Repräsentativität für die relevante Grundgesamtheit aufweisen.

Die relevante Grundgesamtheit ist dabei die Gruppe der australischen Unternehmen mit Direktinvestitionen in Europa. Mit einer umsatzbezogenen Abdeckung von 25% über die vertretenen Sektoren der Grundgesamtheit erreichen die befragten Unternehmen auch eine hohe quantitative Abdeckung. Die Repräsentativität und quantitative Abdeckung der befragten Unternehmen für die Gruppe der 2000 größten Unternehmen (9,5%) ist erwartungsgemäß schwächer.

Es wird anhand dieser Feststellungen angenommen, dass die weiteren Untersuchungsergebnisse aussagekräftig für das Internationalisierungsverhalten australischer Unternehmen in Europa sind. Aufgrund der ermittelten Repräsentativität der befragten Unternehmen für die Gruppe der 2000 größten Unternehmen erscheinen auf Grundlage der erhobenen Daten auch Aussagen für diese Gruppe und damit zur neuen Integration Australiens in die Weltwirtschaft möglich.

4.2.2 Struktur der befragten Unternehmen

Um eine bessere Gruppenbildung zu erreichen, wurden die Sektoren Großhandel, Transport und Lagerung sowie Kommunikationsdienstleistungen unter der Sektorbezeichnung „sonstige Dienstleistung“ zusammengefasst. Damit ergeben sich vier Sektorgruppen mit ausreichender Fallzahl, die eine an Clustern orientierte Auswertung der Erhebung im weiteren Verlauf der Untersuchung ermöglichen. Die folgende Tabelle zeigt die umsatzgewichtete Abdeckung der relevanten Grundgesamtheit durch die Gruppe der befragten Unternehmen in den gebildeten Sektorgruppen. Die beste Abdeckung hat der Bergbausektor mit 54,3%, die schlechteste der industrielle Sektor mit 17,1%.

Tabelle 4.3; Verteilung der befragten Unternehmen auf Sektoren.

Branche	**Anteil in der Erhebung**	**Anzahl der Unternehmen**	**Umsatzgewichteter Anteil der befragten Unternehmen an der Grundgesamtheit**
1. Bergbau (B)	20,0%	6	54,3%
2. Industrie (C)	50,0%	15	17,1%
3. Finanzdienstleistung (K)	13,3%	4	23,3%
4. Sonstige Dienstleistung (X) (2 Großhandel, 2 Transport, 1 Kommunikation)	16,7%	5	44,8%
Gesamt		**30**	

Quelle: eigene Berechnung.

Bei einer nach Sektoren getrennten Betrachtung der Unternehmensgrößen nach Umsatz ergibt sich das in der folgenden Tabelle dargestellte Bild. Bei den durchschnittlichen Umsätzen liegt die Branche Finanzdienstleistung vor den sonstigen Dienstleistungen gefolgt von Bergbau und Industrie. Diese Reihenfolge der Sektoren entspricht auch einer nach dem Branchenalter gebildeten Reihenfolge. Dabei wurde das Branchenalter aus den Mittelwerten der Gründungsjahre der einzelnen Unternehmen berechnet.

Hinsichtlich der Branchenverteilung innerhalb der Klassifizierung nach Gründungsdatum fallen die Unternehmen der Branchen Finanzdienstleistung und sonstige Dienstleistung durch frühe Gründungsjahre auf.

Tabelle 4.4; Sektoren nach Unternehmensalter und -größe.

	Branche	**Gründungsjahr (Mittelwerte)**	**Umsatz '97 in '000s (Mittelwerte)**	**Arbeitnehmer (Mittelwerte)**
K	Finanzdienstleistung	1890	7.139.500	17.365
X	sonstige Dienstleistung	1903	6.218.508	30.755
B	Bergbau	1933	4.979.016	14.500
C	Industrie	1944	990.491	2.301
	Mittelwert über alle Branchen	**1927**	**3.479.400**	**12.066**

Quelle: eigene Berechnung.

Bei einer nach gesetzten Umsatzgrößenklassen unterteilten Darstellung der Unternehmen ergibt sich das in der folgenden Tabelle dargestellte Bild.

Tabelle 4.5; Befragte Unternehmen nach Größenklassen.

Anzahl der MNU	**Anteil in %**	**Größenklassen in `000 A$**	**Umsatz '97 in '000, Mittelwerte**	**Arbeitnehmer, Mittelwerte**
6	20,0%	Umsatz > 5.000.000	11.653.583	37.545
9	30,0%	5.000.000 > Umsatz > 2.000.000	2.796.690	12.106
8	26,7%	2.000.000 > Umsatz > 250.000	1.068.608	3.213
7	23,3%	250.000 > Umsatz	105.918	355
		Mittelwert über alle Größenklassen	**3.479.400**	**12.079**

Quelle: eigene Berechnung.

In der Kategorie der sehr großen Unternehmen befindet sich ein Unternehmen aus dem Bergbau sowie drei Finanzdienstleister und zwei sonstige Dienstleister.

In der Kategorie der großen Unternehmen sind Unternehmen aus allen Sektoren etwa gleich vertreten (zwei Bergbau, drei Industrie, drei sonstige Dienstleistung und ein Unternehmen der Finanzdienstleistung). In der Kategorie mittelgroßer Unternehmen sind drei Bergbau- und fünf Industrieunternehmen vertreten und in der Kategorie der kleinen Unternehmen befinden sich ausschließlich Industrieunternehmen.

Eine Einteilung nach Gründungsdatum ergibt eine Dreiteilung in die Zeiträume vor 1900 (elf Unternehmen), zwischen 1901 und 1974 (zehn Unternehmen) und nach 1975 (neun Unternehmen). Bei dieser Klassifizierung ergibt sich eine deutlich unterschiedliche Verteilung nach Unternehmensgrößen. Während der Durchschnittsumsatz für multinationale Unternehmen mit Gründungsdatum vor 1900 bei 5,8 Mrd. A$ liegt, beträgt er für Unternehmen, die zwischen 1901 und 1974 gegründet wurden, 3,5 Mrd. A$ und für die nach 1975 gegründeten 645 Mio. A$. Bei einer Betrachtung der Beschäftigtenzahlen der Unternehmen ergibt sich ein ähnliches Bild. Die Verteilung der Sektoren auf die Altersklassen zeigt, dass Unternehmen der Sektoren sonstige Dienstleistungen zu 60% und Finanzdienstleistungen zu 50% in der ältesten Gruppe enthalten sind, während nur 20% der Industrieunternehmen vor 1900 gegründet wurden. Die Gruppe mit Gründungsdatum zwischen 1901 und 1974 weist ausgeglichene Sektorenanteile mit 33% Bergbau, 40% sonstige Dienstleistungen und 40% Industrie auf, ähnlich wie die Gruppe mit Gründung ab 1975, die 20% des Sektors Finanzdienstleistung, 33% des Bergbaus und 40% des Industriesektors enthält.

Damit zeigt sich ein deutlicher Unterschied in durchschnittlicher Unternehmensgröße und Unternehmensalter für die verschiedenen Sektoren. Es besteht ein deutlicher Zusammenhang zwischen der Unternehmensgröße und dem Alter des jeweiligen Sektors. In den alten Sektoren, Finanzdienstleistung und sonstige Dienstleistung, überwiegen deutlich große Unternehmen, während im jüngeren Bergbausektor mittlere Unternehmensgrößen und eine gleichmäßige Verteilung junger und alter Unternehmen besteht und im jungen industriellen Sektor vorwiegend kleine Unternehmen vertreten sind. Die Sektoren Finanzdienstleistung und sonstige Dienstleistung unterlagen auch vor dem Beginn des Reformprozesses in Australien einem stärkerem Wettbewerb als der Industriesektor.

4.2.3 Beurteilung Europas durch die Unternehmen

Die von den Unternehmen erwarteten Veränderungen weltweiter Aktivitäten stellen wichtige Aussagen zur neuen internationalen Integration australischer Unternehmen dar. Besonders die Beurteilung der Bedeutung des europäischen Marktes und die von den Unternehmen erwarteten Veränderungen von Umsätzen und FDI in Europa sind für eine Beurteilung der Bedeutung Europas für die Internationalisierung australischer Unternehmen relevant. Daher sollen die Angaben der Unternehmen zu erwarteten Veränderungen bei weltweiten und europäischen Umsätzen und FDI nach Branchen und Größenklassen differenziert untersucht werden.

Die Beurteilung der Bedeutung des europäischen Marktes durch die Unternehmen ergibt, dass über 89 % der befragten Unternehmen Europa als wichtigen oder sehr wichtigen Markt einschätzen. Nur drei Unternehmen (ein Bergbau- und zwei Industrieunternehmen) beurteilen den europäischen Markt als für ihre Tätigkeit „nicht so wichtig" und keines der Unternehmen stufte ihn als „unwichtig" ein.

Tabelle 4.6; Beurteilung Europas durch die befragten Unternehmen.

Beurteilung	Anzahl der Nennungen	Anteil in %
unwichtig	0	0,0%
nicht besonders wichtig	3	10,3%
wichtig	11	37,9%
sehr wichtig	15	51,7%
Durchschnittswert 2,41		
0= unwichtig, 1= nicht besonders wichtig, 2= wichtig, 3= sehr wichtig		

Quelle: eigene Berechnung.

Tabelle 4.7; Beurteilung der zukünftigen Entwicklung des europäischen Marktes.

Einschätzung der Entwicklung	**Durchschnittswerte**
Europa wird attraktiver	1,72
Beeinflusst die Standortwahl in Europa	1,10
Fördert die Zentralisierung von Aktivitäten in Europa	1,03
Erschwert den Markteintritt nach Europa	0,93
Standortkriterien verändern sich von der Beachtung des Volumens der Einzelmärkte zur Lage innerhalb Europas	0,86
Resultiert in Veränderungen der bestehenden Standortmuster	0,61
0= kein Einfluss, 1= schwacher Einfluss, 2= Einfluss, 3= starker Einfluss	

Quelle: eigene Berechnung.

Bei der Beurteilung der Auswirkungen zukünftiger Entwicklungen des europäischen Binnenmarktes wird die Steigerung der Attraktivität des Marktes mit Abstand am stärksten betont. Ein schwacher Einfluss der Entwicklungen in Europa wird auf die Wahl zukünftiger Standorte in Europa gesehen sowie auf eine Zentralisierung von Aktivitäten innerhalb Europas. Eine stärkere Berücksichtigung der „Lage innerhalb Europas" im Verhältnis zum Marktvolumen einzelner Ländermärkte bei der Standortwahl wird, ebenso wie die Erwartung einer Erschwerung des Markteintritts durch die Entwicklung des Binnenmarktes, von den befragten Unternehmen als schwacher bis kein Einfluss bezeichnet.

Abbildung 4.8; Erwartete Veränderungen von intl. Umsatz, FDI und Export nach Sektoren (1998 - 2003).

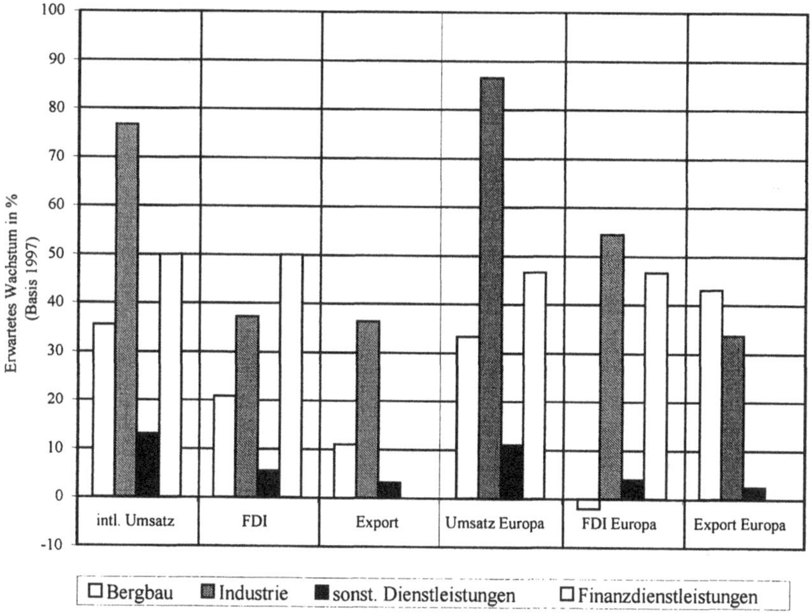

Quelle: eigene Berechnung.

In der Erhebung wurden die australischen multinationalen Unternehmen nach ihrer Einschätzung der Entwicklung von internationalen Umsätzen, Direktinvestitionen und der Entwicklung von Exporten zum einen weltweit, zum anderen für Europa innerhalb eines Zeitraums von fünf Jahren (1998 - 2003) befragt. Insgesamt erwarten die australischen Unternehmen dabei ein deutliches Wachstum ihrer internationalen Aktivitäten. Für die verschiedenen Sektoren ergibt sich jedoch ein differenziertes Bild, bei dem vor allem der industrielle Sektor weltweit und in Europa bei Umsätzen, Direktinvestitionen und Exporten starke Zuwächse erwartet.

Der Bergbausektor erwartet weltweit Zuwächse bei internationalen Umsätzen, Direktinvestitionen und Exporten, wobei die Zunahme der Direktinvestitionen mit über 20% stärker ist als die bei Exporten mit 11%. Für Europa wird im Bergbau allerdings eine Abnahme der Investitionen bei gleichzeitig steigenden Exporten erwartet. Die Industrieunternehmen erwarten die im Vergleich höchsten Zuwächse bei internationalen Umsätzen, sowie ein ebenfalls starkes Wachstum internationaler Investitionen und Exporte. Der erwartete Anstieg bei den Direktinvestitionen ist dabei für Europa mit 54,5% deutlich höher als der für die gesamten internationalen Aktivitäten erwartete, mit lediglich 37,1%. Dies gilt auch für die Beurteilung der Umsätze in Europa und weltweit. Allerdings sind die erwarteten Exportzuwächse für Europa geringer als die weltweit erwarteten. Das bedeutet, dass Unternehmen des industriellen Sektors generell – und besonders für Europa – durch FDI und nicht mit Exporten internationalisieren. Dies bestätigt die These von Craig/Yetton von der hohen Bedeutung der Direktinvestitionen im Gegensatz zu Exporten bei der Internationalisierung australischer Industrieunternehmen (Craig/Yetton, 1994; vgl. auch Abschnitt 3.3.3.4).

Unternehmen des Sektors sonstige Dienstleistungen erwarten international wie auch für Europa moderates Wachstum in allen drei Kategorien. Auch die Finanzdienstleister erwarten eine für Europa wie international identische Zunahme von Umsätzen und Direktinvestitionen.

Beachtenswert erscheint die Höhe der von den Industrieunternehmen innerhalb von fünf Jahren erwarteten Zuwächse bei Umsätzen (+ 86,6%) und Investitionen (+54,5%) in Europa. Diese sind zum einen Beleg für die Relevanz Europas im Rahmen der Internationalisierung der australischen Industrieunternehmen, und zum anderen Indiz für die Bedeutung dieses Sektors für die neue internationale Integration Australiens in die Märkte der Triade.

Die Ergebnisse bestätigen die in Teil drei der Arbeit vorgestellten Strategietypen hinsichtlich einer geringen Bedeutung der Exporte innerhalb der internationalen Strategien australischer Unternehmen. Es ist jedoch erkennbar, dass, außer dem Bergbau, auch der innerhalb der neuen Internationalisierung an Bedeutung gewinnende Industriesektor in stärkerem Maße ein Wachstum durch Exporte – besonders für Europa – erwartet. Die Direktinvestitionen dieses Sektors dienen in stärkerem Maße der Durchführung von Vertriebs- und Servicefunktionen.

Eine nach Unternehmensgrößenklassen differenzierte Analyse der erwarteten Veränderungen zeigt ein unerwartetes Bild.

Abbildung 4.9; Erwartete Veränderungen von intl. Umsatz, FDI und Export nach Größenklassen (1998 - 2003).

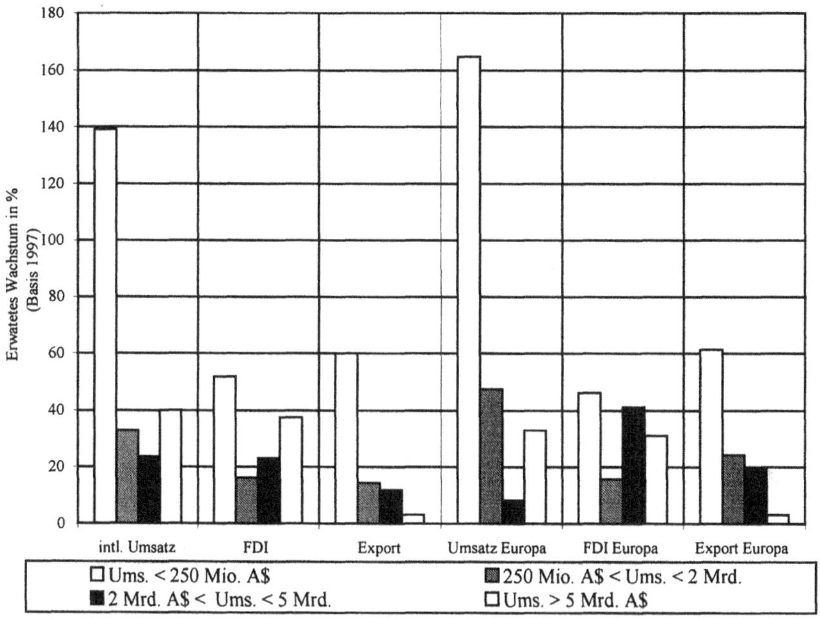

Quelle: eigene Berechnung.

Entgegen der Erwartung, dass Wachstum internationaler Aktivitäten besonders bei ressourcenstarken Unternehmen erwartet wird, sind es vor allem die Kleinunternehmen, die einen hohen Anstieg internationaler Umsätze, Exporte und Investitionen weltweit und in Europa erwarten. Große (2 Mrd. A$ < Ums. > 5 Mrd.) und sehr große Unternehmen (Ums. > 5 Mrd. A$) erwarten für Europa vor allem einen Anstieg der Direktinvestitionen und deutlich geringere Zunahme bei Exporten. Somit ergibt sich eine Relevanz kleiner Unternehmen innerhalb der neuen Internationalisierungsprozesse australischer Unternehmen.

Die Ergebnisse der Befragung bestätigen klar die Bedeutung Europas als neue Zielregion australischer Direktinvestitionen und damit auch als Untersuchungsregion in dieser Arbeit. Die nach Sektoren differenzierte Untersuchung zeigt, dass zukünftiges Wachstum bei Direktinvestition in Europa aus den Bereichen Industrie und Finanzdienstleistungen zu erwarten ist, während der Bergbausektor Desinvestitionen plant.

4.2.4 Strategietypen australischer Unternehmen

Internationale Aktivitäten können durch die Kriterien der internen oder externen Durchführung, sowie des Ortes der Wertschöpfung in die drei Arten: Exporte, Lizenzvergabe und Direktinvestition unterteilt werden (Schanz, 1995). Direktinvestitionen lassen sich weiterhin in kooperative (Joint Venture) sowie eigenständige (Tochterunternehmen) einteilen (Pausenberger, 1994). Von den befragten Unternehmen verfügen 48,3% über gemeinschaftliche Investitionen (JV), 34,5% der Unternehmen exportieren und 20,7% nutzen Lizenzvereinbarungen zur Bedienung internationaler Märkte. Weiterhin fällt auf, dass über 44% der Unternehmen angeben, strategische Allianzen in internationalen Märkten zu nutzen. Dies deutet auf eine besondere Bedeutung dieser Art der internationalen Tätigkeit in den Märkten der Triade hin (Schamp, 2000). Für die Analyse der Anwendung verschiedener Arten der Marktbedienung erfolgte eine Metagruppenbildung. Diese resultiert in der Bildung von vier Gruppen nach den Kriterien Alter und Größe in die Kategorien: klein/alt, klein/jung, groß/alt und groß/jung.[29]

Abbildung 4.10 stellt die Arten internationaler Marktbearbeitung in den Metagruppen gegenüber.

Die Grafik zeigt, dass vor allem Unternehmen der Kategorie klein/alt sich einer ausgewogenen Mischung aller Arten internationaler Marktbearbeitung bedienen.

Klein/junge Unternehmen verwenden weder Lizenzvereinbarungen noch Joint Ventures und nutzen interessanterweise auch nur in geringem Umfang Exporte. Die Kategorien groß/alt und groß/jung nutzen alle Arten der Marktbearbeitung, wobei die Kategorie groß/alt sowohl Joint Venture als auch strategische Allianzen stärker nutzt, während die Kategorie groß/jung mehr Lizenzvereinbarungen anwendet. Interessant ist auch das Ergebnis zur Nutzung strategischer Allianzen. Diese werden stärker von kleinen Unternehmen genutzt als großen, und innerhalb dieser Kategorisierung wiederum mehr von den älteren, erfahreneren als den jüngeren Unternehmen.

Bei der Art der Investition ergibt sich deutlich, dass Greenfield Investitionen und Akquisitionen die am meisten genutzten Varianten darstellen. Während Akquisitionen bei den frühen Investitionen eine bedeutende Rolle spielen, nimmt ihre Anwendung jedoch bei den sequentiellen Investitionen ab. Joint Venture Investitionen sind über den gesamten Verlauf von Erst- und Folgeinvestitionen von

29 Zur Bildung der vier Metagruppen wurden die Umsatz-Größenklassen Umsatz > 500 Mio. A$ und Umsatz < 500 Mio. A$ mit den Altersklassen Gründung vor 1975 und Gründung nach 1975 verbunden; daraus resultiert die Einteilung der Unternehmen in vier Gruppen: alt/klein, alt/groß, jung/klein und jung/groß.

Abbildung 4.10; Arten internationaler Marktbearbeitung.

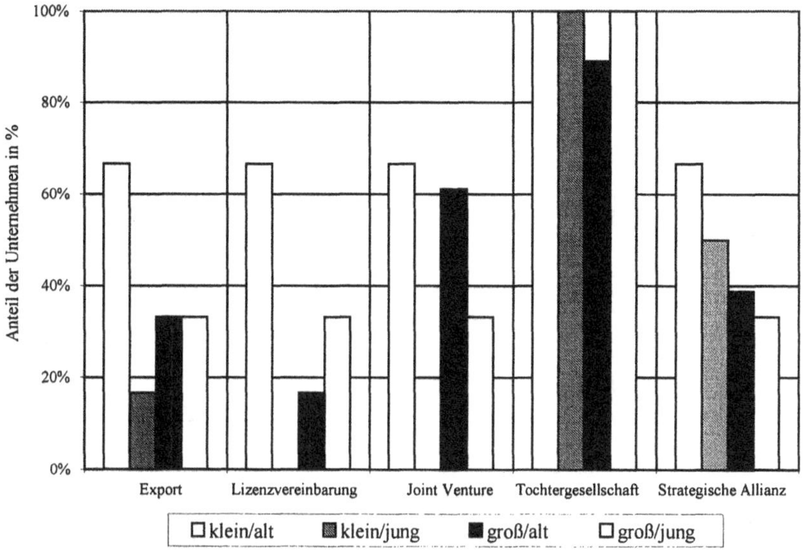

Quelle: eigene Berechnung.

lediglich untergeordneter Bedeutung. Für die initialen Direktinvestitionen in Europa gilt eine ungefähr gleichgewichtige Verteilung auf die Arten Greenfield und Akquisition.

Die folgende Grafik stellt die Anwendung der verschiedenen Investitionsarten für Erst- und Folgeinvestition gegenüber.

Damit stellen Greenfield Investitionen mit zunehmender Erfahrung auf dem europäischen Markt die vorherrschende Investitionsart der australischen Unternehmen dar. Ihre Anwendung nimmt mit steigender Erfahrung zu, während die Akquisitionen von einem hohen und Joint Venture Investitionen von einem niedrigen Niveau ausgehend mit zunehmender Investitionserfahrung in Europa weniger genutzt werden. Dabei ist zu bemerken, dass die sequentiellen Investitionen ab der fünften Investition ausschließlich Vertriebsfunktionen erfüllen.

Abbildung 4.11; Investitionsarten bei Erst- und Folgeinvestitionen in Europa.

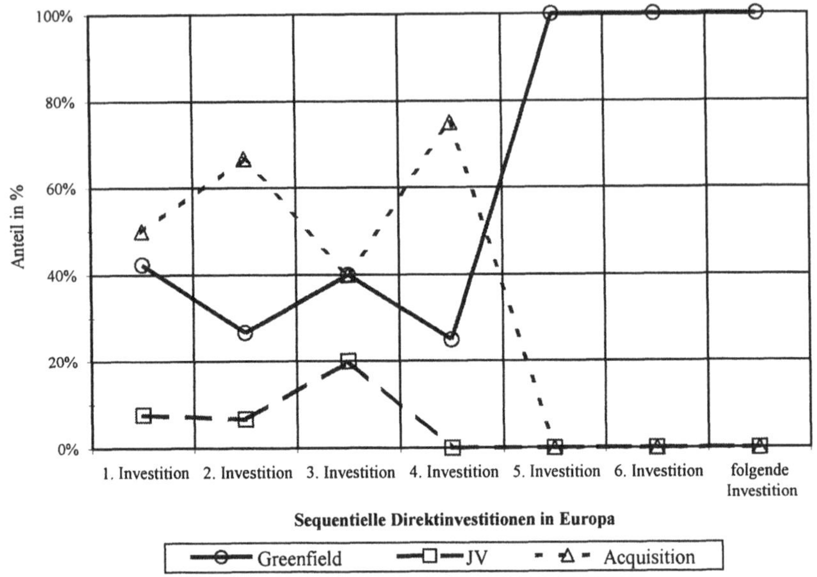

Quelle: eigene Berechnung.

Die folgende Karte zeigt die geographische Verteilung der Direktinvestitionen der befragten Unternehmen nach Investitionsarten in Europa. Wichtigste Empfängerländer sind neben Großbritannien auch Deutschland, Frankreich, die Niederlande und Spanien. Dabei fällt auf, dass in Deutschland der Anteil der Akquisitionen mit über 50% besonders hoch ist. Direktinvestitionen in der Form des Joint Venture gibt es in den Ländern Italien, Spanien, Frankreich, Großbritannien und der Schweiz.[30]

Die strategische Ausrichtung der befragten Unternehmen liegt zu 61,2% auf breiten Marktsegmenten und zu 25,9% auf Nischenstrategien. Dieses Ergebnis widerspricht der theoriegestützten Erwartung, dass australische Unternehmen, aus einem kleinem und relativ geschützten Heimatmarkt, stärker Nischenstrategien in ausgewählten internationalen Märkten verfolgen (Vahlne/Nordström, 1993). Während 53,3% der befragten Unternehmen individuelle, auf bestimmte Märkte

30 Die folgenden Karten 4.2 bis 4.5 basieren auf den Daten der eigenen Erhebung, während Karte 4.1 auf den Daten der IBIS Datenbank (1997) basiert.

Karte 4.2; Direktinvestitionen in Europa nach Art der Investition.

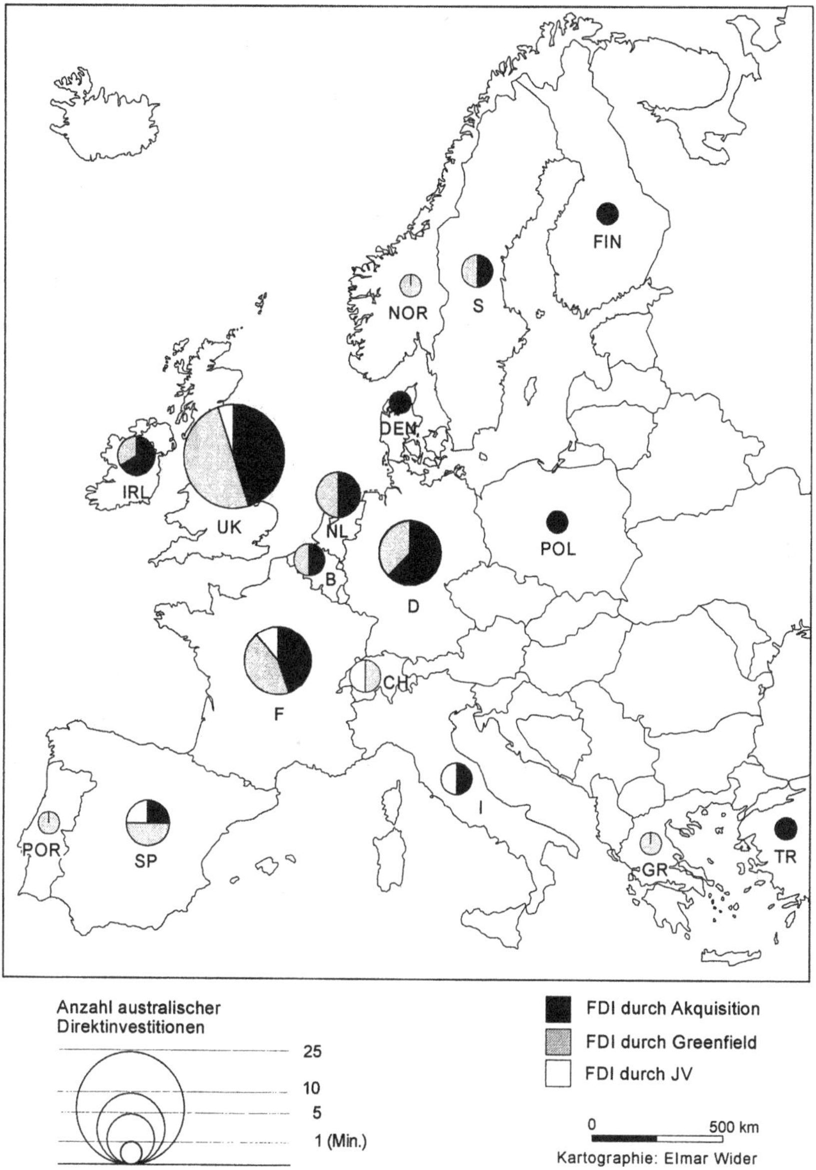

Quelle: eigene Berechnung (Daten aus Erhebung)

ausgerichtete, Strategien anwenden, verfolgen 30,4% eine Globalstrategie. Zwischen den Strategietypen Produktdifferenzierung (48,3%) und Kostenführerschaft (49,4%) sind die befragten Unternehmen annähernd gleichverteilt.

Abbildung 4.12; Strategietypen australischer Unternehmen nach Unternehmensalter.

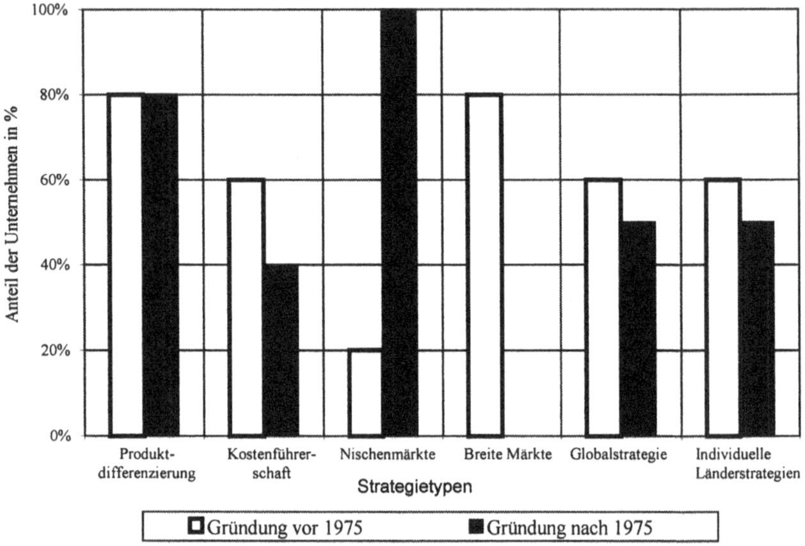

Quelle: eigene Berechnung.

Bei einer Untersuchung der Strategietypen nach Altersklassen der Unternehmen ergeben sich deutliche Unterschiede in den angewandten Strategien. Junge Unternehmen (Gründung nach 1975) wenden ausschließlich Nischenstrategien an und basieren ihre Wettbewerbsvorteile eher auf produktdifferenzierenden und weniger auf kostenfokussierten Strategien. Alte Unternehmen (Gründung vor 1975) nutzen überwiegend Strategien der Bedienung breiter Marktsegmente und in deutlich geringerem Maße Nischenstrategien.

Eine nach Unternehmens-Größenklassen differenzierte Analyse der Wettbewerbstrategien ergibt ebenfalls eine deutliche Differenzierung der Strategientypen.

Abbildung 4.13; Strategietypen australischer Unternehmen nach Größenklassen.

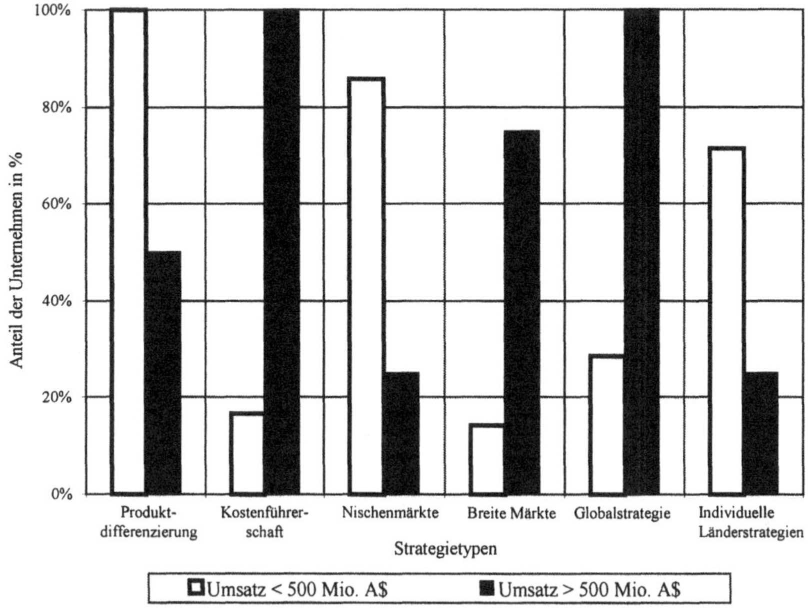

Quelle: eigene Berechnung.

Bei einer Aufteilung in kleine (Umsatz < 500 Mio. A$) und große Unternehmen (Umsatz > 500 Mio. A$) ergibt sich die oben abgebildete Verteilung der Strategietypen. Diese resultiert insgesamt in einer noch deutlicheren Differenzierung der Strategietypen als die Unterscheidung in Altersklassen. Kleine Unternehmen nutzen Strategien der Produktdifferenzierung, der Bedienung von Nischenmärkten und bevorzugen individuelle Länderstrategien. Große Unternehmen wenden Strategien der Kostenführerschaft an, bedienen dabei breite Marktsegmente und verfolgen Globalstrategien.

Die folgenden Netzdiagramme differenzieren die Internationalisierungsstrategien der befragten Unternehmen nach Sektoren. Um eine klarere Darstellung zu erreichen, werden jeweils nur zwei Sektoren (sonstige Dienstleistung / Finanzdienstleistung und Bergbau / Industrie) gemeinsam dargestellt.

Abbildung 4.14; Strategietypen australischer Unternehmen (sonst. Dienstleistung und Finanzdienstleistung).

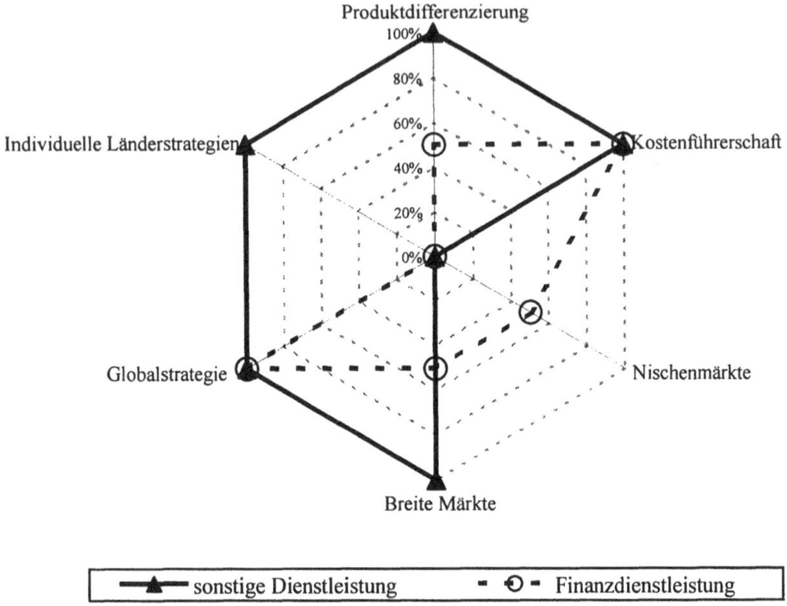

Quelle: eigene Berechnung.

Finanzdienstleister verfolgen eine Globalstrategie als Kostenführer und bedienen dabei sowohl breite Marktsegmente als auch Nischenmärkte zu etwa gleichen Teilen. In einem geringerem Umfang wenden sie auch Strategien der Produktdifferenzierung an. Individuelle Länderstrategien kommen nicht zur Anwendung.

Unternehmen des Sektors sonstige Dienstleistungen bearbeiten ausschließlich breite Märkte. Dabei wenden alle Unternehmen diese Sektors sowohl globale- als auch länderspezifische Strategien an und nutzen dabei die Strategien der Kostenführerschaft wie auch der Produktdifferenzierung.

Abbildung 4.15; Strategietypen australischer Unternehmen (Bergbau und Industrie).

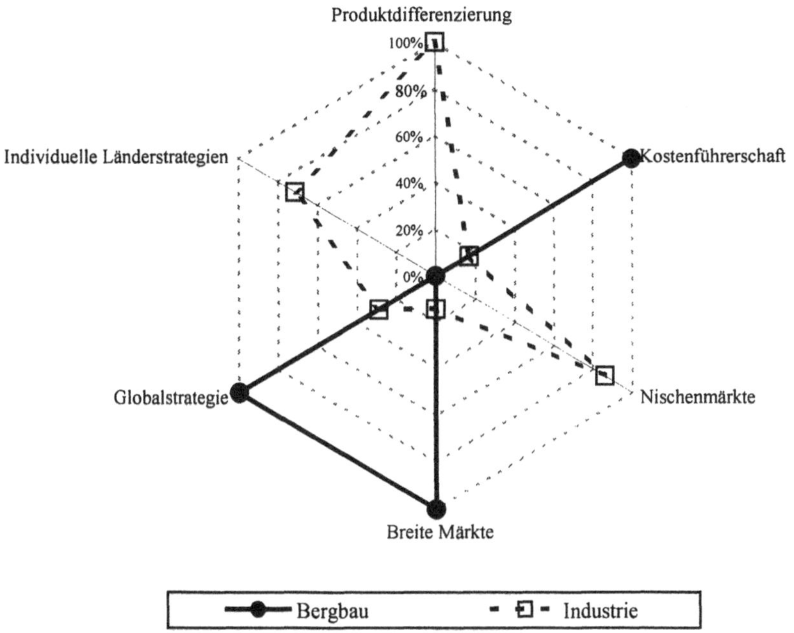

Quelle: eigene Berechnung.

Unternehmen aus dem Sektor Industrie verfolgen fast ausschließlich Strategien der Produktdifferenzierung in Verbindung mit Nischenmarktstrategien auf individuellen Ländermärkten. Globalstrategien und Konzentration auf breite Marktsegmente sowie Strategien der Kostenführerschaft werden von Industrieunternehmen nur in sehr geringem Umfang angewandt.

Australische Bergbauunternehmen verfolgen sämtlich eine Strategie der Kostenführerschaft als Globalstrategie in breiten Marktsegmenten. Individuelle Länderstrategien, Konzentration auf Nischenmärkte und Strategien der Produktdifferenzierung werden von keinem Unternehmen dieses Sektors angewandt.

Anordnung und Koordination der internationalen Aktivitäten bilden wichtige Parameter der Strategien internationaler Unternehmen. Die Nutzung eines mit der Unternehmensstrategie gut harmonierenden Organisationsmodells hat dabei eine strategieunterstützende Funktion.

Bei einer sektorübergreifenden Betrachtung führen 60% der Unternehmen international identische Wertschöpfungsaktivitäten wie im Stammland durch und 47% der Unternehmen betreiben internationale Vertriebs- und Serviceaktivitäten.

Bei einer nach Sektoren differenzierten Betrachtung betreiben Bergbau (50%), Industrie (60%) und sonstige Dienstleister (40%) internationale Vertriebs- und Serviceaktivitäten. Identische Wertschöpfungsaktivitäten wie in Australien führen alle Sektoren international durch, jedoch in sehr unterschiedlichem Umfang. Im Sektoren Bergbau und Finanzdienstleistung gilt dies für sämtliche Unternehmen (jeweils 100%), bei den Sektoren Industrie für 40% und bei den sonstigen Dienstleistungen für 50%.

Abbildung 4.16; Arten internationaler Wertschöpfung nach Branchen.

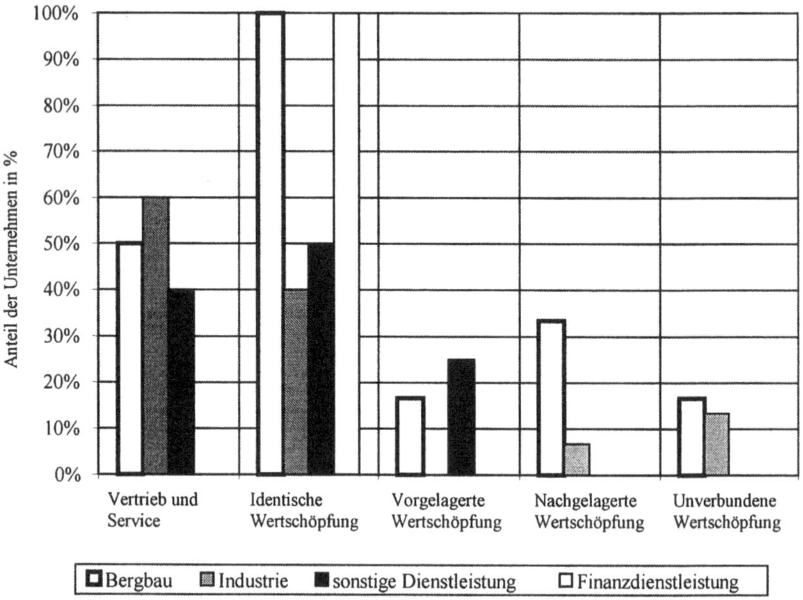

Quelle: eigene Berechnung.

Unternehmen des Finanzdienstleistungssektors führen in ihren internationalen Beteiligungsunternehmen dabei ausschließlich identische Wertschöpfungsaktivitäten wie in Australien aus. Vorgelagerte Wertschöpfungsaktivitäten werden von den Sektoren Bergbau (16,7%) und sonstige Dienstleistung (25%) ausgeführt. Nachgelagerte Aktivitäten werden von Bergbau (33,3%) und Industrie (6,7%) international betrieben. Mit der in Australien ausgeführten Wertschöpfung unverbundene Aktivitäten betreiben lediglich Unternehmen aus den Sektoren Bergbau (16,7%) und Industrie (13,3%).

Bei den Industrieunternehmen liegen die internationalen Tätigkeitsschwerpunkte damit auf unterstützenden Vertriebs- und Service-Aktivitäten sowie zu einem geringeren Anteil auch auf der internationalen Durchführung identischer Wertschöpfung wie im Stammland. Lediglich ein sehr geringer Anteil entfällt auf nachgelagerte Wertschöpfungstätigkeiten sowie solche Aktivitäten, die mit den in Australien durchgeführten unverbunden sind.

Die folgende Grafik zeigt eine nach Unternehmensgrößen getrennte Betrachtung der internationalen Wertschöpfungsaktivitäten.

Abbildung 4.17; Arten internationaler Wertschöpfung nach Umsatz-Größenklassen.

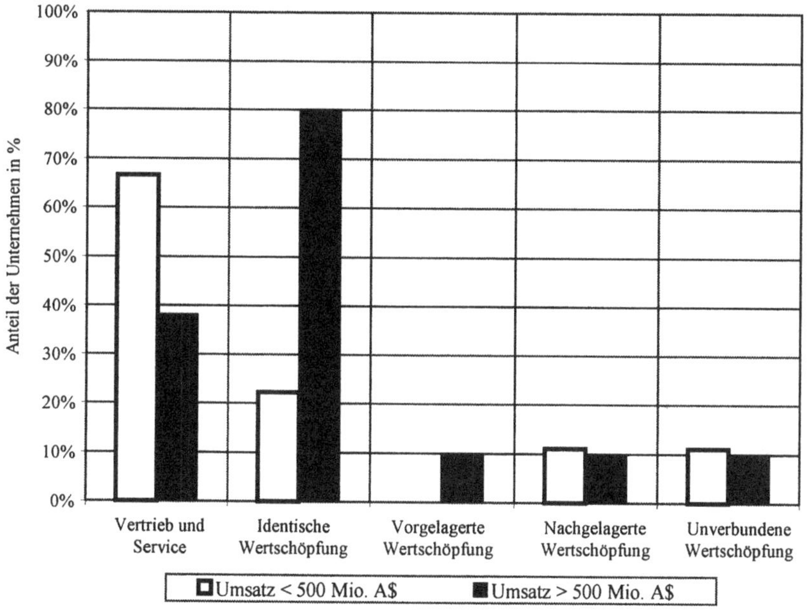

Quelle: eigene Berechnung.

Kleine Unternehmen haben in deutlich stärkerem Maße ihren Schwerpunkt internationaler Wertschöpfung bei Vertriebs- und Servicetätigkeiten (66,7%) und deutlich weniger in der Durchführung identischer Aktivitäten wie in Australien

(22,2%). Ebenso führen sie im Gegensatz zu großen Unternehmen keine Wertschöpfung in Form von vorgelagerten Aktivitäten aus und nur in geringem Umfang nachgelagerte Wertschöpfung (11%). Unverbundene Wertschöpfung wird ebenfalls nur von wenigen kleinen Unternehmen ausgeführt (11%). Große Unternehmen haben dagegen den Schwerpunkt ihrer internationalen Wertschöpfung bei der Durchführung identischer Aktivitäten wie in Australien (80%) und üben in deutlich geringerem Maße Vertriebs- und Servicetätigkeiten aus (38,1%). Vor- und nachgelagerte Aktivitäten sowie unverbundene Wertschöpfung werden von großen Unternehmen ebenfalls nur zu einem geringen Anteil ausgeführt (jeweils ca. 10%).

4.2.5 Internationalisierungsverhalten und Standortwahl

Im Rahmen der empirischen Erhebung wurden die Unternehmen befragt, ob sie eine standardisierte, kodifizierte Vorgehensweise bei der Standortwahl für neue, internationale Standorte nutzen oder jede Standortentscheidung individuell treffen. Über die Gesamtuntersuchung ergab sich, dass 24% der Unternehmen eine standardisierte Vorgehensweise nutzen, während 76% der Unternehmen jede Standortwahl individuell behandeln. Nach Sektoren betrachtet, nutzen Unternehmen aus den Bereichen Bergbau (50%) und Finanz DL (33%) ein standardisiertes Vorgehen stärker als Unternehmen aus den Branchen Industrie (13%) und sonst. DL (20%).

Innerhalb der empirischen Untersuchung erfolgte eine Einschränkung der Untersuchung des Standortwahlverhaltens der Unternehmen auf die Auswahl von Ländermärkten.

In der Erhebung wurden die Unternehmen nach der Sequenz ihrer Internationalisierung befragt. Die sich ergebenden zeitlichen Muster der Internationalisierung durch Direktinvestitionen sind für die Sektoren Industrie, sonstige Dienstleistung und Bergbau ähnlich, während Investitionen der Finanzdienstleister ein gänzlich anderes Muster aufweisen. Die Markteintrittszeitpunkte wurden für die Sektoren als Mittelwerte der einzelnen Unternehmensangaben berechnet.

Finanzdienstleister gründeten Niederlassungen in Neuseeland (1912) und Großbritannien (1944) und erst viel später in Asien (1986) und den USA (1990). Bergbauunternehmen begannen internationale Aktivitäten in Großbritannien (1971) und Asien (1972), gefolgt von Japan (1977), Neuseeland (1980) und den USA (1980) und erst später Kontinentaleuropa (1985) und Südamerika (1992). Der Sektor sonstige Dienstleistungen begann seine Internationalisierung in Neu-

Abbildung 4.18; Zeitliches Internationalisierungsmuster nach Sektoren.

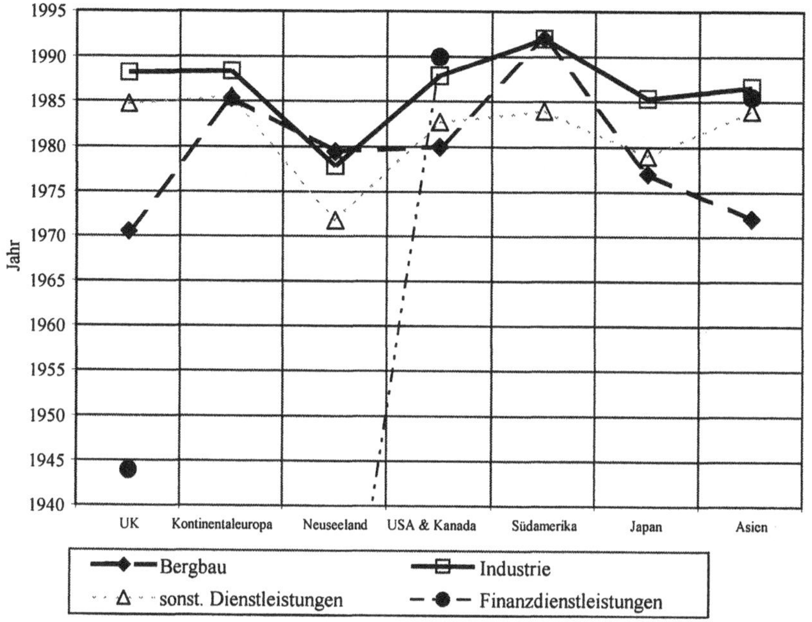

Quelle: eigene Berechnung.

seeland (1972), gefolgt von Japan (1979), den USA (1983) und Südamerika (1984). Erst danach folgten Standorte in Asien (1984) und zuletzt in Europa (1985). Bei der Untersuchung der internationalen Markteintrittszeitpunkte fällt auf, dass Industrieunternehmen als letzte der vier Branchen internationalisierten. Sie begannen mit Standorten in Neuseeland (1978), Japan (1985) und Asien (1987), gefolgt von Europa (1988) und den USA (1988) und zuletzt Südamerika (1992). Insgesamt zeigt sich ein enges zeitliches Band der Internationalisierung.

Sektorübergreifend unterstützen die frühen Investitionszeitpunkte in Großbritannien und Neuseeland die These der Relevanz kultureller Nähe für die Auswahl von Märkten bei der Internationalisierung. Dem steht entgegen, dass Investitionen in Japan und Asien zeitlich vor Investitionen in den USA, Kanada und Europa erfolgten. Eine weitergehende Untersuchung der Geltung des Stufenmodells der Internationalisierung erfolgt im Rahmen der Analyse der Direktinvestitionen in Europa.

Erstinvestitionen in Großbritannien und Kontinentaleuropa entfallen zu 85% und alle sequentiellen Direktinvestitionen in diesen Ländern zu 100% auf den Zeitraum nach 1980. Dies ist ein deutlicher Indikator für das frühe Entwicklungsstadium der internationalen Aktivitäten australischer Unternehmen in Europa und Beleg für die Relevanz der wirtschaftspolitischen Entwicklungen und Veränderungen der Rahmenbedingungen in Australien in den frühen 1980'er Jahren. Daher ist es interessant, die Investitionsmotive auf der Ebene des einzelnen Unternehmens und ihre Erklärung aus den kontextualen Bedingungen in Australien empirisch zu untersuchen. Dies geschieht in Kapiteln 4.3 und 4.4.

Im Folgenden wird die Beurteilung verschiedener Thesen zum Standortverhalten durch die befragten Unternehmen dargestellt.

So wird die Aussage, dass Standorte hauptsächlich aus Marktüberlegungen gewählt werden, von den Unternehmen als „zutreffend" bis „stark zutreffend" bezeichnet. Die Veränderung von kostenbasierten hin zu wissensbasierten Standortfaktoren und die Verschiebung von nationalen zu supranational wirkenden Standortfaktoren wird als „teilweise zutreffend" bis „zutreffend" eingeschätzt.

Die Aussage, dass die Standortwahl besondere Relevanz für Regional Headquarters und F&E Standorte hat, wird lediglich als „nicht zutreffend" bis „teilweise zutreffend" bewertet. Für diese Untersuchung erscheint die Einschätzung der Verschiebung von nationalen zu regionalen (supranationalen) Standortfaktoren, durch mögliche Auswirkung auf der Ebene der Wahl von Ländern, sowie der Trend zu wissensbasierten Standortwahlkriterien in Zusammenhang mit den Investitionsmotiven bei der Beurteilung von Standorten interessant.

Tabelle 4.8; Argumente zur Standortwahl in Europa.

Argument	**Durchschnittswert über alle Branchen**
Standortwahl ist hauptsächlich durch Marktpotentiale bestimmt	2,38
Bedeutung der Standortwahl hängt von den anzusiedelnden Aktivitäten ab	2,03
Standortwahlkriterien verschieben sich von kostenbasierten zu wissensbasierten	1,31
Supranationale Standortfaktoren gewinnen gegenüber Nationalen an Bedeutung	1,24
Standortwahl ist für F&E und RHQ's besonders wichtig	0,86
0=trifft nicht zu, 1=trifft teilweise zu, 2=trifft zu, 3=trifft stark zu	

Quelle: eigene Berechnung

Bei der Erhebung im Rahmen des Internationalisierungsprozesses genutzter Informationsquellen entfielen die meisten Nennungen auf Kunden (63%) und ausländische Regierungsstellen (59%), während z.B. Lieferanten (40%) als Informationsquelle seltener genutzt wurden. Interessant ist, dass an zweiter Stelle die Regierungsinstitutionen in den Zielländern als Informationsquelle genannt werden. Dies kann als ein Hinweis auf die Relevanz kultureller Nähe für die Standortwahl gesehen werden, da die Kommunikation mit fremden Regierungsstellen für Unternehmen weniger üblich und daher schwieriger ist. Insgesamt werden jedoch eine Vielzahl unterschiedlicher Informationsquellen zur Beschaffung der für internationale Standortentscheidungen relevanten Daten genutzt.

Die befragten Unternehmen wurden nach den wichtigsten Kriterien ihrer Standortwahl auf den verschiedenen geographischen Ebenen (1) supranational, (2) national und (3) regional (subnational) gefragt. Dabei konnten jeweils fünf Kriterien für jede Ebene aufgeführt werden, die in Reihenfolge ihrer Relevanz genannt werden sollten. Auf der **supranationalen Ebene** der Standortwahl werden Marktgröße und andere Markteigenschaften am häufigsten genannt. Weitere häufig genannte Faktoren sind kulturelle Faktoren, Verfügbarkeit relevanter Ressourcen sowie politische und wirtschaftliche Stabilität. Auf der **nationalen Ebene** stellen Marktgröße und andere Markteigenschaften ebenfalls die am häufigsten genannten Faktoren dar, gefolgt von kulturellen Faktoren. Weiterhin werden auch Kosten und Stabilität sowie Rechtssystem und Steuern genannt. Auf der **regionalen Ebene** (subnational) bilden marktorientierte Eigenschaften ebenfalls die am häufigsten genannten Faktoren. Auf dieser Ebene sind jedoch auch Kostenaspekte von deutlicher Relevanz.

Die Nennung kultureller Faktoren an zweiter Stelle nach den Markteigenschaften sowohl auf supranationaler als auch auf nationaler Ebene ist ein starkes Indiz für eine hohe Relevanz der Einflüsse kultureller Nähe auf die Standortentscheidungen der australischen Unternehmen.

Die folgende Karte zeigt die geographische Verteilung australischer Direktinvestitionen nach Sektoren. Dabei fällt auf, dass der Sektor Finanzdienstleistung lediglich Standorte in Großbritannien und Irland hat. Die Direktinvestitionen des Sektors sonstige Dienstleistung sind mit Standorten in Großbritannien, Deutschland und Frankreich ebenfalls in wenigen Ländern konzentriert. Die weiteste Verteilung weist der industrielle Sektor auf, der in 15 Ländermärkten mit Direktinvestitionen vertreten ist. Konzentrationen von Investitionen dieses Sektors finden sich in Großbritannien, Deutschland, Frankreich, Spanien, den Niederlanden und Irland.

Karte 4.3; Direktinvestitionen in Europa nach Branchen.

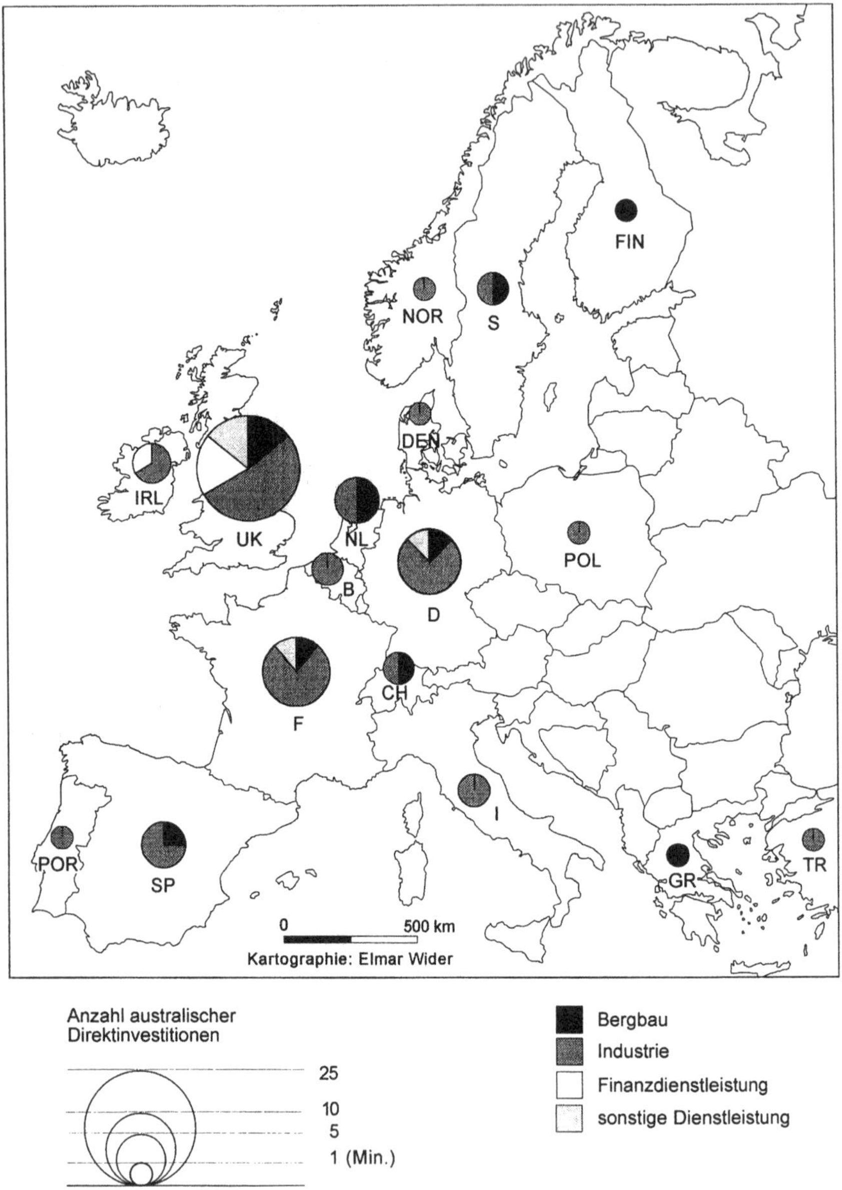

Quelle: eigene Erhebung

4.3 Investitionsmotive für Direktinvestitionen in Europa

4.3.1 Entwicklung der Fragestellung

Im Rahmen der Begründung von FDI bemisst Dunning den mit der Internationalisierung verfolgten strategischen Zielen des Unternehmens eine hohe Bedeutung bei und bezeichnet diese als die „Raison d'être“ von FDI (2000, S. 164). Er unterscheidet dabei vier prinzipielle strategische Zielsetzungen internationaler Aktivitäten: Market Seeking, Resource Seeking, Efficiency Seeking und Strategic Asset Seeking (Dunning, 2000, S. 164). Die strategischen Zielsetzungen haben dabei Einfluss auf die Auswahl der Zielländer sowie auch auf die Art der Durchführung internationaler Aktivitäten und sind damit von zentraler Bedeutung für die empirische Untersuchung der Begründung australischer Direktinvestitionen in Europa.

Die Ausprägung der strategischen Investitionsmotive von Unternehmen sind von den lokal geschaffenen Wettbewerbsvorteilen und damit von den lokalen Umfeldbedingungen abhängig (Dunning, 2000, S. 164). Diese Relevanz der Umfeldbedingungen des Stammlandes für die Internationalisierung von Unternehmungen wird auch von anderen Autoren gesehen (vgl. z.B. Andersson, 1996; Henzler, 1992). Die Umfeldbedingungen des Ursprungslandes sind auch nach Porter ein entscheidender Einflussfaktor auf die Unternehmen. Porter konzeptionalisiert seine Thesen zur Relevanz und Wirkung des Umfeldes im Modell des Diamanten, das die Bestimmungsfaktoren nationaler Umfeldbedingungen in sechs Gruppen erfasst und deren Auswirkung auf die Unternehmen konzeptionalisiert. Dieses System interdependenter Bestimmungsfaktoren beschreibt in seinem Zusammenwirken das Umfeld, in dem Unternehmen eines Landes entstehen und konkurrieren und ihre Wettbewerbsvorteile entwickeln oder sie verlieren (Porter, 1993). Der Diamant kann aber auch zur Beurteilung der Einflüsse anderer, internationaler Standorte auf die Unternehmen genutzt werden (Vgl. z.B. Rugman/D'Cruz 1993). Dies gilt in besonderem Maße für multinationale Unternehmen aus kleineren Volkswirtschaften wie Australien, deren Wettbewerbsvorteile nicht nur auf dem Diamanten des Ursprungslandes, sondern auch auf den Diamanten anderer Länder, die von den multinationalen Unternehmen durch FDI erschlossen werden, aufbauen (Dunning, 1993; Rugman/D'Cruz, 1993; Cartwright, 1993; Hodgetts, 1993). Multinationale Unternehmen können somit durch FDI neue Wettbewerbsvorteile bilden oder bestehende festigen und ergänzen, was dem Investitionsmotiv des Strategic Asset Seeking nach Dunning entspricht, oder bestehende, lokal generierte Wettbewerbsvorteile durch FDI in einem erweiterten Markt ausnutzen, dem Investitionsmotiv Market Seeking entsprechend.

Auch für das Verständnis der neuen Integration Australiens in die Weltwirtschaft ist es daher interessant zu untersuchen, ob australische Unternehmen in Europa investieren, um Wettbewerbsvorteile aus der Interaktion mit europäischen Diamanten zu ziehen, oder um in Australien generierte Wettbewerbsvorteile auf den europäischen Märkten zu nutzen. Die nachfolgende Untersuchung beschränkt sich daher auf die differenzierende Analyse dieser zwei Investitionsmotive.

Im Rahmen der empirischen Erhebung wurden die weltweiten Investitionsmotive und Strategien der Unternehmen erhoben. Deren Gültigkeit für Aktivitäten in Europa wird in dieser Untersuchung angenommen. Dies wird auch durch die Parallelität der Erwartungen für die zukünftige Entwicklung weltweiter und europäischer Aktivitäten durch die Unternehmen belegt.

4.3.2 Hypothesenbildung

Es wird angenommen, dass sich in Abhängigkeit von den Umfeldbedingungen des lokalen Diamanten in Australien und den hieraus resultierenden spezifischen Wettbewerbsvorteilen der australischen Unternehmen die Internationalisierungsziele und damit das Internationalisierungsverhalten der Unternehmen unterscheiden.

Die Ausprägung des lokalen Diamanten in Australien soll daher als erklärende Variable für das Internationalisierungsverhalten der Unternehmen herangezogen werden. Modellgemäß werden Firmen mit starken Diamanten bestehende Wettbewerbsvorteile nutzen, um durch FDI neue Märkte zu erschließen, während Unternehmen mit schwachen Diamanten im Ursprungsland durch FDI Standortnachteile auszugleichen versuchen (Porter, 1993), sowie auch neue Wettbewerbsvorteile durch Zugang zu internationalen Diamanten generieren (Rugman/D'Cruz, 1993). Die Umfeldbedingungen (Diamantfaktoren) im Ursprungsland sollen für die Berechnungen im Rahmen dieser Untersuchung auf Basis der empirisch abgefragten Einschätzung der relevanten Faktoren durch die Unternehmen für ihre jeweiligen Branchensegmente bestimmt werden.

Hypothese I:

> *Der lokale Diamant in Australien beeinflusst die Investitionsmotive für FDI. Direktinvestitionen in Europa von Unternehmen mit einem starken Diamanten in Australien wird in höherem Maß das Investitionsmotiv Market Seeking zugrunde liegen. Direktinvestitionen von Unternehmen mit einem schwachen Diamanten wird in höherem Maß das Investitionsmotiv des Strategic Asset Seeking zugrunde liegen.*

Als Ergänzung zur Hypothese I, die auf der Erhebung des Diamanten im Ursprungsland basiert, soll auch die branchenspezifische Marktdominanz in Australien als erklärende Variable genutzt werden. Die Marktdominanz in Australien ist ein Indikator der kontextualen Bedingungen und hat Erklärungsgehalt für die Investitionsmotive der Unternehmen. Die Marktdominanz in Australien kann dabei jeweils von australischen oder internationalen Unternehmen oder einer Kombination von Beiden ausgehen. Im Rahmen der Befragung wurde die Marktdominanz auf Unternehmensebene erhoben. Wenn eine Branche ganz oder teilweise von australischen Unternehmen dominiert wird, ist dies ein zusätzliches Indiz für die Existenz lokal geschaffener Wettbewerbsvorteile und eines starken, wirksamen Diamanten. Sofern eine Branche von internationalen Unternehmen dominiert wird, ist dies ein Zeichen für das Fehlen lokal geschaffener Wettbewerbsvorteile und Vorliegen eines schwachen Diamanten. Da mit den internationalen Direktinvestitionen kein nennenswerter Technologietransfer einherging, werden Unternehmen aus den international dominierten Branchen aufgrund der schlechteren kontextualen Bedingungen mit ihrer Internationalisierung stärker die Ergänzung bestehender oder Generierung neuer Wettbewerbsvorteile verfolgen[31].

Hypothese II:

Unternehmen aus Branchen, die in Australien durch australische Unternehmen dominiert sind, werden stärkere Diamanten aufweisen als Unternehmen in international dominierten Branchen. Direktinvestitionen von Unternehmen aus Branchen, die in Australien durch internationale Unternehmen dominiert sind, wird daher stärker das Investitionsmotiv Strategic Asset Seeking zugrunde liegen.

Die Verlagerung der Unternehmenszentrale ist die schwerwiegendste Reaktion auf unzureichende kontextuale Bedingungen im Herkunftsland. Im Rahmen der empirischen Erhebung wurden die Unternehmen befragt, ob eine Tendenz besteht, ihren Firmensitz an einen Standort außerhalb Australiens zu verlegen. Australische Unternehmen, die erfolgreich internationale Aktivitäten betreiben, für die Australien gute Umfeldbedingungen zur Generierung und Aufwertung ihrer Wettbewerbsvorteile bietet, besitzen einen starken Diamanten in Australien. Für diese Unternehmen wird angenommen, dass keine oder lediglich eine geringe Tendenz besteht, den Firmensitz von Australien weg zu verlegen. Unternehmen mit schlechteren Umfeldbedingungen in Australien haben einen schwachen Dia-

31 Zur den Auswirkungen internationaler Direktinvestitionen in Australien auf die Wettbewerbsfähigkeit der nationalen Unternehmen siehe Kapitel 3.1.

manten und damit an anderen Standorten bessere Möglichkeiten, ihre Wettbewerbsvorteile aufzuwerten. Diese Unternehmen werden annahmegemäß in stärkerem Maße eine Verlagerung ihrer Unternehmenszentrale erwägen als die erste Gruppe.

Hypothese III:

> *Der lokale Diamant in Australien beeinflusst die Bereitschaft zur Verlagerung des Unternehmenssitzes. Unternehmen mit einem schwachen lokalen Diamanten werden eine stärkere Tendenz zur Verlagerung der Unternehmenszentrale aus Australien heraus zeigen als Unternehmen mit einem starken lokalen Diamanten.*

4.3.3 Empirische Überprüfung

Test der Hypothese I:

Für die Entstehung von Wettbewerbsvorteilen ist das lokale Umfeld der Unternehmen von entscheidender Bedeutung. Porters Modell des Diamanten konzeptionalisiert Wirkung und Relevanz der verschiedenen, räumlich gebundenen Einflussfaktoren auf Unternehmen. Die Wirkungen kontextualer Bedingungen auf Strategien und Aktivitäten der australischen Unternehmen stellen einen zentralen Punkt der Untersuchung dar. Die befragten Unternehmen sollten daher angeben, welche Bereiche des Diamanten für ihre Wettbewerbsvorteile unterstützend wirksam sind.

Tabelle 4.9; Beurteilung der Diamantfaktoren.

Diamantfaktoren	Nennungen	Anteil in %
Faktorbedingungen	13	43,3%
Nachfragebedingungen	2	6,7%
Verwandte und unterstützende Branchen	6	20,0%
Unternehmensstrategie, Struktur und Konkurrenz	12	40,0%
Einfluss des Staates	4	13,3%
Unternehmensanzahl	30	

Quelle: eigene Berechnung.

Bei einer Auswertung der Angaben über die gesamte Befragung ergeben sich starke Einflüsse für die Bereiche Faktorbedingungen und Unternehmensstrategie, Struktur und Konkurrenz. Deutlich weniger genannt wird der Bereich verwandte und unterstützende Branchen und am schwächsten wird der Bereich der Nachfragebedingungen als Grundlage für Wettbewerbsvorteile von den befragten Unternehmen genannt. In der Befragung konnte für jeden Diamantfaktor ein Punkt vergeben werden. Ein wirksamer Faktor wurde somit mit eins beurteilt, ein nicht unterstützender mit null. Diese Bewertungen wurden dann für jedes Unternehmen über den gesamten Diamanten aggregiert. Inhaltlich entsteht damit eine Gesamtbeurteilung der für die Wettbewerbsfähigkeit relevanten kontextualen Bedingungen nach dem Modell des Diamanten.

In der folgenden Grafik werden Mittelwerte der einzelnen Einflussfaktoren des Diamanten auf Sektorenebene aggregiert. Das Modell des Diamanten bezieht sich auf Gruppen von Unternehmen, die miteinander in direktem Wettbewerb stehen. Die relevante Bezugseinheit des Diamanten ist somit eine Branche oder ein Branchensegment (Porter, 1993). Durch die Erhebung der Diamantfaktoren auf Unternehmensebene bei der Befragung ist somit eine zutreffende Erfassung der Diamanten für die Branchen der befragten Unternehmen gegeben. Die Aggregation der Unternehmensangaben zum Diamanten auf der Ebene eines Sektors erlaubt dabei Rückschlüsse auf die Gesamtsituation über die verschiedenen Branchen innerhalb des Sektors. Sie ist jedoch nicht gleichbedeutend mit dem Vorliegen eines „Bergbau Diamanten" auf sektoraler Ebene. Bei der Interpretation der für jeden der vier Sektoren angegebenen Werte sind diese daher als ein Aggregat über die verschiedenen Branchen und Branchensegmente innerhalb der Sektoren zu verstehen.

Bei der so durchgeführten quantitativen Gesamtbeurteilung der kontextualen Bedingungen ergibt sich ein Mittelwert über alle Sektoren von 1,10, bei einer möglichen Ausprägung von null bis vier. Nach den Sektoren unterschieden, bewertet der Bergbausektor die Umfeldbedingungen mit 1,50 am besten, vor dem Sektor sonstige Dienstleistungen mit 1,40 und den Finanzdienstleistern mit 1,25. Am schlechtesten und unter dem Gesamtdurchschnitt werden die Bedingungen des lokalen Umfeldes von den Industrieunternehmen mit 0,80 beurteilt. Im folgenden wird die Ausprägung des lokalen Diamanten nach Sektoren klassifiziert dargestellt. Hierbei wird zusätzlich zu den vier direkten Faktoren auch die Wirkung des Staates als indirekte Einflussgröße berücksichtigt.

Abbildung 4.19; Stärke der Diamantfaktoren nach Sektoren.

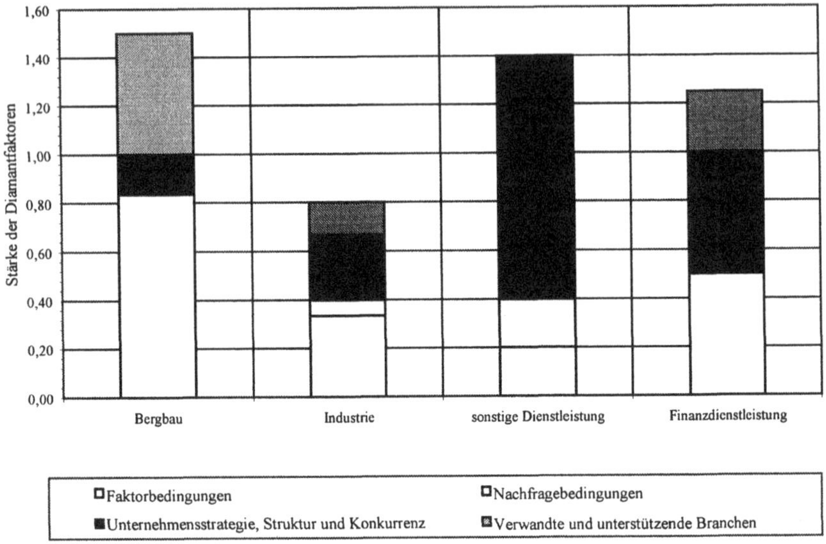

Quelle: eigene Berechnung.

Tabelle 4.10; Beurteilung der Diamantfaktoren nach Sektoren.

Einflussfaktoren	**Bergbau (B) (6 Unt.)**		**Industrie (C) (15 Unt.)**		**Finanz-Dienstleistung (K) (4 Unt.)**		**Sonst. Dienst-leistung (X) (5 Unt.)**	
	Anz.	In %	Anz.	In %	Anz.	In %	Anz.	In %
Faktorbedingungen	5	83 %	5	33 %	2	50 %	1	20 %
Nachfragebedingungen	0	0 %	1	7 %	0	0 %	1	20 %
Verwandte und unterstützende Branchen	3	50 %	2	13 %	1	25 %	0	0 %
Unternehmensstrategie, Struktur und Konkurrenz	1	17 %	4	27 %	2	50 %	5	100 %
Einfluss des Staates	1	17 %	2	13 %	0	0 %	1	20 %

Quelle: eigene Darstellung.

Innerhalb einer differenzierten Analyse der kontextualen Bedingungen ergibt sich, dass für den Bergbau das Umfeld in den Bereichen Faktorbedingungen (83%) und verwandte und unterstützende Branchen (50%) besonders unterstützt, während lokale Konkurrenz (17%) einen deutlich schwächeren Einfluss hat. Für die Industrieunternehmen sind die Faktorbedingungen (33%), Konkurrenz (27%), sowie zu einem deutlich geringeren Anteil verwandte und unterstützende Branchen (13%) und Nachfragebedingungen (7%) für die Bildung und Unterstützung ihrer Wettbewerbsvorteile relevant. Für den Sektor sonstige Dienstleistungen ist besonders die lokale Konkurrenz (100%) als Einfluss bedeutend. Die Wirkung der Faktoren Nachfragebedingungen (20%) und Faktorbedingungen (20%) wird deutlich schwächer eingeschätzt. Die Finanzdienstleister sehen die Faktorbedingungen (50%) und lokale Konkurrenz (50%) für sich als wirksam an, mit einem schwächeren Einfluss des Faktors verwandte und unterstützende Branchen (25%). Der Sektor Industrie hat in allen Einflussfaktoren einen schwachen Diamanten, die geringste Unterstützung liegt bei den Nachfragebedingungen.

Die folgende Grafik verdeutlicht die Ausprägung des Diamanten für die vier Sektoren.

Abbildung 4.20; Netzdiagramm – Diamanten der verschiedenen Sektoren.

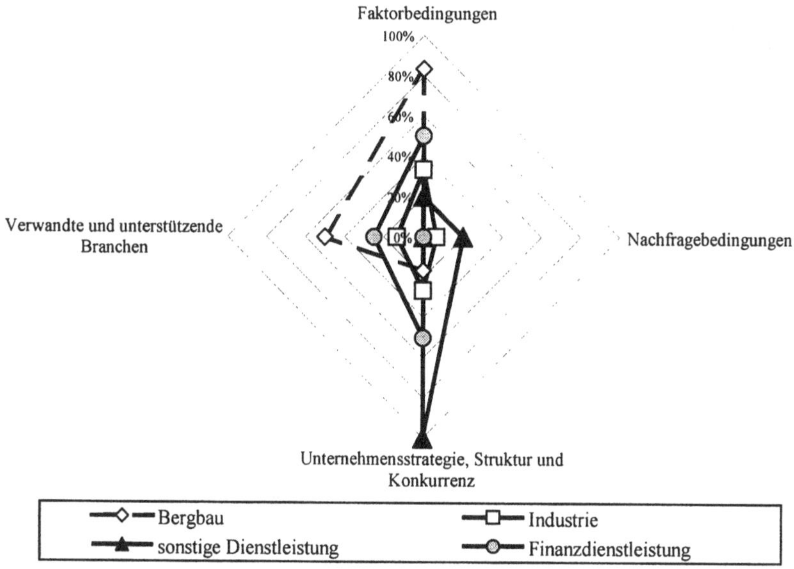

Quelle: eigene Berechnung.

Dabei zeigen sich deutlich unterschiedliche Gewichtungen der wirksamen Diamantfaktoren in den verschiedenen Sektoren.

Noch besser erkennbar werden die Stärken und Schwächen der kontextualen Umfeldbedingungen Australiens bei einer zusammengefassten Betrachtung der Diamantfaktoren über alle Branchen. In der nachfolgend abgebildeten Grafik wurden die Mittelwerte der Diamant Faktoren über alle Branchen dargestellt.

Abbildung 4.21; Netzdiagramm – Diamant über alle Sektoren.

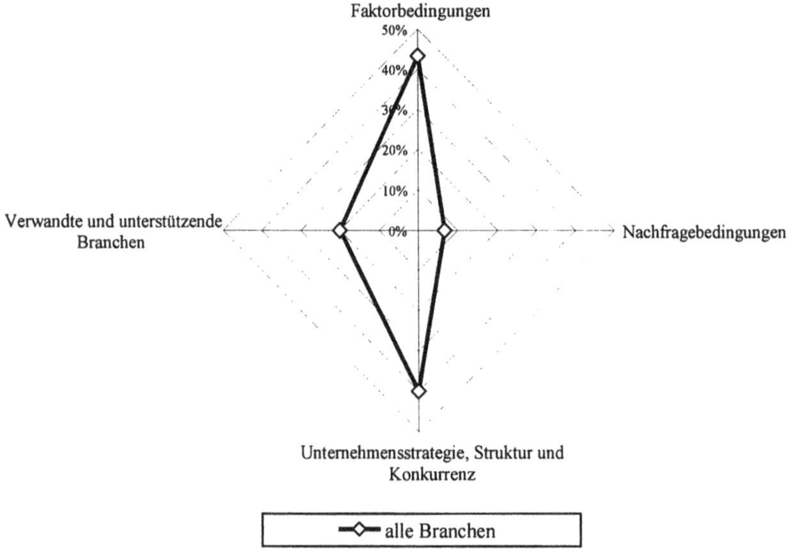

Quelle: eigene Berechnung.

Die Darstellung verdeutlicht die relativen Stärken der kontextualen Bedingungen bei den Faktorbedingungen und den Einflüssen des lokalen Wettbewerbs mit jeweils über 40%. Deutlich wird auch die größte Schwäche des australischen Umfeldes, die bei den Nachfragebedingungen liegt. Dieser Befund entspricht auch der Einstufung Australiens in das Faktorbedingte Stadium des volkswirtschaftlichen Entwicklungspfades nach dem Modell von Porter, das von Yetton gestützt wird (Porter, 1993; Yetton et. al., 1994). Das folgende innovationsbedingte Stadium setzt zusätzlich zu den Faktorbedingungen auch Stärken in den Bereichen Nachfragebedingungen und Wettbewerb voraus (Porter, 1993). Während letzterer ebenfalls zu den starken Einflüssen gehört, existiert bei den Nachfragebedingungen eine über alle Branchen deutliche Schwäche des lokalen Umfeldes. Erklärbar ist dies durch die geringe Größe des australischen Marktes und durch die frühere Protektion, die zu einem stark eingeschränkten Wettbewerb und dadurch bedingt qualitativ schlechterer Nachfrage führte. Die Schwäche des lokalen Umfeldes bei den Nachfragebedingungen kann ebenfalls als eine Erklärung der hohen Bedeutung des Marktmotivs für die Internationalisierung der australischen Unternehmen gelten.

Für die Überprüfung der Hypothese I werden zunächst die multinationalen Unternehmen ermittelt, die nach ihrer eigenen Einschätzung einen starken Diamanten in Australien besitzen. Ein starker Diamant zeichnet sich dadurch aus, dass er in allen seiner Einflussfaktoren wirksam ist (Porter, 1993). In der Erhebung haben die Unternehmen zwischen null und drei Faktoren des Diamanten benannt, die Bildung und Erhalt von Wettbewerbsvorteilen in ihrer Branche in Australien unterstützen. Damit existiert kein Unternehmen, das nach der Definition Porters über einen starken Diamanten verfügt (Porter, 1993). Im Rahmen dieser Untersuchung soll daher abweichend von Porter die Annahme getroffen werden, dass bei Vorliegen von drei unterstützenden Faktoren ein starker Diamant vorliegt, während bei Vorliegen von weniger als drei unterstützenden Faktor ein schwacher Diamant vorliegt. Nach dieser Einteilung ergeben sich drei multinationale Unternehmen mit starkem Diamanten und 27 multinationale Unternehmen mit schwachen Diamanten.

Die Unternehmen wurden in der Erhebung nach den Investitionsmotiven ihrer Direktinvestitionen befragt. Dabei konnten die Motive auf einer vierstufigen Skala bewertet werden. Nach der Einteilung der empirisch erhobenen Bewertung der Motive internationaler Aktivitäten in die Kategorien nach Dunning zeigt sich eine deutlich höhere Relevanz der Motive Market Seeking und Strategic Asset Seeking gegenüber den Motiven Efficiency Seeking und Resource Seeking.

Tabelle 4.11; Bewertung der Investitionsmotive.

Investitionsmotive	**Durchschnittswerte**
Market Seeking	1,41
Efficiency Seeking	1,21
Strategic Asset Seeking	1,18
Resource Seeking	0,69
0 = kein Einfluss, 1 = schwacher Einfluss, 2 = starker Einfluss, 3 = entscheidender Einfluss	

Quelle: eigene Berechnung.

Eine Differenzierung der Investitionsmotive nach Branchen zeigt eine hohe Bedeutung der Motive Market Seeking und Strategic Asset Seeking für den Sektor Industrie. Während Market Seeking für alle Sektoren das dominante Investitionsmotiv darstellt, hat Strategic Asset Seeking für die anderen drei Sektoren keine hohe Bedeutung. Damit nimmt der Sektor Industrie mit seiner hohen Bewertung des Investitionsmotivs Strategic Asset Seeking eine Sonderstellung ein. Resource Seeking stellt erwartungsgemäß für den Bergbausektor ein wichtiges Motiv dar und ist für alle anderen Sektoren unbedeutend. Für beide Dienstleistungssektoren stellen Strategic Asset Seeking und Efficiency Seeking etwa gleichgewichtete Motive dar.

Abbildung 4.22; Investitionsmotive nach Sektoren.

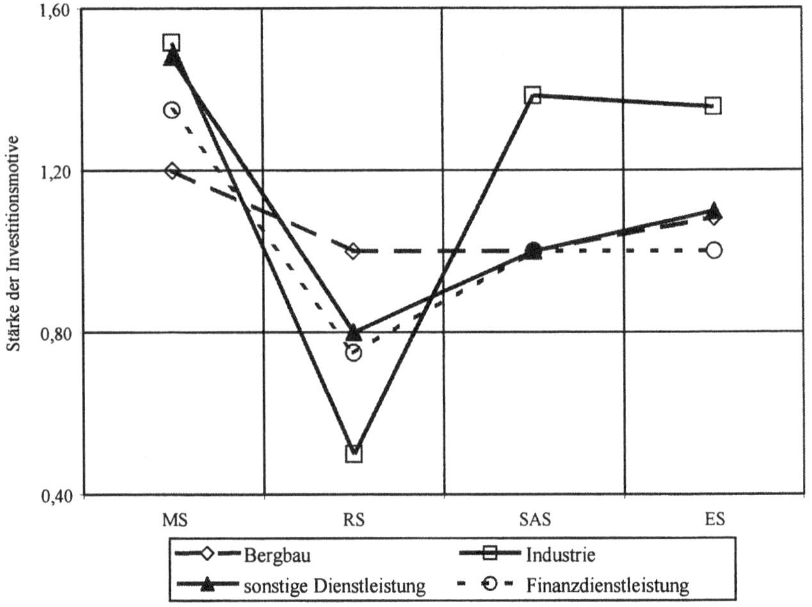

Quelle: eigene Berechnung.

Die Stärke der Investitionsmotive basiert auf einer Bewertung durch die befragten Unternehmen auf einer Skala von null bis drei (0 = kein Einfluss, 1 = schwacher Einfluss, 2 = starker Einfluss, 3 = entscheidender Einfluss).

Bei der nach Größenklassen differenzierten Untersuchung der Investitionsmotive ist festzustellen, dass mit Ausnahme des Resource Seeking kleine Unternehmen alle Motive stärker bewerten als Große. Die deutlichsten Unterschiede bestehen bei der Bewertung der Motive Strategic Asset Seeking und Efficiency Seeking. Kleine Unternehmen internationalisieren somit stärker zur Ergänzung und Generierung von Wettbewerbsvorteilen als große Unternehmen. Dies deutet auf eine hohe Bedeutung des Zugangs zu Technologie und Wissen für diese, überwiegend dem jungen industriellen Sektor zugehörigen, Unternehmen hin.

Abbildung 4.23; Investitionsmotive nach Umsatz-Größenklassen.

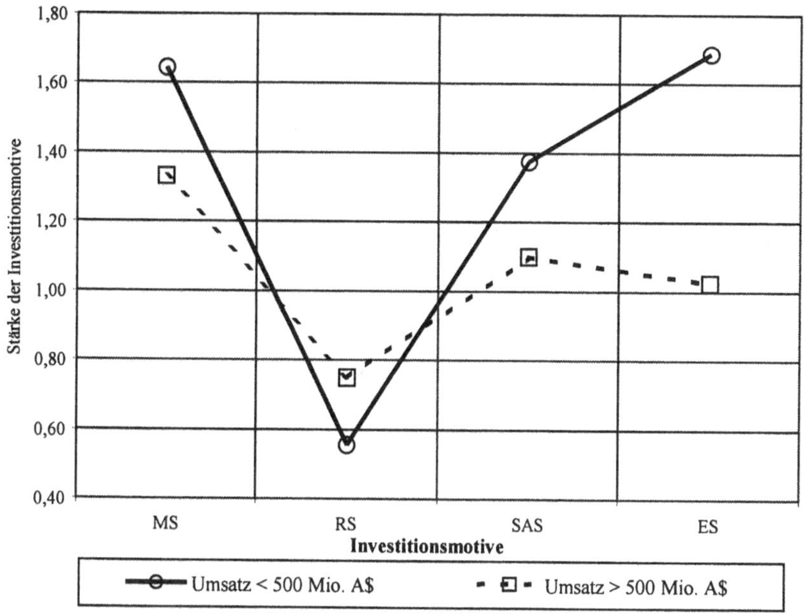

Quelle: eigene Berechnung.

Im Folgenden werden die erhobenen Daten zu den Investitionsmotiven mit den Angaben der Unternehmen zur Stärke des für sie wirksamen Diamanten verbunden. Bei der Prüfung der Investitionsmotive geteilt nach Unternehmen mit starkem und mit schwachem Diamant ergeben sich die in der folgenden Tabelle dargestellten Ergebnisse.

Tabelle 4.12; Investitionsmotive nach Diamant-Kategorie.

Investitionsmotiv	**MNU mit starkem Diamanten (3 Faktoren)**	**MNU mit schwachem Diamanten (0 - 2 Faktoren)**	**Differenz**
Market Seeking	1,889	1,667	0,222
Resource Seeking	1,667	0,524	1,143
Strategic Asset Seeking	1,000	1,143	-0,143
Efficiency Seeking	1,444	1,111	0,333
0 = kein Einfluss, 1 = schwacher Einfluss, 2 = starker Einfluss, 3 = entscheidender Einfluss			

Quelle: eigene Darstellung.

Abbildung 4.24; Bewertung der Investitionsmotive in Abhängigkeit der Diamantfaktoren.

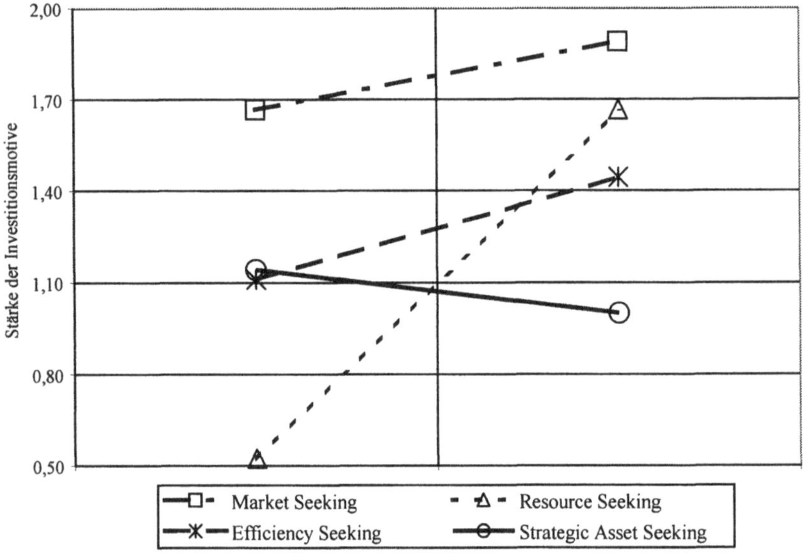

Quelle: eigene Berechnung.

Es wird deutlich, dass Unternehmen mit starkem Diamant in der Beurteilung der Investitionsmotive den Einfluss der Motive Market Seeking, Resource Seeking und Efficiency Seeking höher und lediglich das Motiv Strategic Asset Seeking niedriger bewerten als Unternehmen mit schwachem Diamant. Dies belegt, dass für Unternehmen mit schwachem Diamant in stärkerem Maße das Motiv des Strategic Asset Seeking als Begründung der internationalen Aktivitäten gilt als für Unternehmen mit starkem Diamant.

Die Investitionsmotive Market Seeking und Efficiency Seeking sind moderat – und das Motiv Resource Seeking stark unterschiedlich zwischen den Unternehmen mit starken und schwachen Diamanten verteilt. Dabei ist die Bedeutung der Motive für Unternehmen mit starken Diamanten höher als für solche mit schwachen Diamanten. Für das Investitionsmotiv Strategic Asset Seeking ist die Bedeutung dagegen für Unternehmen mit schwachen Diamanten höher als für Unternehmen mit starken Diamanten. Somit verhält sich das Motiv Strategic Asset Seeking in seinem Zusammenhang mit dem Diamanten gegensätzlich zu den anderen Investitionsmotiven. Die Hypothese I wird durch diese Ergebnis bestätigt.

Zur weiteren Überprüfung der Hypothese I wurde eine Regressionsanalyse durchgeführt. Dabei wurde der Diamant als erklärende, und die Investitionsmotive Market Seeking und Strategic Asset Seeking als abhängige Variable definiert. Der Diamant wurde für die Regressionsberechnung als Summe der von den Unternehmen als wirkungsvoll angegebenen kontextualen Unterstützungsfaktoren in Australien definiert. Bei dieser Prüfung der Hypothese I durch eine Regressionsanalyse – wie auch bei allen folgenden Regressionsberechnungen – ist zu berücksichtigen, dass ein in der Realität mehrdimensionaler Zusammenhang durch das methodische Vorgehen auf einen zweidimensionalen Erklärungszusammenhang reduziert wird. Dies erscheint jedoch nicht vermeidbar und schmälert nicht die Aussagekraft der belegten Zusammenhänge als Teilerklärungen des untersuchten Phänomens.

Die Regression ergab für das Investitionsmotiv Market Seeking einen positiven, und für das Motiv Strategic Asset Seeking einen negativen Zusammenhang mit dem Diamanten.

Regression 4.1; Erklärung des Investitionsmotivs Market Seeking durch den Diamanten.

Variable	Parameter	t Wert	Signifikanz
Konstante	1,171	7,158	0,000
Diamant	**0,152**	1,460	0,156
R^2 = 0,076, n = 28			

Quelle: eigene Berechnung

Regression 4.2; Erklärung des Investitionsmotivs Strategic Asset Seeking durch den Diamanten

Variable	Parameter	t Wert	Signifikanz
Konstante	1,218	3,960	0,001
Diamant	**- 0,0302**	- 0,154	0,879
$R^2 = 0{,}001$, n = 28			

Quelle: eigene Berechnung.

Der Zusammenhang bei dem Motiv Market Seeking ist mit einem Koeffizienten von 0,152 deutlich stärker als bei Strategic Asset Seeking mit einem Koeffizienten von - 0,0302. Veränderungen bei den kontextualen Bedingungen in Australien wirken sich somit stärker auf Investitionsentscheidungen mit dem Motiv Market Seeking aus als auf solche, die dem Motiv Strategic Asset Seeking folgen. Die Regressionsanalyse bestätigt ebenfalls das zuvor ermittelte Ergebnis eines negativen Zusammenhangs zwischen den Diamantfaktoren und dem Investitionsmotiv Strategic Asset Seeking und eines positiven Zusammenhangs für das Motiv Market Seeking.

Für eine exploratorische Untersuchung auf der Basis von Mikro-Querschnittdaten sind die Bestimmtheitsmaße (R^2) der Regressionsberechnungen erwartungsgemäß nicht sehr hoch.

Somit kann die Hypothese I bestätigt werden. Sowohl bei der Untersuchung der nach Stärke des Diamanten gruppierten Daten auf Basis von Mittelwerten, als auch durch die Regressionsanalyse ist ein der Hypothese I entsprechender Zusammenhang nachweisbar. Dieser bestätigt, dass australische Unternehmen mit starkem Diamanten in höherem Maße aus dem Investitionsmotiv Market Seeking internationalisieren, während die Internationalisierung von Unternehmen mit schwachem Diamanten stärker dem Motiv Strategic Asset Seeking folgt. Die Regressionsanalyse belegt dabei einen positiven Zusammenhang des Motivs Market Seeking und einen negativen Zusammenhang des Motivs Strategic Asset Seeking mit der Stärke des Diamanten in Australien. Dies belegt die Aussage, dass bei einer Verbesserung der kontextualen Bedingungen in Australien, konzeptionalisiert in den Diamantfaktoren, Direktinvestitionen mit dem Motiv Market Seeking zunehmen und solche mit dem Motiv Strategic Asset Seeking abnehmen.

Zur Bestätigung der Annahme, dass die Investitionsmotive Market Seeking und Strategic Asset Seeking in einem substitutiven Verhältnis zueinander stehen, wurde der Zusammenhang zwischen beiden Motiven durch Berechnung ihres Korrelationskoeffizienten ermittelt. Dieser belegt mit einem Wert von 0,1389 einen sehr schwachen Zusammenhang mit positivem Vorzeichen. Damit bestätigt die ermittelte Korrelation die Annahme einer alternativen Anwendung der beiden Investitionsmotive innerhalb der Internationalisierung durch die befragten Unternehmen.

Test der Hypothese II:

Auf die Frage, ob der relevante Markt der befragten Unternehmen in Australien durch australische oder internationale Unternehmen und Importe dominiert wird, gaben 38% der Unternehmen an, in einem von australischen, und 21%, in einem von internationalen Unternehmen beherrschten Marktsegment tätig zu sein. 41% der Unternehmen sind in jeweils zum Teil von internationalen und australischen Unternehmen beherrschten Marktsegmenten tätig.

Abbildung 4.25; Marktdominanz in Australien nach Sektoren.

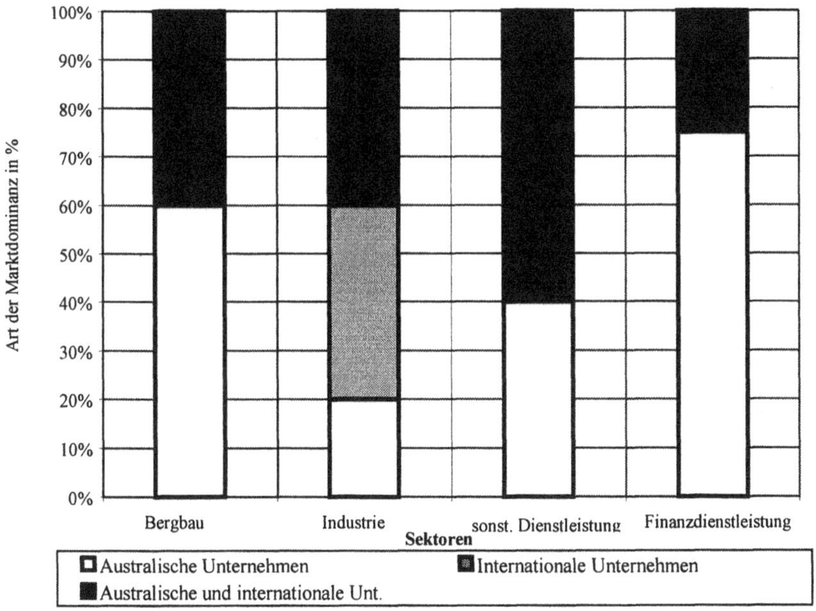

Quelle: eigene Berechnung.

Eine nach Branchen getrennte Untersuchung der Marktdominanz ergibt, dass in den Sektoren Bergbau mit 60% und Finanzdienstleistung mit 75% eine deutliche Mehrzahl von Unternehmen in von australischen Unternehmen dominierten Marktsegmenten tätig sind. Im Sektor sonstige Dienstleistung sind 40% der Unternehmen in von australischen Unternehmen dominierten Segmenten aktiv. Sowohl im Bergbau als auch in den beiden Dienstleistungssektoren sind keine Unternehmen in international dominierten Marktsegmenten tätig. Von diesem Muster stark abweichend sind im industriellen Sektor dagegen lediglich 20% der Unternehmen in von australischen Firmen dominierten Marktsegmenten tätig, während jeweils 40% der Unternehmen in von internationalen Unternehmen und von australischen und internationalen Unternehmen gemeinsam beherrschten Marktsegmenten aktiv sind. Somit stellt dieser Sektor den im geringsten Maße durch lokale Unternehmen dominierten Bereich der australischen Wirtschaft dar.

In einer nach Unternehmensgrößen differenzierten Untersuchung der Marktdominanz bilden sich zwei Gruppen mit ähnlichen Verteilungsmustern der Marktdominanz heraus. Eine Gruppe besteht aus den kleineren zwei Unternehmensgrößenklassen. In ihr kommen alle drei Arten der Marktdominanz vor. Während für die Größenklasse bis 250 Mio. A$ Umsatz der Anteil der in international dominierten Marktsegmenten tätigen Unternehmen mit 57% besonders hoch ist, beträgt er für die Klasse bis 2 Mrd. A$ Umsatz nur noch 25%. In der zweiten Gruppe mit den beiden höheren Größenklassen gibt es keine Unternehmen, für die der lokale Markt international dominiert ist. Dafür nimmt der Anteil der Unternehmen von 33% in der Klasse bis 5 Mrd. A$ Umsatz auf 80% in der nächstgrößeren Klasse zu, für die der lokale Markt durch australische Unternehmen dominiert ist. Als Fazit der Untersuchung der Marktdominanz nach Größenklassen wird festgestellt, dass mit zunehmender Unternehmensgröße die australischen Unternehmen in stärkerem Maße in durch australische Firmen dominierten Märkten tätig sind. Besonders die kleinen Unternehmen sind in Marktsegmenten aktiv, in denen der australische Markt in hohem Maße durch internationale Unternehmen beherrscht ist.

Zur Überprüfung der Hypothese II wurde eine Regressionsanalyse durchgeführt. Erklärende Variable in der Regression war die Marktdominanz in Australien. Diese wurde auf die Ausprägungen Dominanz durch australische Unternehmen und Dominanz durch ausländische Unternehmen verteilt. Somit gilt ein Branchensegment als von australischen Unternehmen dominiert, wenn es nach Angaben der befragten Unternehmen ganz oder teilweise von australischen Unternehmen dominiert ist. Die Regression wurde für den Diamanten sowie das Investitionsmotiv Strategic Asset Seeking als abhängige Variablen berechnet. Der Diamant wurde dabei in Form der Summe der genannten wirksamen Diamantfaktoren berücksichtigt.

Abbildung 4.26; Marktdominanz in Australien nach Umsatz-Größenklassen.

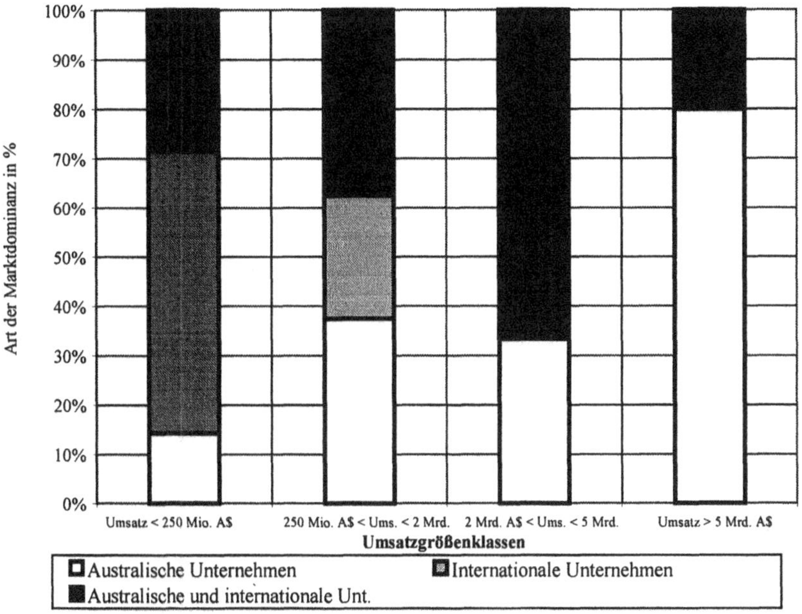

Quelle: eigene Berechnung.

Dabei ergab sich für den Diamanten ein positiver Zusammenhang mit der Marktdominanz durch australische Unternehmen. Dies bedeutet, dass die Summe der wirksamen Diamantfaktoren für Unternehmen in australisch dominierten Branchensegmenten höher ist als für solche in international dominierten Marktsegmenten. Das ermittelte R^2 der Regression entspricht dabei einem Korrelationskoeffizienten von 0,4 und belegt einen guten Zusammenhang.

Regression 4.3; Erklärung des Diamanten durch Marktdominanz auf dem australischen Markt.

Variable	Parameter	t Wert	Signifikanz
Konstante	0,50	1,461	0,156
australisch dominiert	**0,891**	2,319	0,028
$R^2 = 0,166$, n = 28			

Quelle: eigene Berechnung.

Das Ergebnis der Regressionsanalyse bestätigt somit die Hypothese II für die Beziehung zwischen der Marktdominanz und dem Diamanten. Der positive Koeffizient in der Regression belegt, dass Unternehmen in stärker australisch dominierten Marktsegmenten wirkungsvollere Diamanten – also bessere kontextuale Bedingungen – besitzen. Das Ergebnis der Regression ist signifikant auf einem Signifikanzniveau von 5%.

Zur weitergehenden Untersuchung wurde auch für das Investitionsmotiv Strategic Asset Seeking eine Regression mit der Marktdominanz als erklärender Variabler berechnet.

Regression 4.4; Erklärung des Investitionsmotivs Strategic Asset Seeking durch Marktdominanz auf dem australischen Markt.

Variable	**Parameter**	**t Wert**	**Signifikanz**
Konstante	1,25	2,791	0,010
australisch dominiert	**- 0,07609**	- 0,157	0,877
$R^2 = 0,001$, n = 26			

Quelle: eigene Berechnung.

Dabei ergibt sich für das Motiv Strategic Asset Seeking ein negativer Koeffizient. Somit nimmt die Internationalisierung mit dem Motiv Strategic Asset Seeking ab, wenn das lokale Marktsegment durch australische Unternehmen dominiert ist. Damit bestätigt das Ergebnis der Regression die Hypothese II hinsichtlich des Zusammenhangs zwischen der Marktdominanz in Australien und dem Investitionsmotiv Strategic Asset Seeking.

Somit kann die Hypothese II für beide postulierte Zusammenhänge bestätigt werden. Die Marktdominanz auf dem Ursprungsmarkt wird als guter Indikator für die Gesamtwirkung des kontextualen Umfeldes auf die lokalen Unternehmen bestätigt und wirkt sich auch auf die Begründung von Auslandsaktivitäten zur Generierung von Wettbewerbsvorteilen aus. Unternehmen in ausländisch dominierten Marktsegmenten in Australien internationalisieren stärker mit dem Ziel, Nachteile im Ursprungsmarkt bei der Generierung von Wettbewerbsvorteilen auszugleichen, als Unternehmen, die in durch australische Unternehmen dominierten Marktsegmenten tätig sind.

Test der Hypothese III:

In der Erhebung wurden die Unternehmen befragt, ob eine Tendenz zur Verlagerung der Unternehmenszentrale aus Australien heraus besteht, und um eine Gewichtung der Tendenz in fünf möglichen Intensitäten gebeten. Über alle befragten Unternehmen ergibt sich eine Bewertung der Tendenz zur Verlagerung von 0,86, also eine „schwache Tendenz". Die Auswertung über alle Branchen ist folgend abgebildet.

Tabelle 4.13; Tendenz zur Verlagerung der Unternehmenszentrale.

Verlagerungstendenz	Anzahl der Nennungen	Anteil in %
keine Tendenz (0)	17	58,6%
schwache Tendenz (1)	3	10,3%
einige Tendenz (2)	6	20,7%
starke Tendenz (3)	2	6,9%
sehr starke Tendenz (4)	1	3,5%
Durchschnittliche Bewertung 0,86		

Quelle: eigene Berechnung.

Bei einer Analyse der Verlagerungstendenz nach Branche, Unternehmensgröße und Unternehmensalter ergaben sich die in der folgenden Tabelle abgebildeten differenzierten Werte. Die Werte stellen die Mittelwerte der erhobenen Einzelangaben der Unternehmen dar.

Tabelle 4.14; Verlagerungstendenz der Unternehmenszentrale nach Sektoren, Umsatz-Größenklassen und Unternehmensalter.

		Mittelwerte
Branchen	Bergbau	0,50
	Industrie	1,20
	Sonst. Dienstleistung	0,40
	Finanz Dienstleistung	0,67
Umsatzklassen	Ums. < 250 Mio. A$	1,43
	2 Mrd. A$> Ums. > 250 Mio. A$	1,00
	5 Mrd. A$> Ums. > 2 Mrd. A$	0,33
	Ums. > 5 Mrd. A$	0,80
Unternehmensalter	Gründung vor 1975	0,70
	Gründung nach 1975	1,22
0 = keine Tendenz, 1 = schwache Tendenz, 2 = einige Tendenz, 3 = starke Tendenz, 4 = sehr starke Tendenz		

Quelle: eigene Berechnung.

Bei der nach **Branchen** differenzierten Untersuchung ergeben sich aus den Angaben der Unternehmen zwei Muster. Es wird deutlich, dass die Industrieunternehmen in deutlich stärkerem Maße eine Verlagerung ihres Unternehmenssitzes erwägen als Unternehmen der anderen Branchen, deren Beurteilungen der Verlagerungstendenz sehr nahe beieinander liegen. Eine Analyse nach **Größenklassen** offenbart eine mit zunehmender Unternehmensgröße abnehmende Tendenz zur Verlagerung der Unternehmenssitzes. Hiervon ausgenommen sind lediglich die Unternehmen mit über 5 Mrd. A$ Umsatz, deren Beurteilung der Verlagerungstendenz im Vergleich zur nächstkleineren Klasse wieder etwas ansteigt. Bei der Unterscheidung nach **Unternehmensalter** ergibt sich eine deutlich stärkere Einschätzung der Verlagerungstendenz durch junge Unternehmen gegenüber den Älteren.

Zur Untersuchung der Tendenz zur Verlagerung der Unternehmenszentrale aus Australien heraus wurden die Unternehmen abhängig von ihrer Einschätzung des Diamanten in drei Gruppen geteilt. Die erste Gruppe sind Unternehmen, die keinen Diamantfaktor als wirksam unterstützend genannt haben, in der zweiten Gruppe sind ein oder zwei Faktoren wirksam und für die Unternehmen der dritten Gruppe unterstützen drei Diamantfaktoren. Bei der getrennten Analyse für die genannten Gruppen ergibt sich für die Unternehmen mit starkem Diamant in Australien (drei Faktoren) ein Mittelwert von 0,33, für die mittlere Gruppe (ein - zwei Faktoren) ein Mittelwert von 0,75 und für Unternehmen ohne wirksame Diamantfaktoren ein Mittelwert von 1,50 für die Tendenz zur Verlagerung der Unternehmenszentrale.

Tabelle 4.15; Verlagerungstendenz nach Stärke der Diamantfaktoren in Australien.

	Starker Diamant	**Schwacher Diamant**	
	drei Faktoren	**ein oder zwei Faktoren**	**kein Faktor**
Keine Tendenz (0)	2	13	2
Schwache Tendenz (1)	1	1	1
Einige Tendenz (2)	0	4	2
Starke Tendenz (3)	0	2	0
Sehr starke Tendenz (4)	0	0	1
Durchschnittswerte	**0,33**	**0,75**	**1,50**

Quelle: eigene Berechnung.

Die Aussage der Hypothese III wird somit durch die Ergebnisse der Empirie bestätigt. Über die gebildeten drei Klassen weisen Unternehmen mit schwächerem Diamant in Australien eine deutlich stärkere Tendenz zur Verlagerung ihrer Unternehmenszentrale auf, als dies bei Unternehmen mit stärkerem Diamant der Fall ist.

Zur weiteren Überprüfung der Hypothese III wurde eine Regressionsanalyse durchgeführt. Dabei wurden der Diamant als erklärende, und die Tendenz zur Verlagerung des Unternehmenssitzes als abhängige Variable definiert. Der Diamant wurde mit der Summe der von den Unternehmen als wirkungsvoll angegebenen Einflussfaktoren definiert. Bei der Berechnung der Regression wurden Datensätze ohne Angaben bei den Faktoren des Diamanten als fehlende Werte ausgeschlossen.

Die Regression ergab für die Tendenz zur Verlagerung der Unternehmenszentrale einen negativen Zusammenhang mit dem Diamanten.

Regression 4.5; Erklärung der Verlagerungstendenz durch den Diamanten.

Variable	**Parameter**	**t Wert**	**Signifikanz**
Konstante	0,836	1,528	0,142
Diamant	**- 0,089**	- 0,281	0,781
$R^2 = 0{,}004$, n = 23			

Quelle: eigene Berechnung.

Dieses Ergebnis bedeutet, dass mit zunehmender Stärke des Diamanten, also der Verbesserung der relevanten kontextualen Bedingungen, die Tendenz zur Verlagerung der Unternehmenszentrale abnimmt. Die Hypothese III wird damit sowohl durch die Analyse der gruppierten Mittelwerte als auch durch die Regressionsanalyse bestätigt.

4.4 Determinanten der Wahl von Ländermärkten als Standorte in Europa

4.4.1 Entwicklung der Fragestellung

Wenn die Investitionsmotive für FDI feststehen und damit das strategische Ziel, muss als nächster Schritt die strategische Rolle des geplanten Standortes bestimmt werden, die aus zwei Faktoren besteht. Zum einen der strategischen Funktion, die festlegt, welche Wertschöpfungsaktivitäten am Standort ausgeführt werden. Zum anderen der geo-strategischen Position, die aussagt, inwieweit ein

Standort die Input- und Output-Beziehungen eines Unternehmens zu dessen verschiedenen Märkten unterstützt (Goette, 1994, S. 162). In der Literatur wird die Durchführung internationaler Aktivitäten als ein Entwicklungspfad oder Stufenprozess dargestellt. Das Stufenmodell der Internationalisierung erklärt die zwei prinzipiellen Dimensionen internationaler Aktivitäten, zum einen die Auswahl der neuen Standorte und zum anderen die zunehmende Komplexität der an einem Standort durchgeführten Aktivitäten (Johanson, 1994, S. 50). Haupteinflussfaktor ist dabei die kulturelle Nähe. Unternehmen wählen gemäß dem Modell zunächst einen Standort aus, der eine kulturelle Nähe zum Heimatmarkt aufweist. Kulturelle Nähe wird dabei als Summe aller Faktoren bezeichnet, die den bidirektionalen Informationsfluss fördern, so z.B. die Einflussfaktoren Sprache, Kultur, Geschäftsstil und Ausbildung (Johanson, 1977, S. 24).

Nachfolgend soll untersucht werden, ob die kulturelle Nähe das Investitionsverhalten der australischen multinationalen Unternehmen hinsichtlich der Wahl europäischer Ländermärkte erklären kann und ob sich die Bewertung kultureller Nähe durch die Unternehmen auf deren Standortwahl auswirkt. Weiterhin wird analysiert, welchen Einfluss Entwicklungen in der Zielregion Europa auf das Investitionsverhalten der australischen Unternehmen bei der Wahl von Standorten sowie der Nutzung von Gateways und Regional Headquarters zur Marktbearbeitung haben.

Im Rahmen dieser Untersuchung wird die Annahme getroffen, dass die Strategien und das Investitionsverhalten der australischen Unternehmen in Europa – in Bezug auf die untersuchten Parameter – von den anderen internationalen Aktivitäten der Unternehmen unabhängig sind.

4.4.2 Hypothesenbildung

Die Geltung des Stufenmodells der Internationalisierung und damit die Bedeutung der kulturellen Nähe für die Aktivitäten der australischen Unternehmen in Europa wird angenommen. Bedingt durch das frühe Stadium der Internationalisierung und die Unternehmensgrößen der australischen Unternehmen wird ein hohes Maß an Aussagekraft des Modells unterstellt (Johanson, 1994). Nachfolgend soll untersucht werden, ob die kulturelle Nähe erkennbaren Einfluss auf die Standortwahl der australischen Unternehmen in Europa hat. Weiterhin soll untersucht werden, ob Unternehmen, die in der empirischen Befragung die Relevanz kultureller Nähe stärker betonen, unterschiedliche Standortwahlen in Europa treffen als Unternehmen, die kultureller Nähe eine geringere Relevanz beimessen.

Hypothese IVa:

Die kulturelle Nähe erklärt die Standortwahl der australischen Unternehmen in Europa. Australische Unternehmen investieren in Ländermärkten, die ein hohes Maß an kultureller Nähe aufweisen.

Hypothese IVb:

Unternehmen, die der kulturellen Nähe eine hohe Bedeutung beimessen, werden Europa als diverse Ländermärkte einschätzen und in Ländern mit kultureller Nähe investieren. Unternehmen, für die kulturelle Nähe eine geringe Bedeutung hat, werden Europa stärker als einen Markt einschätzen und häufiger in Ländern mit geringerer kultureller Nähe investieren.

Als weiterer Einflussfaktor auf die Standortwahl der australischen Unternehmen in Europa sollen der Eintrittszeitpunkt in den europäischen Markt sowie die Betrachtungsweise Europas, als ein Markt oder diverse Einzelmärkte, durch die australischen Unternehmen untersucht werden.

Es wird angenommen, dass sowohl der Eintrittszeitpunkt als auch die Einschätzung der EU Einfluss auf die Anordnung und Koordination von Aktivitäten in Europa haben. Unternehmen, die Europa als einen einheitlichen Markt ansehen, müssen ihre Marktbearbeitung in höherem Maße koordinieren und erreichen somit größere Vorteile durch Zentralisierung von Koordinationsaktivitäten in einem RHQ einerseits sowie durch Zentralisierung der logistischen Marktversorgung in Gateways andererseits[32]. Daher wird angenommen, dass diese Unternehmen in stärkerem Maße Gateways und Regional Headquarters zur Marktbedienung nutzen und entsprechend abweichende Länder als Standorte wählen als Unternehmen, die Europa als verschiedene Einzelmärkte ansehen und annahmegemäß einen geringeren Koordinationsaufwand haben.

Es wird weiter angenommen, dass Unternehmen, die nach der Bildung des Binnenmarktes in Europa investiert haben, Europa stärker als einheitliche Region ansehen und andere Standorte wählen werden als Unternehmen, die früher investierten.

In 1986 erfolgte die Einigung über das Ziel der Vollendung des EG-Binnenmarktes bis zum 31.12.1992 und der Gründung der Europäischen Union (EU) in der Einheitlichen Europäischen Akte (EEA), die 1987 in Kraft trat. Die Einheitliche Europäische Akte stellt die Begründung des Vorhabens dar, einen einheitli-

32 Für eine umfassende Definition des Gateway Konzeptes mit Bezug zum europäischen Markt, siehe Gaebe/Schamp, 1994.

chen Binnenmarkt in Westeuropa zu schaffen. Als untersuchungsrelevantes Datum für die Unterscheidung von australischen FDI vor und nach der Etablierung des europäischen Binnenmarktes soll das Jahr 1990 festgelegt werden. Es wird unterstellt, dass australische Unternehmen, die vor 1990 in Europa investierten, ihre Entscheidungen nicht auf der Grundlage des gemeinsamen Binnenmarktes trafen, während Investitionen nach 1990 diese Entwicklungen antizipierten. Damit soll untersucht werden, ob sich die Standortwahl australischer multinationaler Unternehmen vor diesem Datum von der Standortwahl nach diesem Datum unterscheidet.

Bei der Erhebung wurde das ursprüngliche Standortmuster der Unternehmen in Europa zusammen mit Angaben zu etwaigen Standortschließungen erfragt. Von den befragten Unternehmen wurden dabei keine Länderstandorte in Europa aufgegeben. Somit sind die erfassten Daten für eine Untersuchung des Investitionsverhaltens – besonders der Wahl von Länderstandorten – im Zeitablauf geeignet. Verlagerungen von bestimmten Wertschöpfungsaktivitäten zwischen bestehenden Länderstandorten konnten hierbei allerdings nicht erfasst werden.

Hypothese V:

In Abhängigkeit der Einschätzung des europäischen Marktes durch die Unternehmen unterscheidet sich die Anordnung der Direktinvestitionen und deren Koordination. Unternehmen, die Europa als einen Markt ansehen werden stärker Gateways und RHQ's nutzen und andere Länderstandorte wählen als Unternehmen, die Europa als diverse Ländermärkte betrachten.

Hypothese VI:

In Abhängigkeit des Eintrittszeitpunktes in den europäischen Markt unterscheiden sich Einschätzung des europäischen Marktes, Anordnung von FDI und Nutzung von Gateways. Unternehmen, die nach 1990 in Europa investierten, werden Europa stärker als einen Markt einschätzen, Gateways zur Bedienung des Marktes nutzen und häufiger Standorte mit geringerer kultureller Nähe wählen als Unternehmen, die vor 1990 investiert haben.

4.4.3 Empirische Überprüfung

Test der Hypothesen IVa und IVb:

Zur Überprüfung der Hypothese IVa wird das erhobene Standortverhalten der australischen Unternehmen in Europa ausgewertet.

Tabelle 4.16; Direktinvestitionen in Europa (nach Art, Zeitpunkt und Ländermarkt).

Art	1. Investition		2. Investition		3. Investition		4. Investition		5. Investition		6. Investition		folgende Investition	
Greenfield	11	42%	4	27%	4	40%	1	25%	2	100%	2	100%	5	100%
JV	2	8%	1	7%	2	20%	0	0%	0	0%	0	0%	0	0%
Akquisition	13	50%	10	67%	4	40%	3	75%	0	0%	0	0%	0	0%
	26		15		10		4		2		2		5	
Jahr														
1900 -1980	4	15%	0	0%	0	0%	0	0%	0	0%	0	0%	0	0%
1981-1990	13	50%	8	53%	3	30%	2	30%	1	50%	1	50%	4	80%
1991-	9	35%	7	47%	7	70%	2	70%	1	50%	1	50%	1	20%
	26		15		10		4		2		2		5	
Land														
F		2		1		3		2				1		
UK		19		1						1				
NL		2		1						1				
D		1		7										
B		1										1		
S		1												1
NOR				1										
SP				1		1								2
Turkey				1										
FIN				1										
POL						1								
I						1		1						
CH						2								
GR						1								
IRL				1		1								1
DEN								1						
P														1
Summe		26		15		10		4		2		2		5

Quelle: eigene Berechnung.

Im Folgenden werden das Jahr des Markteintritts und die Zielländer der Direktinvestition der befragten Unternehmen untersucht. Dabei wird auch die Art des Markteintritts (durch AKQ, JV, GF) dargestellt. Für Direktinvestitionen in Europa besteht eine klare Präferenz bei der ersten Investition für Großbritannien mit einem Anteil von 73%, gefolgt von Frankreich mit 8%, den Niederlanden mit 8% sowie Deutschland, Belgien und Schweden mit jeweils 4%. Bei den sequentiellen Direktinvestitionen sind die führenden Länder bei der zweiten Investition Deutschland mit 47% und bei der dritten und vierten Investition Frankreich mit 30% (3. DI) und 50% (4. DI).

Das europäische Land mit dem höchsten Maß kultureller Nähe zu Australien ist Großbritannien. Auch Irland und die Niederlande als bekannter Standort internationaler Direktinvestitionen haben annahmegemäß ein höheres Maß kultureller Nähe zu Australien im Vergleich zu den anderen europäischen Ländern. Für die Überprüfung der Hypothesen in dieser Arbeit wird angenommen, dass Großbritannien das Land mit kultureller Nähe zu Australien ist (Edwards et. al., 1998).

Damit wird die Hypothese IVa durch das Verhalten der Unternehmen bestätigt. Bei der ersten Direktinvestition in Europa wird – mit einem Anteil von über 73% in Großbritannien – eine deutliche Präferenz auf Länder mit kultureller Nähe gelegt. Die Verschiebung der FDI Zielländer zugunsten von Ländern mit geringerer kultureller Nähe für die auf die Erstinvestition folgenden Direktinvestition erscheint ebenfalls als Bestätigung des Stufenmodells, da mit zunehmender Erfahrung auch Standorte in Ländern mit geringerer kultureller Nähe gewählt werden. So entfallen bei der sequentiellen Zweitinvestition 47% der australischen Direktinvestitionen auf Deutschland.

Tabelle 4.17; Bewertung der Auswahlkriterien für Ländermärkte.

Motiv und Begründung der Auswahl individueller Ländermärkte	**Bewertung**
Marktgröße	2,17
Marktwachstum	1,93
Kulturelle Nähe	1,53
Verfügbarkeit von Strategic Assets.	1,14
Geographische Entfernung	1,03
Bestehende Kundenbeziehungen	1,00
Verfügbarkeit von Faktoren	0,89
Steuerliche Bedingungen	0,79
Niedrigere Kosten	0,72
0 = keine Einfluss, 1 = schwacher Einfluss, 2 = starker Einfluss, 3 = bestimmender Einfluss)	

Quelle: eigene Berechnung.

In der Untersuchung wurden die Unternehmen nach den Gründen für die Auswahl der internationalen Märkte befragt. Tabelle 4.17 fasst die angegebenen Motive zusammen und bildet Durchschnittswerte für die einzelnen Begründungen über alle Unternehmen.

Die Angaben bestätigen einen relevanten Einfluss kultureller Nähe auf die Markteintrittsentscheidungen der Unternehmen. Nach den marktbasierten Kriterien (Marktgröße und Marktwachstum) wird kulturelle Nähe an nächster Stelle noch vor der Verfügbarkeit von gesuchten Inputfaktoren und bestehenden Kundenverbindungen als Auswahlmotiv für Ländermärkte genannt.

Gemäß dem Stufenmodell der Internationalisierung ist die Bedeutung der kulturellen Nähe für die erste Investition höher als für sequentielle Investitionen. Daher werden für den Test der Hypothese IVb ausschließlich die Erstinvestitionen in Europa berücksichtigt. Aus der getrennten Betrachtung des Standortverhaltens von Unternehmen, die den Einfluss kultureller Nähe als „starken –„ oder „bestimmenden Einfluss" bezeichnen und denen, die ihn als „keinen –„ oder „schwachen Einfluss" klassifizieren, ergibt sich das nachfolgend dargestellte Ergebnis:

Die europäischen Erstinvestitionen der Unternehmen, die den Einfluss kultureller Nähe betonen, sind in der folgenden Tabelle dargestellt.

Tabelle 4.18; Erstinvestition bei hoher Bedeutung kultureller Nähe.

Standorte	**Gesamte Erstinvestitionen**	
	absolut	in %
UK	10	83,3%
F	1	8,3%
S	1	8,3%
Summe	12	

Quelle: eigene Berechnung.

Die europäischen Erstinvestitionen der Unternehmen, die kulturelle Nähe als für die Standortentscheidungen nicht relevant bezeichnen sind in der folgenden Tabelle dargestellt.

Tabelle 4.19; Erstinvestitionen bei niedriger Bedeutung kultureller Nähe.

Standorte	**Gesamte Erstinvestitionen**	
	absolut	in %
UK	9	64,3%
NL	2	14,3%
F	1	7,1%
D	1	7,1%
B	1	7,1%
Summe	14	

Quelle: eigene Berechnung.

Aus der nach der Einschätzung der Relevanz kultureller Nähe getrennten Betrachtung des Standortverhaltens in Europa ergibt sich eine Bestätigung der Hypothese IVb hinsichtlich der Wahl des Landes für die Erstinvestition. Unternehmen, die dem Einfluss kultureller Nähe eine hohe Bedeutung beimessen, investieren zu 83% in Großbritannien. Die zwei Erstinvestitionen von diesen Unternehmen, die in anderen Ländern getätigt wurden, waren beide Akquisitionen – der Firmen North (Bergbauprojekt in Schweden) und Aluvic (Aluminiumverarbeitung in Frankreich) – deren Standorte durch das zu übernehmende Unternehmen (Aluvic) oder die bestehende Mine (North) vorgegeben waren. Für Unternehmen, welche die Bedeutung kultureller Nähe niedrig einschätzen, zeigt sich mit einem Anteil von 64% der Erstinvestitionen eine deutlich geringere Präferenz für Großbritannien. Diese Unternehmen tätigen, im Gegensatz zu den Unternehmen, die kulturelle Nähe hoch bewerten, auch Greenfield Investitionen in den kulturell entfernteren Ländern.

In der folgenden Grafik wird der Zusammenhang der Beurteilung kultureller Nähe durch die Unternehmen mit ihrer Einschätzung Europas in Verbindung gebracht. Die Einschätzung Europas ist dabei auf der Y-Achse mit einer Skala von 1 bis 3 – als Intensitätsmaß zwischen den Polen ein Markt (1) und diverse Einzelmärkte (3) – bewertet. Auf der X-Achse ist die Bewertung kultureller Nähe durch die Unternehmen in den Kategorien: bestimmender Einfluss-, starker Einfluss-, schwacher Einfluss- und kein Einfluss kultureller Nähe abgetragen. Die Grafik zeigt deutlich, dass Unternehmen, die den Einfluss kultureller Nähe auf ihre Investitionsentscheidungen geringer bewerten, Europa in stärkerem Maße als einen einheitlichen Markt ansehen; Unternehmen, die kulturelle Nähe als bestimmenden Einfluss auf ihre Investitionsentscheidungen beurteilen, Europa in stärkerem Maße als separate Ländermärkte betrachten. Damit kann festgestellt werden, dass die Bewertung kultureller Nähe durch die Unternehmen ihre Wahrnehmung internationaler Märkte im Rahmen ihrer Internationalisierung messbar beeinflusst.

Abbildung 4.27; Einschätzung des europäischen Marktes in Abhängigkeit der Bewertung kultureller Nähe.

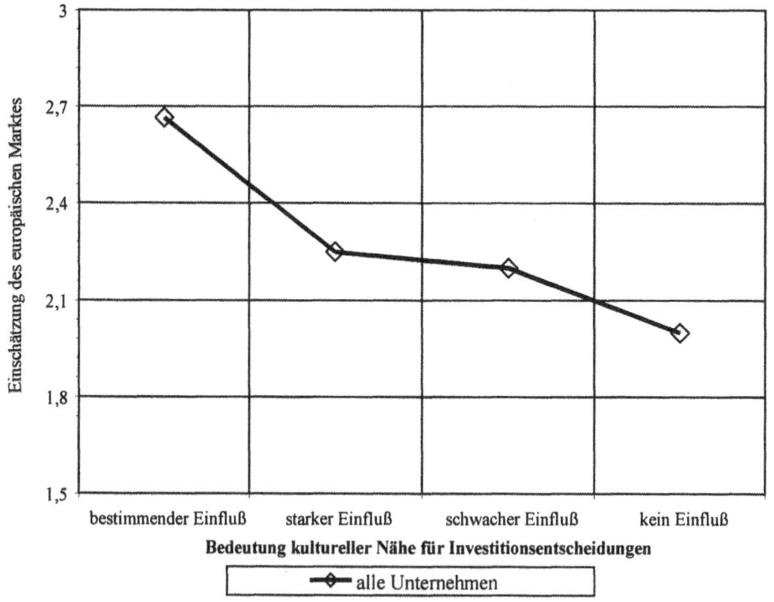

Quelle: eigene Berechnung.

Zur weiteren Überprüfung der Hypothese IVb wurde eine Regressionsanalyse durchgeführt. Dabei wurden die Bedeutung der kulturellen Nähe als erklärende und die Einschätzung Europas als ein Markt oder verschiedene Ländermärkte als abhängige Variable definiert.

Die Regression bestätigt den positiven Zusammenhang zwischen der Bewertung kultureller Nähe durch die Unternehmen und der Einschätzung Europas als diverse Ländermärkte. Dies bedeutet, dass mit einer höheren Bedeutung kultureller Nähe für die Unternehmen die Einschätzung Europas als diverse Märkte zunimmt. Bei geringerer Bedeutung kultureller Nähe nimmt dagegen die Einschätzung Europas als ein Markt zu. Das Ergebnis der Regressionsanalyse ist signifikant auf einem Niveau von 10%.

Regression 4.6; Erklärung der Einschätzung Europas durch die Bedeutung kultureller Nähe.

Variable	Parameter	t Wert	Signifikanz
Konstante	2,023	8,821	0,000
Kulturelle Nähe	**0,221**	1,711	0,100
$R^2 = 0{,}109$, n = 26			

Quelle: eigene Berechnung.

Die Hypothesen VIa und IVb werden somit durch die Empirie bestätigt. Australische Unternehmen beurteilen kulturelle Nähe als einen wichtigen Einflussfaktor auf ihre Investitionsentscheidungen. Die Bewertung der kulturellen Nähe durch die Unternehmen beeinflusst sowohl die Einschätzung Europas – als ein Markt oder diverse Einzelmärkte – als auch die Wahl des Landes der Erstinvestition.

Test der Hypothese V

Die befragten Unternehmen betrachten Europa als verschiedene einzelne Märkte (41,4%) oder eine Zwischenform („inbetween“) (44,8%). Lediglich vier Unternehmen (13,8%) betrachten den europäischen Markt als „einen Markt“.

Tabelle 4.20; Einschätzung des europäischen Marktes.

Klassifizierung Europas	Nennungen	Anteil in %
Ein Markt	4	13,8 %
Diverse Märkte	12	41,4 %
„inbetween“	13	44,8 %
Summe	29	

Quelle: eigene Berechnung.

Im folgenden soll analysiert werden, ob sich die Unternehmen nach ihrer Einschätzung des europäischen Marktes klassifiziert, der Hypothese V entsprechend, bei der Nutzung von Regional Headquarters und Gateways unterscheiden. Unternehmen, die den Markt als Einheit betrachten, müssten der Hypothese entsprechend in stärkerem Maße Gateways und Regional Headquarters nutzen als Unternehmen, die Europa als eine Anzahl von Einzelmärkten ansehen.

Die australischen Unternehmen bedienen sich bei der Koordination der europäischen Aktivitäten zum überwiegenden Teil eines Regional Headquarters. Ein Regional Headquarter zur Koordination verwenden 58,6% der befragten Unternehmen. Folgend dargestellt sind die Angaben zur Nutzung eines RHQ über alle Unternehmen.

Tabelle 4.21; Nutzung von Regional Headquarters in Europa.

Koordination europäischer Aktivitäten	**Anzahl der Nennungen**	**Anteil in %**
Koordination durch australisches Headquarter	7	24,2%
Koordination durch europäisches RHQ	17	58,6%
nicht spezifiziert	5	17,2%
Summe	29	

Quelle: eigene Berechnung.

Zum Test der Hypothese V wurden verschiedene Regressionen für relevante Erklärungsparameter berechnet. Zunächst wurde der Zusammenhang zwischen der Einschätzung Europas als erklärender Variable und der Nutzung von Regional Headquarters überprüft. Die Regression ergab dabei einen positiven Zusammenhang zwischen der Einschätzung Europas als einem Markt und der Nutzung von Regional Headquarters. Unternehmen, die Europa als einen Markt ansehen, nutzen somit stärker Regional Headquarters zur Koordination ihrer Aktivitäten in Europa als solche, die Europa als diverse Märkte ansehen.

Regression 4.7; Erklärung der Nutzung von Regional Headquarters durch die Einschätzung Europas.

Variable	**Parameter**	**t Wert**	**Signifikanz**
Konstante	1,883	2,942	0,007
Einschätzung Europas	**0,214**	0,815	0,423
$R^2 = 0{,}027$, $n = 26$			

Quelle: eigene Berechnung.

Die australischen Unternehmen nutzen ihren Angaben gemäß für die Bearbeitung Europas zum überwiegenden Teil Gateways. Insgesamt verwenden 82,8% der befragten Unternehmen ein Gateway für den gesamten oder einen Teil des europäischen Marktes. Folgend dargestellt sind die Angaben zur Nutzung von Gateways über alle Unternehmen.

Tabelle 4.22; Nutzung von Gateways zur Bearbeitung des europäischen Marktes.

Nutzung eines Gateways	Anzahl der Nennungen	Anteil in %
für Gesamteuropa	15	51,8%
für Teile Europas	9	31,0%
keine Gateway Nutzung	5	17,2%
Summe	29	

Quelle: eigene Berechnung.

Bei der Analyse der Nutzung von Gateways zur Bedienung des europäischen Marktes oder Teilen davon ergibt sich für die Nutzung eines Gateways ein Wert von 100 % für Unternehmen, die Europa als einen Markt ansehen, 92,3 % für Unternehmen, die Europa als „inbetween" ansehen, und 66,7 % für solche, die Europa als verschiedene Märkte betrachten.

Tabelle 4.23; Nutzung von Gateways in Abhängigkeit der Einschätzung des europäischen Marktes.

Einschätzung Europas	Anzahl der MNU	Nutzung eines Gateways	Nennungen	Anteil in %	Anteil in % kumuliert
Ein Markt	4	für Gesamteuropa	3	75,0 %	100,0%
		für Teile Europas	1	25,0 %	
		Kein Gateway	0	0,0 %	
Inbetween	14	für Gesamteuropa	7	53,9 %	92,3%
		für Teile Europas	5	38,5 %	
		Kein Gateway	1	7,7 %	
Verschiedene Märkte	12	für Gesamteuropa	5	41,7 %	66,7%
		für Teile Europas	3	25,0 %	
		Kein Gateway	4	33,3 %	

Quelle: eigene Berechnung.

Nachfolgend wird eine Regressionsanalyse zum Test der Hypothese des Zusammenhangs zwischen der Einschätzung Europas als erklärender Variabler und der Nutzung von Gateways als erklärter Variabler durchgeführt. Die Regression ergibt einen positiven Zusammenhang zwischen der Einschätzung Europas als einem Markt und der Nutzung von Gateways. Unternehmen, die Europa als einen Markt ansehen, nutzen somit stärker Gateways in Europa als solche die Europa als diverse Märkte ansehen. Das Ergebnis der Regressionsanalyse ist signifikant mit einem Signifikanzniveau von 10%.

Regression 4.8; Erklärung der Nutzung von Gateways durch die Einschätzung Europas.

Variable	Parameter	t Wert	Signifikanz
Konstante	0,870	1,828	0,079
Einschätzung Europas	**0,345**	1,724	0,096
$R^2 = 0,099$, n = 29			

Quelle: eigene Berechnung.

Zusammenfassend kann die Hypothese V hinsichtlich der Nutzung von Gateways und RHQ's durch die australischen Unternehmen bei der Bedienung Europas durch die Erhebung bestätigt werden. Dabei ist der durch die Regressionsanalyse nachgewiesene Zusammenhang für die Nutzung von Gateways statistisch signifikant auf einem Signifikanzniveau von 10% und weist einen höheren Koeffizienten und damit stärkeren Zusammenhang auf als die Regressionsanalyse für die Nutzung von RHQ's.

Test der Hypothese VI

Bei der Analyse der Verteilung der Direktinvestitionen ergibt sich ein deutlicher Unterschied der Anordnung der Direktinvestitionen in Ländern für die Zeiträume vor 1990 und nach 1990. Bei dieser Untersuchung werden ausschließlich die Erstinvestitionen der befragten Unternehmen betrachtet.

Die folgende Karte zeigt die geographische Verteilung der Erstinvestitionen in Europa differenziert in die Investitionszeiträume bis vor 1990 und ab 1990.

Während die Erstinvestitionen vor 1990 fast ausschließlich in Großbritannien getätigt werden (94%), ergibt sich für Erstinvestitionen, die nach 1990 stattfinden, eine weniger starke Konzentration auf Investitionen in Großbritannien (40%). Weiterhin fällt auf, dass 76% der vor 1990 getätigten Direktinvestitionen auf den Zeitraum 1981 bis 1990 entfallen. Dies belegt den Beginn des relevanten Zeitraums der „neuen" Internationalisierung Australiens in den frühen achtziger Jahren.

Karte 4.4; Erstinvestitionen australischer Unternehmen in Europa nach Investitionszeiträumen (Erstinvestitionen vor 1990 / nach 1990).

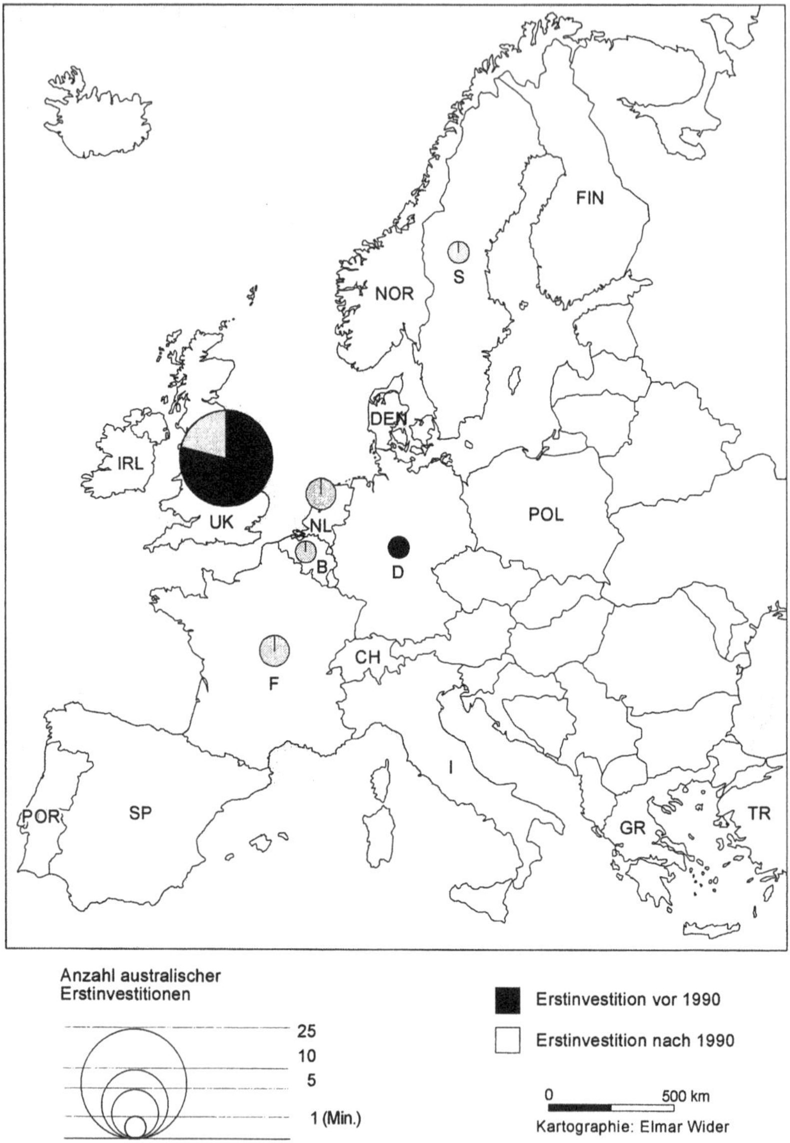

Quelle: eigene Berechnung (Daten aus der Erhebung).

Tabelle 4.24; Erstinvestitionen nach Zeitpunkten.

	Zielland	Anzahl	Anteil in %
Erstinvestition vor 1990	UK	15	93,8%
	D	1	6,2%
	Summe	16	100%
Erstinvestition nach 1990	UK	4	40,0%
	F	2	20,0%
	NL	2	20,0%
	B	1	10,0%
	S	1	10,0%
	Summe	10	100%

Quelle: eigene Berechnung.

Die folgende Karte 4.5 zeigt die gesamten Direktinvestitionen der befragten Unternehmen in Europa. Einen hohen Anteil an Investitionen vor 1990 weisen die Länder Großbritannien, Irland, Deutschland sowie Portugal, Dänemark und Norwegen auf. Während die Länder Italien, Frankreich, Spanien und die Niederlande einen Anteil über 50% an nach 1990erfolgten Direktinvestitionen haben.

Zur weitergehenden Untersuchung des Zusammenhangs zwischen Investitionsjahr und Einschätzung Europas als einen Markt oder diverse Einzelmärkte wird eine Regressionsanalyse für die Prüfung eines Zusammenhangs zwischen dem Jahr der Erstinvestition als erklärender Variabler und der bewerteten Einschätzung Europas durch die Unternehmen durchgeführt.

Die Regression ergibt einen negativen Zusammenhang zwischen dem Erstinvestitionsjahr und der Einschätzung Europas. Unternehmen, die später in den europäischen Markt eintraten, sehen Europa somit stärker als einen Markt an und investieren zur Erreichung des europäischen Marktes. Dagegen beurteilen früher investierende Unternehmen Europa als diverse Märkte und investieren in einzelnen Ländermärkten zu deren Bearbeitung. Das Ergebnis der Regressionsanalyse (Regression 4.9) ist dabei signifikant mit einem Signifikanzniveau von 10% und das ermittelte R^2 der Regression entspricht einem Korrelationskoeffizienten von 0,38 und belegt damit einen guten Zusammenhang.

Karte 4.5; Gesamte Direktinvestitionen australischer Unternehmen in Europa nach Investitionszeitpunkten.

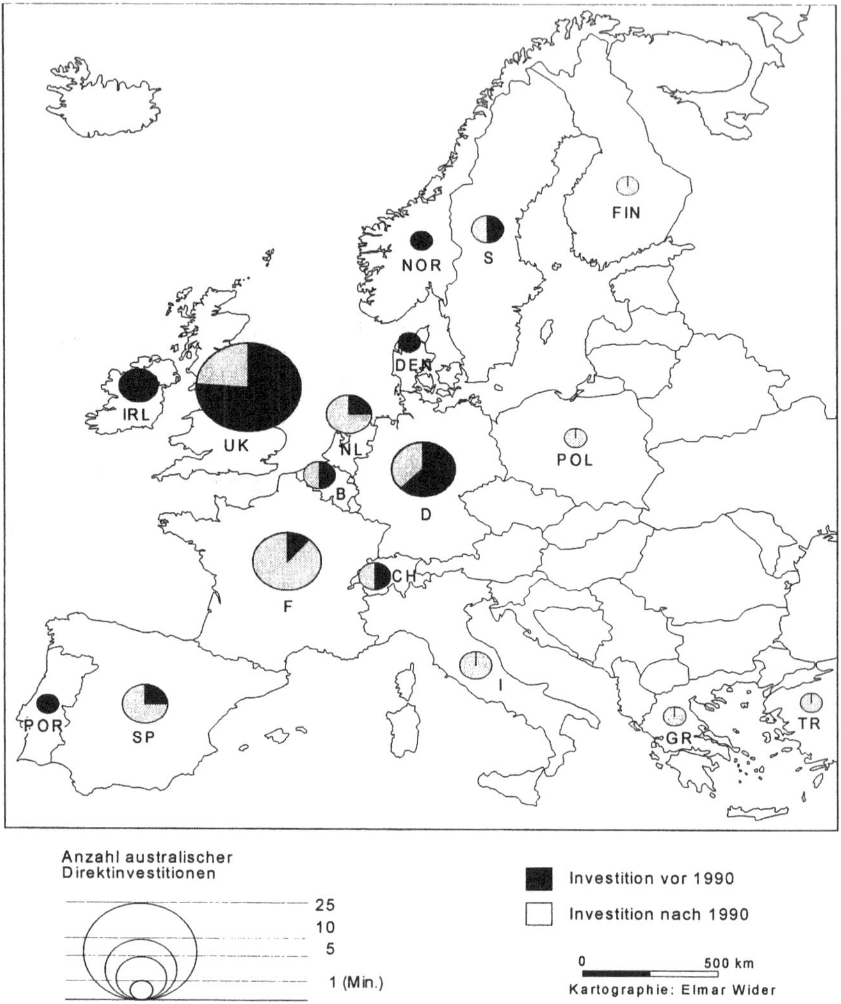

Quelle: eigene Berechnung.

Regression 4.9; Erklärung der Einschätzung Europas durch den Zeitpunkt der Erstinvestition.

Variable	Parameter	t Wert	Signifikanz
Konstante	29,283	2,016	0,057
Jahr der Erstinvestition	**- 0,014**	- 1,858	0,077
$R^2 = 0{,}141$, n = 23			

Quelle: eigene Berechnung.

Bei der Untersuchung des vermuteten Zusammenhangs zwischen dem Jahr der Direktinvestition und der Nutzung eines Gateways wird die Hypothese VI ebenfalls durch die Erhebung bestätigt. Während 92% der nach 1990 investierenden multinationalen Unternehmen ein Gateway für Teile Europas oder Gesamteuropa nutzen, trifft dies bei den vor 1990 investierenden Unternehmen nur zu 75% zu. Der Anteil der Unternehmen, die keine Gateway Funktion in Europa nutzen, beträgt bei den Unternehmen, die vor 1990 investiert haben 25%, während er bei den Unternehmen, die nach 1990 investierten, lediglich 7% ausmacht.

Tabelle 4.25; Nutzung von Gateways nach Zeiträumen des Markteintritts.

	Nutzung von Gateways	Anzahl	Anteil in %
Erstinvestition vor 1990	für Gesamteuropa	7	43,7%
	für Teile Europas	5	31,3%
	kein Gateway	4	25,0%
	Summe	**16**	
Erstinvestition nach 1990	für Gesamteuropa	8	61,5%
	für Teile Europas	4	30,8%
	kein Gateway	1	7,7%
	Summe	**13**	

Quelle: eigene Berechnung.

Die Hypothese VI wird somit sowohl hinsichtlich des vermuteten Zusammenhangs zwischen Eintrittszeitpunkt und Einschätzung Europas, als auch hinsichtlich der Anordnung von Direktinvestitionen auf Länder und der Nutzung von Gateways in Europa durch die Empirie bestätigt.

5 Zusammenfassung der Ergebnisse

Untersuchungsziel und Vorgehen

Die vorliegende Arbeit soll einen empirischen Beitrag zum Verständnis der neuen Internationalisierungsstrategien australischer Unternehmen leisten. Im Vordergrund der empirischen Untersuchung steht das Investitionsverhalten australischer Unternehmen in Europa. Dabei verbindet die Arbeit in ihrem Erklärungsansatz eine durch empirische Befragung australischer Unternehmen fundierte mikroökonomische Erklärung des Unternehmensverhaltens mit makroökonomischen Einflüssen des Herkunftslandes und der Zielregion und hebt hervor, dass das Internationalisierungsverhalten durch relevante kontextuale Bedingungen im Herkunftsland sowie Entwicklungen in der Zielregion maßgeblich beeinflusst ist.

In einem ersten Schritt wurde hierzu in einer rahmensetzenden theoretischen Grundlegung das Eklektische Modell von Dunning kritisch diskutiert und in seinen drei Determinanten der Entstehung von MNU durch ergänzende Konzepte zu kontextualen Einflüssen des Herkunftslandes (Porter, 1993), der Organisationsform und Wirkung internationaler Standortsysteme (Bartlett/Ghoshal, 1990) sowie den Einflüssen kultureller Nähe (Johanson,1994) erweitert. Dabei wurde die Notwendigkeit der Einbeziehung kontextualer Einflüsse bei der Untersuchung des Internationalisierungsverhaltens der Unternehmen festgestellt. Ein zweiter Schritt analysierte daher die Einflüsse kontextualer Bedingungen in Australien auf die Internationalisierung der Unternehmen. In einem dritten Schritt wurden, auf Basis einer empirischen Erhebung bei australischen Unternehmen mit Direktinvestitionen in Europa, die Erklärung der Investitionsmotive durch kontextuale Bedingungen im Herkunftsland sowie die Erklärungsfaktoren der Wahl von Ländermärkten in Europa analysiert.

Im folgenden werden die wesentlichen Ergebnisse der empirischen Untersuchung zusammengefasst.

Empirische Ergebnisse

Australiens Unternehmen – besonders des sekundären und des tertiären Sektors – stehen unter einem zweifachen Veränderungsdruck ihres Wettbewerbsumfeldes. Zum einen sind sie durch die aktuellen Veränderungsprozesse der Globalisierung und Regionalisierung der Weltwirtschaft gezwungen, neue Internationalisierungsstrategien für den Zugang zu den für sie wichtigen Märkten, wie Europa, anzuwenden. Zum anderen verfolgt die australische Regierung seit den frühen 1980'er Jahren eine konsequente Politik der Öffnung des zuvor stark geschützten lokalen Marktes, wodurch sich der Wettbewerbsdruck auf die Unternehmen auch auf ihrem Heimatmarkt stark erhöht hat.

Die Untersuchung der kontextualen Bedingungen in Australien deckt zwei Entwicklungsphasen der Internationalisierung australischer Unternehmen auf. In einer ersten Phase – bis in die frühen 1980'er Jahre – verharrte die australische Wirtschaft in einer starken Binnenausrichtung. Durch exogenes Bevölkerungswachstum wuchsen die landesinternen Märkte auf extensive Weise, während die Protektion des australischen Marktes sowie die Kapitalmarktregulierung und das Industrial Relations System – als sogenannte „Federation Trifecta" – zu einem Verbleib in der Binnenorientierung führten (Knapman/Quiggin, 1997). Während dieser Phase konnte jedoch ein Strukturwandel auf zwei Ebenen festgestellt werden. Auf der nationalen Ebene veränderte sich die sektorale Struktur der australischen Wirtschaft. Dabei verringerte sich die zunächst starke landwirtschaftliche Dominanz und die Sektoren Bergbau, Industrie und Dienstleistung gewannen an Bedeutung. Auf der internationalen Ebene bewegte sich die außenwirtschaftliche Orientierung Australiens weg von Großbritannien und hin zu den USA und Japan. Der australische Außenhandel wurde in dieser Phase nahezu ausschließlich durch den primären Sektor erbracht, zunächst mit landwirtschaftlichen- und später mit Bergbauprodukten. Die zu dieser Zeit nur geringen Direktinvestitionen australischer Unternehmen zeigten eine starke Konzentration auf Länder in geographischer Nähe zu Australien. Permanent fallende Terms of Trade und das niedrige Produktivitätswachstum – vor allem des sekundären Sektors – sorgten für einen zunehmenden Veränderungsdruck.

Die zweite und noch andauernde Phase der Internationalisierung australischer Unternehmen begann vor diesem Hintergrund – begleitet von einer erstmals defizitären Handelsbilanz – in den frühen 1980'er Jahren mit einem Paradigmenwechsel in der australischen Wirtschaftspolitik. Dieser brachte deutliche Veränderungen bei den Rahmenbedingungen in Australien durch die Öffnung des zuvor stark geschützten Binnenmarktes, die drastische Reduzierung der Kapitalmarktregulierung sowie Anpassungen des Industrial Relations Systems. In der Folge begann ein Aufholprozess der Internationalisierung australischer Unternehmen. Prägnante Auswirkung dieser Veränderungen auf die Strategien der Unternehmen, und Zeichen des Erfolgs der Reformen, sind ein stark gewachsener Bestand sowie veränderte Zielregionen australischer Direktinvestitionen – mit Europa als einem neuen Schwerpunkt. Dadurch belegt die Arbeit, dass die „Latecomer-Rolle" Australiens im Internationalisierungsprozess seiner Unternehmen durch landesspezifische Bedingungen zu erklären ist.

Zukünftige Entwicklung der Internationalisierung australischer Unternehmen und Bedeutung der Zielregion Europa

Die von den befragten Unternehmen erwarteten Veränderungen bei Umsätzen, Exporten und FDI – weltweit und für Europa – belegen die Relevanz Europas für die zukünftige Internationalisierung australischer Unternehmen.

Die Internationalisierung durch Direktinvestitionen steht dabei für die Sektoren Industrie und Finanzdienstleistung beim Wachstum in Europa im Vordergrund. Unternehmen des Sektors Industrie erwarten dabei für Europa eine stärkere Zunahme von FDI als weltweit. Unternehmen des Bergbausektors erwarten zwar ein Wachstum der Direktinvestitionen weltweit, für Europa planen sie jedoch eine Reduzierung ihrer Direktinvestitionen. Mit Ausnahmen des Bergbausektors erwarten alle Sektoren bei FDI höhere Zuwächse als bei Exporten.

Bei der Untersuchung der Entwicklungsprognosen nach Unternehmens-Größenklassen erwarten kleine Unternehmen (Umsatz < 250 Mio. A$) – weltweit und für Europa – ein höheres Wachstum über alle Internationalisierungsarten.

Die Untersuchung zeigt, dass australische Unternehmen weiterhin international expandieren und dass Europa innerhalb ihrer zukünftigen Internationalisierungsstrategien einen wichtigen Markt darstellt. Während dies statistisch durch einen steigenden Bestand australischen FDI's in Europa belegt wird, zeigt sich jedoch auch eine relative Abnahme des europäischen Anteils am Gesamtbestand australischer Direktinvestitionen seit Mitte der 1990'er Jahre.

Internationalisierungsstrategien australischer Untenehmen

Eine Analyse der genutzten Arten internationaler Marktbearbeitung zeigt, dass australische Unternehmen nur in geringem Umfang durch Lizenzvereinbarungen und Exporte internationalisieren. Dagegen erfolgt eine nennenswerte Anwendung strategischer Allianzen, vor allem bei kleinen Unternehmen, die auf die Generierung von Wettbewerbsvorteilen gerichtet sind. Die Untersuchung bestätigt auch, dass australische Unternehmen stärker durch Direktinvestitionen als durch Exporte internationalisieren. Die Arbeit bestätigt auch die in vorangegangenen Untersuchungen aufgestellte These, dass australischer Unternehmen bei der Internationalisierung häufig eine multiinländische Strategie anwenden und Märkte direkt durch FDI – ohne vorher in diese Märkte zu exportieren – erschließen (Craig/ Yetton, 1994).

Bei der Untersuchung der Markteintrittsart (GF, AKQ, JV) ergab sich, dass JV in Europa von untergeordneter Bedeutung sind, während Akquisitionen und Greenfield Investitionen häufig angewandt wurden. Dabei nutzen die australischen Unternehmen Akquisitionen in etwas stärkerem Maße als Greenfield Investitionen. Bei sequentiellen Direktinvestitionen in Europa ist ein Ansteigen der Investitionsart Greenfield und Abnehmen der Investitionsart Akquisition zu beobachten.

Mit einer Gruppenbildung nach Gesamtumsatz werden zwei deutlich unterschiedliche Strategietypen australischer Unternehmen differenziert. Die empirische Untersuchung zeigt, dass kleine Unternehmen (Umsatz < 500 Mio. A$) mit Strategien der Produktdifferenzierung in Nischenmärkten internationalisieren und dabei individuelle Länderstrategien anwenden, während große Unternehmen (Umsatz > 500 Mio. A$) mit Strategien der Kostenführerschaft breite Märkte mit globalen Strategien bearbeiten.

Eine Differenzierung der Internationalisierungsstrategien nach Unternehmensalter ergibt, dass junge Unternehmen (Gründung nach 1975) bei der Internationalisierung in deutlich stärkerem Maße Nischenmarktstrategien verfolgen als Unternehmen mit Gründungsdatum vor 1975, die überwiegend breite Marktsegmente bearbeiten.

Erklärungsgehalt kontextualer Bedingungen in Australien für das Internationalisierungsverhalten

Die Analyse der empirischen Daten zum Investitionsverhalten der australischen Unternehmen in Europa deckt starke Einflüsse kontextualer Faktoren auf das Investitionsverhalten auf. Die kontextualen Bedingungen in Australien – konzeptionalisiert im Modell des Diamanten nach Porter (1993) – haben einen nachweisbaren Einfluss auf die Investitionsmotive der Unternehmen. Dabei belegt die Untersuchung, dass Unternehmen mit schwachen Diamanten in Australien Direktinvestitionen stärker mit dem Ziel der internationalen Ergänzung ihrer Wettbewerbsvorteile durchführen als Unternehmen mit starken Diamanten. Die Untersuchung bestätigt somit, dass Schwächen des nationalen Kontextes von den Unternehmen mit dem Ziel der Ergänzung des heimischen Diamanten durch den Zugang zu internationalen Diamanten mittels FDI ausgeglichen werden. Insofern belegen die empirischen Ergebnisse die Geltung eines „multiplen Diamanten" nach Rugman/D'Cruz (1993) für die australischen Unternehmen.

Auch zwischen den kontextualen Bedingungen und der Marktdominanz in Australien – durch heimische oder internationale Unternehmen – wurde ein Zusammenhang nachgewiesen. Branchen, in denen australische Unternehmen marktdominant sind, weisen in der Untersuchung bessere kontextuale Bedingungen auf als Branchen, die durch internationale Unternehmen dominiert sind. Dies belegt die These, dass während der ersten Entwicklungsphase – bis in die frühen 1980'er Jahre – durch Direktinvestitionen internationaler Unternehmen in Australien weder Produktivitätswachstum noch Technologietransfer in nennenswerten

Umfang stattfand (Catley, 1996). Die Internationalisierung mit dem Ziel der Ergänzung oder Erweiterung von Wettbewerbsvorteilen durch den Zugang zu internationalen Diamanten ist daher in den australisch dominierten Branchen schwächer ausgeprägt als in den international dominierten.

Ein weiteres Ergebnis der Untersuchung ist die Feststellung eines deutlichen Zusammenhanges zwischen der Qualität kontextualer Bedingungen und der Tendenz zur Verlagerung des Hauptsitzes aus Australien heraus. Während multinationale australische Unternehmen mit starken Diamanten in Australien die Tendenz zur Verlagerung des Hauptsitzes als sehr gering bewerten, geben Unternehmen aus Branchen mit geringen oder ohne wirksame Diamantfaktoren eine deutlich höhere Bewertung der Verlagerungstendenz an.

Hierin kann ein Risiko für die weitere Entwicklung besonders des industriellen Sektors in Australien liegen, der über alle Sektoren die schwächsten kontextualen Bedingungen aufweist.

Kontextuale Erklärungsfaktoren der Auswahl von Ländermärkten in Europa

Die empirische Untersuchung der Wahl von Ländermärkten in Europa bestätigt die Relevanz kultureller Nähe für die Standortwahl. Australische Unternehmen verhalten sich bei der Auswahl von Ländermärkten in Europa somit gemäß den Annahmen des Stufenmodells der Internationalisierung (Johanson/Vahlne, 1990).

Nach den Kriterien Marktgröße und Marktwachstum wird kulturelle Nähe von den Unternehmen als wichtigstes Motiv der Auswahl von Ländermärkten genannt.

Die Untersuchung hebt auch einen starken Zusammenhang zwischen der Bewertung des Einflusses kultureller Nähe durch die Unternehmen und ihrer Einschätzung Europas – als ein Markt oder als Gruppe separater Einzelmärkte – hervor. Mit einer höheren Bewertung des Einflusses kultureller Nähe durch die Unternehmen wird Europa zunehmend als Region separater Einzelmärkte eingeschätzt. Die Bewertung kultureller Einflüsse durch die Unternehmen ist somit von deutlichem Einfluss auf ihr Internationalisierungsverhalten.

Die Nutzung von Gateways und Regional Headquarters in Europa durch die australischen Unternehmen ist ebenfalls durch ihre Einschätzung der Zielregion Europa – als ein Markt oder Gruppe separater Ländermärkte – beeinflusst. Hierbei ist der Erklärungsgehalt der Einschätzung Europas für die Nutzung von Gateways besonders deutlich.

Ein weiteres Ergebnis der empirischen Untersuchung ist der Beleg eines Zusammenhangs zwischen dem Investitionszeitpunkt in Europa und der Standortwahl sowie der Nutzung von Gateways. Unternehmen, die vor 1990 in Europa investiert haben, wählten fast ausschließlich Standorte in Großbritannien, während Unternehmen, die nach 1990 investierten, deutlich häufiger Standorte in Kontinentaleuropa – zur Bearbeitung des europäischen Marktes – wählten. Die nach 1990 investierenden Unternehmen nutzen auch in deutlich stärkerem Maße Gateways zur Bedienung des europäischen Marktes.

Fazit

Die Arbeit kommt zu dem Schluss, dass das Investitionsverhalten der australischen Unternehmen in Europa erst durch die Einbeziehung kontextualer Einflüsse zusammen mit der Unternehmensstrategie zu erklären ist. Dabei belegt die empirische Untersuchung, dass die Investitionsmotive australischer Direktinvestitionen in Europa maßgeblich durch kontextuale Bedingungen im Herkunftsland beeinflusst sind und bestätigt hierdurch die Geltung der Theorie des „multiplen Diamanten" für die australischen Unternehmen.

Ein weiteres Ergebnis der Arbeit ist der empirische Nachweis, dass die Wahl von Ländermärkten als Standorte in Europa stark von der Beurteilung kontextualer Faktoren in Europa sowie der Bewertung kultureller Nähe durch die Unternehmen beeinflusst ist.

Damit leistet die Arbeit einen Beitrag zum besseren Verständnis der neuen Internationalisierungsstrategien australischer Unternehmen.

Anhang I – Erläuterungen zu den verwandten statistischen Methoden

1 Gruppenspezifische Mittelwerte und Streuungszerlegung

1.1 Ziel der Anwendung

Ziel der Streuungszerlegung im Rahmen dieser Arbeit ist die Überprüfung der Erklärungskraft einer Gruppenzugehörigkeit für eine Zielvariable, also die Frage ob die Zugehörigkeit zu einer Gruppe Einfluss auf die Zielvariable hat.

1.2 Verfahren

Das Quadrat der Standardabweichung, die Varianz, kann im Falle einer gruppierten Reihe in zwei Streuungsbestandteile zerlegt werden: die „Streuung zwischen den Gruppen“ (d.h. zwischen den Mittelwerten der verschiedenen Gruppen) und die „Streuung innerhalb der Gruppen“. Gruppen können dabei nach jeglichen qualitativen Merkmalen gebildet werden (Neubauer/Bellgardt/Behr, 2002, S. 85).

In dieser Arbeit werden die Varianzen der erhobenen Merkmale australischer Unternehmen zerlegt in einen Streuungsbestandteil zwischen verschiedenen Unternehmensgruppen (u.a. nach Sektoren, Unternehmensgröße und -alter) und einen Streuungsbestandteil innerhalb dieser Gruppen. Eine solche Zerlegung der Varianz läuft auf eine Komponentenanalyse hinaus: eine gruppenspezifische Komponente der Streuung der erhobenen Merkmale wird gemessen. Dabei ist ein Einfluss der Gruppenzugehörigkeit gegeben, wenn die Streuung in den Gruppen klein und die Streuung zwischen den Gruppen groß ist (Neubauer/Bellgardt/Behr, 2002, S. 85).

Als Streuungsmaß wird das in der Varianzanalyse gebräuchliche Maß Eta verwendet, das wie folgt definiert ist:

$$\mathrm{Eta}^2 = \frac{\sum_{j=1}^{m}(\overline{x}_j - \overline{X})^2 \cdot f_j}{\sum_{j=1}^{m}(\overline{x}_j - \overline{X})^2 \cdot f_j + \sum_{j=1}^{m}\sum_{i=1}^{f_j}(x_{ij} - \overline{x}_j)^2} = \frac{\sum_{j=1}^{m}(\overline{x}_j - \overline{X})^2 \cdot f_j}{n \cdot \sigma_X^2}$$

Eta gibt an, welcher Anteil (ausgedrückt als Dezimalbruch) der Gesamtstreuung auf die Streuung zwischen den Gruppen entfällt. Diese Maßzahl besitzt unabhängig von den stochastischen Tests eine eigene deskriptive Qualität.

2 Regressionsanalyse

2.1 Ziel der Anwendung

Ziel der Regressionsanalysen in dieser Arbeit ist die Überprüfung der Richtung und Stärke des Erklärungszusammenhanges verschiedener Einflussgrößen (Variablen) auf das Internationalisierungsverhalten der australischen Unternehmen.

2.2 Besonderheiten bei der Anwendung des linearen Regressionsmodells in dieser Arbeit

2.2.1 Regression bei kleinen Fallzahlen (n < 30)

Bedingt durch die niedrige Anzahl befragter Unternehmen liegen den Regressionsberechnungen in dieser Arbeit geringe Fallzahlen (n < 30) zugrunde. Daher muss zur Absicherung der Methode zwar die Annahme getroffen werden, dass die Regressionsstörgröße (Residuum) in der Grundgesamtheit (Population) normalverteilt ist. Die Anwendung der Regressionsanalyse ist in solchen Fällen jedoch unter Verwendung der t-Verteilung üblich (Neubauer, 1994, S. 414; Hartung, 1984, S. 128).

2.2.2 Regression mit nominalen Exogenen

Bei der Anwendung linearer Regressionsmodelle werden oft metrisch oder ordinal skalierte Variablen angenommen. Innerhalb dieser Arbeit werden auch Berechnungen mit nominalen exogenen Variablen durchgeführt. Das Regressionsmodell kann jedoch auch bei Vorliegen nominal skalierter exogener Variabler nach deren Codierung als Dummy-Variable, unter Zuweisung der werte Null und Eins, auf übliche Weise berechnet werden (Bellgardt, 1997, S. 132).

2.2.3 Regression mit nominalen Endogenen

Bei Vorliegen nominaler endogener Variabler mit zwei Ausprägungen (dichotome Variable) wird, um die Regression durchführen zu können, eine metrische

Codierung vorgenommen. Dabei werden den Ausprägungen (y) die Werte Null und Eins zugewiesen. Nach Durchführung dieser Codierung kann die Regressionsberechnung in üblicher Weise ausgeführt werden.

Die Parameter b_j der linearen Regressionsfunktion (lineares Wahrscheinlichkeitsmodell) können dann bestimmt werden mit:

$$y_i' = \sum_{j=0}^{v} b_j \cdot x_{ij}$$

Die Anwendung von Logit- und Probit- Regressionen mit Messwiederholungen – welche an sich geeigneter wären – ist innerhalb dieser Arbeit praktisch nicht möglich, da hierfür eine erheblich größere Fallzahl (n) benötigt würde (Bellgardt, 2002).

Je näher y'_i an 1 liegt, desto eher wird das Objekt i die mit y = 1 bestimmte Eigenschaft haben. Als Trennwert kann $y_T = 0{,}5$ gewählt werden. Wenn $y'_i > 0{,}5$, so wird dem Objekt i die Eigenschaft y = 1 zugeordnet, wenn $y'_i < 0{,}5$ wir die Eigenschaft 0 zugeordnet.

Eine Interpretation des y'_i als Wahrscheinlichkeit, dafür daß Objekt i die Eigenschaft y = 1 aufweist ist allerdings nicht möglich. Im mittleren Bereich wird y'_i die wahren Wahrscheinlichkeiten nur unzureichend annähern können. An den Rändern können die y'_i den Wert Null unterschreiten und den Wert Eins überschreiten (Bellgardt, 1997, S. 134).

Bei Zugrundelegung der t-Verteilung, aufgrund einer kleinen Fallzahl (n < 30), wird das Vorliegen einer normalverteilten Regressionsstörgröße (Residuum) in der Grundgesamtheit vorausgesetzt. Im Falle einer Regression mit nominalen endogenen Variablen besteht diese Voraussetzung jedoch nicht (Bellgardt, 1997). Diese Einschränkung gilt dabei ausschließlich für Aussagen zu den berechneten Signifikanzen, nicht jedoch für die Parameterwerte der Regressionen, die in jedem Falle zuverlässig sind. Auch in diesem Fall ist die Berechnung von Signifikanzen innerhalb der Regression allerdings dann weniger problematisch, wenn die Fallzahl (n) nahe bei 30 liegt, was für alle in dieser Arbeit durchgeführten Regressionsberechnungen der Fall ist (Bellgardt, 2002).

Im übrigen wären auch Signifikanzaussagen unter Anwendung des alternativen Verfahrens der „logistischen Regression“ mit erheblichen Unsicherheiten behaftet. Hierfür sind erheblich höhere Fallzahlen nötig, da die Standardfehler nur asymptotisch bestimmbar sind (Bellgardt, 2002).

Literaturverzeichnis

Australian Bureau of Statistics [ABS] (2000): Balance of Payments and International Investment Position – Australia, Catalogue No.: 5302.0, Canberra.

Australian Bureau of Statistics [ABS] (2001): International Investment Position, Australia: Supplementary Statistics, Australian Investment Abroad per, Catalogue No.: 5352.0, Canberra.

Australian Bureau of Statistics [ABS] (2002): Australian National Accounts: State accounts per 06/2001, Catalogue No.: 5220.0, Canberra.

Australian Manufacturing Council [AMC] (1990): The global Challenge – Australian Manufacturing in the 1990s, Final Report of the Study by Pappas, Carter, Evans & Koop / Telesis, Melbourne.

Andersson, T. (1996): Multinational restructuring, internationalisation and small economies: the Swedish case, Routledge.

Athukorala, P. (1998): Internationalisation of the Australian Economy, in: Sataya P. [Ed.]: Trade and Growth, New theory and the Australian experience, St. Leonards.

Bartlett, C. and Ghoshal, S. (1989): Managing Across Borders – The Transnational Solution, Boston.

Bartlett, C. and Ghoshal, S. (1990): Internationale Unternehmensführung, Frankfurt.

Bathelt, H. und Glückler, J. (2002): Wirtschaftsgeographie: ökonomische Beziehungen in räumlicher Perspektive, Stuttgart.

Becker, U. (1996): Das Überleben multinationaler Unternehmen – Generierung und Transfer von Wissen im internationalen Wettbewerb, Frankfurt.

Bellgardt, E. (1997): Statistik mit SPSS: ausgewählte Verfahren für Wirtschaftswissenschaftler, München.

Bellgardt, E. (2002): Expertengespräch zur Anwendung der statistischen Methoden, geführt in Frankfurt am Main am 13.06.2002.

Braun, C. (1995): Innovationsstrategien multinationaler Unternehmen, Frankfurt.

Buckley, P. J. (1997): Multinational Firm Strategies and the Impact of their Location Decisions, in: Buckley, P. J. and Mucchielli, J.-L. [Eds.]: Multinational Firms and International Relocation, Cheltenham.

Buckley, P. J. and Casson, M. C. (1991): The Future of the MNE (second Edition), London.

Buckley, P. J., Pass, C. L. and Prescott, K. (1992): Servicing International Markets: Competitive Strategies of Firms, Oxford.

Bureau of Industry Economics [BIE] (1984): Australian Direct Investment Abroad: effects on the Australian economy, Report 14, Australian Government Publishing Service, Canberra.

Bureau of Industry Economics [BIE] (1995 A): Investment abroad by Australian companies – Issues and Implications, Report 19, Australian Government Publishing Service, Canberra.

Bureau of Industry Economics [BIE] (1995 B): Australian Industry Trends, Issue 23, Australian Government Publishing Service, Canberra.

Carter, C. (1994): The Industry Policy Debate: A Business Strategy Perspective, in: Marsh, I. [Ed]: Australian Business in the Asia Pacific Region, Melbourne, S. 67 - 102.

Cartwright, W. (1993): Multiple Linked „Diamonds" and the International Competitiveness of Export Dependent Industries: The New Zealand Experience, in: Management International Review, Vol. 33, Special Issue 2/93, S. 55 - 70.

Casson, M. (1987): The Firm and the Market, Cambridge.

Catley, B. (1996): Globalising Australian Capitalism, Cambridge.

Charles, D. (2002): Expertengespräch zur Entwicklung der australischen Wirtschaft, telefonisch geführt am 17.02.2002.

Clegg, J. (1987): Multinational Enterprises and World Competition, New York.

Coase, R. H. (1937): The Nature of the Firm, in: Economica, Vol. 4, S. 386 - 405.

Corden, W. M. (1997): The Road to Reform, Essays on Australian Economic Policy, Melbourne.

Craig, J. und Yetton, P. (1994): Australias International Firms: Contributions and Prospects, in: Marsh, I. [Ed.]: Australian Business in the Asia Pacific Region, Melbourne, S. 32 - 66.

Davidow, W. H. and Mulone, M. S. (1992): The Virtual Corporation. Structuring and Revitalising the Corporation for the 21st. Century, New York.

Dicken, P. and Lloyd, P. (1999): Standort und Raum – Theoretische Perspektiven in der Wirtschaftsgeographie, Stuttgart.

Dudley, G. (1994): Established Manufacturing: A Case Study in Organisational Change, in: Marsh, I. [Ed.]: Australian Business in the Asia Pacific Region, Melbourne, S. 258 - 272.

Dülfer, E. (1991): Internationales Management in unterschiedlichen Kulturbereichen, Wien.

Dunning, J. (1958): American Investment in the British Manufacturing Industry, London.

Dunning, J. (1973): The determinants of international production, in: Oxford Economic Papers, Vol. 25, S. 289 - 325.
Dunning, J. (1977): Trade, Location of Economic Activity and the MNE: A Search for an Eklektic Approach, in: Ohlin, B. [Ed.]: The International Allocation of Economic Activity, New York, S. 395 - 431.
Dunning, J. (1988): Explaining International Production, London.
Dunning J. (1991): The Eclectic Paradigm of International Production: A Personal Perspective, in: Pitelis, C. and Sugden, R. [Eds.]: The Nature of the Transnational Firm, London.
Dunning, J. (1991A): Multinational enterprises and the globalisation of innovatory capacity, GSM Working Paper 91-03, Rutgers Graduate School of Management, Newark.
Dunning, J. (1993): Internationalizing Porters Diamond, in: Management International Review, Vol. 33, Special Issue 2/93, S. 7 - 15.
Dunning, J. (1995): Reappraising the eclectic paradigm in the age of alliance capitalism, in: Journal of International Business Studies, Vol. 26, S. 461 - 491.
Dunning, J. (1998): Location and the Multinational Enterprise: A Neglected Factor?, in: Journal of International Business Studies, Vol. 29, S. 45 - 66.
Dunning, J. (2000): The eclectic paradigm as an envelope for economic and business theories of MNE activity, in: International Business Review, Vol. 9, Nr. 2, S. 163 - 190.
Dunning, J. and Bansal, S. (1997): The Cultural Sensitivity of the Eclectic Paradigm, Discussion Papers in International Investment and Management, University of Reading, Department of Economics, Series B, Vol. 9, Paper No. 228.
Dunning, J. and Robson, P. (1988A): Multinational Corporate Integration and Regional Economic Integration, in: Dunning, J. and Robson, P. [Eds.]: Multinationals and the European Community, Oxford, S. 1 - 24.
Edwards, R., Fenwick, M. and Buckley, P. (1998): Is Cultural Similarity Misleading? The Experience of Australian Manufacturers in Britain, unpublished paper, Monash University, Melbourne.
Frankfurter Allgemeine Zeitung [FAZ] (1995): Direktinvestitionen haben Handel als Integrationsmotor abgelöst, ein Kommentar zum World Investment Report 1995 der UNCTAD, 15.12.1995, S. 17.
Fieten, R., Friedrich, W. und Lageman, B. (1997): Globalisierung der Märkte – Herausforderung und Optionen für kleine und mittlere Unternehmen, insbesondere für Zulieferer, Gutachten im Auftrag des Bundesministeriums für Wirtschaft, Institut für Mittelstandsforschung, Schriften zur Mittelstandsforschung Nr. 73, Stuttgart.

Gaebe, W. and Schamp, E. W. (1994): Gateways to the European Market, in: Gaebe, W. and Schamp, E. W. [Eds.]: Gateways to the European market: Case studies from the Netherlands and Germany, Münster, S. 3 - 8.

Galbraith, C. S. and Kay, N. (1986): Towards a Theory of MNE, in: Journal of Economic Behaviour and Organisation, Vol. 7, S. 3-19.

Gertler, M. S. (1997): The invention of regional culture, in: Lee, R. and Wills, J. [Eds.]: Geographies of Economies, London, S. 47 -51.

Gilroy, B. M. (1989): Economic Issues of Multinational Enterprise, Konstanz.

Girg, J. (1991):. Aktuelle Tendenzen der Wirtschaft Australiens, in: Frankfurter Wirtschafts- und Sozialgeographische Schriften, Heft 59, Frankfurt.

Girg, J. (1996): Australiens Bankwesen im Wandel: Einflüsse der Deregulierungspolitik auf Struktur und Standorte, Frankfurt.

Goette, T. (1994): Standortpolitik internationaler Unternehmen, Wiesbaden.

Groeger, H., Karenberg, L., Kemminer, K. und Schröder, H. (1987): Standort Ausland, Stuttgart.

Grömling, M.; Lichtblau, K.: Weber, A. (1996): Weltwirtschaftlicher Strukturwandel: Deindustrialisierung und Globalisierung, in: iw-trends 3/96, S. 1 - 15.

Grotz, R. (1985): Die Industrie Australiens: Entwicklungen, Probleme, Chancen, in: Geographische Rundschau, Nr.1, S.29ff.

Härtel, H. H., Jungnickel, R., et. Al. (1996): Grenzüberschreitende Produktion und Strukturwandel: Globalisierung der deutschen Wirtschaft, Baden Baden.

Hartung, J. (1984): Multivariate Statistik, Lehr und Handbuch der angewandten Statistik, München.

Hedlund, G. (1986): The Hypermodern MNC – A Heterarchy?, in: Human Ressource Management, Vol. 25 (1), S. 9 - 35.

Henzler, H. A. (1992): Die Globalisierung von Unternehmen im internationalen Vergleich, in: ZfB-Ergänzungsheft 2, S. 83-98.

Hodgetts, R. (1993): Porters Diamond Framework in a Mexican Context, in: Management International Review, Vol. 33, Special Issue 2/93, S. 41 - 54.

Hymer, S. (1976): The international Operations of multinational Firms, Cambridge.

Ibis World Pty. Ltd. [IBIS] (1997): „Company Profiles“, Datenbank der 2000 Umsatzstärksten Unternehmen in Australien und Neuseeland, Version I-1997, Melbourne.

Johanson, J. (1994): Internationalisation, relationships and networks, Upppsala.

Johanson, J. and Vahlne, J.-E. (1977): The Internationalisation Process of the Firm – a Model of Knowledge Development and Increasing Foreign Market Commitments, in: Journal of International Business Studies, Bd. 8, S. 23-32.

Johanson, J. and Vahlne, J.-E. (1990): The mechanism of internationalisation, in: International Marketing Review, Vol. 7 (4), S. 11 - 24;

Kappel, R. (1997): Centre and periphery in the global order. Theoretical aspects of asymmetries and symmetries in the globalisation process, Leipzig.

Kay, N. (1984): The Emergent Firm – Knowledge, Ignorance and Surprise in Economic Organisations, New York.

Kindleberger, C. (1969): American Business Abroad – Six Lectures on Direct investment, New Haven.

Knapman, B. and Quiggin, J. (1997): The Australian Economy in the Twentieth Century, in: Lemper, A., Sell, A. und Wohlmuth, K. [Hrsg.]: Bericht aus dem Weltwirtschaftlichen Colloquium der Universität Bremen Nr. 52, Bremen, S. 5ff.

Knickerbocker, F. (1973): Oligopolistic Reaction and Multinational Enterprise, Boston.

Kortmann, W. (1998): Reale Außenwirtschaftslehre – Fakten, Erklärungen, Maßnahmen, Stuttgart.

Lamping, H. (1985): Australien, Stuttgart.

Lewis, M. K. and Wallace, R. H. (1997): The evolution of the Australian Financial System, in: Lewis, M. K. and Wallace, R. [Eds.]: The Australian Financial System – evolution, policy and practise, Melbourne.

Lewis, P. (1994): A Guide to the Australian Economy, Melbourne.

Luostarinen, R. and Welch, L. S. (1988): Internationalisation: Evolution of a Concept, in: Journal of General Management, Vol. 14, No. 2, S. 34 - 55.

Maennig, W. und Wilfling, B. (1998): Außenwirtschaft – Theorie und Politik, München.

Maier, G. und Tödtling, F. (1995): Regional- und Stadtökonomik, Standorttheorie und Raumstruktur, Wien.

Marks, A., Hettihewa, S. and Sadeghi, M. (1998): Trade Policy, structural change and economic growth in Australia. A historical overview, in: Sataya, P. [Ed.]: Trade and Growth, New theory and the Australian experience, St. Leonards, S. 211ff.

Narula, R. (1993): Technology, International Business and Porters „Diamond“: Synthesizing a Dynamic Competitive development Model, in: Management International Review, Vol. 33, Special Issue 2/93, S. 85 - 107.

Neubauer, W. (1994): Statistische Methoden: ausgewählte Kapitel für Wirtschaftswissenschaftler, München.

Neubauer, W., Bellgardt, E. und Behr, A. (2002): Statistische Methoden, München.

Nunnenkamp, P., Gundlach, E. and Agarwal, J. P. (1994): Globalisation of Production and Markets, Tübingen.

Ohmae K. (1985): The Borderless World, London.
Pausenberger, E. (1994): Alternative Internationalisierungsstrategien, in: Pausenberger, E. [Hrsg.]: Internationalisierung von Unternehmen: Strategien und Probleme ihrer Umsetzung, Stuttgart, S. 1 - 30.
Perlmutter, H. (1969): The tortuous evolution of the MNC, in: Columbia Journal of World Business, 02/03-1969, S. 9 - 18.
Pieper, M. (1994): Das interregionale Standortwahlverhalten der Industrie in Deutschland – Konsequenzen für das kommunale Standortmarketing, Göttingen.
Pope, D. (1986): Protection and Australian Manufacturers International Competitiveness 1901 - 1930, in: Australian Economic History Review, Vol. 26(1), S. 21-39.
Porter, M. E. (1985): Competitive Advantage: Creating and Sustaining Superior Performance, New York.
Porter, M. E. (1993): Nationale Wettbewerbsvorteile – Erfolgreich Konkurrieren auf dem Weltmarkt, Wien.
Prahlad, C. and Doz, Y. (1981): An Approach to Strategic Control in MNC's, in: Sloan Management Review, Vol. 23, S. 5 - 13.
Rugman, A. (1981): Inside the Multinationals, London.
Rugman, A. (1986): New Theories of the Multinational Enterprise – An Assessment of Internationalisation Theory, in: Bulletin of Economic Research, Vol. 38, Nr. 2, S. 101 - 118.
Rugman, A. and D'Cruz, J. (1993): The „Double Diamond" Model of International Competitiveness: The Canadian Experience, in: Management International Review, Vol. 33, Special Issue 2/93, S. 17 - 39.
Rugman, A. and Verbeke, A. (1993): Foreign Subsidiaries and Multinational Strategic Management: An Extension and Correction of Porters Single Diamond Framework, in: Management International Review, Vol. 33, Special Issue 2/93, S. 71 - 84.
Schamp, E. W. (1978): Unternehmensinterne Entscheidungsprozesse zur Standortwahl in Übersee am Beispiel eines deutschen Chemischen Unternehmens, in: Geographische Zeitschrift, Jg. 66, S. 43ff.
Schamp, E. W. (1996): Globalisierung von Produktionsnetzen und Standortsystemen, in: Geographische Zeitschrift, Jg. 84, S. 205 - 219.
Schamp, E. W. (2000): Vernetzte Produktion – Industriegeographie aus institutioneller Perspektive, Darmstadt.
Schanz, K. U. (1995): Export, Lizenzvergabe oder Direktinvestition? Eine wirtschaftstheoretische Analyse unternehmerischer Internationalisierungsstrategien vor dem Hintergrund der neuen WTO-Welthandelsordnung, Zürich.
Schätzl, L. (1988): Wirtschaftsgeographie I – Theorie, Paderborn.

Schöllhammer, H. (1989): Standortwahl, internationale, in: Macharzina, K. und Welge, K. H., [Hrsg.]: Handwörterbuch Export und internationale Unternehmung, Stuttgart, S. 1959.
Scott, B. R. (1994): Economic strategy and economic performance, in: Marsh, I. [Ed.]: Australian Business in the Asia Pacific Region, Melbourne, S. 3 - 31.
Shaw, A. G. L. (1969): The Economic Development of Australia, Melbourne.
Siebert, H. (1994): Außenwirtschaft, 6. Auflage, Stuttgart.
Simon, H. (1996): Die heimlichen Gewinner (Hidden Champions), Die Erfolgsstrategien unbekannter Weltmarktführer, Frankfurt am Main.
Stanton, J. (1984): Protection, market structure and firm behaviour: Inefficiency in the early Australian tyre industry, in: Australian Economic History Review, Vol. 14(2), S. 91-114.
Stopford, J. M. and Wells, L. T. (1972): Managing the Multinational Enterprise, New York.
Suckfüll, H. C. (1994): Das transnationale Organisationsmodell, München.
Tesch, P. (1980): Die Bestimmungsgründe des internationalen Handels und der Direktinvestition, Berlin.
Tolentino, P. E. (1993): Technological Innovation and Third World Multinationals, London.
United Nations Conference on Trade and Development [UNCTAD] (1994): World Investment Report 1994: Transnational Corporations, Employment and the Workplace, New York.
United Nations Conference on Trade and Development [UNCTAD] (1999): World Investment Report 1999: Foreign Direct Investment and the Challenge of Development, New York.
United Nations Conference on Trade and Development [UNCTAD] (2001): World Investment Report 2001: Promoting Linkages, New York.
Vahlne, J.-E. and Nordström, K. A. (1993): The Internationalisation Process: Impact of Competition and Experience, in: International Trade Journal, Vol. 7, Nr. 5, S. 529 - 548.
Vaupel, J. W. and Curhan, J. P. (1973): The World's Multinational Enterprises, Boston.
Wadley, D. und Grotz, R. (1988): Die Industrie Australiens in den achtziger Jahren: Entwicklung, Probleme und Fördermaßnahmen, in: Erdkunde, Band 42/1988, S. 159 - 171.
Wagner, H. (1993): Einführung in die Weltwirtschaftspolitik, Oldenburg.
Walmsley, D. J. and Sorensen, A. D. (1993): Contemporary Australia: explorations in economy, society and geography, Melbourne.

Weikl, C. (1998): Internationalisierung deutscher Klein- und Mittelunternehmen: Eine empirische Analyse unter besonderer Berücksichtigung der Zielländer Großbritannien und Tschechische Republik, Münster.

Williamson, O. (1979): The vertical Integration of Production: Market Failure Considerations, in: AER, Vol. 61, No. 2, S. 112 - 127.

World Trade Organisation [WTO] (2002): WTO Annual Report 2002, im Internet unter http://www.wto.org aufgerufen am 10.06.2002

Yetton, P., Craig, J., Davis, J. and Hilmer, F. (1992): Are diamonds a countries best friend? A critique of Porters theory of national competition as applied to Canada, New Zealand and Australia, in: Marsh, I. [Ed.]: Australian Business in the Asia Pacific Region, Melbourne, S. 103 - 138.

Lebenslauf

Name:	Elmar Wider
Adresse:	Deutschordenstr. 73 60528 Frankfurt am Main
Geburtsdatum und -ort:	31.07.1964, Frankfurt am Main
Familienstand:	ledig

Ausbildung

2002	Fertigstellung der berufsbegleitend begonnenen Promotion am Institut für Wirtschafts- und Sozialgeographie der Universität Frankfurt
1999	Auswertung der empirischen Erhebung während einer sechsmonatigen Freistellung vom Arbeitgeber
1998	Teilnahme an der Summer School „Economic Interests and Cultural Determinants in European Integration", Brixen (organisiert von der Europäischen Akademie in Bozen und der Universität Frankfurt)
1997, 1998	Forschungsaufenthalte in Australien, Führen von Interviews zur Vorbereitung der empirischen Untersuchung
1996–2001	Teilnahme an mehreren Seminaren sowie Kolloquien für Doktoranden am Institut für Wirtschafts- und Sozialgeographie der Universität Frankfurt bei Prof. Dr. E. W. Schamp
1996	Berufsbegleitender Beginn des Promotionsstudiums und Bearbeitung der Dissertation unter Betreuung von Prof. E. W. Schamp am Institut für Wirtschafts- und Sozialgeographie der Universität Frankfurt
1988–92	Studium der Betriebswirtschaftslehre an der Universität Frankfurt; Abschluss als Diplom-Kaufmann (1992) mit den Hauptfächern Rechnungswesen und Controlling sowie Wirtschaftsprüfung
1984	Abitur, Echzell

Berufserfahrung

2003–2004	Leiter der Abteilung Tochterunternehmen der Lurgi AG
1995–2001	Geschäftsführer der europäischen Niederlassung einer australischen Wirtschaftsförderungsgesellschaft in Frankfurt
1994–1995	Marketingberater der deutschen Niederlassung eines französischen Softwarehauses in Sulzbach
1992–1994	Mitarbeiter eines Wirtschaftsprüfungs- und Steuerberatungsunternehmens in Frankfurt
1990–1991	Wissenschaftliche Hilfskraft bei Prof. W. Neubauer am Institut für Statistik und Mathematik der Universität Frankfurt
1989–1991	Gründer und Geschäftsführer eines Unternehmens für den Import australischer Weine in Frankfurt
1986–1988	Projektkaufmann für ein deutsches Anlagenbauunternehmen in Australien
1984–1986	Industriekaufmannslehre in Frankfurt

FSC
www.fsc.org
MIX
Papier | Fördert gute Waldnutzung
FSC® C083411

Kolibri 360 GmbH
Ferdinand-Jühlke-Straße 7
99095 Erfurt, Deutschland
produktsicherheit@kolibri360.de

Druck:
CPI Druckdienstleistungen GmbH
im Auftrag der
Kolibri 360 GmbH
Ferdinand-Jühlke-Str. 7
99095 Erfurt